2020—2021年中国工业和信息化发展系列蓝皮书

2020—2021年
中国新兴产业投资蓝皮书

中国电子信息产业发展研究院 编 著

牟宗庆 主 编

秦海林 副主编

电子工业出版社
Publishing House of Electronics Industry
北京·BEIJING

内 容 简 介

本书从推动产业结构优化升级、促进新动能加快成长出发，聚焦人工智能、虚拟现实、区块链、5G、混合云、数据中台、MiniLED/MicroLED、超高清视频、工业软件、城市大脑、服务机器人、工业机器视觉、工业电商、氢燃料电池、动力电池、智能网联汽车、干细胞、互联网医疗、分子诊断、非电行业绿色低碳减排等新兴产业，系统剖析了 2020 年中国新兴产业发展的环境、产业链全景、价值链与创新、区域分布格局、行业重大事件、规模增长预测、资本市场动向，并提出"赛道"选择建议。

本书由中国电子信息产业发展研究院编撰，力求为中央和各级地方政府、相关企业、投资机构及研究人员把握产业发展脉络、了解产业前沿趋势提供参考。

未经许可，不得以任何方式复制或抄袭本书之部分或全部内容。

版权所有，侵权必究。

图书在版编目（CIP）数据

2020—2021 年中国新兴产业投资蓝皮书 / 中国电子信息产业发展研究院编著. —北京：电子工业出版社，2021.12
（2020—2021 年中国工业和信息化发展系列蓝皮书）
ISBN 978-7-121-42350-5

Ⅰ. ①2… Ⅱ. ①中… Ⅲ. ①新兴产业－投资－研究报告－中国－2020-2021
Ⅳ. ①F269.24

中国版本图书馆 CIP 数据核字（2021）第 231412 号

责任编辑：李　洁
印　　刷：中煤（北京）印务有限公司
装　　订：中煤（北京）印务有限公司
出版发行：电子工业出版社
　　　　　北京市海淀区万寿路 173 信箱　　邮编：100036
开　　本：720×1 000　1/16　印张：21.25　字数：478 千字　彩插：1
版　　次：2021 年 12 月第 1 版
印　　次：2021 年 12 月第 1 次印刷
定　　价：248.00 元

凡所购买电子工业出版社图书有缺损问题，请向购买书店调换。若书店售缺，请与本社发行部联系，联系及邮购电话：(010) 88254888，88258888。

质量投诉请发邮件至 zlts@phei.com.cn，盗版侵权举报请发邮件至 dbqq@phei.com.cn。
本书咨询联系方式：lijie@phei.com.cn。

前 言

当前，新一轮科技革命和产业变革正在重构全球创新版图，重塑全球经济结构。战略性新兴产业是新一轮科技革命和产业变革方向的代表，是培育发展新动能、获取未来竞争新优势的关键领域。2020年，突如其来的新冠肺炎疫情使百年未有之大变局加速变化，保护主义、单边主义抬头，世界经济低迷，全球产业链、供应链受到冲击，国内外发展环境发生深刻变化，给我国经济社会发展带来了前所未有的巨大挑战。在此背景下，战略性新兴产业将成为我国加快构建现代产业体系、推动经济高质量发展的重要引擎。2020年9月，国家发展和改革委员会、科技部、工业和信息化部、财政部四部门联合印发《关于扩大战略性新兴产业投资 培育壮大新增长点增长极的指导意见》，提出了扩大战略性新兴产业投资、培育壮大新增长点增长极的20个重点方向和支持政策，推动战略性新兴产业高质量发展，为5G、人工智能、大数据、云计算、区块链、机器人、智能制造、智能网联汽车、节能环保等新兴产业的发展带来巨大投资机遇。

如何适应新发展阶段，贯彻新发展理念，构建新发展格局，把握和顺应未来新兴产业的演进趋势、创新模式、投资机遇，中国电子信息产业发展研究院编撰了《2020—2021年中国新兴产业投资蓝皮书》。本书从推动产业结构优化升级、促进新动能加快成长出发，聚焦人工智能、虚拟现实、区块链、

5G、混合云、数据中台、MiniLED/MicroLED、超高清视频、工业软件、城市大脑、服务机器人、工业机器视觉、工业电商、氢燃料电池、动力电池、智能网联汽车、干细胞、互联网医疗、分子诊断、非电行业绿色低碳减排等新兴产业，系统剖析 2020 年中国新兴产业发展的环境、产业链全景、价值链与创新、区域分布格局、行业重大事件、规模增长预测、资本市场动向，并提出"赛道"选择建议。希望为业界人士应对产业新变化、新挑战提供投资参考和决策支撑。

目 录

第一章　人工智能 001
 第一节　产业定义或范畴 001
 第二节　赛迪重大研判 001
 第三节　产业环境分析 002
 第四节　产业链全景图 004
 第五节　价值链及创新 006
 第六节　区域分布格局 010
 第七节　行业重大事件 011
 第八节　市场规模预测 014
 第九节　资本市场动向 015
 第十节　赛道选择建议 018

第二章　虚拟现实 019
 第一节　产业定义或范畴 019
 第二节　赛迪重大研判 019
 第三节　产业环境分析 020
 第四节　产业链全景图 021
 第五节　价值链及创新 023
 第六节　区域分布格局 036
 第七节　行业重大事件 037
 第八节　市场规模预测 038
 第九节　资本市场动向 039
 第十节　赛道选择建议 041

第三章　区块链 ·· 043

第一节　产业定义或范畴 ·· 043
第二节　赛迪重大研判 ·· 044
第三节　产业环境分析 ·· 044
第四节　产业链全景图 ·· 046
第五节　价值链及创新 ·· 047
第六节　区域分布格局 ·· 050
第七节　行业重大事件 ·· 051
第八节　产业规模预测 ·· 053
第九节　资本市场动向 ·· 055
第十节　赛道选择建议 ·· 056

第四章　5G ·· 058

第一节　产业定义或范畴 ·· 058
第二节　赛迪重大研判 ·· 058
第三节　产业环境分析 ·· 059
第四节　产业链全景图 ·· 060
第五节　价值链及创新 ·· 062
第六节　区域分布格局 ·· 065
第七节　行业重大事件 ·· 067
第八节　市场规模预测 ·· 068
第九节　资本市场动向 ·· 070
第十节　赛道选择建议 ·· 072

第五章　混合云 ·· 074

第一节　产业定义或范畴 ·· 074
第二节　赛迪重大研判 ·· 074
第三节　产业环境分析 ·· 075
第四节　产业链全景图 ·· 077
第五节　价值链及创新 ·· 078
第六节　区域分布格局 ·· 079
第七节　行业重大事件 ·· 081
第八节　市场规模预测 ·· 082

第九节　资本市场动向 ……………………………………………… 083

　　第十节　赛道选择建议 ……………………………………………… 084

第六章　数据中台 …………………………………………………… 086

　　第一节　产业定义或范畴 …………………………………………… 086

　　第二节　赛迪重大研判 ……………………………………………… 086

　　第三节　产业环境分析 ……………………………………………… 087

　　第四节　产业链全景图 ……………………………………………… 088

　　第五节　价值链及创新 ……………………………………………… 089

　　第六节　区域分布格局 ……………………………………………… 091

　　第七节　行业重大事件 ……………………………………………… 092

　　第八节　产业规模预测 ……………………………………………… 093

　　第九节　资本市场动向 ……………………………………………… 095

　　第十节　赛道选择建议 ……………………………………………… 096

第七章　MiniLED/MicroLED ………………………………………… 098

　　第一节　产业定义或范畴 …………………………………………… 098

　　第二节　赛迪重大研判 ……………………………………………… 098

　　第三节　产业环境分析 ……………………………………………… 099

　　第四节　产业链全景图 ……………………………………………… 101

　　第五节　价值链及创新 ……………………………………………… 103

　　第六节　区域分布格局 ……………………………………………… 106

　　第七节　行业重大事件 ……………………………………………… 107

　　第八节　市场规模预测 ……………………………………………… 110

　　第九节　资本市场动向 ……………………………………………… 113

　　第十节　赛道选择建议 ……………………………………………… 114

第八章　超高清视频 …………………………………………………… 116

　　第一节　产业定义或范畴 …………………………………………… 116

　　第二节　赛迪重大研判 ……………………………………………… 116

　　第三节　产业环境分析 ……………………………………………… 117

　　第四节　产业链全景图 ……………………………………………… 119

　　第五节　价值链及创新 ……………………………………………… 120

　　第六节　区域分布格局 ……………………………………………… 125

第七节　行业重大事件 ……………………………………………… 127
第八节　市场规模预测 ……………………………………………… 128
第九节　资本市场动向 ……………………………………………… 129
第十节　赛道选择建议 ……………………………………………… 131

第九章　工业软件 ………………………………………………………… 132
第一节　产业定义或范畴 …………………………………………… 132
第二节　赛迪重大研判 ……………………………………………… 133
第三节　产业环境分析 ……………………………………………… 133
第四节　产业链全景图 ……………………………………………… 135
第五节　价值链及创新 ……………………………………………… 136
第六节　区域分布格局 ……………………………………………… 138
第七节　行业重大事件 ……………………………………………… 140
第八节　市场规模预测 ……………………………………………… 141
第九节　资本市场动向 ……………………………………………… 142
第十节　赛道选择建议 ……………………………………………… 144

第十章　城市大脑 ………………………………………………………… 146
第一节　产业定义或范畴 …………………………………………… 146
第二节　赛迪重大研判 ……………………………………………… 147
第三节　产业环境分析 ……………………………………………… 147
第四节　产业链全景图 ……………………………………………… 149
第五节　价值链及创新 ……………………………………………… 151
第六节　区域分布格局 ……………………………………………… 157
第七节　行业重大事件 ……………………………………………… 159
第八节　市场规模预测 ……………………………………………… 160
第九节　资本市场动向 ……………………………………………… 162
第十节　赛道选择建议 ……………………………………………… 163

第十一章　服务机器人 …………………………………………………… 165
第一节　产业定义或范畴 …………………………………………… 165
第二节　赛迪重大研判 ……………………………………………… 165
第三节　产业环境分析 ……………………………………………… 165
第四节　产业链全景图 ……………………………………………… 167

  第五节　价值链及创新 ·· 168
  第六节　区域分布格局 ·· 170
  第七节　行业重大事件 ·· 172
  第八节　市场规模预测 ·· 173
  第九节　资本市场动向 ·· 174
  第十节　赛道选择建议 ·· 176

第十二章　工业机器视觉 ··· 178
  第一节　产业定义或范畴 ·· 178
  第二节　赛迪重大研判 ·· 178
  第三节　产业环境分析 ·· 179
  第四节　产业链全景图 ·· 181
  第五节　价值链及创新 ·· 182
  第六节　区域分布格局 ·· 189
  第七节　行业重大事件 ·· 190
  第八节　市场规模预测 ·· 192
  第九节　资本市场动向 ·· 193
  第十节　赛道选择建议 ·· 195

第十三章　工业电商 ··· 196
  第一节　产业定义或范畴 ·· 196
  第二节　赛迪重大研判 ·· 196
  第三节　产业环境分析 ·· 197
  第四节　产业链全景图 ·· 198
  第五节　价值链及创新 ·· 200
  第六节　区域分布格局 ·· 201
  第七节　行业重大事件 ·· 202
  第八节　交易规模预测 ·· 205
  第九节　资本市场动向 ·· 206
  第十节　赛道选择建议 ·· 208

第十四章　氢燃料电池 ··· 210
  第一节　产业定义或范畴 ·· 210
  第二节　赛迪重大研判 ·· 210

第三节　产业环境分析 ··· 211
第四节　产业链全景图 ··· 212
第五节　价值链及创新 ··· 214
第六节　区域分布格局 ··· 217
第七节　行业重大事件 ··· 218
第八节　市场规模预测 ··· 219
第九节　资本市场动向 ··· 220
第十节　赛道选择建议 ··· 223

第十五章　动力电池 ··· 224

第一节　产业定义或范畴 ··· 224
第二节　赛迪重大研判 ··· 224
第三节　产业环境分析 ··· 225
第四节　产业链全景图 ··· 227
第五节　价值链及创新 ··· 229
第六节　区域分布格局 ··· 235
第七节　行业重大事件 ··· 238
第八节　市场规模预测 ··· 239
第九节　资本市场动向 ··· 240
第十节　赛道选择建议 ··· 242

第十六章　智能网联汽车 ··· 244

第一节　产业定义或范畴 ··· 244
第二节　赛迪重大研判 ··· 244
第三节　产业环境分析 ··· 245
第四节　产业链全景图 ··· 247
第五节　价值链及创新 ··· 249
第六节　区域分布格局 ··· 252
第七节　行业重大事件 ··· 253
第八节　产业规模预测 ··· 255
第九节　资本市场动向 ··· 255
第十节　赛道选择建议 ··· 257

第十七章　干细胞 259

  第一节　产业定义或范畴 259

  第二节　赛迪重大研判 259

  第三节　产业环境分析 260

  第四节　产业链全景图 262

  第五节　价值链及创新 263

  第六节　区域分布格局 265

  第七节　行业重大事件 266

  第八节　市场规模预测 267

  第九节　资本市场动向 269

  第十节　赛道选择建议 270

第十八章　互联网医疗 272

  第一节　产业定义或范畴 272

  第二节　赛迪重大研判 272

  第三节　产业环境分析 273

  第四节　产业链全景图 274

  第五节　价值链及创新 276

  第六节　区域分布格局 280

  第七节　行业重大事件 283

  第八节　市场规模预测 283

  第九节　资本市场动向 284

  第十节　赛道选择建议 286

第十九章　分子诊断 289

  第一节　产业定义或范畴 289

  第二节　赛迪重大研判 289

  第三节　产业环境分析 290

  第四节　产业链全景图 292

  第五节　价值链及创新 293

  第六节　区域分布格局 296

  第七节　行业重大事件 297

  第八节　产业规模预测 299

  第九节　资本市场动向 · 300
  第十节　赛道选择建议 · 302

第二十章　非电行业绿色低碳减排 · 304

  第一节　产业定义或范畴 · 304
  第二节　赛迪重大研判 · 304
  第三节　产业环境分析 · 305
  第四节　产业链全景图 · 306
  第五节　价值链及创新 · 308
  第六节　区域分布格局 · 314
  第七节　行业重大事件 · 317
  第八节　市场规模预测 · 318
  第九节　资本市场动向 · 320
  第十节　赛道选择建议 · 321

报告说明 · 323

后记 · 325

第一章 人工智能

第一节 产业定义或范畴

人工智能（以下简称 AI）是计算机科学的一个分支领域，致力于用机器模拟人类思维，从而执行学习、推理等工作。人工智能分为强人工智能和弱人工智能。强人工智能侧重于思维能力，指机器不仅是一种工具，而且本体拥有知觉和自我意识，能真正地推理和解决问题。弱人工智能指人造机器具备表象性的智能特征，可以像人一样思考、像人一样感知环境及像人一样行动。本书人工智能的概念包含了强人工智能与弱人工智能。

人工智能产业是指群体、团队、个人针对人工智能本身基础理论、技术、系统、平台及基于人工智能技术的相关产品和服务的研发、生产、销售等一系列经济活动的集合。本书中人工智能市场规模定义为指定区域内所有包含人工智能技术的产业链终端产品与服务在市场交易额的总和。

第二节 赛迪重大研判

（1）在产业发展驱动力方面，人工智能产业逐步从技术驱动向商业驱动发展，"十四五"期间人工智能技术与应用场景的深化融合将进一步加速，推动综合解决方案的商业化落地。

（2）在政府政策支持方面，国家政策加大对人工智能关键核心技术研发的支持，公共 AI 算力和 AI 开放平台及数据资源共享等新型基础设施的建设进一步促进全社会共享智能化科技成果。

（3）在技术发展演进方面，深度学习算法不断取得突破，推动人工智能

从感知智能向认知智能迈进。

（4）在技术应用方面，全球新冠肺炎疫情背景下，智慧医疗产业获得广泛关注，智慧医疗企业盈利能力大幅增强；智慧教育及智慧文娱领域同样迎来较大的市场需求。

（5）在区域分布方面，华东地区整体人工智能企业和高校资源最为丰富，汇集了全国 36.6% 的人工智能企业，人工智能专业的高校占比为全国的 34.3%。

（6）在投资力度方面，人工智能领域投融资频次趋稳，单笔投融资金额有明显增加。资本投资轮次持续后移，资本市场青睐于技术层核心关键技术的开发。

第三节 产业环境分析

一、人工智能产业进入创新应用兑现期

当前，人工智能产业由产品孵化积累期向创新应用兑现期发展。行业对人工智能企业的要求从单一的技术开发和产品研发向深入挖掘落地场景及解决行业实际需求转变。人工智能创业热度持续降温，行业内企业在商业成本、落地效率等方面已产生差距。经过多年探索，人工智能行业成熟度不断提升，人工智能行业雏形逐渐显现，如何提升人工智能同各行各业的融合度，催发行业变革成为人工智能产业进一步发展的刚需问题。

二、科创板人工智能多点爆发

2020 年，科创板为人工智能企业快速发展持续注入活力。随着 AI 应用场景商业化的逐步成熟，资本市场对人工智能行业关注度提升，人工智能领军企业上市步伐不断加快。依图科技、云从科技、旷视科技、云天励飞等行业头部企业均已于 2020 年提交了科创板 IPO 申请。2020 年，科创板作为金融资本和创新要素"通道"的联通作用进一步增强，越来越多的人工智能企业依托科创板申报上市，募集资金助推企业快速迈向下一个发展阶段。

三、保护数据应用安全成为国际共识

现阶段，人工智能技术的创新与迭代需要搜集和训练大量用户数据，因此保护用户隐私、建立数据流通中的信任关系成为全球 AI 监管趋势。2020

年 2 月，欧盟出台《欧洲数据战略》，致力于个人数据和商业敏感数据保护、维护可信任和公平的市场，以期在数字化转型进程中保护欧洲公民和企业的数据权利。2020 年 4 月，中国将数据作为一种新型生产要素写入政策文件，对数据资源整合和安全保护等方面做出安排。规范和促进数据应用成为发展人工智能的重要课题，国际社会就规范人工智能技术对数据的应用已达成国际共识。

四、AI 芯片推动人工智能终端快速发展

人工智能终端主要集中于以智能手机、平板电脑、智能音响及智能可穿戴设备为代表的消费级终端领域，以及以智慧安防、机器人为代表的企业级终端领域。人工智能终端的发展得益于边缘计算能力的增强，而在此过程中，人工智能芯片提供着边缘计算能力。随着以 GPU、FPGA、ASIC 和类脑芯片为技术架构的人工智能芯片的迭代发展，芯片的算力和功耗等性能逐步提升，得以支撑终端设备的边缘计算能力，使得人工智能终端设备的边缘计算实现高可靠低延时。

五、国家政策引导人工智能支撑复工复产和国家治理体系、治理能力现代化

2020 年 2 月，工业和信息化部（以下简称工信部）办公厅印发《关于运用新一代信息技术支撑服务疫情防控和复工复产工作的通知》，支持运用互联网、大数据、云计算、人工智能等新技术服务疫情监测分析、病毒溯源、患者追踪、人员流动和社区管理，对疫情开展科学精准防控。随后，2020 年 3 月，科技部印发《关于科技创新支撑复工复产和经济平稳运行的若干措施》，提倡大力推动关键核心技术攻关，加大 5G、人工智能、量子通信、脑科学、工业互联网、重大传染病防治、重大新药、高端医疗器械、新能源、新材料等重大科技项目的实施和支持力度，突破关键核心技术，促进科技成果的转化应用和产业化，培育一批创新型企业和高科技产业，增强经济发展新动能。2020 年 9 月，科技部印发《国家新一代人工智能创新发展试验区建设工作指引（修订版）》，在促进人工智能与经济社会发展深度融合的基础上，进一步探索智能社会建设新路径，以人工智能健康发展支撑国家治理体系和治理能力现代化。要求把握人工智能时代社会演进的规律，提升智能时代政府治理精细化、科学化水平。推动公共数据安全有序开放，大幅降低算力成本。

六、"新基建"开启人工智能全新发展空间

2020年3月，中共中央政治局常务委员会召开会议，提出将加快推进国家规划已明确的重大工程和基础设施建设，加快5G网络、数据中心等新型基础设施建设进度。行业数字化转型的提前与加速构成了新冠肺炎疫情之后的巨变，随之带来了"新基建"业务的扩容。人工智能产业被纳入"新基建"范畴，成为新基础设施建设的核心制程技术之一，国家对"新基建"项目的投入加速了人工智能向纵深领域的发展。依托"新基建"红利期，人工智能进一步开启新的发展空间，注入新的增长活力。

第四节　产业链全景图

人工智能的产业链（见图1-1）分为：基础层、技术层和应用层。

基础层：是人工智能网络、算法、硬件铺设、数据获取的基础，主要包括感知和计算两个方面，具体包括传感器、摄像头、云端计算和芯片。基础层为人工智能提供数据及算力支撑，需要长期投入进行战略布局。2020年，通用型AI芯片呈现出强通用性、高性能、低功耗、低延迟性的优势，并逐渐在边缘运算及终端成为主流。

技术层：是人工智能的核心技术支撑，不具备直接变现能力，但技术的研发与孵化是塑造人工智能产业核心竞争力的重要环节。主要包括人工智能系统平台和人工智能基础服务，具体包括：人工智能平台、智能化系统、智能语音和语言、计算机视觉、其他智能算法等领域。在算法赛道，随着人工智能技术对数据需求的日益旺盛，2020年，针对长尾场景数据进行采集、标注、清洗的重要性日益突出。

应用层：是人工智能产业的下游延伸，集成一类或多类人工智能技术，面向特定应用场景需求而形成软硬件产品或解决方案，变现能力最强。主要包括提供场景服务的智能解决方案和包括机器人、无人系统等在内的智能硬件产品。人工智能技术已经被广泛应用于实体经济和社会治理的各个领域，2020年，可落地的标杆性人工智能应用案例持续丰富。

人工智能产业链中各个层级紧密结合、高度交叉，形成了一个产业分工、合作大于竞争的局面。

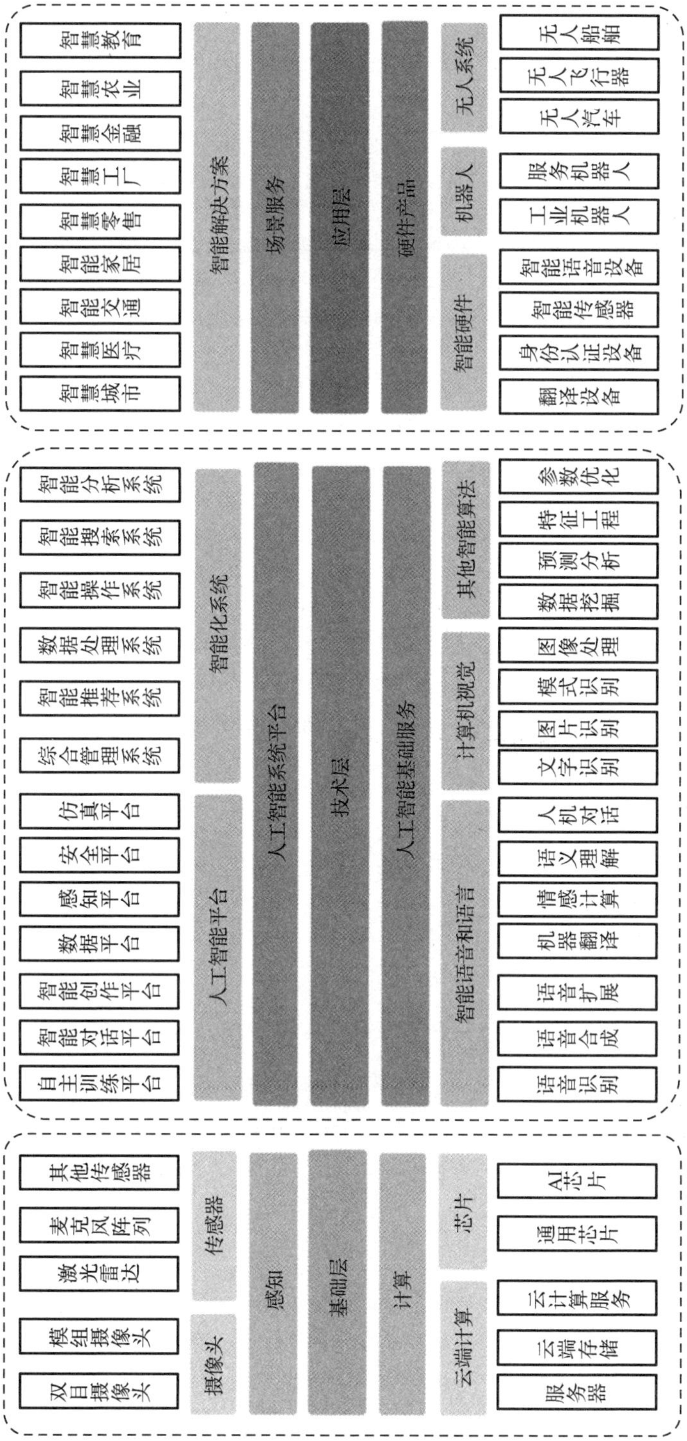

第一章 人工智能

应用层

智能解决方案 / 场景服务 / 应用产品 / 硬件产品

- 智慧教育
- 智慧农业
- 智慧金融
- 智慧工厂
- 智慧零售
- 智能家居
- 智能交通
- 智慧医疗
- 智慧城市

无人系统：无人船舶、无人飞行器、无人汽车

机器人：服务机器人、工业机器人

智能硬件：智能语音设备、智能传感器、身份认证设备、翻译设备

技术层

人工智能平台 / 人工智能系统平台 / 人工智能基础服务

智能化系统：
- 智能分析系统
- 智能搜索系统
- 智能操作系统
- 数据处理系统
- 智能推荐系统
- 综合管理系统

人工智能平台：
- 仿真平台
- 安全平台
- 感知平台
- 数据平台
- 智能创作平台
- 智能对话平台
- 自主训练平台

其他智能算法：参数优化、特征工程、预测分析、数据挖掘

计算机视觉：图像处理、模式识别、图片识别、文字识别

智能语音和语言：人机对话、语义理解、情感计算、机器翻译、语音扩展、语音合成、语音识别

基础层

传感器 / 感知 / 计算 / 芯片 / 云端计算

传感器：其他传感器、麦克风阵列、激光雷达、模组摄像头、双目摄像头

摄像头

芯片：AI芯片、通用芯片

云端计算：云计算服务、云端存储、服务器

图 1-1　人工智能产业链全景图

数据来源：赛迪顾问，2021 年 1 月

005

第五节 价值链及创新

价值链总体分为基础层、技术层和应用层三个部分，基础层为人工智能技术提供基础数据和计算能力的支撑；技术层涵盖人工智能核心技术，处于价值链核心，向上对基础层进行能力渗透，向下为提供智能化服务的应用层企业提供核心技术支持；应用层集成智能化技术和领域专业知识，实现智能化功能，发挥人工智能的场景应用价值。价值链分布情况如图1-2所示。

一、基础层营业收入及净利润增长放缓

2020年，人工智能基础层上市企业前三季度营业收入达到2284亿元，净利润达到208亿元，净利润率接近10%，持续保持较好的盈利状态。2020年前三季度基础层上市企业的营业收入为2019年全年的80.0%，净利润占2019年全年的76.8%。2020年，基础层上市企业营业收入和净利润增速放缓，受全球新冠肺炎疫情影响，全球芯片行业供应链遭受明显冲击，并直接影响人工智能行业基础层企业整体营收情况。2016—2020年前三季度中国人工智能基础层上市企业规模及增长情况如图1-3所示。

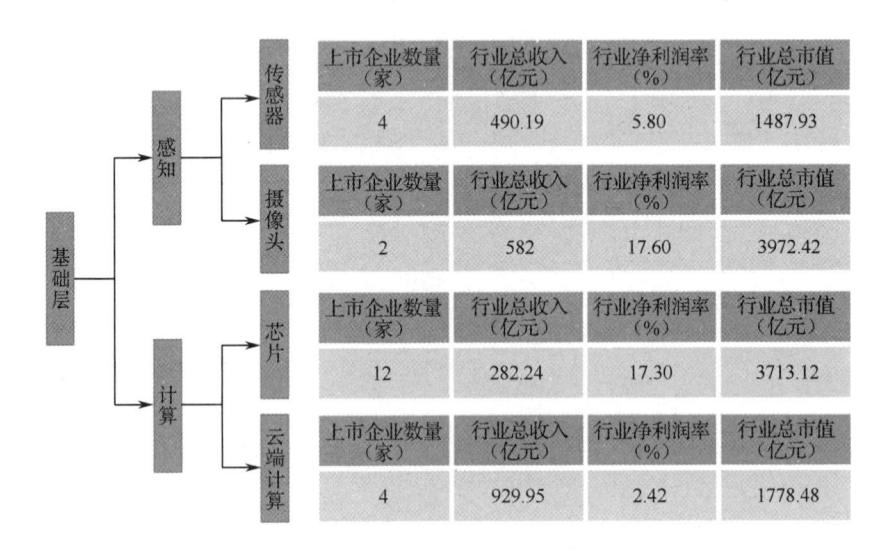

感知 - 传感器

上市企业数量（家）	行业总收入（亿元）	行业净利润率（%）	行业总市值（亿元）
4	490.19	5.80	1487.93

感知 - 摄像头

上市企业数量（家）	行业总收入（亿元）	行业净利润率（%）	行业总市值（亿元）
2	582	17.60	3972.42

计算 - 芯片

上市企业数量（家）	行业总收入（亿元）	行业净利润率（%）	行业总市值（亿元）
12	282.24	17.30	3713.12

计算 - 云端计算

上市企业数量（家）	行业总收入（亿元）	行业净利润率（%）	行业总市值（亿元）
4	929.95	2.42	1778.48

图1-2 2020年中国人工智能价值链分布情况

第一章 人工智能

技术层

人工智能系统平台

人工智能平台

上市企业数量（家）	行业总收入（亿元）	行业净利润率（%）	行业总市值（亿元）
3	67.07	10.61	1203.61

智能化系统

上市企业数量（家）	行业总收入（亿元）	行业净利润率（%）	行业总市值（亿元）
8	106.38	8.88	1070.75

人工智能基础服务

计算机视觉

上市企业数量（家）	行业总收入（亿元）	行业净利润率（%）	行业总市值（亿元）
7	53	6.74	321.75

智能语音和语言

上市企业数量（家）	行业总收入（亿元）	行业净利润率（%）	行业总市值（亿元）
6	671.08	4.44	1844.12

其他智能算法

上市企业数量（家）	行业总收入（亿元）	行业净利润率（%）	行业总市值（亿元）
11	247.89	30	2303.29

应用层

场景服务

智能解决方案

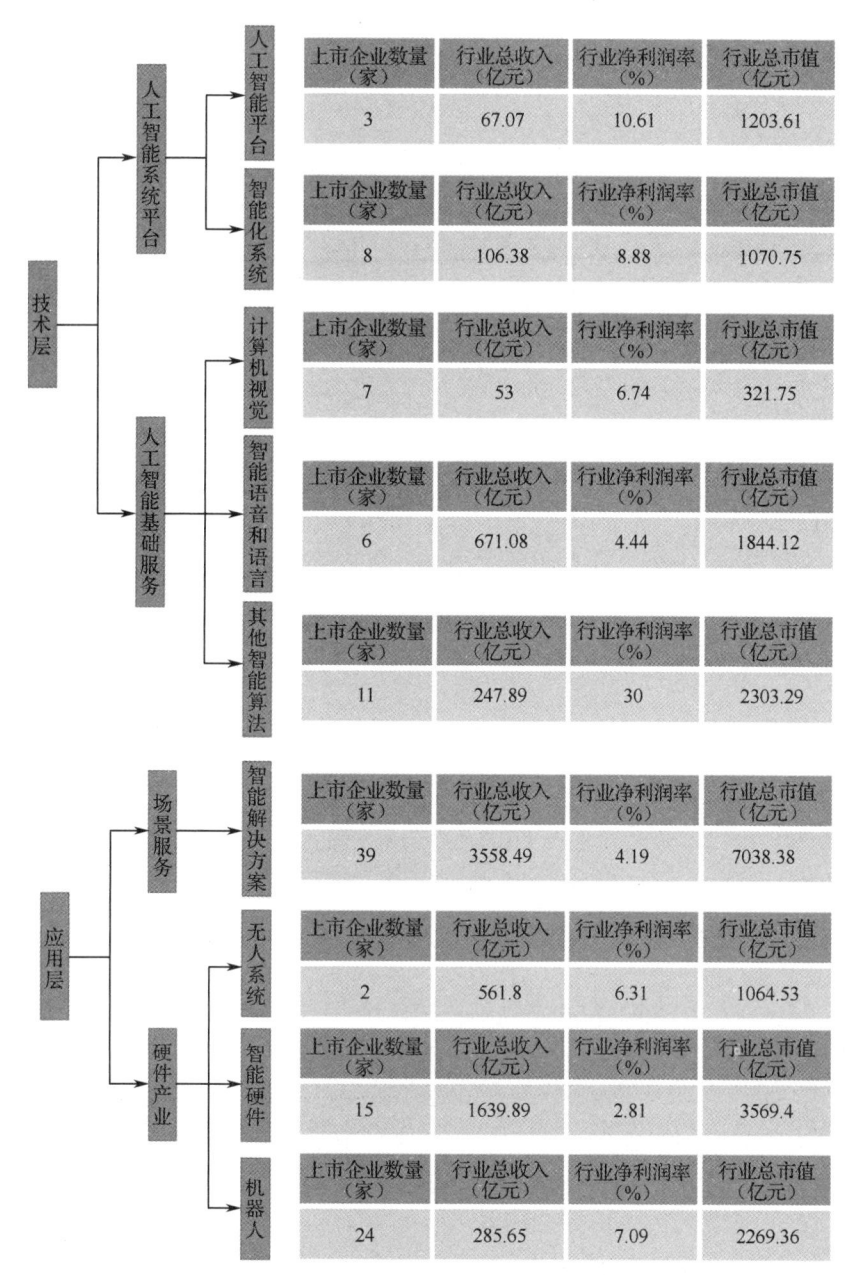

上市企业数量（家）	行业总收入（亿元）	行业净利润率（%）	行业总市值（亿元）
39	3558.49	4.19	7038.38

无人系统

上市企业数量（家）	行业总收入（亿元）	行业净利润率（%）	行业总市值（亿元）
2	561.8	6.31	1064.53

硬件产业

智能硬件

上市企业数量（家）	行业总收入（亿元）	行业净利润率（%）	行业总市值（亿元）
15	1639.89	2.81	3569.4

机器人

上市企业数量（家）	行业总收入（亿元）	行业净利润率（%）	行业总市值（亿元）
24	285.65	7.09	2269.36

注：图中数据按照上市企业2020年前三季度经营数据计算。

图1-2 2020年中国人工智能价值链分布情况（续）

数据来源：上市企业财报，赛迪顾问，2021年1月

(a) 上市企业营业收入及同比增长率

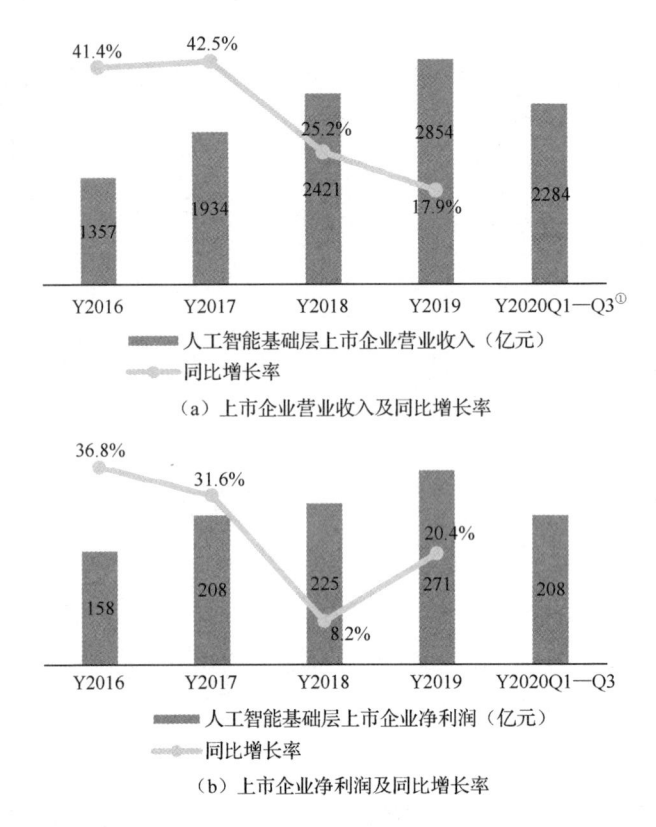

年份	营业收入(亿元)	同比增长率
Y2016	1357	41.4%
Y2017	1934	42.5%
Y2018	2421	25.2%
Y2019	2854	17.9%
Y2020Q1—Q3①	2284	

(b) 上市企业净利润及同比增长率

年份	净利润(亿元)	同比增长率
Y2016	158	36.8%
Y2017	208	31.6%
Y2018	225	8.2%
Y2019	271	20.4%
Y2020Q1—Q3	208	

图 1-3　2016—2020 年前三季度中国人工智能基础层上市企业规模及增长情况

数据来源：赛迪顾问，2021 年 1 月

二、技术层和应用层企业盈利能力持续增强

自 2019 年以来，技术层上市企业净利润总额相对于人工智能上市企业总体净利润的占比有明显增长，2020 年前三季度技术层净利润总额占比达 20.9%，创下历史新高。应用层上市企业前三季度净利润占比在 2020 年也有了明显的增长，达 43.3%，这也是自 2018 年以来，应用层净利润占比首次超过基础层。应用层企业逐渐形成稳定的商业模式，实现盈利增长，而伴随应用层企业对于人工智能技术诉求的增加，技术层企业也开始具有更多的商业议价权，盈利能力增强。2016—2020 年前三季度中国人工智能细分领域上市企业净利润总额结构情况如图 1-4 所示。

---

① Y2020Q1—Q3：指 2020 年第 1 季度至第 3 季度。

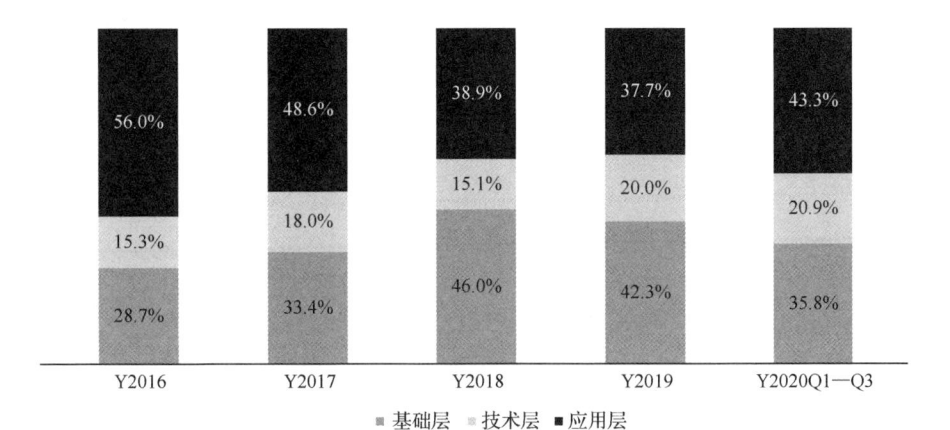

图 1-4 2016—2020 年前三季度中国人工智能细分领域上市企业净利润总额结构情况
数据来源：赛迪顾问，2021 年 1 月

三、智慧医疗领域应用落地盈利空间广阔

从人工智能各细分行业领域上市企业的净利润率（见图 1-5）来看，智慧医疗、智慧教育、智慧文娱、智慧金融、智能制造五个领域的企业在 2020 年前三季度均实现超过 10%的净利润率，其中，智慧医疗领域净利润率达 29.0%，行业盈利空间较大。由于尚未形成成熟的应用体系和商业模式，智慧能源、智慧营销和智慧家居领域的智能化程度较低，净利润率低于 3%。

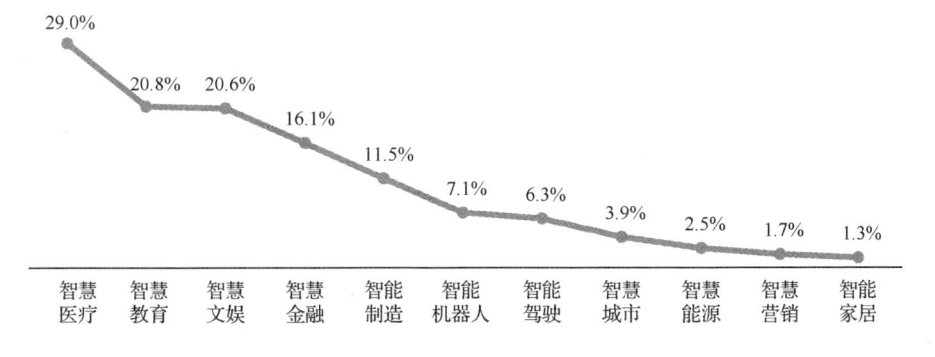

图 1-5 2020 年前三季度中国人工智能各细分行业领域上市企业净利润率情况
数据来源：赛迪顾问，2021 年 1 月

第六节 区域分布格局

一、产业资源分布

在企业资源方面，华东地区人工智能相关企业数量最多，其中，上海、江苏、浙江三地汇集了全国 30.5%的人工智能企业。2020 年，华东地区人工智能领域的上市企业为 95 家，位于全国首位。北京、上海、广东同样为人工智能企业热门创立地，人工智能企业数量均超 1000 家。

在产业载体方面，国家级高新技术产业开发区较多坐落于华东、中南地区，区域高新产业相关政策及区域产业协同发展效应推动着这些区域人工智能产业的整体发展。

在科研方面，得益于国家级人工智能实验室建设的先发优势及众多的优质高校资源，北京和上海在人工智能创新资源方面位于第一梯队。此外，华东和中南地区开设人工智能专业的高等院校数量较多，其中，华东地区有 75 所高校开设了人工智能专业，处于全国地区教育资源分布首位。

在基础设施建设方面，除西北和东北地区外，其他地区的数据中心数量均超过 50 个，华东、华北、中南地区集中了全国主要的数据中心资源，数据中心数量占全国的 81.3%。其中，北京拥有 114 个数据中心，其强大的计算能力为人工智能算法的实现提供了重要支撑。

2020 年中国人工智能产业资源分布见表 1-1。

表 1-1　2020 年中国人工智能产业资源分布

区域	企业资源	载体资源	创新资源	其他资源
华北	人工智能相关企业2452家；人工智能上市企业60家	国家高新技术产业开发区12个	开设人工智能专业的高等院校37所	数据中心数量159个
华东	人工智能相关企业3287家；人工智能上市企业95家	国家高新技术产业开发区62个	开设人工智能专业的高等院校75所	数据中心数量205个
中南	人工智能相关企业2464家；人工智能上市企业70家	国家高新技术产业开发区46个	开设人工智能专业的高等院校44	数据中心数量119个
东北	人工智能相关企业128家；人工智能上市企业9家	国家高新技术产业开发区16个	开设人工智能专业的高等院校17所	数据中心数量36个
西南	人工智能相关企业466家；人工智能上市企业18家	国家高新技术产业开发区17个	开设人工智能专业的高等院校27所	数据中心数量52个
西北	人工智能相关企业186家；人工智能上市企业7家	国家高新技术产业开发区15个	开设人工智能专业的高等院校15所	数据中心数量23个

数据来源：赛迪顾问，2021 年 1 月

二、产业规模分布

2020年，中国人工智能产业规模分布（见图1-6）的区域差距明显，华东、中南和华北地区的人工智能产业规模较大，均在400亿元以上，上述三个地区人工智能产业规模占中国人工智能总体规模的94.1%，其余地区2020年人工智能产业规模不足100亿元。人工智能产业的发展需要在经济基础、科创能力、产业技术、产业协同、营商环境、人才储备等多维度提供综合支撑，近年来，华东和中南地区优势突出、人工智能产业协同发展效益明显，已成为中国人工智能产业和数字经济发展的前沿阵地。

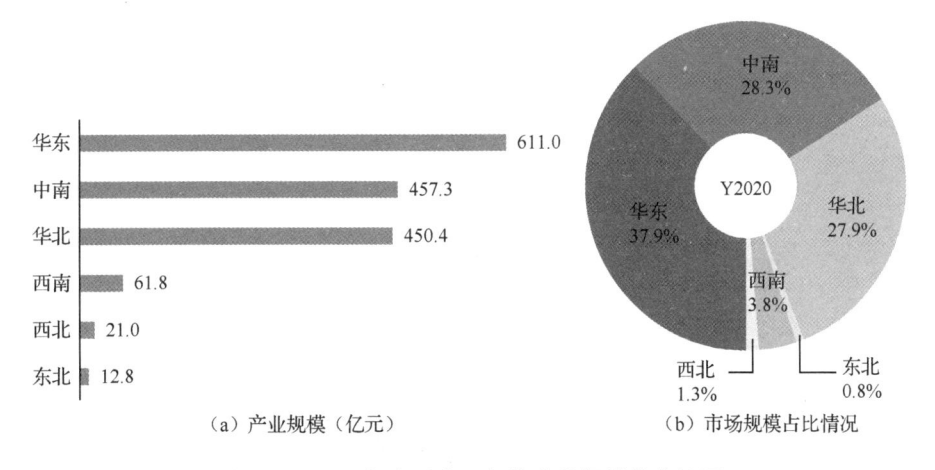

华东 611.0
中南 457.3
华北 450.4
西南 61.8
西北 21.0
东北 12.8

（a）产业规模（亿元）

Y2020
中南 28.3%
华北 27.9%
华东 37.9%
西南 3.8%
西北 1.3%
东北 0.8%

（b）市场规模占比情况

图 1-6　2020年中国人工智能产业规模分布情况

数据来源：赛迪顾问，2021年1月

第七节　行业重大事件

2020年全球人工智能行业重大事件见表1-2。2020年，全球人工智能企业竞争以科技巨头为主，传统科技巨头企业如IBM、微软等持续面向企业级用户搭建智能平台系统；具有数据优势的互联网企业如Google、百度等也在2020年持续全面布局人工智能行业。基于场景的互联网企业如Facebook、苹果、亚马逊、阿里巴巴、腾讯等将人工智能与自身业务深度结合，用以提升产品功能和用户体验。

表 1-2 2020 年全球人工智能行业重大事件

序号	事件说明	事件主体	影响/意义
1	OpenAI 运用 PyTorch 深度学习框架（2020.1）①	OpenAI	在 PyTorch 深度学习框架的支持下，企业将生成式建模迭代时间从几周缩短到几天，大幅提升了在 GPU 上的研发效率
2	Facebook 收购 Scape Technologies（2020.2）	Facebook	Scape Technologies 专业研究 AI 定位技术，致力于研发超出 GPS 能力以外的定位精确性。其技术将有助于支撑地图类业务的发展
3	旷视天元（MegEngine）深度学习框架（2020.3）	旷视科技	该框架可以在广泛的范围内训练计算机视觉，并帮助世界各地的开发人员构建商业和工业用途的 AI 解决方案
4	华为开源 MindSpore（2020.3）	华为	MindSpore 是一个面向移动、边缘和云场景的深度学习训练框架。支持并行训练，节省不同硬件的训练时间，可减少 20%在自然语言处理（NLP）等功能上使用的代码，大幅度降低 AI 应用开发门槛
5	谷歌大脑联手 Hinton 提出 SimCLR 新框架（2020.4）	谷歌	该算法能够在无标注数据上学习图像数据表征，表明无监督学习模型可以接近甚至达到有监督模型的效果
6	深度学习框架 CogMol（2020.4）	IBM	该框架用以帮助研究人员加速 COVID-19 等传染病治愈的研发，解决当前"生成式人工智能模型以创建新型肽、蛋白质、候选药物和材料"中的挑战
7	苹果收购 Inductiv（2020.5）	苹果	Inductiv 从事机器学习、数据科学等方面的工作。此举可以有效提升机器学习模型的数据"纯净度"，改善智能语音助手类产品的使用体验
8	英伟达发布 NVIDIA A100 GPU（2020.5）	英伟达	这是英伟达首款基于 NVIDIA Ampere 架构的 GPU，集 AI 训练和推理于一身。该芯片使单一平台能够进行数据分析与 AI 相关应用，可降低数据中心的整体运营成本
9	ABBYY 开源 NeoML（2020.6）	ABBYY	NeoML 是一个用于构建、训练和部署 ML 模型的开源库，可以使运行在任何设备上的预训练图像处理模型性能提升 15%~20%。具备较高的推理速度与平台独立性，可应用于移动解决方案

① 事件发生时间。余同。

续表

序号	事件说明	事件主体	影响/意义
10	高通发布机器人开发平台 RB5（2020.6）	高通	RB5 平台可用于开发下一代高性能计算、低功耗的 AI 机器人或无人机，可满足消费者、企业、国防部门、工业部门等客户的开发需求
11	FINDER 发布（2020.6）	中国国防科技大学、美国加州大学洛杉矶分校（UCLA）、哈佛医学院（HMS）	该技术可用以确定最影响网络功能的一组最佳节点。在合成网络上进行训练后可应用于真实场景，识别复杂网络中的关键角色
12	"2020 亚马逊创新日"（2020.8）	亚马逊中国	介绍了亚马逊为中国市场定制的本地化创新实践，表明亚马逊正在强化中国市场，推动技术创新本地化；此外，该活动重视 AWS（Amazon Web Services）在推动经济全面复苏和驱动全球产业数字化革命的作用
13	百度世界大会（2020.9）	百度	回溯中国人工智能十年的变迁和发展，预见汹涌而来的产业智能化革命。会上百度亮相百度大脑 6.0，这是能力全面、软硬一体化的 AI 大生产平台，能够综合语音、语言、视觉等不同信息，实现跨模态语义理解，获得对世界的统一认知
14	英特尔收购 SigOpt（2020.10）	英特尔	SigOpt 可以为 AI 软件模型进行大规模优化，该技术将有助于推动 AI 芯片业务的发展
15	DeepMind 开源 FermiNet（2020.10）	DeepMind	FermiNet 是第一个利用深度学习从第一性原理计算原子和分子能量的尝试，是目前在相关领域中最为精准的神经网络模型
16	苹果收购 Vilynx（2020.10）	苹果	Vilynx 主要提供计算机视觉与内容识别技术，能够为"搜索"业务增加技术支撑，加强智能语音助手类产品对于视频内容的理解和识别
17	MIScnn 发布（2020.11）	MIScnn	MIScnn 是一个开源的 Python 框架，用于卷积神经网络和深度学习的医学图像分割。它拥有直观的 API，只需几行代码就能快速设置医学图像分割管道
18	亚马逊发布 Robotaxi（2020.12）	亚马逊	Robotaxi 是亚马逊发布的第一款完全无人驾驶出租车，专攻城市客运，目前已在美国旧金山、拉斯维加斯路测。该车辆是为自动驾驶而设计的未来车型，致力于颠覆传统乘用车
19	百度 Apollo 宣布 X 计划（2020.12）	百度	ApolloX 计划将在多个维度扶植细分赛道独角兽，用以全面推动中国自动驾驶产业向前发展

续表

序号	事件说明	事件主体	影响/意义
20	阿里发布自动化AI对抗平台（2020.12）	阿里	阿里安全首次提出将智能技术引入到对抗攻击中，该自动化AI对抗攻击平台CAA，可针对被检测AI的薄弱地带提出安全建议，帮助AI鲁棒性（稳定性）检测，以此增强AI系统的安全性

数据来源：赛迪顾问，2021年1月

第八节 市场规模预测

一、中国人工智能市场规模增速稳中加快

2020年，受全球新冠肺炎疫情影响，全球经济整体遭受创伤，正处于迈向成熟期关键节点的人工智能产业市场规模增速放缓，2020年中国人工智能市场规模为544.0亿元，较上年增加11.2%。随着全球整体经济的逐步恢复，自2021年以来，人工智能将在疫情背景下加速产业融合进程，并逐渐在医疗、交通、教育、金融、城市治理等众多领域积累并迸发出庞大势能。未来三年，中国人工智能产业将重新迎来增长点，并保持每年20%以上的较高增速。预计到2023年，中国人工智能市场规模将接近1000亿元。2018—2023年中国人工智能市场规模及预测如图1-7所示。

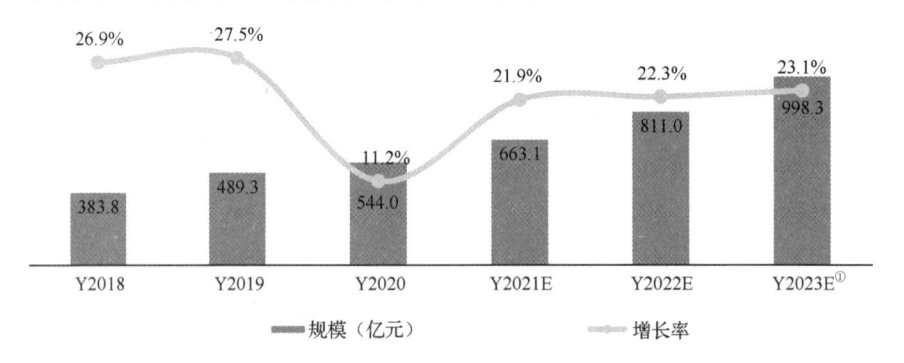

图1-7 2018—2023年中国人工智能市场规模及预测

数据来源：赛迪顾问，2021年1月

① Y2023E：预计2023年，余类推。

二、行业需求和海量数据成为人工智能开拓应用市场的重要驱动力

互联网、金融、安防交通和消费电子等行业对于智能化升级的需求较高，巨大的行业应用需求催生人工智能在这些领域下广阔的市场落地空间，人工智能市场结构向这些领域倾斜，市场规模占比均超过10%。海量数据积累也是人工智能得以在这些领域扩张应用市场的重要原因，互联网、金融、安防交通、消费电子拥有大量的数据素材，用以支撑人工智能的算法训练和深度学习。未来三年，随着行业信息化水平的提高和行业数据的持续丰富，人工智能在互联网、金融、安防交通、消费电子、医疗等领域的落地应用将会持续扩大。2018—2023年中国人工智能市场结构及预测如图1-8所示。

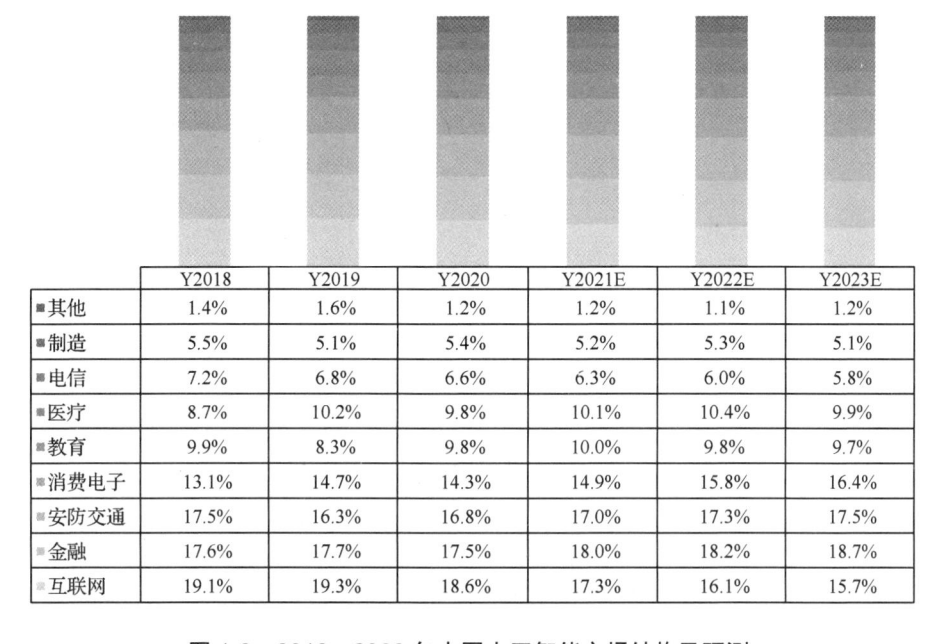

	Y2018	Y2019	Y2020	Y2021E	Y2022E	Y2023E
■其他	1.4%	1.6%	1.2%	1.2%	1.1%	1.2%
■制造	5.5%	5.1%	5.4%	5.2%	5.3%	5.1%
■电信	7.2%	6.8%	6.6%	6.3%	6.0%	5.8%
■医疗	8.7%	10.2%	9.8%	10.1%	10.4%	9.9%
■教育	9.9%	8.3%	9.8%	10.0%	9.8%	9.7%
■消费电子	13.1%	14.7%	14.3%	14.9%	15.8%	16.4%
■安防交通	17.5%	16.3%	16.8%	17.0%	17.3%	17.5%
■金融	17.6%	17.7%	17.5%	18.0%	18.2%	18.7%
■互联网	19.1%	19.3%	18.6%	17.3%	16.1%	15.7%

图1-8 2018—2023年中国人工智能市场结构及预测

数据来源：赛迪顾问，2021年1月

第九节 资本市场动向

一、人工智能投融资频数趋向平稳

2013—2020年中国人工智能行业投融资事件数量及2020年各领域占比

情况如图 1-9 所示。从 2013 年到 2018 年，人工智能产业投融资数量呈现逐年高速增长态势，并在 2018 年增长至最高点。从 2019 年开始，投资频次迅速回落。2020 年，人工智能领域投融资事件数为 326 起，比 2019 年减少了 5 起，变化幅度不大，频数趋稳。从人工智能各细分行业领域投资数量来看，人工智能在技术层深度学习和计算机视觉领域的投融资事件数占比较高，技术层投融资事件数量占总数量的 38.7%。

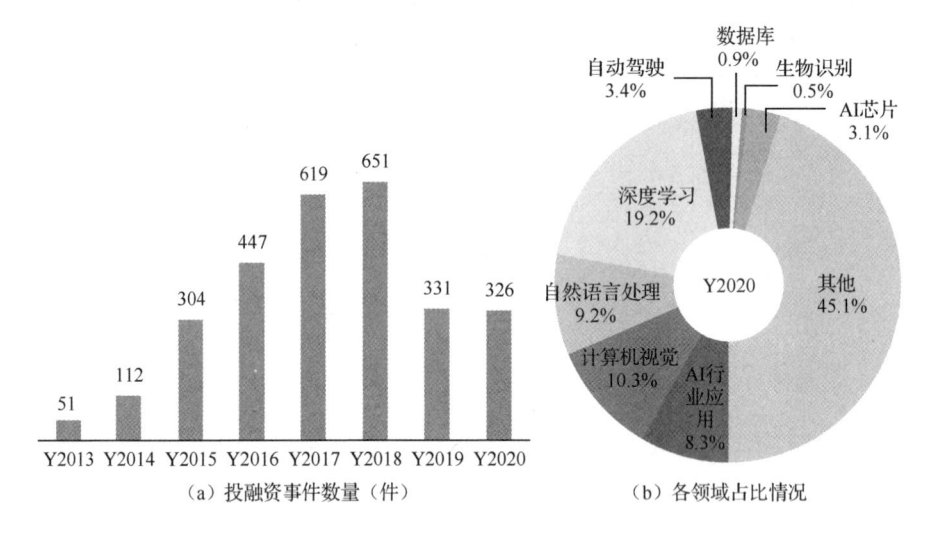

图 1-9　2013—2020 年中国人工智能行业投融资事件数量及 2020 年各领域占比情况

数据来源：赛迪顾问，2021 年 1 月

二、技术层关键技术成为资本青睐的重要领域

2013—2020 年中国人工智能行业投融资金额及 2020 年各领域占比情况如图 1-10 所示。2020 年，尽管中国人工智能行业的投融资数量小幅缩减，但人工智能领域投融资总金额却呈现明显增长趋势。2020 年中国人工智能投融资总金额为 491 亿元，同 2019 年相比涨幅达 28.9%。2020 年的平均单笔投融资金额为 1.51 亿元，相比 2019 年的 1.15 亿元有较大增长。通过投融资细分行业领域金额占比分析，2020 年，自然语言处理、计算机视觉及深度学习等人工智能核心算法是人工智能行业投融资的重点，占总投资额的 39.8%，其中深度学习占比最大。

第一章 人工智能

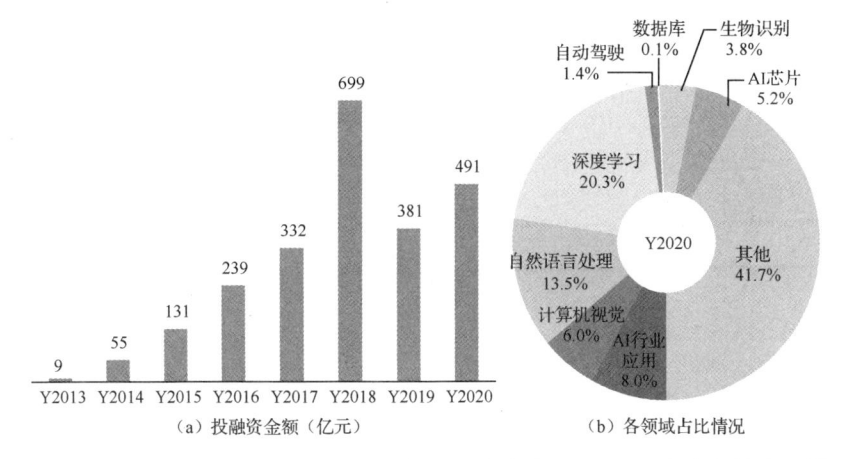

图 1-10 2013—2020 年中国人工智能行业投融资金额及 2020 年各领域占比情况

数据来源：赛迪顾问，2021 年 1 月

三、人工智能领域投资轮次显著后移，天使轮投资数量大幅降低

自 2017 年以来，中国人工智能投资轮次后移趋势日益明显，天使轮投资数量逐年减少，2020 年人工智能天使轮投资事件仅 41 件。其余轮次投资数量与 2019 年相比均有不同程度的增加，2020 年 A 轮和 B 轮投资事件总数为 197 件，超出 2019 年 A 轮和 B 轮投资事件总数的 27.1%。2017—2020 年中国人工智能行业投融资轮次情况如图 1-11 所示。当前，人工智能产业发展已经逐渐成熟，科创板政策利好，人工智能独角兽企业筹备 IPO 融资，进一步推进资本投资轮次后移。资本市场对于技术成熟企业的推动力更加强劲，为人工智能优质企业形成竞争优势提供资本力量。

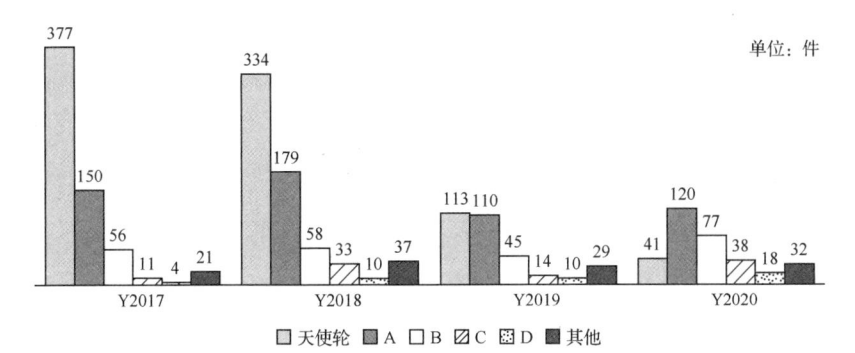

图 1-11 2017—2020 年中国人工智能行业投融资轮次情况

数据来源：赛迪顾问，2021 年 1 月

第十节　赛道选择建议

（1）深度学习经历深度神经网络、循环神经网络、卷积神经网络、生成对抗网络的发展历程。图神经网络成为深度学习新的热门分支，其提供了对非规则数据提取特征的方法。建议社交网络、推荐系统、金融风控、物理系统、分子化学、生命科学、知识图谱、交通预测等领域企业应用图神经网络基于结构信息和属性信息进行准确的因果和关联推理。

（2）以迁移学习、类脑学习等为代表的认知智能日益实现突破，在同传统深度学习融合后，推动人工智能由感知智能向认知智能发展。建议聚焦于研发和培育认知智能理解、思考、推理等能力，提升其处理大量烦琐却重要工作的效率和准确率。

（3）推动数据在安全合规的前提下自由流动成为大势所趋。联邦学习（Federated Learning）可以在多个主体间不直接共享样本数据的情况下实现模型的合作开发，对于解决数据孤岛和数据隐私问题具有重要意义。建议基于联邦学习的技术生态加强同外界的合作。

（4）新冠肺炎疫情助推人工智能在医疗领域的落地，在智慧医疗场景的细分应用中，诊中环节的影像诊断和语音识别（语音病历）的应用较为成熟。建议投资机构着重关注医疗影像和语音识别领域，助推相关技术进一步克服深度学习所在的缺陷，提升其"辅助诊断"能力。

2021年中国人工智能技术与市场关注价值图如图1-12所示。

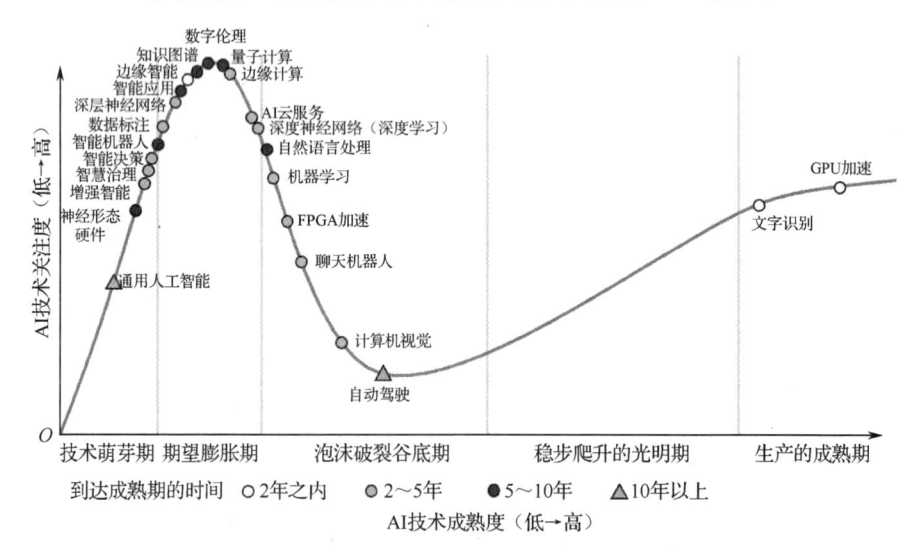

图1-12　2021年中国人工智能技术与市场关注价值图

数据来源：赛迪顾问，2021年1月

第二章

虚拟现实

第一节 产业定义或范畴

虚拟现实产业指借助计算机系统及传感器等技术生成三维环境,给用户一种身临其境的沉浸式体验的硬件、软件、内容和服务。虚拟现实产业涵盖狭义的虚拟现实(VR)、增强现实(AR)和混合现实(MR),其中VR是借助头盔式显示器、一体机等专用设备,为用户提供沉浸式体验;AR是VR的延伸,将计算机生成的物体、图片、视频、声音等虚拟信息叠加到真实场景中并与人实现互动;MR是VR和AR更深层次的技术组合,目前发展慢于其他两者。本书将不严格区分VR、AR、MR,用虚拟现实进行统一表述。

第二节 赛迪重大研判

(1)新冠肺炎疫情加速线上经济发展,中国虚拟现实产业应用场景拓展、普及速度加快。

(2)"新基建"相关政策落地为中国虚拟现实产业发展带来利好。

(3)虚拟现实产业各细分领域发展特点及竞争形势基本稳定,如硬件环节中,整机和配件净利润持续领跑,软件环节编解码、渲染呈现发展平稳态势。

(4)中国虚拟现实的龙头企业和关键要素资源多集中在华北、华东和中南地区,聚集态势显著。

(5)手势追踪、AR移动芯片等技术在未来5年内将逐步发展成熟,具备大规模应用的条件。

第三节 产业环境分析

一、疫情加速线上经济发展有力带动虚拟现实应用普及

2020年新冠肺炎疫情暴发，对生产生活产生较大影响，居家隔离成为中国防控疫情的有效手段。线下生活的不便倒逼了线上经济的繁荣，随着居家工作日趋流行，"宅经济"备受关注，而虚拟现实技术则在"宅经济"中扮演了举足轻重的角色，社交、娱乐、教育、购物等各类虚拟现实应用场景再次受到关注。虚拟现实的优势显而易见，能全方位立体展示某一场景和产品，给用户身临其境的体验感，大大提升了互动性与沉浸感。同时，用户居家期间依然可以"一饱眼福"，对于消费决策也起到了很大的转化促进作用。随着 VR 及 5G、物联网等技术的发展，虚拟现实产业发展的制约因素逐步消减，消费者宅家催生出新的娱乐消费方式，未来可能衍生成重要的生活方式，进一步加快虚拟现实普及进程。

二、虚拟现实产业对构建"双循环"新发展格局作用显著

构建以国内大循环为主、国内国际双循环相互促进的新发展格局对于加快国内消费升级、培育经济新增长点具有重要意义。以虚拟现实产业为主的消费模式发展迅速，已逐步成为数字经济时代个人消费的重要新形态。虚拟现实消费是网络、软件、硬件、服务、内容等多种消费信息元素的有机结合，能够促进产业生态各方的广泛合作，从而通过供给侧结构性改革，提高国内经济供给质量，挖掘国内消费潜力。虚拟现实设备也可因此具备更高的性能、更炫酷的外观，从而为消费者提供更流畅的体验和更丰富的内容等需求，加快消费升级，为培育经济新增长点做出突出贡献。

三、"新基建"助力虚拟现实产业的规模化发展

2020年中国加快推进以 5G 为代表的新型基础设施建设，提升了网络传输速率和降低了时延，有效缓解了虚拟现实产业痛点。大宽带、高传输速率有利于 8Kbps 及以上超高清内容的实时传输和播放，有效解决了当前虚拟现实因网络传输速率低所导致的内容质量不佳、画面不清晰的问题，网络延迟小于 10ms，虚拟现实因时延所导致的用户眩晕难题得到一定的解决。随着对网络时延要求较高的语音识别、视线跟踪、手势感应等功能的完善，虚拟现实的应用范围有望从目前的直播、游戏等消费娱乐领域，加快向工业维护、

医疗、教育等垂直领域延伸和普及，实现规模化发展。

四、政策力度持续加大推进虚拟现实产业创新应用

2020年1月农业农村部、中央网络安全和信息化委员会办公室发布的《数字农业农村发展规划（2019—2025年）》中，指出将建立长期任务委托和阶段性任务动态调整相结合的科技创新支持机制，加强农产品虚拟现实等新技术基础研发和前沿布局，形成一系列数字农业战略技术储备和产品储备。2020年2月工信部办公厅发布的《关于运用新一代信息技术支撑服务疫情防控和复工复产工作的通知》将深化增强现实/虚拟现实等新技术应用作为推动制造企业与信息技术企业合作的重要手段，加快恢复制造业产能。2020年11月，文化和旅游部等十部门联合印发《关于深化"互联网+旅游"推动旅游业高质量发展的意见》将坚持技术赋能作为基本原则之一，强调推动虚拟现实、增强现实等信息技术革命成果应用普及，深入推进旅游领域数字化、网络化、智能化转型升级。2020年11月，国务院办公厅印发《关于切实解决老年人运用智能技术困难的实施方案》，将探索通过虚拟现实、增强现实等技术，帮助老年人便捷享受在线游览、观赛观展、体感健身等智能化服务作为重点任务之一。上述政策表明国家支持虚拟现实产业的重点已经从单一技术突破转向了多技术融合，同时也支持鼓励虚拟现实赋能各产业和重点场景实现创新发展，沉浸式体验也成为2020年政策重点关注方向。此外，2020年，虚拟现实产业在各地方蓬勃发展，地方政府重点关注虚拟现实产业的落地和产品的推广应用。2020年2月湖南省工业和信息化厅发布《湖南省数字经济发展规划（2020—2025年）》，提出丰富超高清电视节目供给，支持超高清视频与增强现实、虚拟现实等技术的融合创新。2020年8月重庆市人民政府办公厅印发的《重庆市智慧医疗工作方案（2020—2022年）》中提出，依托5G网络，推动虚拟现实及增强现实技术在手术模拟、医疗教学、远程医疗等场景试点应用，为提高培训水平和制订治疗方案等提供参考。

第四节　产业链全景图

虚拟现实产业链（见图2-1）可分为硬件、软件、内容和服务四个环节。硬件环节包含芯片组、显示屏、传感器、通信模块、光学元件和整机配件制造几大细分环节；软件包含信息采集、编解码、渲染呈现、SDK、3D引擎

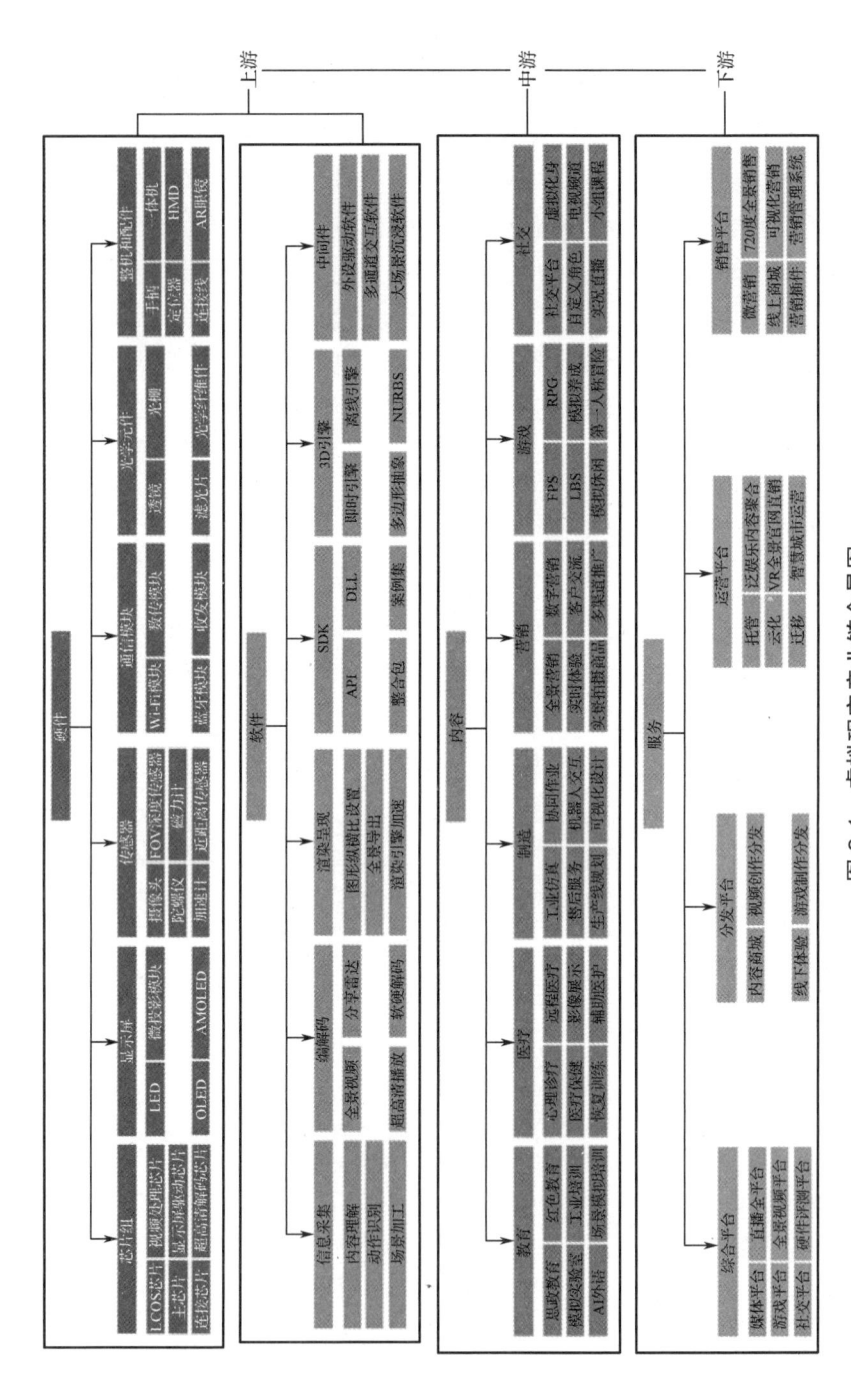

图 2-1 虚拟现实产业链全景图

数据来源：赛迪顾问，2021 年 1 月

和中间件等类型；内容包括教育、医疗、制造、营销等企业端内容和游戏、社交等消费端内容；服务主要是指综合平台、分发平台、运营平台和销售平台。硬件和软件构成虚拟现实产业链的上游环节，内容是中游环节，下游环节主要指服务。

硬件环节：是2020年虚拟现实全产业链中产值占比最高的环节，其中的芯片组、显示屏、整机配件制造是全产业链中最具有活力，也是前景最为广阔的几个领域。传感器、通信模块和光学元件等环节近几年来渐趋成熟，随着核心硬件的需求而调整，其范畴不仅涵盖PC、智能手机等通用部分，也包含FOV深度传感器、虚拟现实收发模块等可强化沉浸感的特殊部件。

软件环节：包括从信息的采集、处理到最终呈现的一系列完整流程。2020年，融合了虚拟现实特点的内容理解、动作识别和场景加工的信息采集软件受关注程度高，而全景视频制作等编解码软件和渲染引擎加速等渲染呈现软件已经相对成熟，可较好地处理虚拟现实影像，最后的呈现环节由SDK、3D引擎和其他中间软件协同完成，其中虚拟现实专用API和案例集是软件环节的热点，在整个软件环节处于关键位置。

内容环节：由企业应用端和个人消费端两部分构成，根据各行业的需求表现出不同特点。2020年，企业端中教育、医疗内容相对成熟，特别是红色教育和心理诊疗领域已经在部分地区实现了推广应用；制造内容以工业仿真为代表，贯穿协同作业、售后服务全流程，也涵盖从生产线规划、产品的设计到最终的人机交互等，应用前景广阔；全景营销和推广渠道均为营销内容的重要构成。2020年，消费端内容的代表是游戏和社交，能够有效提升用户黏性，进一步改善线上社交的弊端，蕴含新的商机。

服务环节：由综合平台、分发平台、运营平台和销售平台构成。对虚拟现实产品的包装和展示需要专门的媒体平台、直播全平台的合作，而产品的下沉和推广既需要线上的内容商城，又需要线下体验等分发平台，虚拟现实内容的托管、云化和迁移构成了运营平台，微营销、全景营销既是虚拟现实内容的形式，也是2020年虚拟现实产品和内容变现的重要途径。

第五节　价值链及创新

一、硬件

2020年中国虚拟现实产业硬件环节上市企业分布情况见表2-1。

表 2-1　2020 年中国虚拟现实产业硬件环节上市企业分布情况

细分领域		上市企业数量（家）	行业总收入（亿元）	行业净利润（亿元）	行业研发支出占收入比重（%）
芯片组	LOCOS 芯片	4	6.5	1.4	10.2
	视频处理芯片	3	3.2	0.9	11.4
	主芯片	12	16.3	2.2	15.2
	显示屏驱动芯片	2	3.6	0.6	8.4
	连接芯片	1	0.8	0.1	3.6%
	超高清解码芯片	3	1.4	0.1	10.4
显示屏	LED	6	2.4	0.8	7.3
	微投影模块	6	1.4	0.3	10.2
	OLED	4	2.2	0.5	11.4
	AMOLED	4	1.2	0.4	15.4
传感器	摄像头	5	2.6	0.6	4.3
	FOV 深度传感器	3	1.2	0.2	2.1
	陀螺仪	4	0.5	0.1	3.5
	磁力计	2	0.4	0.1	3.3
	加速计	1	0.3	0.1	3.0
	近距离传感器	6	1.1	0.1	4.3
通信模块	Wi-Fi 模块	4	2.3	0.2	2.5
	数传模块	3	1.6	0.1	1.3
	蓝牙模块	4	2.0	0.1	1.2
	收发模块	2	1.0	0.1	0.8
光学元件	透镜	1	0.3	0.1	0.4
	光栅	3	1.2	0.3	6.8
	滤光片	4	0.5	0.1	0.6
	光学纤维件	2	0.2	0.1	0.2
整机及配件制造	手柄	2	4.0	0.6	0.2
	一体机	5	8.2	1.8	0.8
	定位器	2	1.2	0.4	1.1
	HMD	6	6.6	2.0	0.3
	连接线	3	0.4	0.1	0.1
	AR 眼镜	6	5.1	0.5	13.5

数据来源：上市企业财报，赛迪顾问整理，2021 年 1 月

（一）显示屏环节成当前技术关注热点

作为新型显示的重要阵地，虚拟现实硬件环节中的显示屏是行业研发支出

占收入比重（见图2-2）最高的领域，该领域上市企业的平均占比为11.1%，是当前虚拟现实产业的热门技术。其中AMOLED研发支出占比最高，达到15.4%。

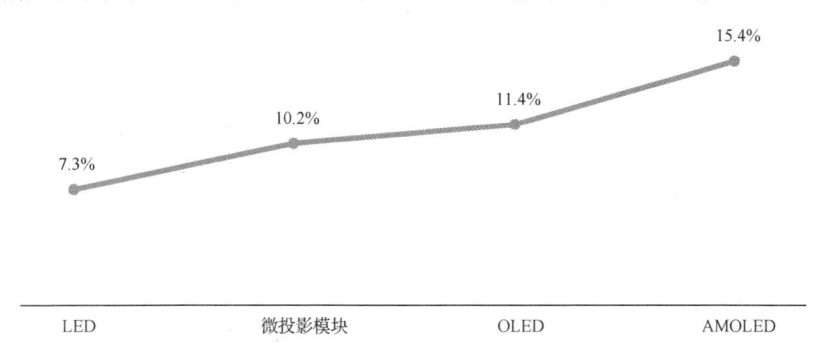

图 2-2　2020年中国虚拟现实产业硬件环节显示屏领域上市企业研发支出占收入比重情况

数据来源：上市企业财报，赛迪顾问整理，2021年1月

（二）芯片组上市企业优势地位稳固

2020年中国虚拟现实硬件环节芯片组上市企业总收入达到31.8亿元，同比增长37.1%，虽然相比发展初期的增长速度逐年降低，但稳居硬件环节收入首位，2020年占比为39.9%，优势地位稳固。2017—2020年中国虚拟现实产业硬件芯片组上市企业营收及占比情况如图2-3所示。

（a）上市企业营业收入及同比增长率

（b）细分领域占比情况

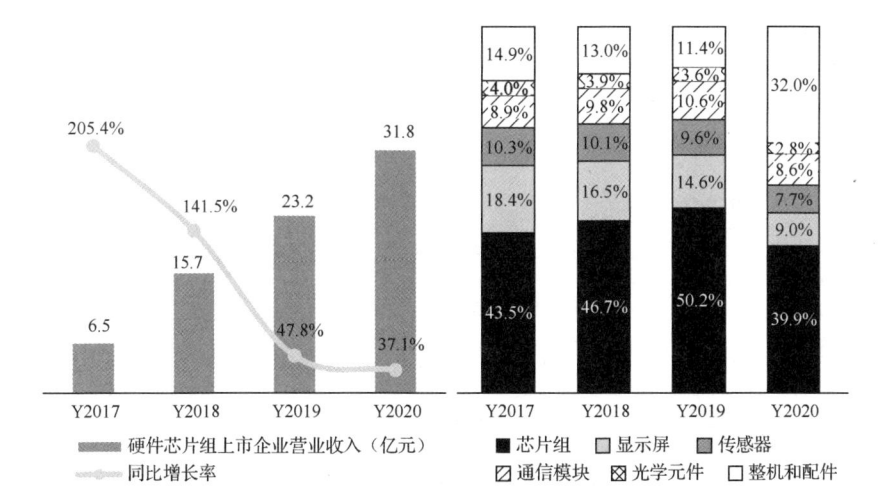

图 2-3　2017—2020年中国虚拟现实产业硬件芯片组上市企业营收及占比情况

数据来源：上市企业财报，赛迪顾问整理，2021年1月

（三）整机和配件发展潜力较大

从净利润看，整机和配件是硬件环节中利润最高的领域，如图2-4所示。由于虚拟现实整机和配件环节集成度要求较高，存在一定技术门槛，目前只有少数头部企业涉及该领域，议价空间较大，加上目前虚拟现实产品出货量逐年增加，需求旺盛，拉动整机和配件利润快速增长，发展潜力巨大。

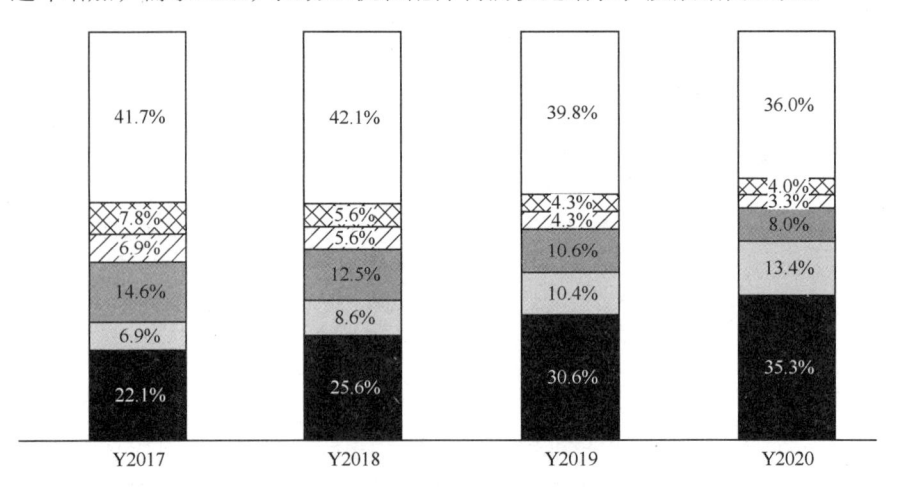

	Y2017	Y2018	Y2019	Y2020
整机和配件	41.7%	42.1%	39.8%	36.0%
光学元件	7.8%	5.6%	4.3%	4.0%
通信模块	6.9%	5.6%	4.3%	3.3%
传感器	14.6%	12.5%	10.6%	8.0%
显示屏	6.9%	8.6%	10.4%	13.4%
芯片组	22.1%	25.6%	30.6%	35.3%

图2-4　2017—2020年中国虚拟现实产业硬件各环节上市企业净利润结构情况
数据来源：上市企业财报，赛迪顾问整理，2021年1月

二、软件

2020年中国虚拟现实软件环节上市企业分布情况见表2-2。

表2-2　2020年中国虚拟现实软件环节上市企业分布情况

	细分领域	上市企业数量（家）	行业总收入（亿元）	行业净利润（亿元）	行业研发支出占收入比重（%）
信息采集	内容理解	4	1.2	0.52	7.5
	动作识别	5	1.6	0.44	8.3
	场景加工	3	0.8	0.26	7.2
编解码	全景视频	1	0.2	0.08	3.6
	分享雷达	2	0.3	0.12	4.2
	超高清播放	3	0.6	0.16	8.3
	软硬解码	1	0.2	0.08	1.5

续表

细分领域		上市企业数量（家）	行业总收入（亿元）	行业净利润（亿元）	行业研发支出占收入比重（%）
渲染呈现	图形纵横比设置	2	0.3	0.11	3.3
	全景导出	1	0.2	0.09	4.1
	渲染引擎加速	1	0.2	0.09	2.3
SDK	API	4	1.1	0.23	6.2
	DLL	2	0.6	0.25	7.2
	整合包	1	0.7	0.42	9.6
	案例集	1	0.8	0.39	10.7
3D引擎	即时引擎	2	0.3	0.12	3.6
	离线引擎	1	0.2	0.06	4.2
	多边形抽象	3	0.6	0.18	3.2
	NURBS	4	0.1	0.06	3.1
中间件	外设驱动软件	3	0.5	0.20	2.8
	多通道交互软件	2	0.6	0.26	2.6
	大场景沉浸软件	1	0.2	0.08	2.7

数据来源：上市企业财报，赛迪顾问整理，2021年1月

（一）SDK领域中整合包和案例集上市企业净利润占比较大

2017—2020年中国虚拟现实产业软件SDK领域上市企业净利润结构情况如图2-5所示。2017—2020年，SDK领域中整合包和案例集上市企业净利润占比较大，2020年分别占比32.6%和30.2%。虚拟现实信息的处理依赖功能完整的软件整合包和案例集，未来发展前景较好。

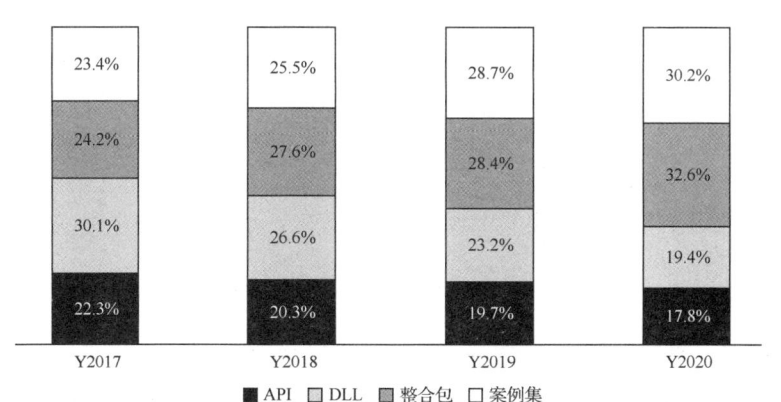

	Y2017	Y2018	Y2019	Y2020
案例集	23.4%	25.5%	28.7%	30.2%
整合包	24.2%	27.6%	28.4%	32.6%
DLL	30.1%	26.6%	23.2%	19.4%
API	22.3%	20.3%	19.7%	17.8%

图2-5　2017—2020年中国虚拟现实产业软件SDK领域上市企业净利润结构情况

数据来源：上市企业财报，赛迪顾问整理，2021年1月

（二）信息采集环节上市企业优势显著

2020 年中国虚拟现实软件中信息采集环节上市企业数量占比 25.5%，如图 2-6 所示，行业总收入占比 31.9%，如图 2-7 所示，均居于软件环节首位。近年来虚拟现实信息采集具有方式灵活、与其他功能关联度高等特点，吸引了众多企业入场，优势地位进一步凸显。

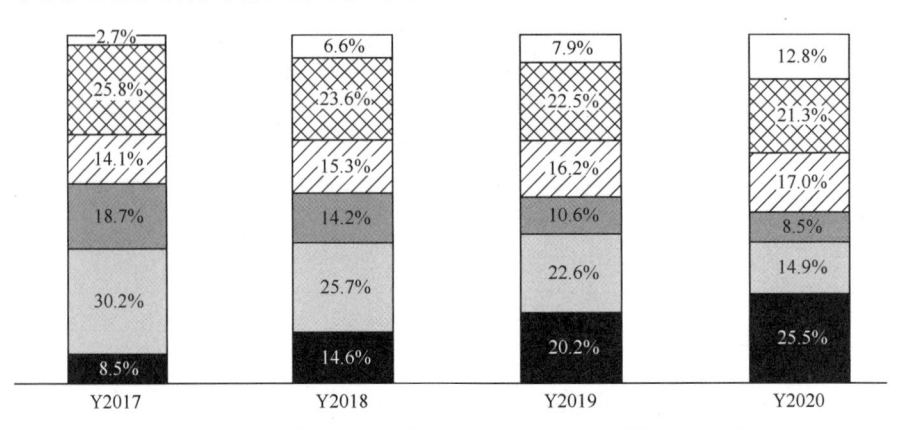

图 2-6　2017—2020 年中国虚拟现实产业软件环节各领域上市企业数量占比

数据来源：上市企业财报，赛迪顾问整理，2021 年 1 月

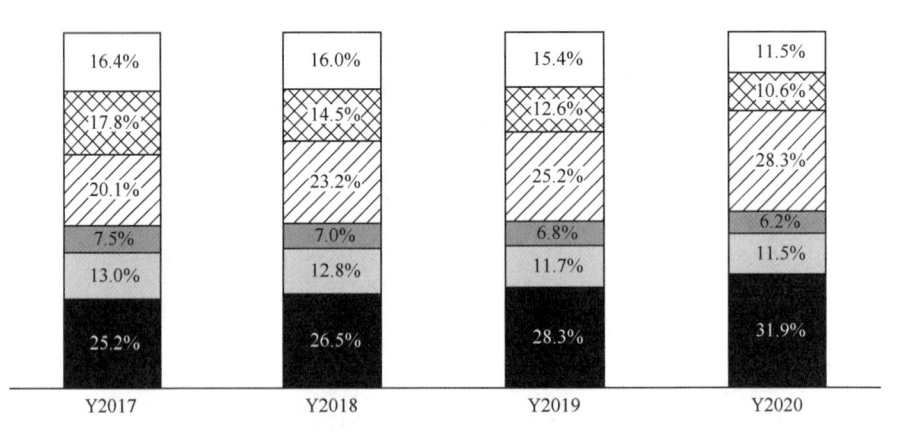

图 2-7　2017—2020 年中国虚拟现实产业软件环节各领域上市企业营收结构

数据来源：上市企业财报，赛迪顾问整理，2021 年 1 月

（三）编解码、渲染呈现等发展较为平稳

从 2020 年虚拟现实软件环节上市企业研发支出占收入比重（见图 2-8）来看，除了信息采集和 SDK 环节占比较高，分别为 7.7% 和 8.4% 之外，其余均在 5% 以下，虚拟现实软件环节各领域发展平稳。

信息采集	编解码	渲染呈现	SDK	3D引擎	中间件
7.7%	4.4%	3.2%	8.4%	3.5%	2.7%

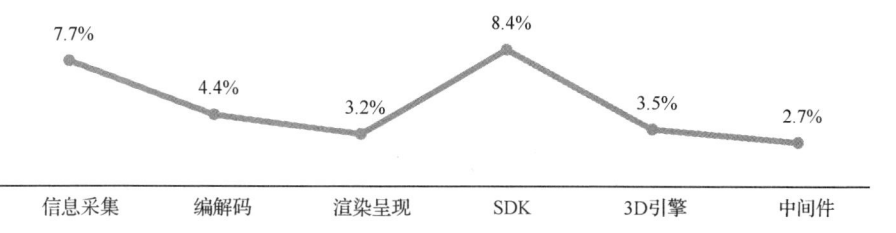

图 2-8　2020 年中国虚拟现实产业软件各领域上市企业研发支出占收入比重情况

数据来源：上市企业财报，赛迪顾问整理，2021 年 1 月

三、内容

2020 年中国虚拟现实内容环节上市企业分布情况见表 2-3。

表 2-3　2020 年中国虚拟现实内容环节上市企业分布情况

	细分领域	上市企业数量（家）	行业总收入（亿元）	行业净利润（亿元）	行业研发支出占收入比重（%）
教育	思政教育	4	2.2	0.20	1.2
	红色教育	2	2.0	0.18	0.4
	模拟实验室	7	1.7	0.14	0.8
	工业培训	6	3.2	0.23	1.0
	AI 外语	3	0.5	0.05	0.5
	场景模拟培训	2	0.8	0.07	0.9
医疗	心理诊疗	6	3.2	0.30	2.3
	远程医疗	2	4.6	0.45	2.6
	医疗保健	3	3.3	0.30	3.2
	影像展示	4	6.7	0.50	2.4
	恢复训练	1	3.2	0.30	2.8
	辅助医护	2	4.6	0.41	3.0
制造	工业仿真	3	3.6	0.2	3.2
	协同作业	2	1.2	0.11	3.5

续表

	细分领域	上市企业数量（家）	行业总收入（亿元）	行业净利润（亿元）	行业研发支出占收入比重（%）
制造	售后服务	1	0.5	0.51	2.1
	机器人交互	1	0.5	0.42	2.2
	生产线规划	1	0.3	0.21	2.3
	可视化设计	1	0.3	0.23	2.5
营销	全景营销	4	6.2	0.65	4.6
	数字营销	2	4.5	0.40	2.3
	实时体验	1	1.2	0.11	3.1
	客户交流	1	1.6	0.17	3.9
	实景拍摄商品	1	1.5	0.15	2.6
	多渠道推广	1	1.3	0.05	2.4
游戏	FPS	2	2.3	1.10	4.2
	RPG	6	7.2	3.20	5.6
	LBS	3	4.0	1.80	6.2
	模拟养成	1	1.3	0.60	4.8
	模拟休闲	2	2.4	1.00	5.9
	第一人称冒险	1	1.3	0.70	6.0
社交	社交平台	2	2.2	0.10	11.2
	虚拟化身	1	1.0	0.02	10.2
	自定义角色	2	2.4	0.13	6.6
	电视频道	3	3.5	0.17	6.5
	实况直播	3	2.9	0.18	5.6
	小组课程	2	2.6	0.16	11.3

数据来源：上市企业财报，赛迪顾问整理，2021年1月

（一）医疗领域居于行业收入首位

自2016年虚拟现实正式进入中国以来，医疗内容就占据行业收入的较大比重，虚拟现实可提供的沉浸式体验在医疗领域多方面均有实际应用。2017—2020年中国虚拟现实产业内容环节医疗领域上市企业总收入结构如图2-9所示。2020年上市企业中，影像展示在医疗领域收入占比为26.2%，显示出较好的应用前景。

第二章 虚拟现实

	Y2017	Y2018	Y2019	Y2020
辅助医护	14.0%	15.1%	17.4%	18.0%
恢复训练	8.6%	9.6%	10.2%	12.5%
影像展示	31.2%	30.3%	28.6%	26.1%
医疗保健	5.5%	8.6%	10.2%	12.9%
远程医疗	23.1%	21.2%	20.2%	18.0%
心理诊疗	17.6%	15.2%	13.4%	12.5%

图 2-9　2017—2020 年中国虚拟现实产业内容环节医疗领域上市企业总收入结构

数据来源：上市企业财报，赛迪顾问整理，2021 年 1 月

（二）教育领域企业发展机会较多

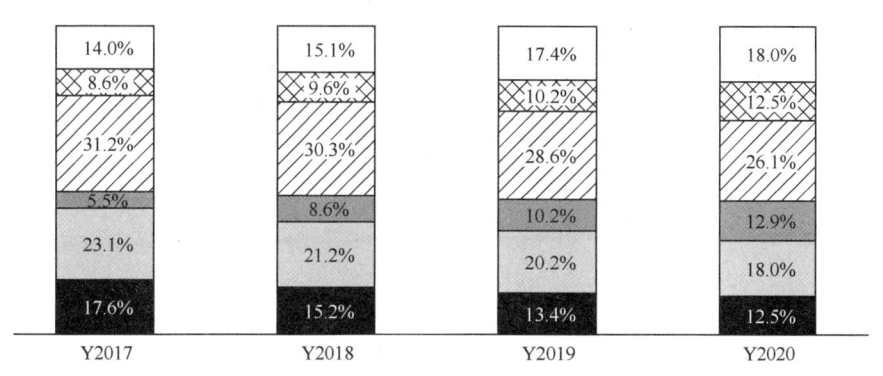

2020 年中国虚拟现实内容环节上市企业多分布在教育领域（见图 2-10），占比为 27.0%，可见资本看好能提供优质教育内容的虚拟现实企业，大量资本涌入该领域，对企业未来的发展起到了积极作用，发展前景较好。教育领域中模拟实验室和工业培训占比最高（见图 2-11），分别为 29.2% 和 25.0%。

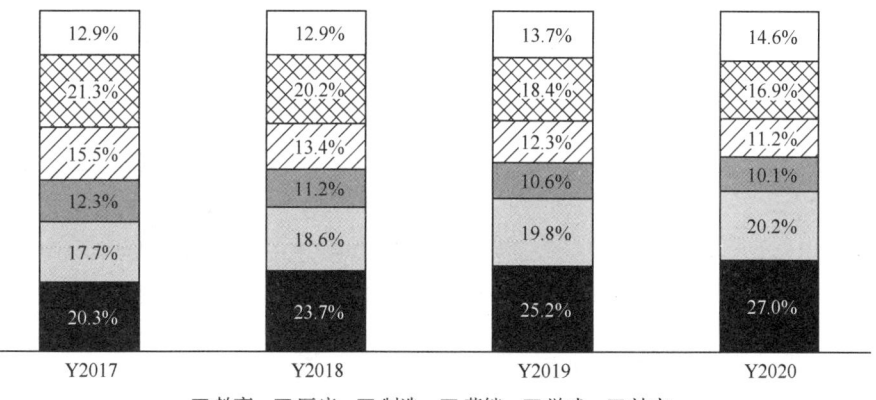

	Y2017	Y2018	Y2019	Y2020
社交	12.9%	12.9%	13.7%	14.6%
游戏	21.3%	20.2%	18.4%	16.9%
营销	15.5%	13.4%	12.3%	11.2%
制造	12.3%	11.2%	10.6%	10.1%
医疗	17.7%	18.6%	19.8%	20.2%
教育	20.3%	23.7%	25.2%	27.0%

图 2-10　2017—2020 年中国虚拟现实产业内容环节各领域上市企业数量占比

数据来源：上市企业财报，赛迪顾问整理，2021 年 1 月

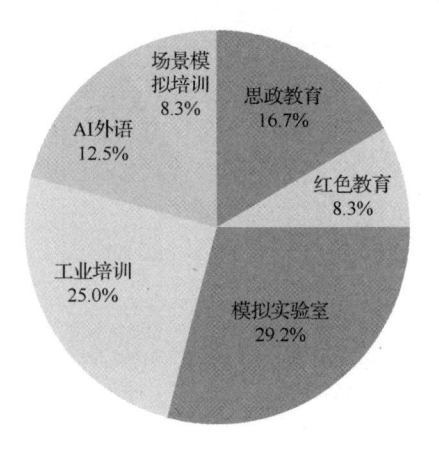

图 2-11　2020 年教育领域上市企业数量结构
数据来源：上市企业财报，赛迪顾问整理，2021 年 1 月

（三）社交领域研发支出占收入比重较高

2020 年中国虚拟现实产业内容环节社交领域上市企业研发支出占收入比重较高，平均为 8.6%。其中社交平台和小组课程最高，分别为 11.2% 和 11.3%。2020 年中国虚拟现实产业内容环节社交领域上市企业研发支出占收入比重情况如图 2-12 所示。

社交平台	11.2%
虚拟化身	10.2%
自定义角色	6.6%
电视频道	6.5%
实况直播	5.6%
小组课程	11.3%

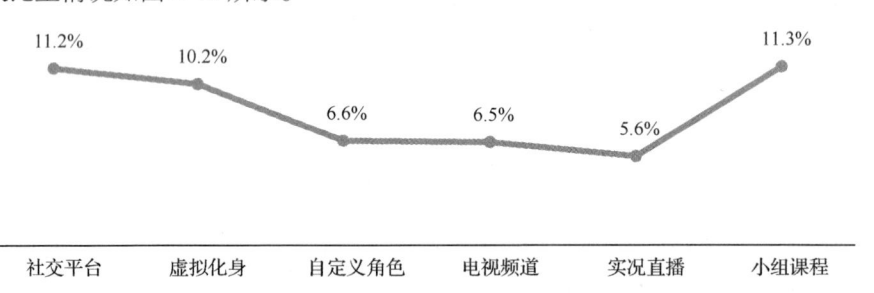

图 2-12　2020 年中国虚拟现实产业内容环节社交领域上市企业研发支出占收入比重情况
数据来源：上市企业财报，赛迪顾问整理，2021 年 1 月

（四）游戏领域净利润领跑

游戏凭借虚拟现实的新奇体验和灵活操作成为内容环节净利润最高的领域。2020 年 RPG 类游戏上市企业净利润占比为 38.1%，未来将会迎来更多机会。2017—2020 年中国虚拟现实产业内容环节游戏领域上市企业净利润结构如图 2-13 所示。

第二章　虚拟现实

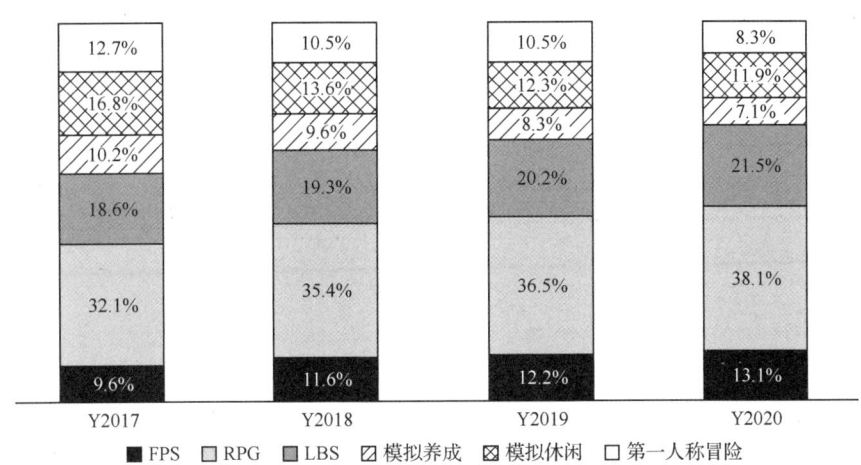

	12.7%		10.5%		10.5%		8.3%
	16.8%		13.6%		12.3%		11.9%
	10.2%		9.6%		8.3%		7.1%
	18.6%		19.3%		20.2%		21.5%
	32.1%		35.4%		36.5%		38.1%
	9.6%		11.6%		12.2%		13.1%
	Y2017		Y2018		Y2019		Y2020

■ FPS　□ RPG　▨ LBS　▨ 模拟养成　▨ 模拟休闲　□ 第一人称冒险

图 2-13　2017—2020 年中国虚拟现实产业内容环节游戏领域上市企业净利润结构
数据来源：上市企业财报，赛迪顾问整理，2021 年 1 月

四、服务

2020 年中国虚拟现实服务环节上市企业分布情况见表 2-4。

表 2-4　2020 年中国虚拟现实服务环节上市企业分布情况

	细分领域	上市企业数量（家）	行业总收入（亿元）	行业净利润（亿元）	行业研发支出占收入比重（%）
综合平台	媒体平台	3	2.1	0.20	6.5
	直播全平台	2	1.2	0.10	3.5
	游戏平台	2	1.3	0.11	4.4
	全景视频平台	1	1.6	0.16	4.3
	社交平台	3	2.1	0.23	5.6
	硬件评测平台	1	2.3	0.22	4.2
分发平台	内容商城	3	1.1	0.11	2.1
	视频创作分发	2	2.1	0.23	2.7
	线下体验	1	0.5	0.04	2.3
	游戏制作分发	1	0.6	0.05	2.1
运营平台	托管	4	3.1	0.32	5.3
	泛娱乐内容聚合	2	2.3	0.21	5.9
	云化	1	1.2	0.11	6.5
	VR 全景官网直销	2	2.6	0.23	4.4

033

续表

	细分领域	上市企业数量（家）	行业总收入（亿元）	行业净利润（亿元）	行业研发支出占收入比重（%）
运营平台	迁移	1	1.3	0.11	5.6
	智慧城市运营	2	2.5	0.20	6.5
销售平台	微营销	1	0.6	0.04	5.4
	720度全景销售	1	0.4	0.01	7.1
	线上商城	2	2.1	0.20	2.3
	可视化营销	1	0.3	0.03	5.6
	营销插件	2	0.2	0.01	2.6
	营销管理系统	1	0.1	0.01	3.2

数据来源：上市企业财报，赛迪顾问整理，2021年1月

（一）综合平台和运营平台是虚拟现实服务环节热点

2020年中国虚拟现实产业服务环节上市企业数量分布如图2-14所示，比重最高的是综合平台和运营平台，均占比30.8%，是服务环节的热点。同时这两个平台也是行业总收入占比最高的2个领域，分别为33.5%和41.1%。2017—2020年中国虚拟现实产业服务环节各领域上市企业营收结构如图2-15所示。

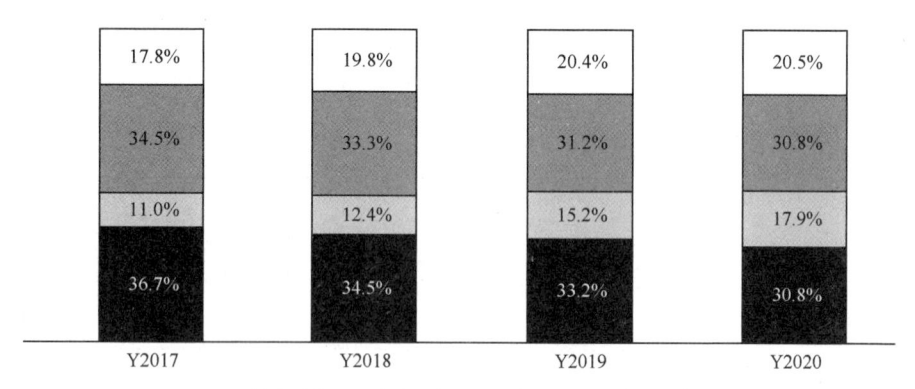

	Y2017	Y2018	Y2019	Y2020
销售平台	17.8%	19.8%	20.4%	20.5%
运营平台	34.5%	33.3%	31.2%	30.8%
分发平台	11.0%	12.4%	15.2%	17.9%
综合平台	36.7%	34.5%	33.2%	30.8%

图2-14 2017—2020年中国虚拟现实产业服务环节各领域上市企业数量分布

数据来源：上市企业财报，赛迪顾问整理，2021年1月

第二章 虚拟现实

	Y2017	Y2018	Y2019	Y2020
销售平台	2.7%	7.2%	9.9%	11.7%
运营平台	48.9%	45.6%	43.6%	41.1%
分发平台	10.5%	11.6%	12.4%	13.6%
综合平台	37.9%	35.6%	34.1%	33.5%

图 2-15　2017—2020 年中国虚拟现实产业服务环节各领域上市企业营收结构

数据来源：上市企业财报，赛迪顾问整理，2021 年 1 月

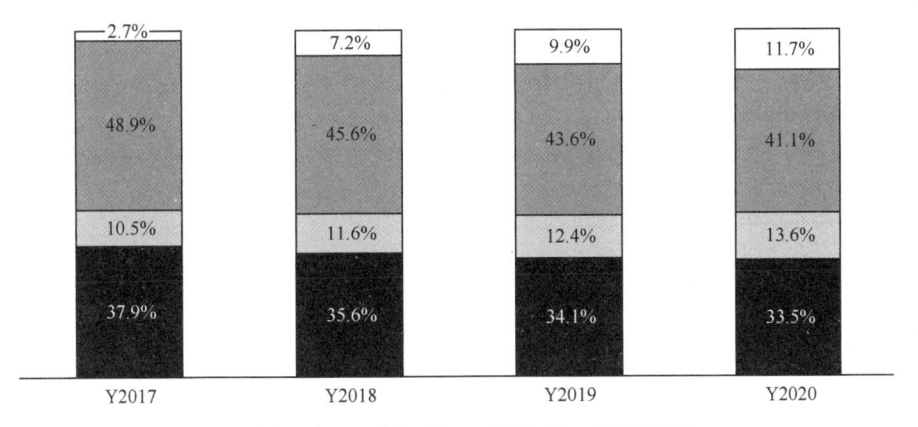

（二）分发平台和销售平台领域企业未来发展潜力较大

尽管在上市企业数量和行业总收入上不及其他领域，但分发平台和销售平台 2020 年净利润占比较往年保持增长，随着虚拟现实产业不断发展，分工越发细致，分发平台和销售平台未来发展潜力较大。2017—2020 年中国虚拟现实产业服务环节上市企业净利润情况如图 2-16 所示。

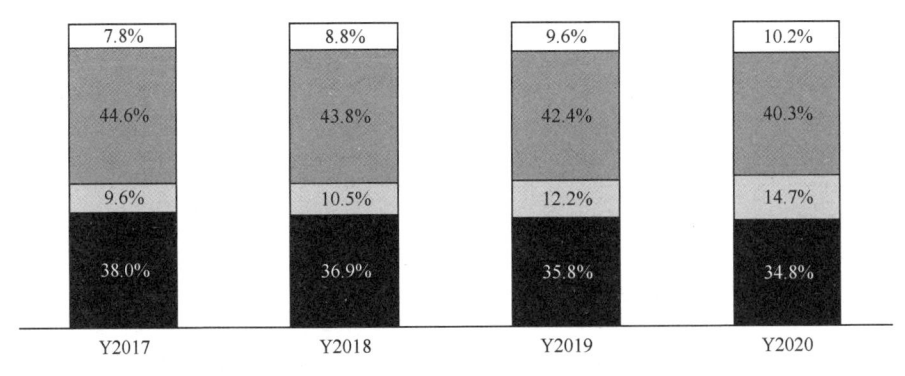

	Y2017	Y2018	Y2019	Y2020
销售平台	7.8%	8.8%	9.6%	10.2%
运营平台	44.6%	43.8%	42.4%	40.3%
分发平台	9.6%	10.5%	12.2%	14.7%
综合平台	38.0%	36.9%	35.8%	34.8%

图 2-16　2017—2020 年中国虚拟现实产业服务环节上市企业净利润情况

数据来源：上市企业财报，赛迪顾问整理，2021 年 1 月

035

第六节　区域分布格局

一、产业资源分布

从总体分布（见表 2-5）来看，华北、华东和中南地区是中国虚拟现实产业重点企业的主要分布区域。依托雄厚的电子信息制造基础和广阔市场，虚拟现实产业在以上地区发展迅速，规上企业集中、创新载体平台众多、高校和研究院实力强，产业资源丰富。

东北、西南和西北地区目前基本属于跟随阶段，承接发达地区的部分产业转移和代工。以成都为代表的西南地区在显示屏领域具有突出优势。

表 2-5　2020 年中国虚拟现实产业资源分布

区域	企业资源	载体、平台	创新资源	其他资源
华北	拥有规上企业 66 家；营业收入过亿元企业 10 家	国家级高新区 11 个；省级开发区 23 个	高校 7 所；相关科研机构数量 6 家；国家实验室 2 家	消费力强，市场广阔
华东	拥有规上企业 53 家；营业收入过亿元企业 5 家	国家级高新区 6 个；省级开发区 14 个	高校 5 所；相关科研机构数量 3 家	研发基础雄厚
中南	拥有规上企业 53 家；营业收入过亿元企业 13 家	国家级高新区 5 个；省级开发区 16 个	高校 4 所	硬件制造条件优越
东北	拥有规上企业 27 家；营业收入过亿元企业 1 家	国家级高新区 2 个；省级开发区 4 个	高校 3 所	无
西南	拥有规上企业 46 家；营业收入过亿元企业 4 家	国家级高新区 3 个；省级开发区 9 个	高校 2 所	显示屏领域有一定优势
西北	拥有规上企业 26 家	国家级高新区 1 个；省级开发区 6 个	高校 1 所	无

数据来源：赛迪顾问，2021 年 1 月

二、产业规模分布

2020 年中国虚拟现实产业规模分布如图 2-17 所示。北京、上海、广东、浙江、江西、山东和江苏是目前中国虚拟现实产业规模领先的地区，占比超过 73%，远超其他地区；而湖南、福建和四川 3 个地区总体表现也较为优秀，分别排在第 8 位到第 10 位。

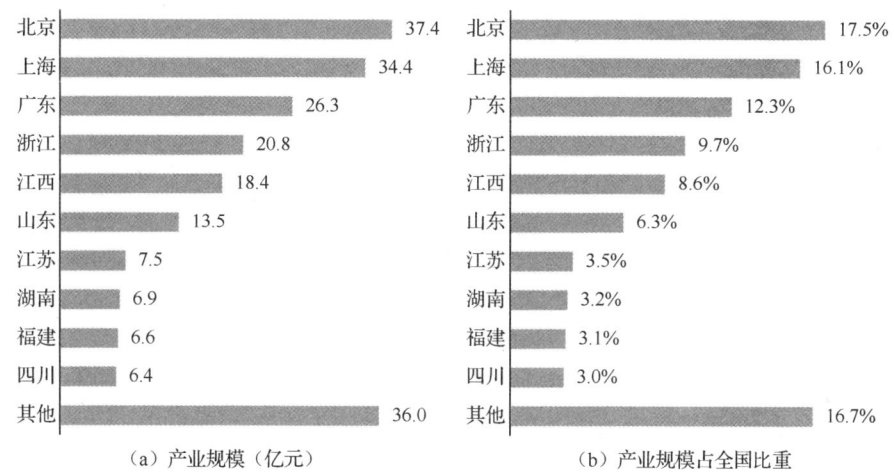

地区	产业规模（亿元）	产业规模占全国比重
北京	37.4	17.5%
上海	34.4	16.1%
广东	26.3	12.3%
浙江	20.8	9.7%
江西	18.4	8.6%
山东	13.5	6.3%
江苏	7.5	3.5%
湖南	6.9	3.2%
福建	6.6	3.1%
四川	6.4	3.0%
其他	36.0	16.7%

（a）产业规模（亿元）　　（b）产业规模占全国比重

图 2-17　2020 年中国虚拟现实产业规模分布图

数据来源：赛迪顾问，2021 年 1 月

第七节　行业重大事件

2020 年，中国虚拟现实产业新产品、新模式和新业态涌现，企业在所处产业链环节发力，市场被进一步打开，用户黏性持续增强。

随着线上应用热度攀升、"新基建"支撑作用凸显、5G 全面商用，不少企业已经尝试虚拟现实新解决方案和应用场景，在应用过程中新技术也得到了进一步的普及，企业与运营商的协同创新初见成效，产业生态越发成熟。

2020 年中国虚拟现实行业重大事件见表 2-6。

表 2-6　2020 年中国虚拟现实行业重大事件

序号	事件说明	事件主体	影响/意义
1	华为发布 VR Glass 6 DoF 游戏套装	华为	开辟 6 DoF 游戏新模式，可达毫米级精度定位，带来更精准更真实的游戏体验
2	腾讯音乐投资 VR 音乐平台 Wave VR	腾讯	探索虚拟演唱会
3	OPPO 推出 AR 眼镜	OPPO	为 AR 与国产手机的融合提供新思路
4	Insta 360 科创板上市	Insta 360	设立中国虚拟现实智能影像设备研发，加速技术成果转化进程

续表

序号	事件说明	事件主体	影响/意义
5	国际消费电子展CES成功举办	小鸟看看、爱奇艺VR等多家中国虚拟现实企业	参展的中国虚拟现实企业数量达到122家，较2019年增加了15%
6	2020世界VR产业大会云峰会成功举办	歌尔、北京百度网讯科技、科大讯飞等企业	发布中国VR企业50强，聚焦行业发展热点，展示最新VR技术成果

数据来源：赛迪顾问，2021年1月

第八节　市场规模预测

一、2023年，中国虚拟现实市场规模将突破1000亿元

2020年中国虚拟现实市场规模为413.5亿元，同比增长46.2%。2018—2023年中国虚拟现实市场规模及预测如图2-18所示。未来中国虚拟现实市场的增长动力主要来自技术驱动硬件升级、教育等行业在虚拟现实的应用范围拓展，更符合用户需求的优质内容越发丰富，以及一体机等虚拟现实设备性能不断优化带来的用户体验提升。预计未来中国虚拟现实市场仍将保持30%~40%的高增长率，到2023年将超过1000亿元。

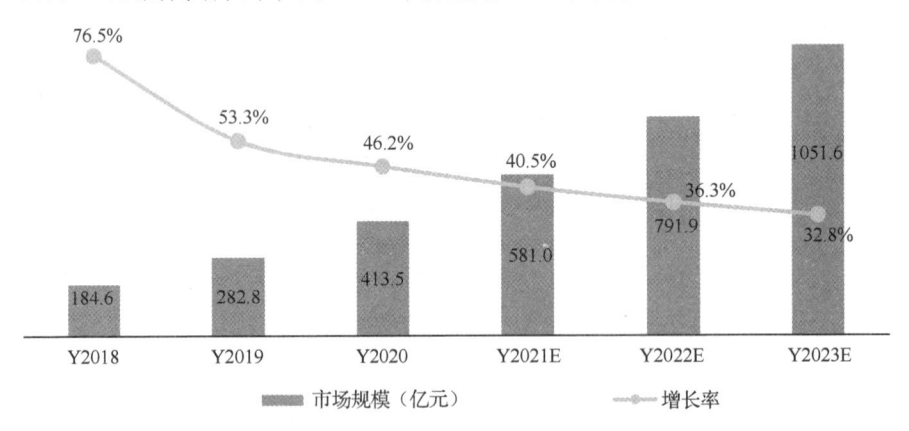

图2-18　2018—2023年中国虚拟现实市场规模及预测

数据来源：赛迪顾问，2021年1月

二、与内容环节融合趋势显著，服务环节市场份额进一步扩大

2020年虚拟现实市场内容与服务的界限逐渐模糊，定制化服务受用户青睐程度大大提升，带动对应的虚拟现实服务市场迅速发展。而硬件和软件环

节作为目前已经相对成熟的环节，二者发展较为稳定。2018—2023 年中国虚拟现实市场结构及预测如图 2-19 所示。

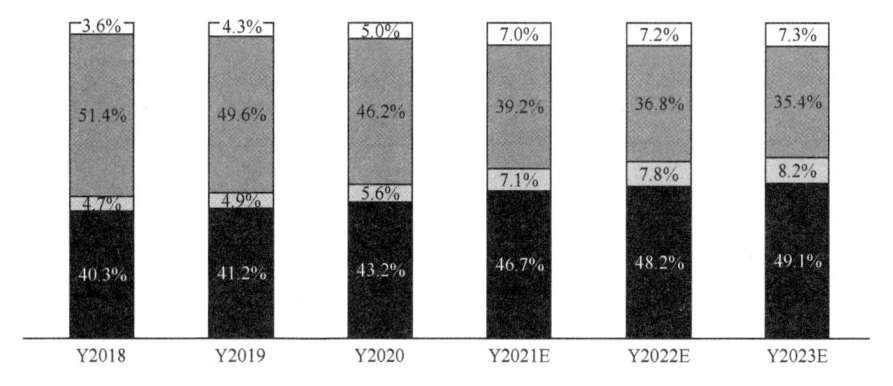

图 2-19　2018—2023 年中国虚拟现实市场结构及预测

数据来源：赛迪顾问，2021 年 1 月

第九节　资本市场动向

一、虚拟现实投融资渐趋理性

从 2018—2020 年的中国虚拟现实行业投融资案例数量（见图 2-20）来看，逐年下滑的态势十分明显，表明虚拟现实行业投融资已趋于理性，投资者普遍采取更慎重的策略。从细分领域来看，内容和硬件占据较大比重，是资本比较关注的领域。

（a）投融资事件数量（件）　　（b）各领域占比情况

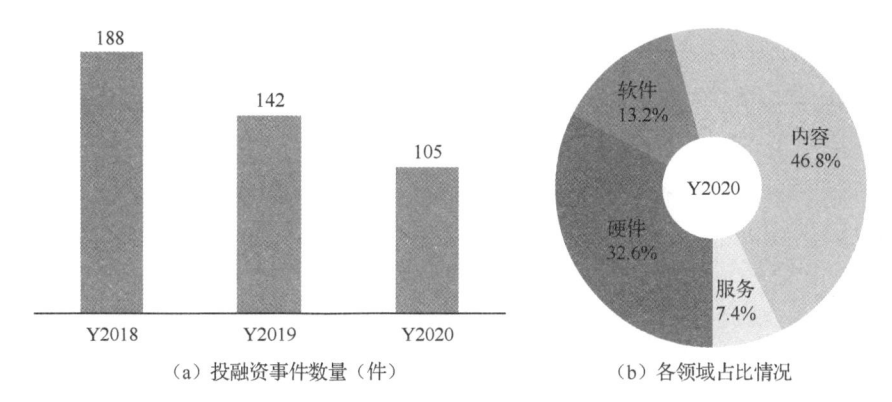

图 2-20　2018—2020 年中国虚拟现实行业投融资事件数量及 2020 年各领域占比

数据来源：赛迪顾问，2021 年 1 月

二、虚拟现实投融资集中度持续提升

尽管投融资笔数逐年下降，但从 2018—2020 年的投融资案例金额（见图 2-21）来看，基本上呈现出逐年上涨的态势，可见中国虚拟现实行业单笔投资金额不断增大、投融资集中度持续提升的态势没有变，资本对于行业信心不减。

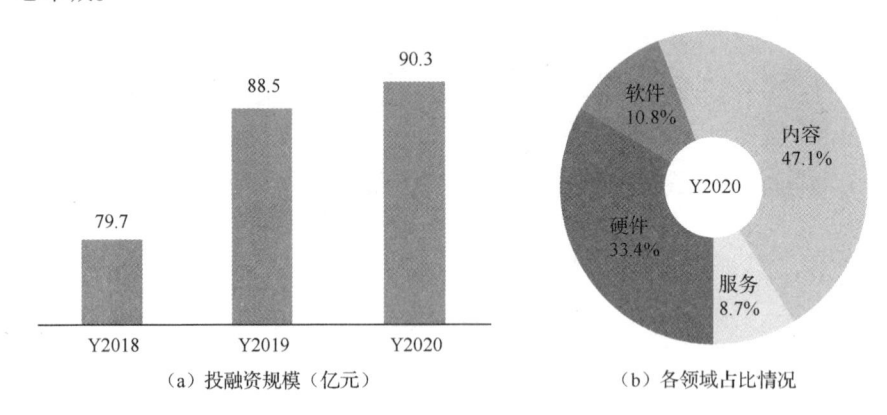

图 2-21　2018—2020 年中国虚拟现实行业投融资金额及 2020 年各领域占比情况

数据来源：赛迪顾问，2021 年 1 月

三、虚拟现实投融资较成熟轮次比重大

2020 年，A 轮及其以后的投融资规模达到 82.0 亿元，占比达 90.8%，投融资轮次的成熟度进一步提高。2018—2020 年中国虚拟现实行业投融资情况如图 2-22 所示。

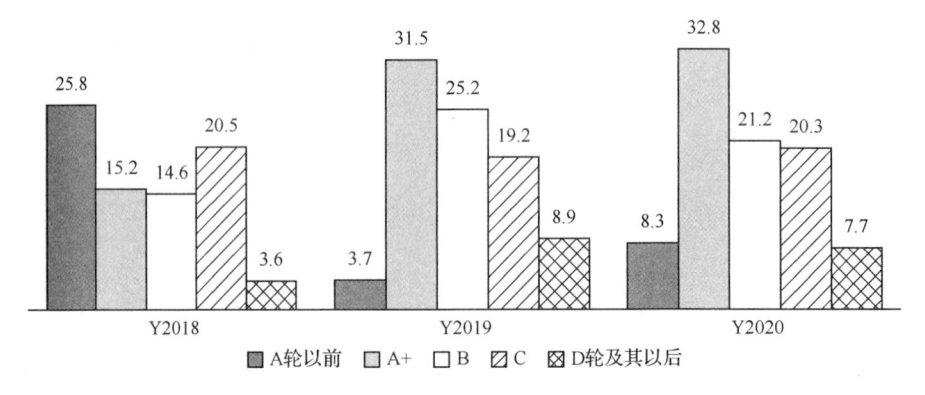

图 2-22　2018—2020 年中国虚拟现实行业投融资情况（亿元）

数据来源：赛迪顾问，2021 年 1 月

四、华北、华东和中南地区是投融资的主要分布区域

从 2018—2020 年的投融资区域分布（见图 2-23）来看，位于华北、华东和中南地区的企业融资占比之和均超过 80%，华北、华东和中南地区是目前中国虚拟现实产业最富有活力的地区，资本支持力度大，企业发展机会多。

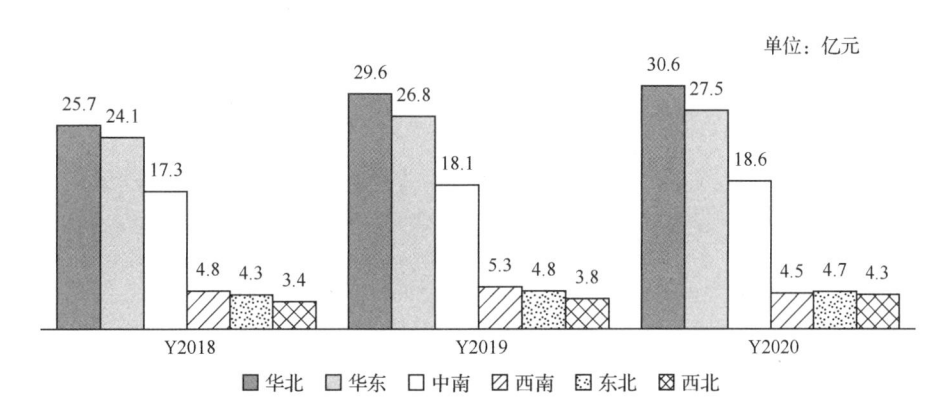

图 2-23　2018—2020 年中国虚拟现实投融资区域分布情况

数据来源：赛迪顾问，2021 年 1 月

第十节　赛道选择建议

（1）游戏、社交等消费级应用的关键技术热度持续爬升。

（2）医疗、教育、制造等企业级仿真应用关键技术已初步成熟，未来市场可期。

（3）手势追踪、AR 移动芯片等技术成熟度在未来 5 年内将逐渐成熟，具备大规模应用的条件。

2021 年中国虚拟现实细分领域投资价值气泡图如图 2-24 所示。

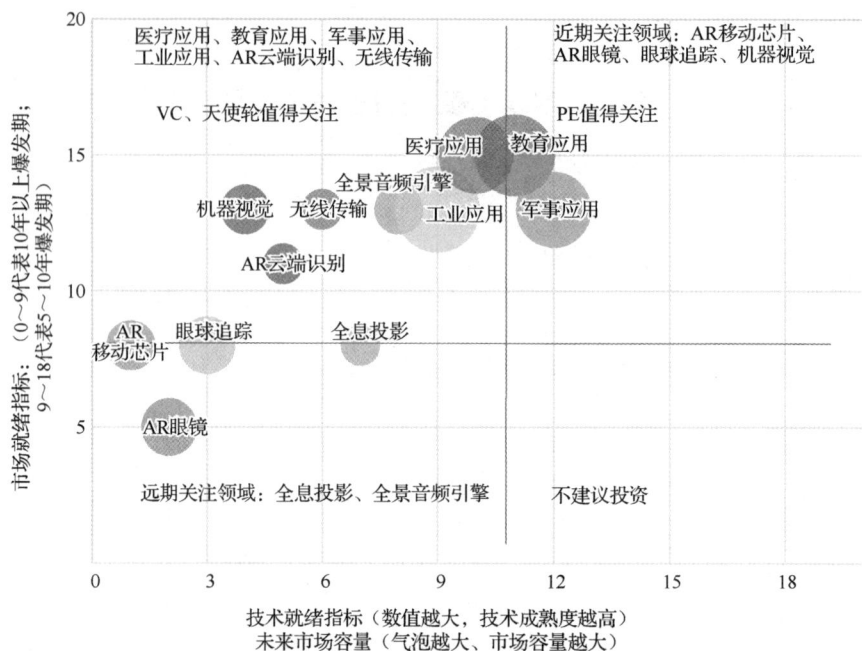

图 2-24　2021 年中国虚拟现实细分领域投资价值气泡图

数据来源：赛迪顾问，2021 年 1 月

第三章

区块链

第一节 产业定义或范畴

区块链（Blockchain）技术起源于中本聪（化名）发表的论文 *Bitcoin: A Peer-to-Peer Electronic Cash System*。具体来说，区块链是将点数据按照产生的时间顺序排列成线数据，一定数量的线数据被打包成块数据（数据区块），并利用非对称加密等密码学相关技术将前一个数据区块的簇信息进行加密打包到后一个区块，再将拓扑结构的数据通过网络扩散协议同步到各个节点进行备份，从而实现数据集的不可篡改、不可伪造、去中心化特征。在上述过程中，通过设定共识机制，使区块链网络实现自治性。

由于区块链可以不依靠中心机构，在完全无信任基础的前提下建立信任机制，是全新的社会价值转移方式，可提高社会生产效率，因此行业应用前景广阔。中国紧跟时代步伐，大力推进区块链产业快速发展，本章内容对中国区块链产业的上游基础硬件、中游平台协议、下游行业应用服务进行了深入分析，包含了区块链产业规模、企业区域分布、重点投资领域和赛道选择建议等内容。

本章内容将数字货币及其衍生领域纳入统计口径[①]，其中"数字货币"指除"DCEP（数字货币）"外的区块链通证。

[①] CBDC、DCEP 处于验证和讨论阶段，尚未大规模应用，对此本章仅做现状描述和趋势分析，暂未将其纳入产业规模统计范畴。中国禁止非法定数字货币流通，故比特币等数字货币未被纳入产业规模统计之列。

第二节 赛迪重大研判

（1）DCEP进入试点测试和场景选择的全新阶段，未来DCEP将支撑中国经济新发展格局。

（2）区块链的广泛应用将提升传统产业生产效率，从产业链来看，区块链基础层中的计算终端（一体机）和应用层数据记录类产品将成为爆发点。

（3）龙头企业愈发重视数字资产交易平台建设，未来市场对基于区块链技术打造的可信交易系统有较高需求。

（4）北京和上海成为最具投资价值企业的聚集地。2020年获得投资的企业中，超过半数位于北京和上海。

（5）从行业应用落地速度来看，打造基于区块链技术的非税收入和票据系统有望成为开拓政府端应用的突破点。

第三节 产业环境分析

一、中国数字经济高速发展带动区块链行业应用加速落地

近年来中国数字经济发展迅猛，区块链作为数字经济的重要基础设施，2020年在"新基建"浪潮的影响下，产业应用加速落地。2020年4月25日，国家信息中心牵头建设区块链服务网络（BSN），同时以中国移动、阿里巴巴、百度、中国平安、京东为代表的IT、互联网巨头企业和以趣链科技、数秦科技等为代表的众多中小型企业都在不同程度地加大投入力度开拓业务，并形成了一批优秀的区块链应用案例。央行数字货币（DCEP）在四个城市的试点应用有序开展，未来将有望重构商业生态。

二、智慧城市发展为区块链产业创造巨大应用场景

中国智慧城市的发展强有力地带动区块链产业发展。智慧城市是综合性的城市体系，融合了方方面面的前沿科技和智能产品，可以说是产业的集大成者。一方面，中国智慧城市的发展对城市全域数据感知、数据采集、数据传输的准确性提出了更高的要求，海量的设备接入智慧城市，这些设备的身份认证和设备间通信安全问题为智慧城市安防领域带来巨大挑战。通过接入区块链平台，能够打造新型社会信任体系，有效解决不同机构、组织间信息

共享与数据互信问题。另一方面，城市数字基础设施建设不但能有力带动区块链基础硬件层发展，如自加密传感器、区块链一体机等，而且能促进区块链产业下游实体经济领域解决方案的部署，如跨部门数据共享解决方案、智慧城市运行数据流程管理方案等。

三、DCEP 和 CBDC 在研发和部署的道路上不断发力

中国的央行数字货币研究所大力推进 DCEP 研究工作，并在中国四地进行试点，分别是苏州、雄安、成都和深圳。DCEP 项目在重构金融模式和货币体系的道路上不断取得突破，是推动中国区块链产业发展的重要抓手。纵观全球，数字货币在全球数字经济竞争中居于核心地位，2020 年，美、日等国都在加快推进数字货币（CBDC）的研究与发行，不断探索以本国数字货币为主导的、全球化的数字货币可行路径和实施方案。

四、中央和地方大力支持区块链产业发展

从国家层面，出台区块链政策引导区块链技术和产业快速发展。2020年，中共中央、国务院印发《海南自由贸易港建设总体方案》，明确指出要加强区块链技术在知识产权交易、存证等方面的应用，探索适合自由贸易港发展的新模式。2020 年 4 月，国家发展和改革委员会（以下简称国家发改委）将区块链列为"新基建"信息基础设施建设的内容之一，这将为区块链行业解决方案在更多场景落地应用提供有力保障，进一步加速区块链产业的蓬勃发展。工信部印发《关于深入推进移动物联网全面发展的通知》，鼓励企业、研究机构加大对移动物联网终端可信认证技术、区块链溯源等安全技术手段的研究应用。区块链与物流管理、商品防伪、商品溯源、制造管理、行业协同等领域的深度结合，增加了商品的可追溯性、安全性，使整个溯源链条上的各种参与主体，实现了从被动监管向主动信用监管的升级和转变。地方层面，多地陆续出台政策推动产业落地。2020 年，全国共有 23 个省（自治区、直辖市）将区块链写入了 2020 年政府工作报告。除此之外，广州、北京、海南、重庆等 13 个省市发布了区块链专项发展政策或区块链指导信息，以重庆"渝快链"、四川"蜀信链"为代表的区块链综合服务平台接连落地，不断加速推动产业发展。

第四节 产业链全景图

区块链产业包括上游基础硬件层、中游平台协议层、下游应用服务层环节。区块链产业链全景图如图 3-1 所示。

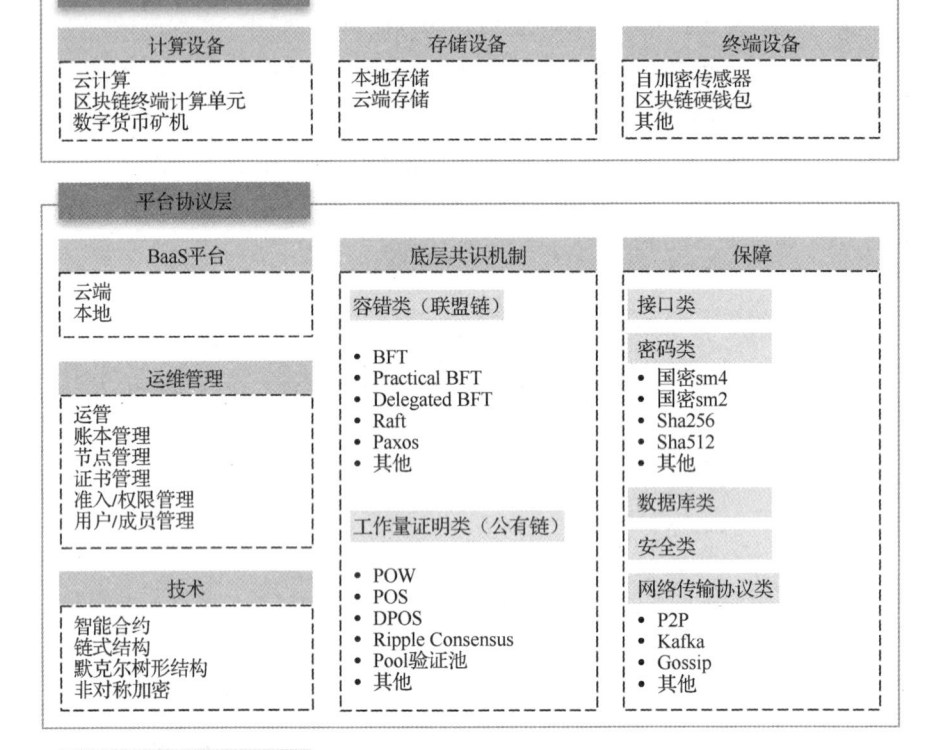

基础硬件层

计算设备	存储设备	终端设备
云计算 区块链终端计算单元 数字货币矿机	本地存储 云端存储	自加密传感器 区块链硬钱包 其他

平台协议层

BaaS平台
- 云端
- 本地

运维管理
- 运管
- 账本管理
- 节点管理
- 证书管理
- 准入/权限管理
- 用户/成员管理

技术
- 智能合约
- 链式结构
- 默克尔树形结构
- 非对称加密

底层共识机制

容错类（联盟链）
- BFT
- Practical BFT
- Delegated BFT
- Raft
- Paxos
- 其他

工作量证明类（公有链）
- POW
- POS
- DPOS
- Ripple Consensus
- Pool验证池
- 其他

保障

接口类

密码类
- 国密sm4
- 国密sm2
- Sha256
- Sha512
- 其他

数据库类

安全类

网络传输协议类
- P2P
- Kafka
- Gossip
- 其他

应用服务层

金融

金融交易类
- 跨行/跨境交易
- 金融机构清算
- 其他

交易平台类
- 数字货币交易所

实体经济

数据记录类
- 司法
- 票据
- 存证
- 数字资产
- 其他

供应链金融类
- 应收账款融资
- 其他

物品溯源类

流程管理类

数据共享类
- 跨单位数据调用
- 其他

图 3-1 区块链产业链全景图

数据来源：赛迪顾问，2021 年 1 月

基础硬件层：主要提供区块链运行所必备的硬件、技术以及计算服务方面的基础支撑，其中，计算设备包括数字货币矿机、云计算产品等；存储设备包括本地存储设备和云端存储设备；终端设备包括带有签名功能的自加密传感器和区块链硬钱包等。2020年，计算类的区块链终端计算单元（一体机）为新增产品，头部企业对该产品的推广力度较大。

平台协议层：主要提供技术架构及配套的科学服务。本层分为五项子类别，分别是技术、底层共识机制、BaaS平台、保障和运维管理。2020年，企业纷纷加大投入力度，提升各自BaaS平台的市场占有率。

应用服务层：是区块链技术与各行业的融合应用，是产业发展的最终体现。本层分为金融类应用和实体经济类应用，2020年，实体经济类应用规模显著提升，数据记录类应用成为企业开拓市场的突破点。

第五节　价值链及创新

区块链产业处于发展初期，初创企业现金流压力大，抗风险能力弱，产品单一，行业影响力较小；中型企业处于爬坡期，有一定技术积累和专利数量，但产品覆盖率相比于龙头企业存在明显劣势（大部分处于研发阶段暂未盈利）；头部企业包括互联网龙头、金融机构和网络运营商等，这部分企业科研投入充足，市场开拓力度雄厚，落地案例数量较多，比较有代表性。分析区块链相关的头部/上市企业可以发现，这类企业中金融领域的区块链应用利润相对较高，业务正在从可信的内部交易结算、可信的跨行跨境清算等方面逐步向供应链金融发展，但多集中于门槛较低的融资场景，因此尚存在较大的市场空间。

通过对区块链上市企业区块链业务与营业占比分析可以大致判断出区块链产业发展的程度。在应用服务层，上市企业数量较多，大部分以区块链的行业解决方案产品为主，以企业自身应用场景和跨机构应用场景为切入点，推动区块链产业的发展与普及。在平台协议层，上市企业或通过自研或技术采购搭建区块链底层架构，但都以各自BaaS平台为核心抓手"跑马圈地"扩展市场空间。

2020年区块链产业价值链分布情况如图3-2所示。

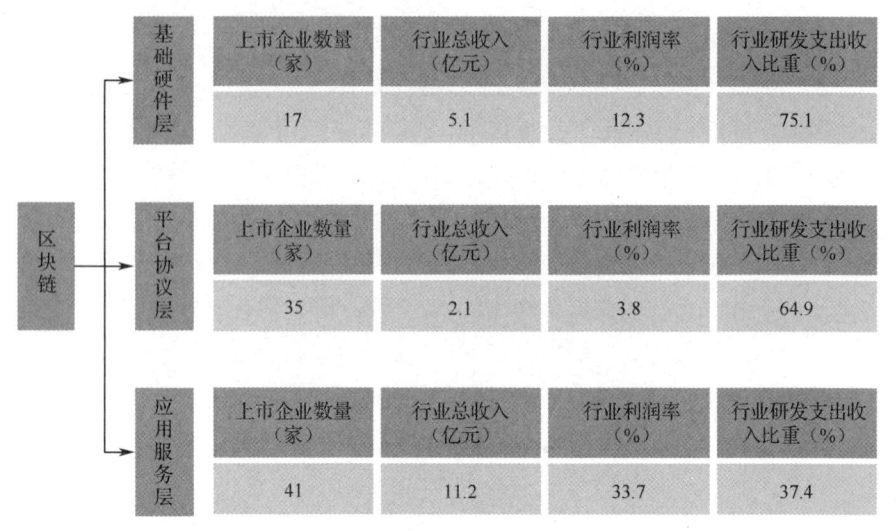

基础硬件层	上市企业数量（家）	行业总收入（亿元）	行业利润率（%）	行业研发支出收入比重（%）
	17	5.1	12.3	75.1

平台协议层	上市企业数量（家）	行业总收入（亿元）	行业利润率（%）	行业研发支出收入比重（%）
	35	2.1	3.8	64.9

应用服务层	上市企业数量（家）	行业总收入（亿元）	行业利润率（%）	行业研发支出收入比重（%）
	41	11.2	33.7	37.4

注：图中数据按照上市企业 2020 年前三季度经营数据计算，且存在同一企业涉及多层业务。

图 3-2　2020 年区块链产业价值链分布情况

数据来源：上市企业财报，赛迪顾问整理，2021 年 1 月

一、基础硬件层

2020 年前三季度区块链基础硬件层上市企业的收入规模（见图 3-3）为 5.1 亿元，数字货币矿机芯片为中坚力量，占比达 53.5%，共计 27269.7 万元，受到国际市场数字货币市值涨跌影响，该类产品的收入规模上半年遇冷下半年爆发，未来仍存在不确定性；其次是区块链终端计算单元产品（一体机）占比为 18.6%，达 9501.3 万元，作为新概念产品，2020 年增长迅速。中国上市云的服务商较多，但提供区块链部署业务的企业较少，基础硬件层渗透率有待进一步提升。基础层上市企业总体利润率为 12.3%，其中数字货币矿机及芯片盈利能力较强。另外，区块链终端计算单元产品（一体机）和云服务器利润率较有优势，前者技术门槛和制造成本较低，后者边际成本递减，两者均结合应用服务层的解决方案捆绑销售。

二、平台协议层

2020 年前三季度区块链平台协议层相关上市企业收入规模为 2.1 亿元。相关产品或服务所创造的收入占比较 2019 年没有明显变化。BaaS 平台仍然占据主要份额，达 47.1%，BaaS 平台可有效增加区块链产品的用户

黏性，因此是各大企业必争之地。该层份额占比最大的 BaaS 平台盈利能力有限，因此上市企业总体利润率偏低，维持在 3.8%。原因在于 BaaS 平台是开发行业解决方案的工具，目前使用 BaaS 的用户多为区块链爱好者或区块链创业企业，体量较小，类似苹果 IOS App 建设初期，生态未形成，盈利额较低。2019 年和 2020 年中国区块链平台协议层上市企业收入结构对比如图 3-4 所示。

（a）规模（万元）

数字货币矿机芯片 27269.7
区块链终端计算单元 9501.3
云计算 5217.3
云端存储 4467.6
本地存储 1586.1
自加密传感器 1071
硬钱包 5.1
其他IoT 1881.9

（b）各领域占比情况

- 数字货币矿机芯片 53.5%
- 区块链终端计算单元 18.6%
- 云计算 10.2%
- 云端存储 8.8%
- 本地存储 3.1%
- 自加密传感器 2.1%
- 硬钱包 0.0%
- 其他IoT 3.7%

注：区块链终端计算单元（一体机）属于新产品。

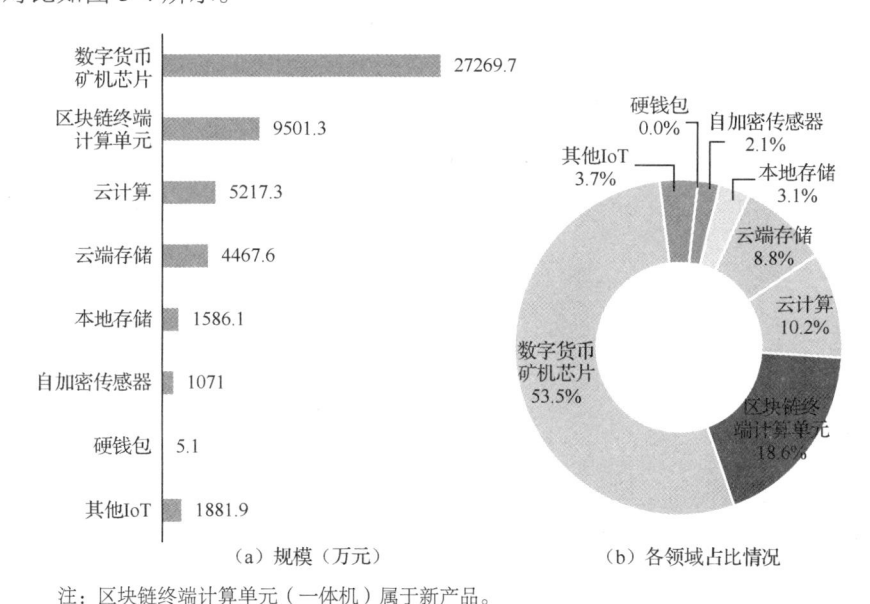

图 3-3　2020 年前三季度中国区块链基础硬件层上市企业收入规模及占比情况
数据来源：上市企业财报，赛迪顾问整理，2021 年 1 月

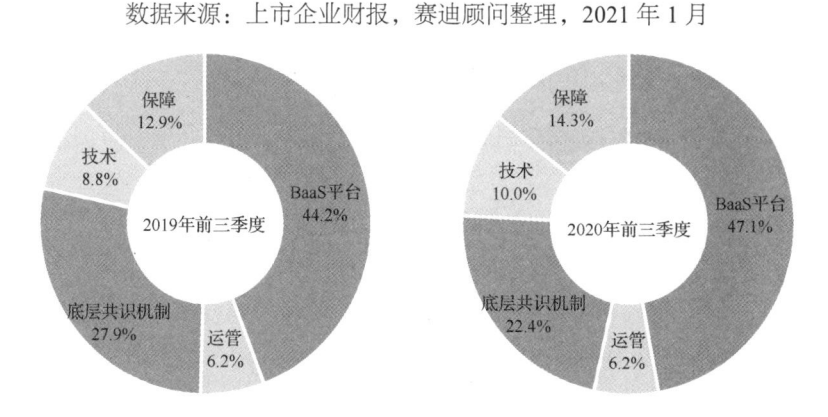

2019年前三季度：
- BaaS平台 44.2%
- 底层共识机制 27.9%
- 运管 6.2%
- 技术 8.8%
- 保障 12.9%

2020年前三季度：
- BaaS平台 47.1%
- 底层共识机制 22.4%
- 运管 6.2%
- 技术 10.0%
- 保障 14.3%

图 3-4　2019 年和 2020 年中国区块链平台协议层上市企业收入结构对比
数据来源：上市企业财报，赛迪顾问整理，2021 年 1 月

三、应用服务层

2020 年前三季度区块链应用服务层上市企业收入规模（见图 3-5）达到 11.2 亿元，同比增长 38.3%。其中，数据记录类解决方案产品成为带动收入规模增长的主要来源，同比增长 9697.5 万元，涨幅达 77%；其次是供应链金融，同比增长 6218.2 万元，供应链三四级供应商融资需求巨大，而目前市场渗透率较低，存在较大市场空间。该层行业盈利能力较强，上市企业利润率达 33.7%，原因在于不同行业的区块链解决方案具有一定的共性，对于开发方来说可复制性强，成本较低。

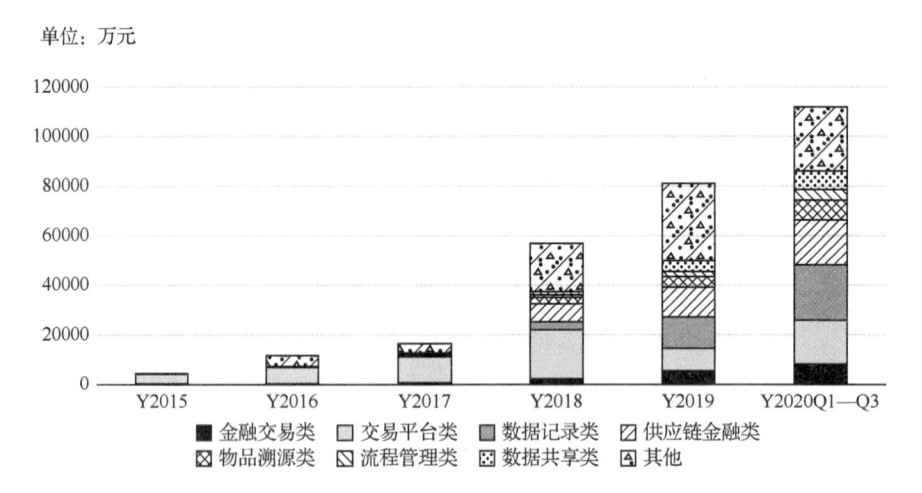

图 3-5　2015—2020 年前三季度中国区块链应用服务层上市企业收入规模及增长

数据来源：上市企业财报，赛迪顾问整理，2021 年 1 月

第六节　区域分布格局

一、产业资源分布

2020 年中国共有 64071 家企业的经营范围涉及区块链业务，其中属于在业、有 ICP 备案、有软件著作权及官方网址的高新技术类企业（不含数字货币相关企业），且能够提供区块链产业底层技术平台服务、应用产品、行业技术解决方案服务，具有投入产出的区块链企业共有 464 家。从产业资源总体分布（见表 3-1）来看，区块链企业主要分布在沿海地区，北京、浙江、广东是区块链企业数量最多的聚集区。

表 3-1 2020 年中国区块链产业资源分布

区域	企业资源	载体、平台	创新资源
华北	拥有企业 21 家	产业园 3 个	高校 38 所 相关科研机构数量 10 家 国家实验室 1 家 孵化器、加速器 7 家
华东	拥有企业 104 家	产业园 12 个	高校 35 所 相关科研机构数量 9 家 孵化器、加速器 5 家
中南	拥有企业 257 家	产业园 15 个	高校 21 所 相关科研机构数量 3 家 孵化器、加速器 12 家
东北	拥有企业 22 家	产业园 1 个	高校 9 所 相关科研机构数量 1 家 孵化器、加速器 1 家
西南	拥有企业 28 家	产业园 3 个	高校 11 所 相关科研机构数量 4 家 孵化器、加速器 4 家
西北	拥有企业 32 家	产业园 1 个	高校 10 所 相关科研机构数量 1 家 孵化器、加速器 2 家

数据来源：赛迪顾问，2021 年 1 月

二、产业规模分布

从产业规模总体分布（见图 3-6）来看，2020 年，广东区块链产业规模达到 2.52 亿元，占中国区块链产业规模的 9.05%，位居第一。其次是浙江，产业规模达 2.49 亿元，占比 8.95%，位居第二。北京、上海、江苏分别位列第三至第五。

第七节 行业重大事件

2020 年，区块链产业发展欣欣向荣，应用场景落地化进程不断提速。头部 IT、互联网类企业发布相关产品与解决方案，强化了区块链在实体经济领域的应用。金融类头部企业继续突出区块链在金融信息化进程中的作用，大大节约了内部流程管理及跨机构交易结算成本。实体经济领域的应用将成为

2021年区块链产业发展的亮点。2020年中国区块链行业重大事件见表3-2。

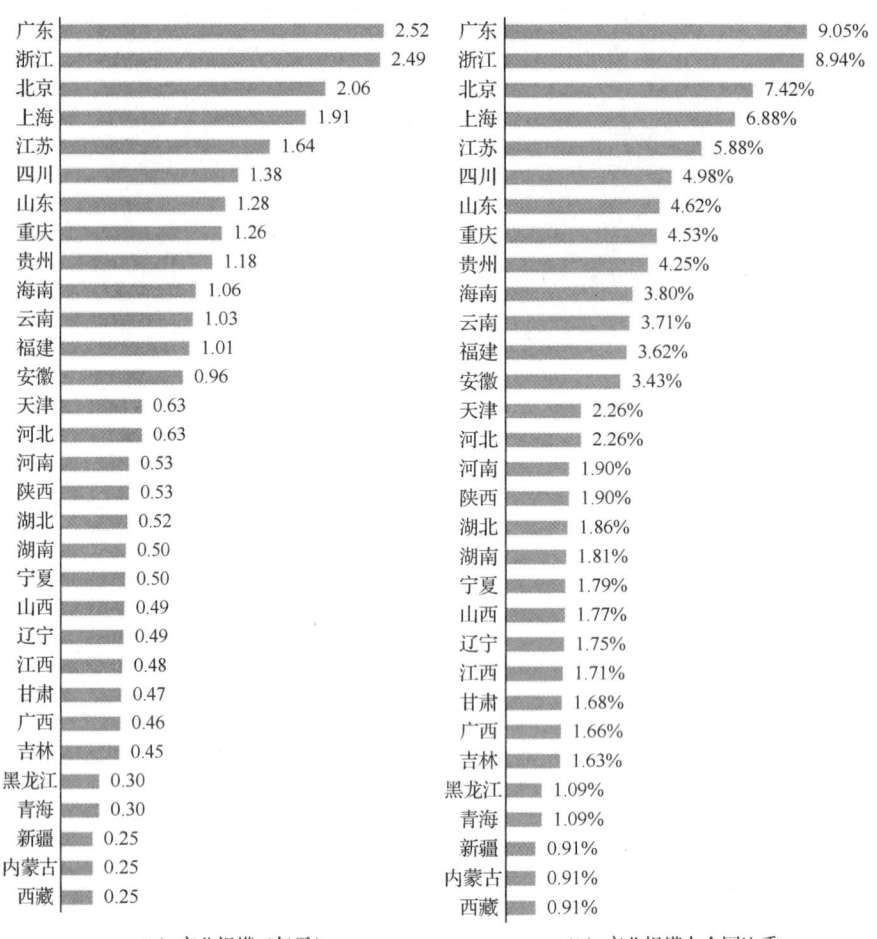

地区	产业规模（亿元）	产业规模占全国比重
广东	2.52	9.05%
浙江	2.49	8.94%
北京	2.06	7.42%
上海	1.91	6.88%
江苏	1.64	5.88%
四川	1.38	4.98%
山东	1.28	4.62%
重庆	1.26	4.53%
贵州	1.18	4.25%
海南	1.06	3.80%
云南	1.03	3.71%
福建	1.01	3.62%
安徽	0.96	3.43%
天津	0.63	2.26%
河北	0.63	2.26%
河南	0.53	1.90%
陕西	0.53	1.90%
湖北	0.52	1.86%
湖南	0.50	1.81%
宁夏	0.50	1.79%
山西	0.49	1.77%
辽宁	0.49	1.75%
江西	0.48	1.71%
甘肃	0.47	1.68%
广西	0.46	1.66%
吉林	0.45	1.63%
黑龙江	0.30	1.09%
青海	0.30	1.09%
新疆	0.25	0.91%
内蒙古	0.25	0.91%
西藏	0.25	0.91%

（a）产业规模（亿元）　　（b）产业规模占全国比重

注：部分数据的合计数和相对数由于四舍五入取舍不同而产生的计算误差，均未做机械调整。

图 3-6　2020年中国区块链产业规模分布图

数据来源：赛迪顾问，2021年1月

表 3-2　2020年中国区块链行业重大事件

序号	事件说明	事件主体	影响/意义
1	央行在深圳、苏州开展数字人民币 DCEP 两批试点投放 3000 万元红包	中国人民银行	推动人民币 DCEP 进程和银行业数字化转型

续表

序号	事件说明	事件主体	影响/意义
2	中国国际商会区块链创新服务产业委员会成立	中国国际商会、中国投资协会	推进中国实体产业数字化、数字技术产业化进程，提升中国区块链产业国际竞争力
3	中银协牵头共建"中国贸易金融跨行交易区块链""银行函证区块链"服务平台	中银协	推动银行业加快数字化转型
4	建设银行区块链国际银团资产转让平台正式上线	中国建设银行	探索国际银团数字化经营的新模式、实现资产转让业务的全流程电子化，形成内外部生态的良性互动，打造新的金融合作生态圈
5	蚂蚁链牵头制定跨链国际标准	蚂蚁集团	推动异构跨链底层基础的数据互认，促进行业生态和谐发展

数据来源：赛迪顾问，2021 年 1 月

第八节 产业规模预测

一、2023 年，中国区块链产业规模将达到 60.7 亿元

随着区块链行业生态的重建及涉币类事件影响的逐渐消除，2020 年区块链产业更加注重在实体经济领域的融合应用，产业规模呈现上升态势。2020 年中国区块链产业规模达到 27.8 亿元，同比增长 33.7%，预计到 2023 年将达到 60.7 亿元。2018—2023 年中国区块链产业规模及预测如图 3-7 所示。未来，随着链条部署数量的增多，提升链与链间的互操作性（跨链）将成为区块链发展的重要方向之一。

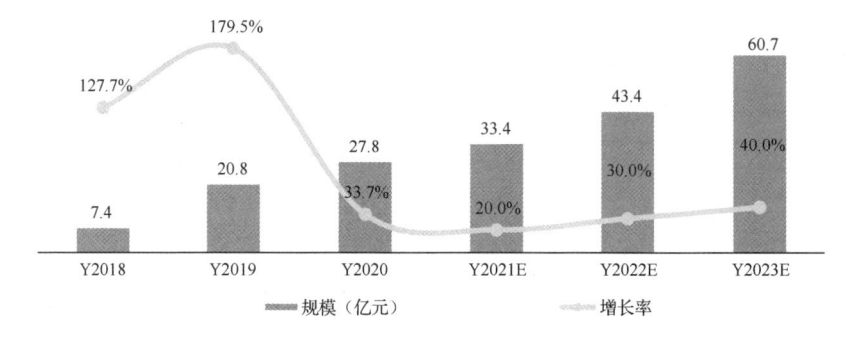

年份	规模（亿元）	增长率
Y2018	7.4	127.7%
Y2019	20.8	179.5%
Y2020	27.8	33.7%
Y2021E	33.4	20.0%
Y2022E	43.4	30.0%
Y2023E	60.7	40.0%

图 3-7 2018—2023 年中国区块链产业规模及预测

数据来源：赛迪顾问，2021 年 1 月

二、应用服务层产值占比最高，实体经济领域的行业解决方案是未来蓝海

2020 年中国区块链产业结构如图 3-8 所示。由于区块链产值统计口径包括了数字货币矿机芯片制造和销售的产值，因此基础硬件层中的计算类细分规模较大，占区块链产业总体规模的 24.9%，从而拉高了基础硬件层的份额，达到 33.8%。平台协议层中的 BaaS 平台类产品是行业头部企业增加用户黏性的重要工具和切入点，2020 年产值占区块链产业总体份额的 13.4%。应用服务层处于产业链下游，其产业规模占比最高，达到 39.7%。除发展最早的金融类解决方案外，以票据存证、管理流程可信化、跨部门数权分离等为代表的实体经济类应用占比达到了 24.0%。应用服务层是中国区块链产业发展的最终体现，未来仍有巨大的增长空间。

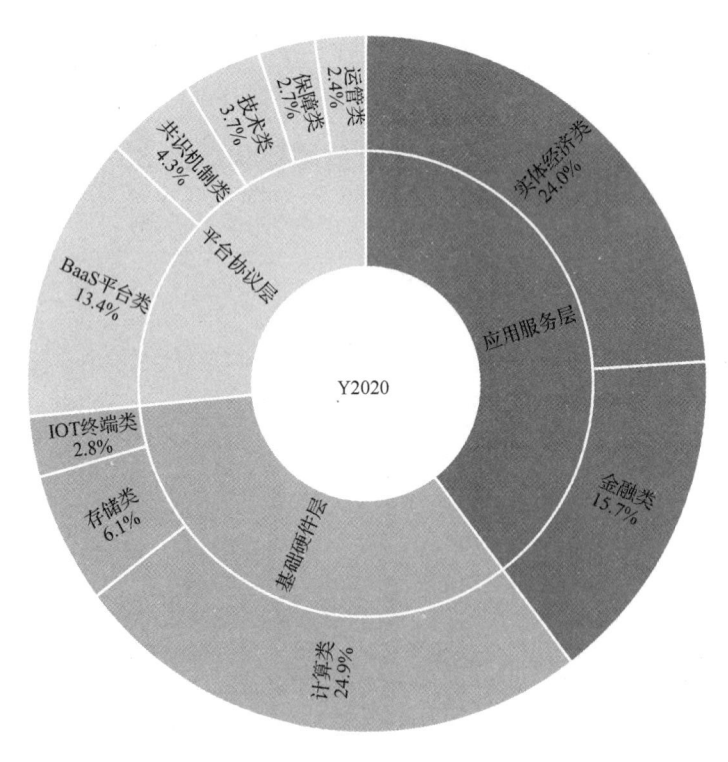

图 3-8　2020 年中国区块链产业结构

数据来源：赛迪顾问，2021 年 1 月

第九节 资本市场动向

一、金融领域解决方案投资数量最多

赛迪顾问整理的 2020 年中国区块链领域投资案例（见图 3-9）一共有 40 件（不含港澳台地区的投资事件），其中金融领域的投资事件最多，占总投资事件的 60%。这些投资事件主要集中在金融信息、保险和虚拟货币领域，资本比较看好金融信息化在金融机构对外服务平台以及内部数据、交易存单、商业汇票等记录确权场景的应用，因此加大了对金融数据的区块链解决方案的投资额度。

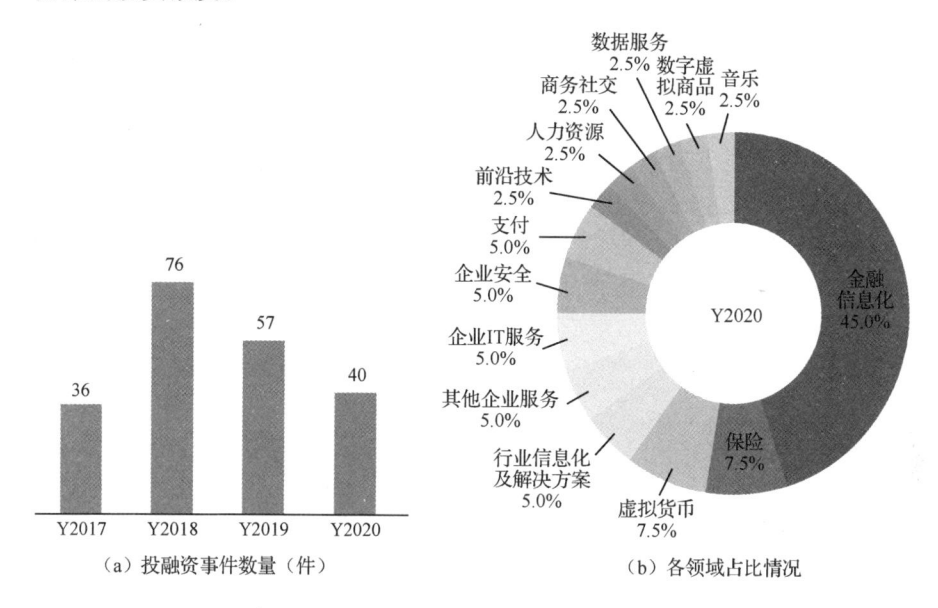

图 3-9　2017—2020 年中国区块链投融资事件数量及 2020 年各领域占比情况

数据来源：赛迪顾问，2021 年 1 月

二、战略投融资事件最多

区块链领域的投资多集中于 A 轮和战略投资，这与区块链产业处于发展初期有着密切关系。2020 年，多数高成长型企业融资已经从种子轮、PreA 轮跃升到 A 轮；此外，投资方更加青睐于资金流向的可信记录，通过区块链技术构建新型社会诚信体系拥有较大的市场认可度，例如，2020 年水滴互助获得腾讯投资战略投资 1.5 亿美元的投资。2020 年中国区块链投资事件所处轮次统计如图 3-10 所示。

单位：件

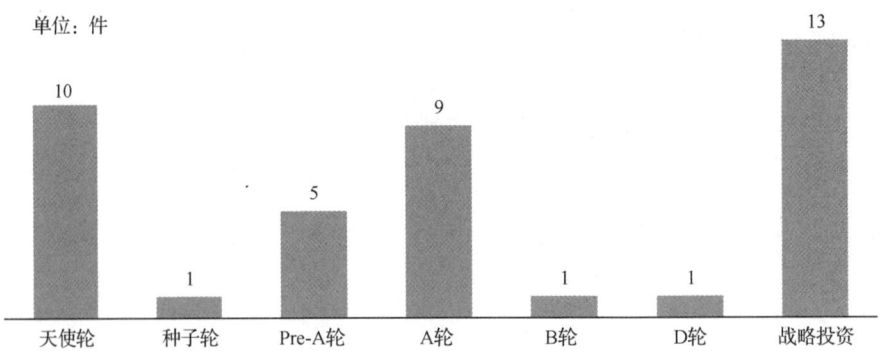

图 3-10 2020 年中国区块链投资事件所处轮次统计

数据来源：赛迪顾问，2021 年 1 月

三、北京、上海成为重点投资地区

从 2020 年度投融资发生区域分布（见图 3-11）来看，北京、上海的投融资事件数量最多，两者合计占比超过总投资数量的一半。从投资金额来看，剔除未透露金额的投资事件，北京、上海两地投资过亿的事件数量最多。

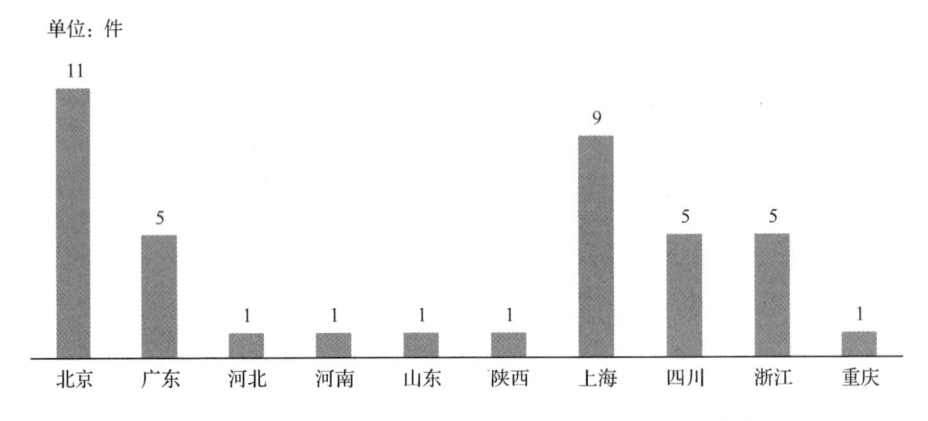

单位：件

图 3-11 2020 年中国区块链行业投融资事件按地区分布情况

数据来源：赛迪顾问，2021 年 1 月

第十节 赛道选择建议

（1）利用信息化技术手段，实现证明申报材料无纸化确权是政府有关部门的需求点，未来基于联盟链的政务民生领域将成为区块链解决方案应用的蓝海之一，建议资本关注在数字政府治理领域相关落地案例的区块链头

部企业。

（2）DCEP试点进程不断提速，未来推动建设法定数字货币试验区和数字金融体系是产业发展重点方向之一，提升区块链技术供给和优化底层架构将成为重点。建议投资方重点关注有自主知识产权的底层架构项目，谨慎投资基于Hyperledger Fabric框架或基于Github代码托管平台开发的区块链解决方案项目。

（3）探索运用区块链技术完善多元价值传递和贡献分配体系是产业发展趋势，因此加大对区块链的安全技术防护研究是必由之路。由于区块链安全领域的企业较少，产品应用规模较小，建议投资者近期优先关注CA认证机构，它们将成为区块链安全体系的组成单元。

2021年中国区块链领域投资价值趋势如图3-12所示。

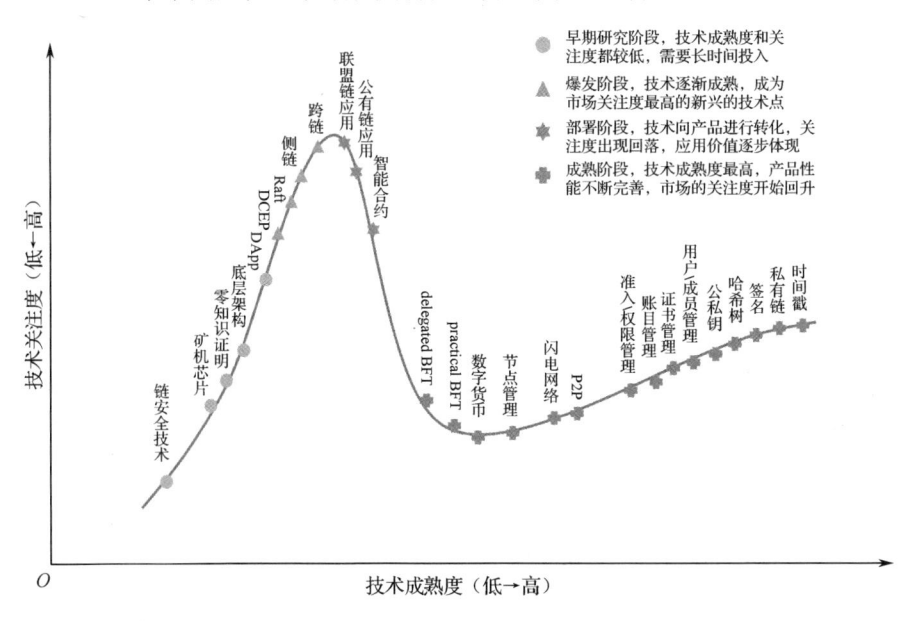

图3-12　2021年中国区块链领域投资价值趋势图

数据来源：赛迪顾问，2021年1月

第四章

5G

第一节 产业定义或范畴

5G（5th Generation）一般指第五代移动通信技术或第五代移动电话行动通信标准。5G 并不是孤立的全新无线接入技术，而是在 4G 通信技术的基础上演进而来的。5G 技术的三大应用场景为：增强型移动宽带（eMBB）、海量机器类通信（mMTC）和超高可靠超低时延通信（uRLLC）。与 4G 及更早的通信网络相比，5G 技术的新特性能够满足未来虚拟现实、超高清视频、智能制造、自动驾驶等新模式新业态的应用需求。

5G 产业则是指依托 5G 技术与标准形成的新一代移动通信产业，主要由各类从事 5G 相关产品生产、加工、传输与应用服务的产业主体组成。5G 产业将构建数字化时代重要的基础设施，对于推进"网络强国""数字中国""智慧社会"建设具有重要意义。

第二节 赛迪重大研判

（1）当前，中国 5G 产业正处于基础建设高潮期，并进一步向融合应用迈进。

（2）面对新冠肺炎疫情的冲击，基础器件、设备制造厂商及电信运营商直接受益于大规模的 5G 网络建设，2020 年仍保持了稳中向好的经营业绩。

（3）5G 产业资源主要分布在华北、华东和中南地区，三地发展特点及优势不尽相同，华北地区科创实力雄厚，中南地区产业主体活力强劲，华东地区整体产业发展较为均衡。

（4）终端及场景应用企业纷纷加速 5G 创新步伐，智慧娱乐、智能制造、智慧能源等领域已落地解决方案，但目前尚未出现"现象级"应用，预计"5G+超高清视频"应用或将最先大面积铺开。

（5）深圳和北京成为重点投资地区，西安在西部城市中表现亮眼。

第三节 产业环境分析

一、5G 产业投资多点开花，营造良好的产业环境

2020 年，中国 5G 产业克服了新冠肺炎疫情带来的不利影响，投资强度与规模保持较高增长速度。在网络建设方面，中国三大运营商全年 5G 基站建设实际投入超过 1800 亿元，共新建 5G 基站超过 60 万个，5G 网络已覆盖全国地级以上城市及重点县市。资本市场方面，受"新基建"推进与企业倾力投入研发等因素影响，投资者普遍看好 5G 产业发展前景，从而在"5G+工业互联网"、集成电路与软件等领域形成了众多投资热点。整体来看，5G 基站覆盖逐渐完备、产业投资日趋活跃，产业发展环境愈发优化，对企业规模扩张与技术成果产业化的促进作用有望快速显现。

二、试点示范全方位展开，催生"现象级"应用

与 1G 到 4G 各有其"现象级"应用不同，5G 技术虽然能够实现之前各代技术的应用功能，但其对应的"现象级"应用尚未出现，这对 5G 网络的推广及 5G 产业的渗透造成了一定的影响。2020 年，随着 5G 网络覆盖范围的扩大，5G"现象级"应用探索的条件已基本成熟，相关试点示范建设已全面展开。从发展进程来看，部分经济较为发达的省（市、区）已率先进入 5G 应用全方位试点示范阶段；从主要试点项目来看，产业界对于 5G"现象级"应用的探索主要涉及健康医疗、高清视频、智慧城市、工业互联网、车联网等方面。未来，部分成熟经验有望在全国范围内推广，催生 5G"现象级"应用并使其快速落地，届时 5G 产业有望迎来场景应用驱动的爆发式增长。

三、政策持续加码，推动 5G 产业加快发展

在 2020 年政府工作报告中，明确提及了"发展新一代信息网络，拓展 5G 应用"等相关内容，国家层面高度重视，5G 产业保持了快速发展。2020 年 3 月，工信部发布《关于推动 5G 加快发展的通知》（以下简称《通知》），对加

快 5G 发展做出了全面部署。《通知》从加快 5G 网络建设部署、丰富 5G 技术应用场景、持续加大 5G 技术研发力度、着力构建 5G 安全保障体系、加强组织实施五个方面，为 5G 产业发展提供了有力政策保障。2020 年 9 月，国务院办公厅印发《关于以新业态新模式引领新型消费加快发展的意见》，明确要"积极开展消费服务领域人工智能应用，丰富 5G 技术应用场景"，并"培育打造 5G 条件下更高技术格式、更新应用场景、更美视听体验的高新视频新业态"。未来在 5G 网络建设进一步完善以及利好政策的助推下，基于 5G 的新模式新业态将蓬勃发展，形成"5G+消费互联网"应用生态，并助力释放新型消费潜力，推动新型消费，有效扩大内需、拉动经济增长。2020 年 10 月，工信部、应急管理部联合印发了《"工业互联网+安全生产"行动计划（2021—2023 年）》，明确要开展"5G+智能巡检"，推进边缘云和"5G+边缘计算"能力建设，打造基于工业互联网的安全生产新型能力。2021 年 1 月，工信部工业互联网专项工作组印发《工业互联网创新发展行动计划（2021—2023 年）》，进一步细化了"5G+工业互联网"发展的行动方案，促进"5G+工业互联网"建设成果尽快转变为企业生产效率的提升，使得数字赋能落到实处。

第四节 产业链全景图

5G 产业属于新兴产业，涉及诸多细分领域。依照产品门类，可将 5G 产业从上游到下游大体划分为基础器件层、网络及主设备层、运维服务层、终端层与应用场景层五个部分。总体来看，2020 年国内 5G 产业各环节均迎来了不同程度的发展。5G 产业链全景图如图 4-1 所示。

基础器件层：主要包括 5G 网络建设过程中所需设备的零部件生产企业。天线、射频器件等与接入网及基站设备密切相关；光纤光缆、光器件在光接入与光传送网络等领域应用较广；芯片及以 PCB 板为代表的其他通用器件则在整个产业中都有广泛应用。2020 年，受益于 5G 基站建设提速，基础器件层企业总体保持高速发展态势。从技术水平来看，中国基础器件生产商已取得长足发展，部分环节已达到世界先进水平，但在部分关键技术、高端零部件生产工艺等领域仍与国际先进水平存在较大差距。

网络及主设备层：主要包括主设备商，负责整合基础零部件，形成具有完整功能的产品，为网络建设提供相关设备支持。目前国内主设备商集中度较高，2020 年头部企业市场份额进一步提高，显示了强劲的技术实力。此外，F5G 逐步进入大众视野，也丰富和完善了网络及主设备层的业务范畴。

第四章　5G

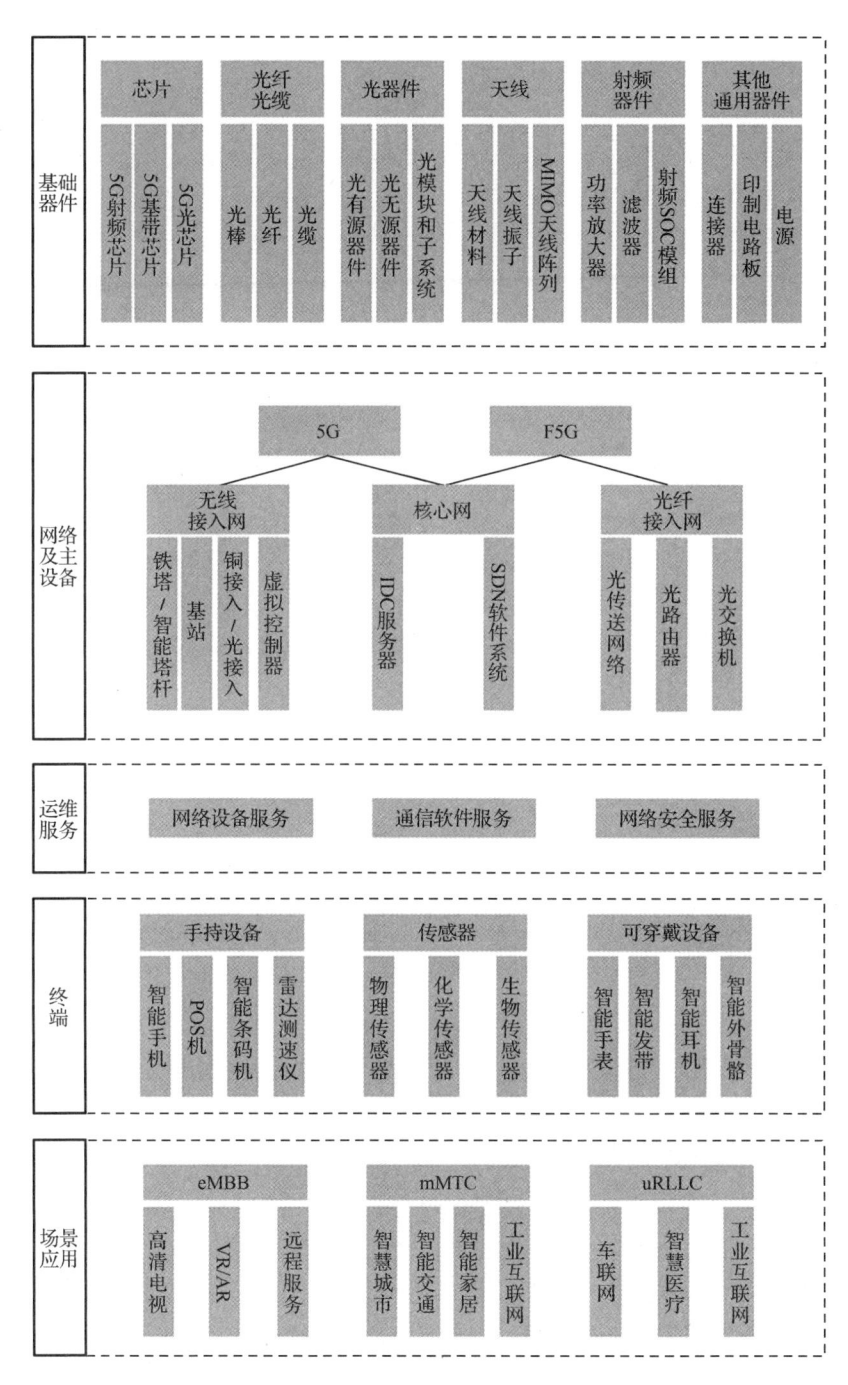

图 4-1　5G 产业链全景图

数据来源：赛迪顾问，2021 年 1 月

运维服务层：主要是 5G 网络的电信运营商。作为 5G 网络建设的主导力量，绝大部分的网络建设成本由电信运营商投资，运营商也是连接网络设施硬件与用户服务的重要中间环节。2020 年运维服务仍以三大电信运营商为主，中国广电作为第四张 5G 商用牌照持有者，在技术与市场拓展方面做出了一些尝试，相关应用仍需市场检验。

终端层：主要包括各类 5G 终端设备商，是连接网络与用户场景的桥梁。由于 5G 产业的整体发展历程尚短，相关智能终端制造产业仍处于快速扩张期。2020 年，中国 5G 智能手机市场全年出货量超过 1.6 亿部，在全部智能手机出货量中的占比快速提升；同期中国 5G 终端连接数超过 2 亿，表明手机以外的 5G 终端规模也出现较大增长。

场景应用层：主要包括提供各类"5G+垂直场景"应用软件及服务的相关企业。重点包括三大应用场景，即增强型移动宽带（eMBB），大规模机器通信（mMTC）和高可靠、低时延的通信（uRLLC）。2020 年，已出现了"5G+智慧工厂""5G+智慧码头""5G+超高清视频"等多场景应用试点，但总体来看，各领域 5G 应用尚未广泛铺开。

第五节 价值链及创新

当前，中国 5G 产业正处于基础建设高潮期，并进一步向融合应用迈进。2020 年，上游基础器件及设备制造厂商直接受益于大规模的 5G 网络建设，面对新冠肺炎疫情的冲击，仍保持了基本稳定的经营业绩；中游各电信运营商加大对 5G 网络建设的投资力度，5G 基站建设数量快速增长，覆盖率不断增加；下游终端及场景应用企业纷纷加速 5G 创新步伐，企业营收规模有较大幅度提升，但目前尚未出现"现象级"应用，产业新模式、新业态有待挖掘。

一、基础器件层

2020 年 5G 基础器件产业价值链分布情况如图 4-2 所示。

（一）芯片环节是基础器件领域的价值重心

芯片在基础器件层占有举足轻重的地位，行业总营收及市值均领先其他基础器件。随着国家重视程度持续增加，芯片行业有望继续保持高速增长，其价值重心地位仍将维持。然而，当前中国芯片行业发展水平与世界先进水平仍存在较大差距，整体仍处于行业中低端环节，高端芯片设计、制造等高价值环节相对薄弱，导致行业净利润率较低。2020年前三季度中国芯片行业上市企业平均净利润率仅为5.5%，作为对照，同期知名企业三星电子的半导体部门净利润率则超过12%。未来，高技术复杂度、高利润的高端芯片设计制造环节将是中国5G产业基础器件重点突破方向之一。

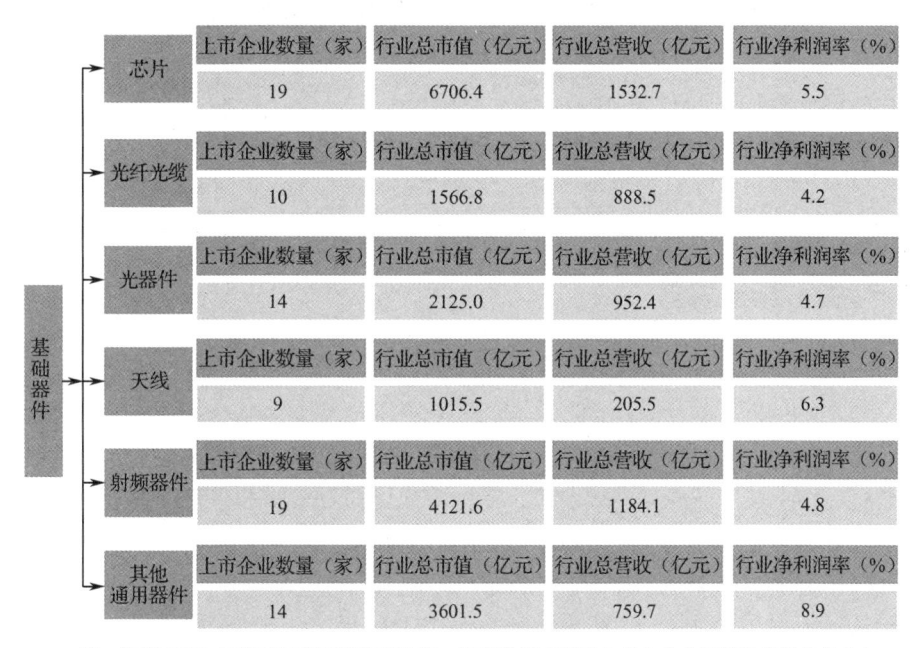

基础器件	上市企业数量（家）	行业总市值（亿元）	行业总营收（亿元）	行业净利润率（%）
芯片	19	6706.4	1532.7	5.5
光纤光缆	10	1566.8	888.5	4.2
光器件	14	2125.0	952.4	4.7
天线	9	1015.5	205.5	6.3
射频器件	19	4121.6	1184.1	4.8
其他通用器件	14	3601.5	759.7	8.9

注：根据2020年前三季度经营数据计算，经营数据未剔除上市企业内部其他相关业务收入，2020年新上市企业未纳入统计。

图4-2 2020年5G基础器件产业价值链分布情况
数据来源：赛迪顾问，2021年1月

（二）光纤光缆与光器件制造有融合趋势

光纤光缆与光器件是光通信领域的重要基础器件，在网络信息传输过程中具有不可替代的作用。2020年前三季度，光纤光缆行业上市企业总营收达到888.5亿元，但净利润率相对较低。受2019年及2020上半年光通信市场竞争加剧、部分产品价格下滑影响，光纤光缆生产企业谋求产业链拓展意图较为明显。亨通光电2019年即开始布局5G通信与硅光模块等领域，长飞光纤也在2020年提出了延伸产业链、培育光通信相关领域新兴业务的布局。总体来看，光纤光缆与光器件制造企业融合发展趋势初显。

二、网络及主设备层

2020年，受需求拉动，主设备商除面向三大运营商提供网络设备及解决方案外，也积极参与工业互联网、车联网等新型网络应用试点，以期有效对接行业客户需求。在无线接入网方面，毫米波频段技术探索仍在进一步推进，中国对700MHz频段的新规划也有望引发新的投资机会；在核心网方面，IDC服务器+SDN软件系统已成为主流配置，未来核心网数据规模的扩大有望衍生新的需求；在有线接入网方面，全光网络F5G受到产业界与投资者的高度关注。随着行业技术的不断迭代，传统大型主设备商作为龙头企业的技术优势进一步增强，地位进一步巩固，投资价值较为稳定。同时，在创新前沿领域，部分新晋主设备商有望依托自身特色技术优势实现快速增长。

三、运维服务

在运维服务层面，中国三大电信运营商在延续各自传统4G网络服务的同时，也在将自身业务向5G拓展，但具体方式有所不同。中国移动、中国联通、中国电信三大运营商仍是以传统电信业务为主，相关创新也主要集中于通过5G技术赋能行业或园区；中国广电作为5G新入局者，依托自身在电视业务领域的积累，结合5G特有的增强型移动宽带功能，以超清电视等业务切入5G市场的策略已逐渐清晰。从2021年开始，中国广电也将全面加入5G网络建设，初步计划建设5G基站40万个。此外，中国广电已与中国移动开展5G共建共享合作，中国运营商"两两联合"的格局已初现雏形，未来有望以此为基础在"5G+工业互联网""5G+人工智能"等领域的展开运维业务与协同创新。

四、终端

2020年5G终端及应用场景产业价值链分布情况如图4-3所示。

2020年，5G智能手机全面上市，在5G手持设备中占据绝对主导地位。2020年，中国各厂商5G手机出货量超过1.6亿部，是2019年中国5G手机出货量1377万部的10倍以上。此外，可穿戴设备作为新型5G终端产品，其发展方兴未艾。目前该行业整体营收规模较小，但相关企业盈利能力较强，随着5G应用进一步落地，可穿戴设备的产品种类将向多元化、个性化方向发展，未来有望迎来较快增长。

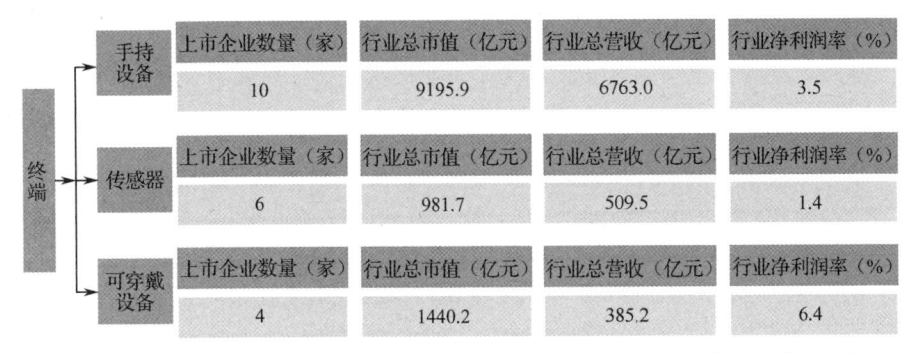

	上市企业数量（家）	行业总市值（亿元）	行业总营收（亿元）	行业净利润率（%）
手持设备	10	9195.9	6763.0	3.5
传感器	6	981.7	509.5	1.4
可穿戴设备	4	1440.2	385.2	6.4

注：根据 2020 年前三季度经营数据计算，经营数据未剔除上市企业内部其他相关业务收入，2020 年新上市企业未纳入统计。

图 4-3　2020 年 5G 终端及应用场景产业价值链分布情况

数据来源：赛迪顾问，2021 年 1 月

五、场景应用

截至 2020 年年底，中国 5G 终端连接数量已超过 2 亿，位居全球第一，为 5G 产业围绕三大应用场景推进创新奠定了良好的用户基础。具体而言，增强型移动宽带（eMBB）场景下的 5G 应用创新集中在高清视频、VR/AR 等环节，主要面向个人消费者，其中高清视频已实现应用试点；海量机器类通信（mMTC）场景目前在智慧能源、智慧城市等领域已有解决方案落地，"智慧电网""数字孪生"等技术实践受到广泛重视；超高可靠超低时延通信（uRLLC）场景主要涉及远程医疗、车联网等可靠性要求极高的应用，相关产业与人身安全直接相关，技术推广较为慎重，短期仍将以试点为主；在上述三种应用场景的融合领域，也存在"5G+工业互联网"等创新热点。此外，5G 场景应用创新除需要不懈的技术探索外，或也孕育着商业模式与业态的变革，与客户联系紧密、具备快速感知与应变能力的企业在把握新一轮市场机遇方面将拥有较大优势。

第六节　区域分布格局

一、产业资源分布

从产业资源总体分布（见表 4-1）来看，5G 产业资源主要分布在华北、华东和中南地区。其中，华北地区依托其扎实的科技创新能力，保持了 5G

产业先发优势；中南地区的上市企业在数量和规模方面均处于国内领先地位，产业主体活力强劲；华东地区上市企业及科研实力均较为领先，5G产业发展水平较高且均衡。此外，东北地区在企业资源方面虽略逊一筹，但已开展4个应用示范区建设，并开展"5G+垂直领域"基地建设模式探索，逐步发力创新应用，力求突破。

表 4-1 2020年5G产业资源分布

区域	企业资源	载体、平台	创新资源
华北	上市企业50家 年营收超百亿元企业7家	5G车联网开放测试示范区1个 5G创新中心4个	国家级重点实验室11个 开设通信类专业高校25所
华东	上市企业75家 年营收超百亿元企业14家	5G车联网示范区2个 5G+工业互联网示范区2个 5G创新中心3个	国家级重点实验室9个 开设通信类专业高校44所
中南	上市企业77家 年营收超百亿元企业16家	5G应用试点示范区1个 5G人工智能示范区1个 5G产业创新平台4个	国家级重点实验室4个 开设通信类专业高校34所
东北	上市企业5家	5G应用示范区4个 5G+智慧医联体创新基地1个	国家级重点实验室2个 开设通信类专业高校17所
西南	上市企业10家 年营收超百亿元企业2家	5G应用示范区1个 5G智能网联示范区1个 5G产业创新示范区1个 5G创新中心3个	国家级重点实验室1个 开设通信类专业高校14所
西北	上市企业1家	5G联创示范区1个 5G联合实验室1个	国家级重点实验室4个 开设通信类专业高校14所

数据来源：赛迪顾问，2021年1月

二、产业规模分布

从产业规模区域分布（见图4-4）来看，5G产业分布极不均衡。西部地区5G产业规模较2019年有所扩张，但由于缺乏大型主设备商，龙头企业带动能力相对有限，整体发展水平与东部地区仍存在较大差距，产业份额相对较低，尤其西北地区5G产业亟待发力。此外，珠三角、长三角、京津冀三大城市群5G产业先发优势明显，整体实力突出，对中南、华东、华北地区具有较强引领带动作用。

第四章 5G

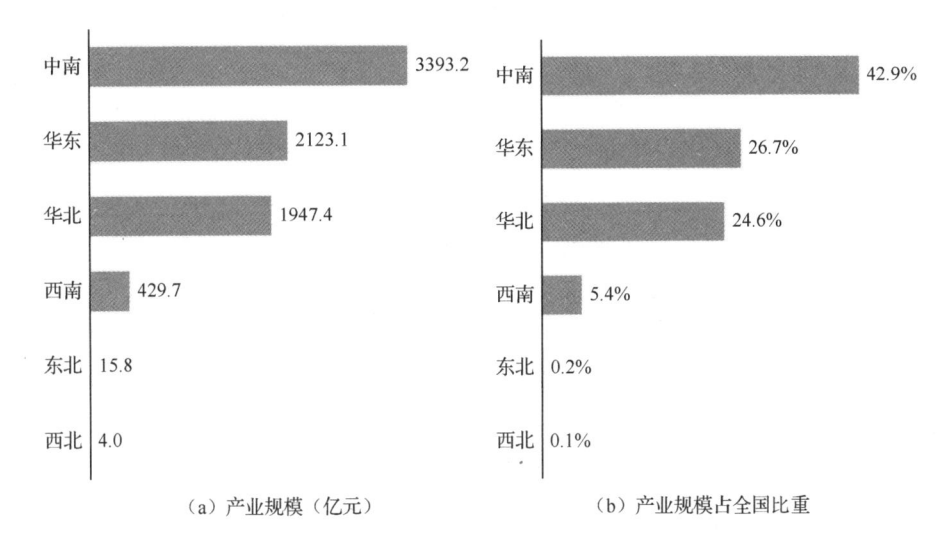

区域	产业规模（亿元）	产业规模占全国比重
中南	3393.2	42.9%
华东	2123.1	26.7%
华北	1947.4	24.6%
西南	429.7	5.4%
东北	15.8	0.2%
西北	4.0	0.1%

（a）产业规模（亿元）　　　　（b）产业规模占全国比重

图 4-4　2020 年中国 5G 产业规模分布图

数据来源：赛迪顾问，2021 年 1 月

第七节　行业重大事件

2020 年，中国 5G 网络建设如火如荼，同时应用领域持续拓展和深化，丰富多元的产业生态正逐步形成。从应用来看，医疗、娱乐、安全生产等场景纷纷出现典型应用案例，为 5G 融合应用大面积铺开提供了探索与示范。从产业生态来看，三大运营商及中国广电正向各领域广泛布局，并开展互通合作，阿里巴巴等互联网企业也正积极入局，使得 5G 产业生态更加丰富多元。2020 年中国 5G 行业重大事件见表 4-2。

表 4-2　2020 年中国 5G 行业重大事件

序号	事件说明	事件主体	影响/意义
1	三大运营商在新冠肺炎疫情期间提供行程码等工具，并在武汉抗击疫情过程中提供 5G 网络支持	中国移动、中国电信、中国联通	电信运营商在社会公共应急事件中发挥了重要作用，并且加速推动了"5G+智慧医疗"行业应用
2	中国广电与高通联合实现低频段大频宽环境下的全球首次 5G 数据呼叫	中国广电、高通	5G 通信标准中的低频段距离正式商用又迈进了一大步，加速了相关产业链迈向成熟

续表

序号	事件说明	事件主体	影响/意义
3	达摩院成立 XG 实验室，阿里巴巴进军 5G 赛道	阿里巴巴	XG 实验室将专注 5G 基础设施技术和应用协同创新，在超高清视频、在线办公、工业互联网等领域开展探索，丰富 5G 产业生态
4	中国三大运营商联合发布《5G 消息白皮书》	中国移动、中国电信、中国联通	三大运营商通力合作，将 5G 消息业务打造成为多终端支持、广用户覆盖、多行业赋能的 5G 普适性信息通信服务，以驱动 5G 产业生态繁荣发展
5	珠峰峰顶成功实现 5G 网络覆盖	中国移动、华为	5G 基站成功登顶珠峰，实现了 5G 网络布局的历史性突破，验证了中国 5G 设备抗恶劣环境的能力，体现了中国 5G 技术实力
6	中央广播电视总台国内首次实现"5G+8K"集成制作	中央广播电视总台	5G 网络增强了移动新媒体的制作分发能力，推动了融媒体向智慧媒体升级换代
7	中国最大规模 5G 智能电网于青岛建成	国家电网、中国电信、华为	实现了电网对配电线路故障在几十毫秒内自动切除，同时通过削峰填谷电源，节省 5G 单基站 20%电耗，推动解决 5G 功耗过高的普遍性问题
8	中国首个 5G 无人化智慧矿井投入使用	山东黄金矿业、中国移动、华为	一方面拓宽了 5G 垂直应用场景，另一方面通过引入 5G 网络，极大提升矿井作业安全性及作业效率
9	中国首个 5G 终端切片方案演示在广州完成	紫光展锐、中国移动、中兴通讯等	标志着 5G 终端已具备切片能力，可以为 5G 用户提供个性化、定制化服务
10	中国广电网络股份有限公司成立，成为中国"第四大运营商"	中国广电	中国广电拥有有线电视业务以及优质频段资源，有助于建立有线电视网络整合和广电 5G 建设统一运营管理体系，丰富 5G 产业生态与运营商竞争格局

数据来源：赛迪顾问，2021 年 1 月

第八节　市场规模预测

一、2025 年，中国 5G 市场规模将逼近 4 万亿元

2020 年，中国 5G 网络建设大面积铺开，5G 应用逐步落地，整体 5G 市

场规模达到 7728.1 亿元。2020—2025 年中国 5G 市场规模及预测如图 4-5 所示。未来随着 5G 网络建设日渐完善，市场规模将持续扩大，增长动力将从基础设施建设逐步转向场景融合应用，预计到 2025 年，中国 5G 市场规模将逼近 4 万亿元大关。

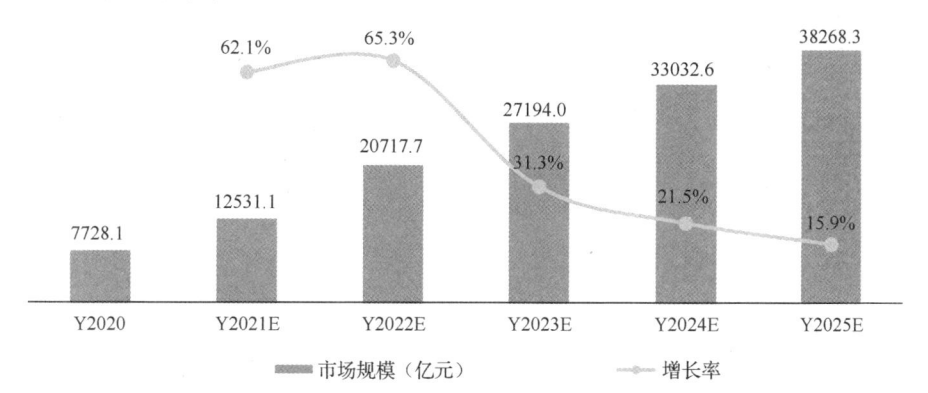

注：本报告中市场规模涵盖基础器件、网络及主设备、运维服务、终端以及场景应用领域。

图 4-5 2020—2025 年中国 5G 市场规模及预测

数据来源：赛迪顾问，2021 年 1 月

二、网络建设先行，运维、终端与场景应用领域随后赶超

2020 年中国 5G 市场结构（见图 4-6）中，基础器件、网络及主设备占比为 42.1%，未来随着基础设施建设的持续推进，其占比将呈现先上升后下

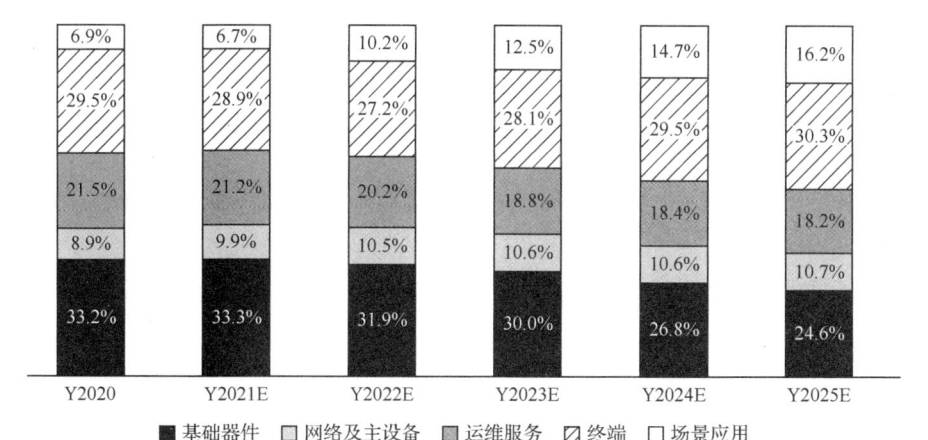

图 4-6 2020—2025 年中国 5G 市场结构及预测

数据来源：赛迪顾问，2021 年 1 月

降的趋势。此外，随着 5G 网络的快速普及以及"5G+"的新业态新模式涌现，预计未来 3~5 年内终端制造及场景应用等中下游领域有望迎来市场规模的较大扩张。

第九节 资本市场动向

一、基础器件仍是最热门的投融资领域，网络及主设备投资事件增长明显

2020 年，5G 领域资本市场保持了稳中向好的发展态势。受《新时期促进集成电路产业和软件产业高质量发展的若干政策》等政策利好及 5G 网络建设需求增加的影响，5G 芯片、光器件、射频器件等基础器件得到社会资本的青睐，投融资事件数量达到总数量的近五成，投资金额超过总投资额的六成，远高于 5G 其他领域。此外，网络及主设备领域同样得到长足发展，特别是在 5G 基站、光路由、光交换机方面，投资事件发生较为频繁。预计未来随着中国集成电路的快速发展和"新基建"的进一步推进，基础器件、网络及主设备领域仍将成为 5G 投资热点。2020 年中国 5G 产业各领域投融资事件数量及投资金额占比情况如图 4-7 所示。

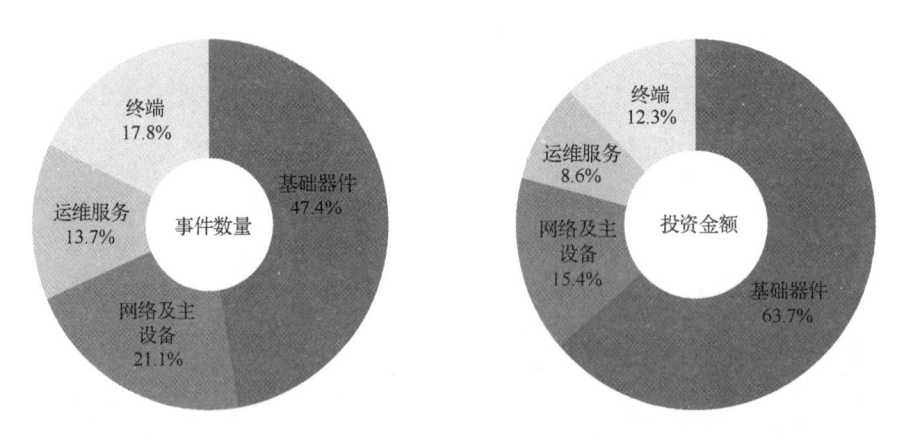

图 4-7　2020 年中国 5G 产业各领域投融资事件数量及投资金额占比情况

数据来源：赛迪顾问，2021 年 1 月

二、投融资事件多集中于战略投资，合作成为 5G 产业发展主旋律

2020 年，5G 产业投融资事件多集中于战略投资，占总投资事件近五成。战略投资事件数量占比较大说明现阶段投资者在 5G 领域多考虑长期回报收益，并且多愿意通过战略投资的方式与 5G 领域企业进行合作，进而与自身业务相结合，协同放大自身优势。此外，在 5G 领域，B+轮及之前的投融资事件数量也不容忽视，占比达到总投资事件数的 41%。2020 年中国 5G 产业投资事件数量按所处轮次占比情况如图 4-8 所示。当前，5G 领域仍以初创型企业为主，尤其是在 5G 商用落地以后，初创型企业如雨后春笋般涌现。未来，随着 5G 应用的大范围普及，将会有越来越多的投资者在 5G 领域开展布局，为 5G 产业带来资本活力。

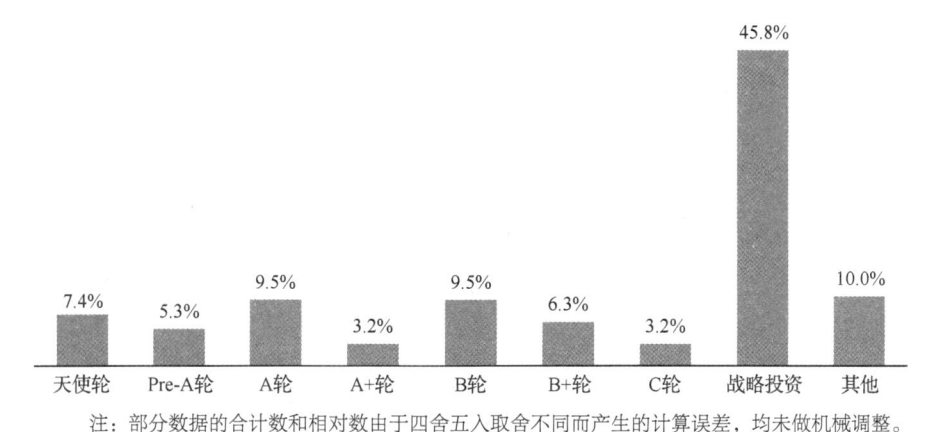

轮次	占比
天使轮	7.4%
Pre-A轮	5.3%
A轮	9.5%
A+轮	3.2%
B轮	9.5%
B+轮	6.3%
C轮	3.2%
战略投资	45.8%
其他	10.0%

注：部分数据的合计数和相对数由于四舍五入取舍不同而产生的计算误差，均未做机械调整。

图 4-8　2020 年中国 5G 产业投资事件数量按所处轮次占比情况
数据来源：赛迪顾问，2021 年 1 月

三、深圳、北京成为重点投资地区，西安表现亮眼

从 2020 年度投融资事件的区域分布（见图 4-9）来看，深圳、北京的投融资事件数量最多，二者投融资事件数均超过全国总数的 15%。北上广深四个一线城市投融资事件数占全国的 53.9%，并吸引了六成以上的资金，一线城市普遍对高新技术产业的发展有较强的关注度，并且在放宽社会资本市场准入方面进行了较为充分的探索，助力 5G 产业发展。此外，西安投融资事件数占全国总数的 6.0%，在西部城市中表现亮眼。

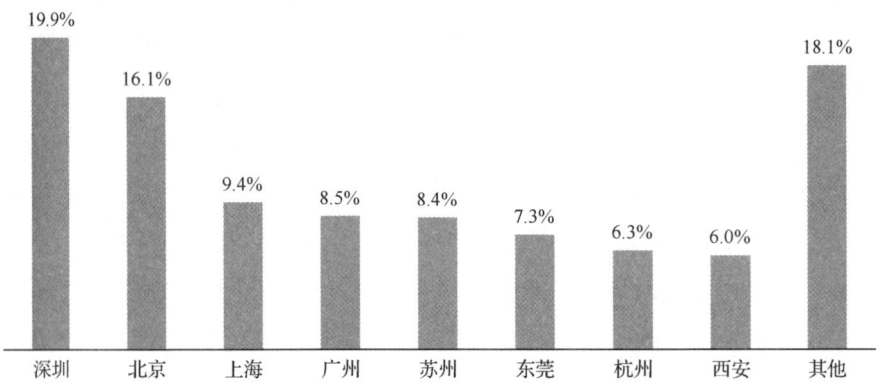

图 4-9　2020 年中国 5G 产业投融资事件数量按地区分布情况

数据来源：赛迪顾问，2021 年 1 月

第十节　赛道选择建议

"十四五"期间，5G 产业整体处于上升周期，但不同行业的受益时序也并不相同，总体遵循先网络设施后终端及场景应用的趋势。在 2020—2025 年中国 5G 产业投资价值趋势图中（见图 4-10），箭头覆盖的年份代表相关行业处于上升期的时间窗口，赛道选择建议如下：

（1）未来 3~5 年内，运营商基站建设投入仍有提升空间，基础器件领域仍有较大的发展机会。随着 5G 建设的逐步深入，相关建设需求会逐渐从宏观建设向中小型基站转移。

（2）随着虚拟化及光纤光缆技术的成熟，核心网改造工程预计将与基站建设同步推进，加之 F5G 建设也将催生市场的光器件需求，光通信相关赛道在短期内将保持较好的发展前景。

（3）随着 5G 网络逐步建成，终端市场预计将于 2021 年开始逐渐发力，并成为长线的重要机遇。智能手机网络升级将带来手持终端行业的快速增长。此外，2021 年工业互联网建设有望全面加速，智能制造、智慧城市等建设必将进一步成熟，传感器作为 5G 时代万物互联必不可少的终端，未来有较大发展潜力。

（4）智慧医疗、智能驾驶领域目前技术及商业模式尚不成熟，但与 5G 高度关联，且市场空间广阔，将成为未来融合应用的重中之重，可考虑先行布局相关赛道。

（5）智能制造是未来的重点应用场景之一，未来 5G 将在工业通信链接中发挥重要作用，预计 3～5 年内将迎来爆发期。

（6）智慧娱乐等领域目前业务开展较快，其中超清视频直播技术相对成熟，已实现试验性应用，未来或将最先大面积铺开，短期内建议重点关注。

2020—2025 年中国 5G 产业投资价值趋势如图 4-10 所示。

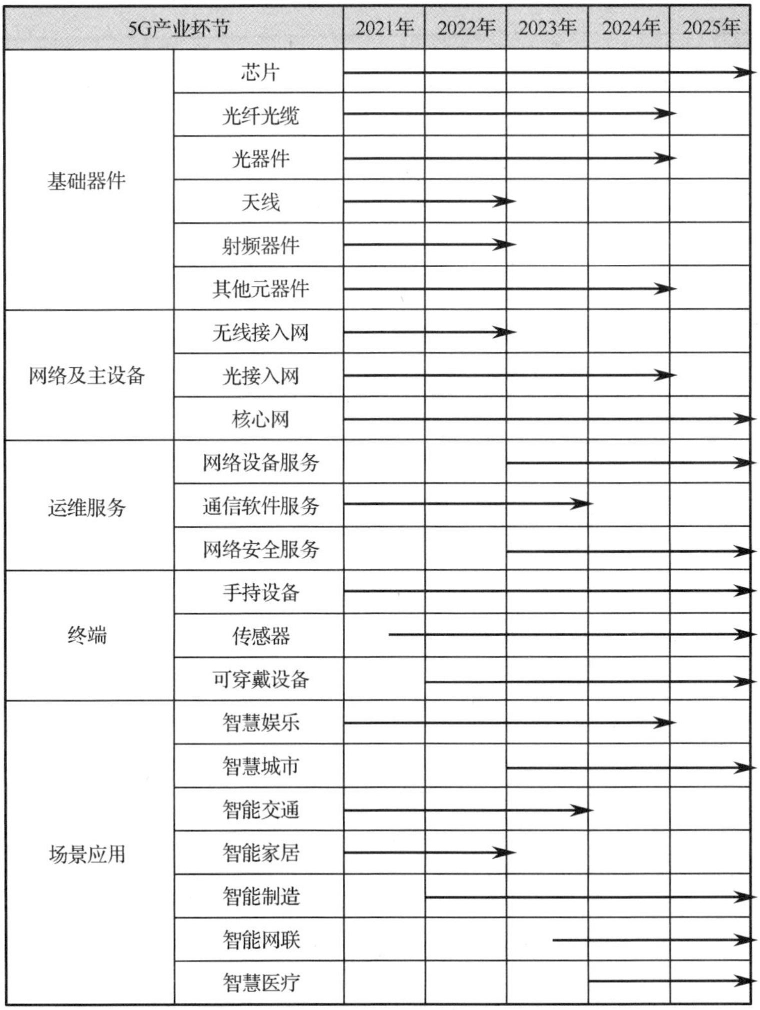

5G产业环节		2021年	2022年	2023年	2024年	2025年
基础器件	芯片					→
	光纤光缆				→	
	光器件					→
	天线		→			
	射频器件					→
	其他元器件				→	
网络及主设备	无线接入网					→
	光接入网					→
	核心网					→
运维服务	网络设备服务					→
	通信软件服务			→		
	网络安全服务					→
终端	手持设备					→
	传感器					→
	可穿戴设备				→	
场景应用	智慧娱乐					→
	智慧城市					→
	智能交通					→
	智能家居			→		
	智能制造					→
	智能网联					→
	智慧医疗					→

图 4-10　2020—2025 年中国 5G 产业投资价值趋势图

数据来源：赛迪顾问，2021 年 1 月

第五章

混合云

第一节 产业定义或范畴

赛迪顾问定义的混合云是指：通过虚拟化等云计算技术，同时以公有和私有的部署模式为用户提供基础设施、支撑软件、应用程序功能、信息资源、运行保障和信息安全等服务，并通过统一的云管理平台帮助用户实现至少一个公有云和一个私有云间的互联互通，能在两个或更多 IT 环境中进行工作负载移植、自动化编排和管理，提供随时获取、按需使用、随时扩展的云计算服务。

第二节 赛迪重大研判

（1）混合云价值认可度提高，混合云产业迎来爆发期。

（2）云原生技术、新一代私有云的发展加速混合云价值释放。

（3）在基础设施、IDC 租赁、混合云服务三大产业链环节中，混合云服务行业净利率最高。

（4）公有云厂商与虚拟化软件厂商加强合作，强化生态共建，发力混合云市场。

（5）从投资潜力来看，超融合混合云架构、容器云平台、多云管理平台、网络虚拟化技术领域值得关注。

第五章 混合云

第三节 产业环境分析

一、数字化转型需求有效带动混合云产业发展

近年来，云计算、大数据、人工智能等技术高速发展，其应用场景不断渗透，企业数字化转型变成大多数企业的关键战略。云计算作为企业数字化转型的关键一环，可以帮助企业提高灵活性和可扩展性。随着企业数字化转型的深入，企业业务逐渐发生变化，面对不同业务方向，企业会产生对于云平台不同的业务需求。在安全性要求高的领域，企业出于安全考虑通常希望将企业核心数据存储于私有云，保证核心业务可靠性，同时希望能使用公有云的弹性资源，进而满足业务自身特性和多样化需求。另外，企业业务规模较大时，企业避免与某个单一云服务商紧密连接，一般采用多个云商服务并结合使用，保证自身占据主动权。在此背景下，混合云相较私有云、公有云具有明显的成本效益和灵活性优势，特别是对于业务种类繁多的企业，混合云更能符合业务上云的需求，实现良好的协同管理。目前，随着企业上云意识的不断提升，混合云正被越来越多的企业所采纳，越来越多的云计算厂商正在布局混合云业务，混合云产业将迎来新发展期。

二、云原生促进混合云价值快速释放

云原生技术强调敏捷开发、快速上线和迭代发展，有利于各组织在云计算平台，尤其是大型企业混合云动态环境中构建和运行可弹性扩展的应用。多云架构的混合云对于如何处理环境异构性，保障数据交换合规性，提升应用交付效能等方面要求较高。以 Docker 技术为代表的云原生技术一定程度上能够屏蔽大部分多云间的异构性，实现应用开发测试环境的相对标准化、统一化。基于云原生的应用开发，可以使用敏捷与可扩展的组件，甚至跨越多云等技术边界，使得开发人员可以使用重复的自动化和编排达到快速迭代的目的。云原生相较于传统开发模式在迭代速度、频率和运维方式等方面优势突出，可以满足市场快速变化的需求，云原生可以最大化地发挥混合云的生产力，使应用从设计、开发、部署、维护到管理方式与实际情况有机结合，从而快速创造价值。

三、新一代私有云的成熟加速混合云构建

打造与公有云一致体验、平滑无感应用迁移的新一代私有云主要有两种发展模式，一种模式以私有云产品的演进为代表，另一种模式以公有云产品的延伸为代表。其中，以公有云产品的延伸设计私有云，强调公有云和私有云的底层架构统一、公有云和私有云资源管理和调度统一，同时也便于企业应用在公有云和私有云快速平滑切换，这种模式更容易实现公有云和私有云互联互通，加速混合云构建。

四、政策法规助力混合云快速、安全发展

为提高经济社会资源配置效率、降低信息化建设成本以及促进共享经济发展，自 2018 年以来国家政策明确鼓励、扶持传统企业上云。在深化企业数字化转型的背景下，国企、事业单位及政府机构上云的积极性显著提升。2020 年 3 月，工信部办公厅印发《中小企业数字化赋能专项行动方案》，以提升中小企业应对危机能力、夯实可持续发展基础为目标，助推中小企业通过数字化网络化智能化赋能实现复工复产。其中提到，助推中小企业上云用云，引导数字化服务商面向中小企业推出云制造平台和云服务平台，支持中小企业设备上云和业务系统向云端迁移，帮助中小企业从云上获取资源和应用服务，满足中小企业研发设计、生产制造、经营管理、市场营销等业务系统云化需求。2020 年 4 月，国家发改委、中央网信办联合印发《关于推进"上云用数赋智"行动 培育新经济发展实施方案》针对新冠肺炎疫情以来中国数字经济发展面临的新形势、新要求、新机遇、新挑战，聚焦企业发展中的痛点，以企业数字化转型为主线，以"上云用数赋智"为重点突破口，精确发力，精准施策，对于深入实施数字经济战略、加快数字产业化和产业数字化步伐、为企业高质量发展赋能。由此可见，企业上云已是大势所趋，云计算即将迎来跨越式发展。混合云作为云计算的一种部署模式具有操作灵活、弹性强、成本效益突出等优势，可以帮助大中型企业拓展跨云业务，为企业间的数据交换和信息共享提供便利。借助混合云，企业可以采用多种方式来强化云生态体系建设，向数字化的经营模式加速转变，未来混合云将受到越来越多企业青睐。此外，国家加快构建云计算安全保障体系，工信部等部门发布一系列云计算相关法规标准，促使混合云的访问和认证安全、数据安全保护、网络传输等方面能力不断提升。

第五章 混合云

第四节 产业链全景图

混合云产业链（见图 5-1）主要包含云化基础设施、IDC 租赁服务、混合云服务。

```
云化基础设施
  服务器   存储系统   网络设备   其他

IDC 租赁服务
  服务器租赁   机柜租赁   带宽转售   其他

混合云服务
  多云管理平台   容器云平台   软硬件一体机
  私有云服务   公有云服务   其他
```

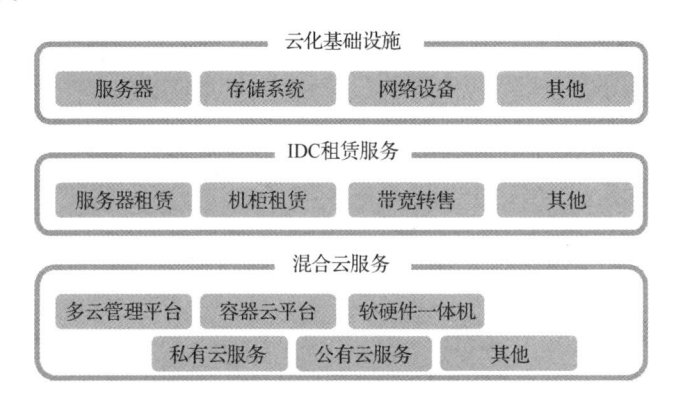

图 5-1 混合云产业链全景图

数据来源：赛迪顾问，2021 年 1 月

云化基础设施：是云计算产业发展的重要基础，主要包括用于提供云计算服务的数据中心核心设备（如服务器、存储系统和网络设备等）和机房附属设施，是云计算平台的基础。随着 5G、物联网、人工智能技术的发展，边缘服务器、智能服务器等应运而生，为边缘端实时数据和业务处理提供强劲可靠的性能支持。

IDC 租赁服务：主要包含云服务最终用户和公有云服务商提供的机房环境、服务器租赁和网络带宽服务等。IDC 租赁服务商一是以构建更高安全等级的绿色数据中心为方向，推动自身光缆城域网建设，加强与多家运营商合作，提高出口带宽，为用户提供更安全、更灵活、更高效的 IDC 服务；二是以数据中心云化为方向，依托 IDC 业务向云业务拓展。

混合云服务：是帮助用户实现公有云和私有云模式同时部署，并研发统一纳管用户公有云和私有云服务平台或解决方案、实现公有和私有云服务互联互通的服务。混合云服务产品主要包括同时纳管私有云和公有云的多云管理平台、能实现轻量化部署模式的容器云平台和软硬件一体机。其中，众多混合云服务商所提供的多云管理平台通过采用超融合架构来助力企业应用实现平滑迁移。

第五节　价值链及创新

2020 年中国混合云产业价值链分布情况如图 5-2 所示。

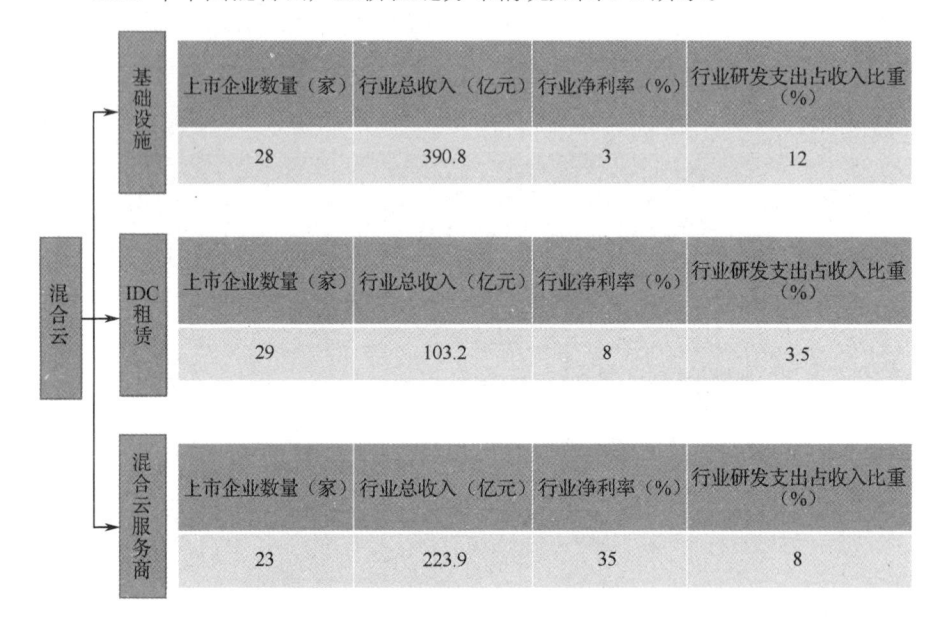

	上市企业数量（家）	行业总收入（亿元）	行业净利率（%）	行业研发支出占收入比重（%）
基础设施	28	390.8	3	12
IDC租赁	29	103.2	8	3.5
混合云服务商	23	223.9	35	8

图 5-2　2020 年中国混合云产业价值链分布情况

数据来源：赛迪顾问，2021 年 1 月

一、基础设施行业营收高，但净利率较低

在混合云计算中基础设施层目前仍属于高投入、净利率相对降低的行业。2020 年前半年受新冠肺炎疫情影响，全年营收增长率不及 2019 年营收增长率，2020 年营收为 390.8 亿元。基础设施行业有较高的技术壁垒，行业内企业为了更好地抢占市场、巩固市场地位，通过持续高额的研发投入不断提升行业技术壁垒，甚至降低产品和服务的价格来建立客户关系，导致行业总体成本高、净利率低。

二、IDC 租赁行业研发投入比重较低

IDC 租赁行业相比基础设施和混合云服务行业，技术壁垒相对较低，行业内企业主要发力于数据中心建设、与各大运营商建立良好合作提升带宽服务能力，2020 年全行业的研发投入占总营收比重约 3.5%，研发的方向主要是绿色数据中心建设、数据安全及拓展的云服务业务。行业内龙头企业净利

率超过10%，而全行业净利率约为8%。

三、混合云服务行业净利率最高

混合云服务产品主要包括多云管理平台、容器云平台、软硬件一体机等。一方面，混合云产品形态决定了混合云服务行业比IDC租赁、基础设施行业采购的硬件少，硬件采购及维护成本低；另一方面，混合云发展时间尚短，受用户欢迎的具有一致性体验的混合云产品需要企业拥有深厚的云计算技术沉淀，产品的附加值高。这两方面原因使得混合云服务行业净利率较高，2020年行业净利率约达35%。行业内企业也在不断强化研发能力，注重混合云平台研发，力争提升对多个云的互联互通和统一管理、运维能力。

第六节　区域分布格局

一、产业资源分布

从产业资源总体分布（见表5-1）来看，混合云领域企业主要分布在华北、华东和中南地区。在载体和平台建设方面，华北、华东、中南地区起步较早，西南和西北地区正加速布局，昆明的云计算产业园在2017年正式揭牌，西藏在2020年已经开始建设云计算数据中心二期工程。在创新资源方面，由于北京、上海占据了高校及科研院所的众多优质资源，华北和华东地区的重点实验室、工程技术中心数量有绝对优势。

表5-1　2020年中国混合云产业资源分布

区域	企业资源	载体、平台	创新资源
华北	大型企业：33个 中小微企业：47个	超级云计算中心：1个 市级工业云计算服务平台：1个 云计算产业园/产业基地：9个	国家级重点实验室：7个 国家级工程技术研究中心：2个
华东	大型企业：26个 中小微企业：39个	超级云计算中心：1个 云计算产业园/产业基地：5个	国家级重点实验室：6个 国家级企业实验室：1个
中南	大型企业：12个 中小微企业：33个	云计算产业园/产业基地：7个	国家级重点实验室：1个 国家级企业实验室：2个
东北	中小微企业：11个	云计算产业园/产业基地：2个	国家级企业实验室：1个
西南	大型企业：5个 中小微企业：15个	云计算产业园/产业基地：5个	
西北	中小微企业：7个	云计算产业园/产业基地：4个	

数据来源：赛迪顾问，2021年1月

二、产业规模分布

2020 年中国混合云产业规模分布如图 5.3 所示。

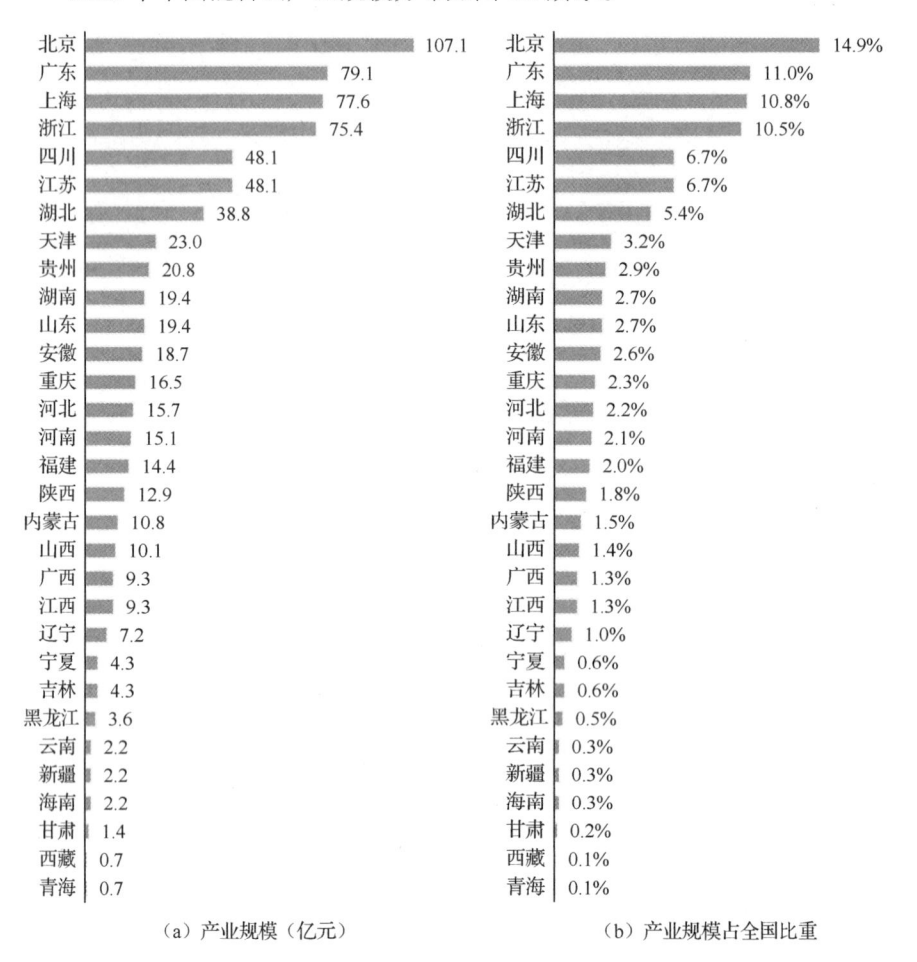

地区	产业规模（亿元）	占全国比重
北京	107.1	14.9%
广东	79.1	11.0%
上海	77.6	10.8%
浙江	75.4	10.5%
四川	48.1	6.7%
江苏	48.1	6.7%
湖北	38.8	5.4%
天津	23.0	3.2%
贵州	20.8	2.9%
湖南	19.4	2.7%
山东	19.4	2.7%
安徽	18.7	2.6%
重庆	16.5	2.3%
河北	15.7	2.2%
河南	15.1	2.1%
福建	14.4	2.0%
陕西	12.9	1.8%
内蒙古	10.8	1.5%
山西	10.1	1.4%
广西	9.3	1.3%
江西	9.3	1.3%
辽宁	7.2	1.0%
宁夏	4.3	0.6%
吉林	4.3	0.6%
黑龙江	3.6	0.5%
云南	2.2	0.3%
新疆	2.2	0.3%
海南	2.2	0.3%
甘肃	1.4	0.2%
西藏	0.7	0.1%
青海	0.7	0.1%

（a）产业规模（亿元）　　　　（b）产业规模占全国比重

图 5-3　2020 年中国混合云产业规模分布图

数据来源：赛迪顾问，2021 年 1 月

从总体分布来看，混合云产业主要集中在北京、广东、上海、浙江。其中，浙江凭借阿里在云计算领域的龙头地位，大力发展本地云计算产业，2020 年混合云产业规模为 75.4 亿元，在全国混合云产业占比为 10.5%。四川、江苏、湖北、天津、贵州混合云产业正逐步壮大，2020 年混合云产业规模均超 20 亿元。其中，贵州省则凭借数据中心数量多、级别高的优势，云计算产业飞速发展，2020 年混合云产业规模为 20.8 亿元，在全

国混合云产业占比达到 2.9%。

第七节 行业重大事件

  2020 年，公有云厂商一方面是通过自研混合云产品布局混合云市场，另一方面是通过与虚拟化传统软件厂商合作，强化生态共建，共同发力混合云市场；传统软件厂商持续迭代混合云产品，探索业务场景对混合云解决方案的需求，不断明确混合云的核心价值。国内中型云服务商不断提升自身研发能力，注重混合云产品兼容 X86、ARM 等架构能力，以及与中标麒麟等操作系统适配性，推动信息技术应用创新混合云生态建设。行业内厂商也在加强人工智能技术引入，致力于将 AI 引入企业用户，帮助企业加速创新。2020 年全球混合云行业重大事件见表 5-2。

表 5-2　2020 年全球混合云行业重大事件

序号	事件说明	事件主体	影响/意义
1	推出 OpenShift4.4 容器平台，完善混合云产品体系	Red Hat	强化开放架构体验，进一步明确混合云的不同 IT 架构负载移植、自动化编排和管理核心价值
2	与 NVIDIA 加强合作，NVIDIA NGCTM 中心上线的 AI 软件将进一步集成在 VMvare 混合云产品中	VMvare	提供专为 AI、机器学习和以数据为中心的应用需求构建的新一代混合云集成架构，把 AI 引入企业用户，帮助企业加速创新
3	推出混合云平台和软硬件一体机	DELL	无缝跨越边缘、私有、公有环境，强化 AI 赋能
4	推出 Outposts1U、Outposts2U 混合云产品	AWS	作为全球公有云龙头厂商，推出自有混合云产品
5	升级原有混合云解决方法，实现"资源混合"进化到"能力融合"，投入 2 亿元的专项资金用于华为云 Stack 技术伙伴的技术赋能	华为	提升解决方案 AI，强化生态合作，激发多个云能力为用户公共赋能
6	阿里云 VMware 解决方案正式发布	阿里云	使企业能够跨本地数据中心和公有云管理、运行一致的基础架构和运维，快速而敏捷地交付应用
7	UCloudStack 2.0 推出标准版、快杰版、信创版三个版本	UCloud	强化定制化混合云解决方案，推动混合云 non-X86 架构建设

续表

序号	事件说明	事件主体	影响/意义
8	完成与鲲鹏处理器、中标麒麟等操作系统适配	青云	强化自研，推动混合云non-X86架构建设

数据来源：赛迪顾问，2021年1月

第八节　市场规模预测

一、2023年，中国混合云市场规模将突破千亿元

2020年中国混合云市场规模为245.8亿元，同比增长65.1%，如图5-4所示。随着政府、企业上云意识的不断提升，容器技术的不断成熟，政企用户对多云环境需求日益旺盛，国内市场将迅速扩大，预计到2023年中国混合云市场规模将达1123.8亿元。

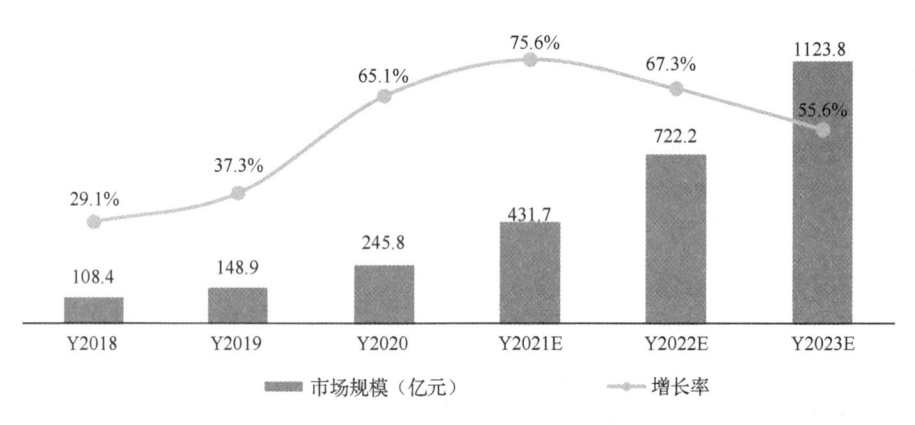

图5-4　2018—2023年中国混合云市场规模及预测

数据来源：赛迪顾问，2021年1月

二、华东所占比重最大且逐步提升

2018—2023年中国混合云市场区域结构及预测如图5-5所示。混合云正进入爆发期，市场规模迅速走高的地区将是互联网、金融等行业相对较为发达的华东、华北、中南地区。华东、华北、中南地区的混合云市场占比逐步提升，预计2023年市场占比分别达34.1%、25.1%和23.7%。

第五章 混合云

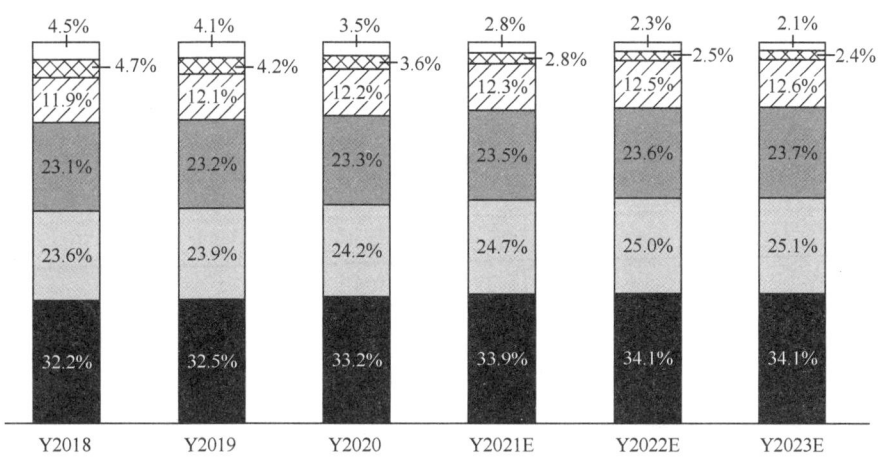

	4.5%	4.1%	3.5%	2.8%	2.3%	2.1%
	4.7%	4.2%	3.6%	2.8%	2.5%	2.4%
	11.9%	12.1%	12.2%	12.3%	12.5%	12.6%
	23.1%	23.2%	23.3%	23.5%	23.6%	23.7%
	23.6%	23.9%	24.2%	24.7%	25.0%	25.1%
	32.2%	32.5%	33.2%	33.9%	34.1%	34.1%
	Y2018	Y2019	Y2020	Y2021E	Y2022E	Y2023E

■ 华东　□ 华北　■ 中南　⊠ 西南　⊟ 东北　□ 西北

图 5-5　2018—2023 年中国混合云市场区域结构及预测

数据来源：赛迪顾问，2021 年 1 月

第九节　资本市场动向

一、混合云服务商持续受到投资青睐

从 2019 年 1 月—2021 年 1 月混合云投融资事件（见表 5-3）统计来看，UCloud、融云两家混合云厂商成功进行多次融资。同时，像青云、博云、ZStack 等在混合云架构、混合云平台、混合云服务体系等方面具有竞争力的厂商，2020 年也得到融资，随着混合云市场规模的壮大和厂商自身的实力和影响力逐步提升，混合云服务商未来将继续受到资本青睐。

表 5-3　2019 年 1 月—2021 年 1 月混合云投融资事件

序号	时间	事件主体	事件描述
1	2019 年 7 月	Red Hat	IBM 以 340 亿美元价格收购 Red Hat
2	2019 年 9 月	UCloud	UCloud 拟募资 47.5 亿元，获科创板审核通过
3	2019 年 12 月	融云	获得 C 轮融资
4	2020 年 3 月	视界云	完成近亿元 A+轮融资
5	2020 年 6 月	世纪互联	黑石集团管理的基金已向世纪互联战略投资 1.5 亿美元
6	2020 年 8 月	ZStack	ZStack 获 2.3 亿元 B+轮融资
7	2020 年 8 月	博云	完成 D 轮融资

续表

序号	时间	事件主体	事件描述
8	2020年9月	云图腾	百度完成对云图腾的战略投资，此前云图腾已经完成B+轮融资
9	2020年9月	青云	青云完成D轮融资
10	2020年11月	融云	融云得到由深创投、eWTP基金领投的近亿元D轮投资
11	2020年12月	梯度科技	获得B轮融资
12	2021年1月	UCloud	UCloud科创板上市
13	2019年7月	Red Hat	IBM以340亿美元价格收购Red Hat

数据来源：赛迪顾问，2021年1月

二、投资方倾向于B轮后投资和战略投资

从2019年1月—2021年1月混合云投融资事件（见表5-3）发生的轮次上来看，投资事件发生在B轮及以后的投资和战略投资的占比达到87.5%。其中B轮与B+轮融资事件2件，D轮融资事件3件，战略投资事件2件。

三、2021年混合云行业融资事件将增多

一方面，从行业投资事件数量来看，2020年混合云领域投融资数量比2019年增加5起；另一方面，已经上云的企业对混合云架构与相关服务关注度持续升高，混合云的不断成熟将助推更多企业选择混合云，一些具有技术优势的中小企业将获得更多的投融资机会，行业头部厂商也将逐步重视对混合云的战略投资与生态构建。基于上述两方面原因，预计2021年投融资事件数量将继续增多。

第十节 赛道选择建议

（1）超融合混合云架构、多云管理平台、容器云平台在短期内投资热度将持续爬升。

（2）云网融合、云原生相关技术还未成熟，可考虑较后阶段进入。

（3）互联网行业存在较多计算需求高峰、政府和金融行业数字化程度高且数据量不断增加，三大行业均对存储、弹性计算有更高要求，未来也将对混合云架构更加关注。

2021年中国混合云细分领域投资价值气泡如图5-6所示。

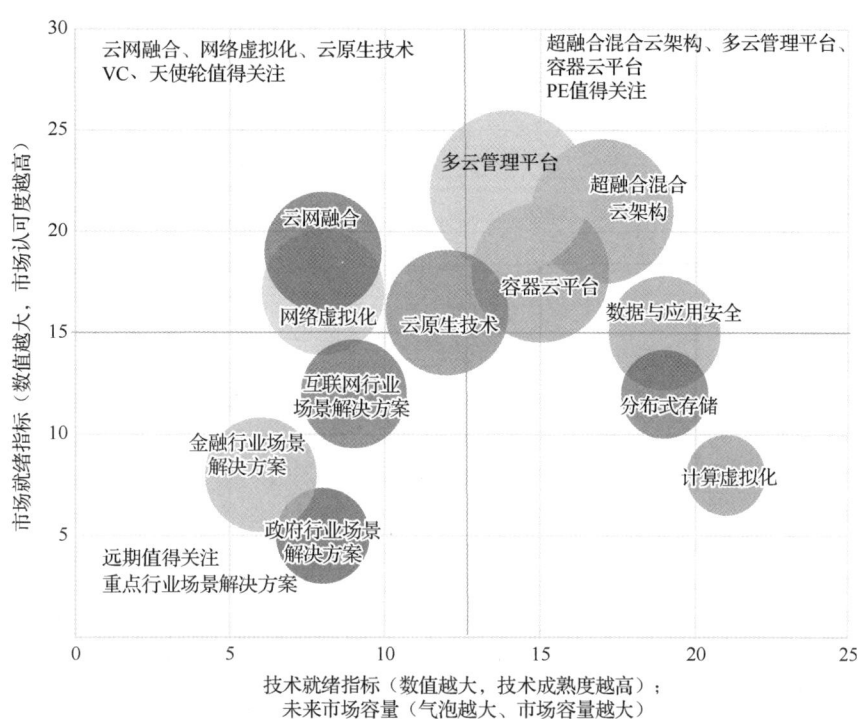

图 5-6　2021 年中国混合云细分领域投资价值气泡图

数据来源：赛迪顾问，2021 年 1 月

第六章 数据中台

第一节 产业定义或范畴

数据中台是新型 IT 架构和数据管理模式，通过汇聚各类数据，并构建数据标准和质量规则，对这些数据进行加工、整合、打标签等，形成的可复用、共享的，以数据接口形式提供服务的数据资源平台。

第二节 赛迪重大研判

（1）数据中台是大数据的延伸，从产业链环节来看，可以分为上游基础支撑、中游解决方案、下游应用及服务三个环节。

（2）数据中台行业发展正从初创阶段进入规模化发展阶段，专业的数据中台提供商开始大量涌现。

（3）数据中台技术方案要求高，产品创新快，专业数据中台厂商盈利能力较强，行业净利润率较高。

（4）目前金融、零售、制造业等领域的数据中台解决方案落地案例较多，未来政府数据中台和城市数据中台的建设将大幅加快。

（5）北京、杭州的数据中台投融资项目数量最多，两地融资的项目数占融资总项目数量的 59.1%，这与地区资本的密集程度和数据中台厂商集聚程度紧密相关。

（6）产业级数据中台成为社会关注焦点，其以数据流促进上下游、产供销的协同联动，能够提升产业链供应链的稳定性。

第三节 产业环境分析

一、企业数字化转型需求推动数据中台快速发展

信息技术与经济社会、企业业务的交汇融合引发了数据迅猛增长,数据已成为企业的重要资源,数字化转型成为企业发展的重要趋势,而传统的烟囱式和专业分工式系统架构面临新的挑战,业务和部门之间存在数据孤岛和数据割据,数据无法统一管理;不同业务和部门也出现重复建设数据管理系统,导致数据标准不统一而出现歧义;数据跨部门调用门槛越来越高,业务创新部门活力明显不足。数据中台作为新的信息系统架构和数据管理模式能够有效解决企业数字化转型过程中遇到的问题与挑战,逐渐获得市场的认可,并在零售、金融、制造业等领域大规模落地应用。

二、大型互联网企业积极投入加速数据中台从理念向落地应用转变

大型互联网企业由于业务多,同时各业务间存在共性的模块,所以滴滴出行、腾讯、美团等企业已自建自用数据中台,以解决企业业务运营效率和数据共享的问题,推动了数据中台从理念向落地应用转变。目前阿里、腾讯等企业建设的数据中台经过 3~5 年的内部实践和不断演化已逐渐成熟,在企业内生需求满足后加快商业模式探索和产品创新,将企业内部自建的数据中台进行改造后开始对外输出数据中台能力和服务,进一步推动数据中台落地应用。

三、独立专业的数据中台服务厂商获得资本市场高度关注和追捧

数据中台模式经过大型厂商 5 年多的探索和实践,目前逐渐产品化,一些独立的数据中台厂商开始关注和进入数据中台领域。这类厂商定位明确,专注于金融、零售、制造等几个细分领域,围绕智能营销、智能决策等能够为企业提供价值的方向,落地了大量案例,赢得了客户信任,获得了资本市场的关注和追捧。在近两年经济下行压力较大的情况下,数澜科技、明略科技、袋鼠云、云徙科技、滴普科技等专业的数据中台厂商持续受到资本市场的追捧,并获得大额融资。目前来看,独立数据中台服务商借助资本的力量

将迎来新的发展阶段。

四、政策鼓励多方联合共建共享数据中台资源

2020年4月，国家发改委、中央网信办联合印发《关于推进"上云用数赋智"行动培育新经济发展实施方案》，鼓励传统企业与互联网平台企业、行业性平台企业、金融机构等开展联合创新，共享技术、通用性资产、数据、人才、市场、渠道、设施、中台等资源，探索培育传统行业服务型经济。同时，要求加快完善数字基础设施，推进企业级数字基础设施开放，促进产业数据中台应用，向中小微企业分享数据中台业务资源。2020年7月，国家发改委、工信部等13个部门联合发布《关于支持新业态新模式健康发展 激活消费市场带动扩大就业的意见》，提出支持具有产业链、供应链带动能力的核心企业打造产业"数据中台"，以信息流促进上下游、产供销协同联动，保产业链供应链稳定，发展产业服务化新生态。2020年9月，国务院国有资产监督委员会（以下简称国资委）办公厅发布《关于加快推进国有企业数字化转型工作的通知》，提出运用5G、云计算、区块链、人工智能、数字孪生、北斗通信等新一代信息技术，探索构建适应企业业务特点和发展需求的"数据中台""业务中台"等新型IT架构模式，建设敏捷高效可复用的新一代数字技术基础设施，加快形成集团级数字技术赋能平台，提升核心架构自主研发水平，为业务数字化创新提供高效数据及一体化服务支撑。大型国有企业也将加快建设数据中台，借助数据中台支撑业务数字化转型。

第四节 产业链全景图

数据中台是大数据的延伸，涉及数据计算和存储、数据加工和整合、数据安全、数据应用等多个方面。从产业链环节（见图6-1）来看，可以分为上游基础支撑、中游解决方案、下游应用及服务三个环节。

基础支撑：主要包括数据计算和存储、数据加工和集成、网络、权限认证、系统运维监控等软硬件基础设施，是建设数据中台的基础。目前数据已成为关键的生产要素，数据将进一步赋能企业的研发、生产、供应、销售、售后服务等，企业对数据加工和整合提出新要求，主要围绕提升数据质量、加强各部门各环节数据共享、拓展数据应用范围等方面进行数据加工和整合。

解决方案：主要包括数据抽象、共享及复用的解决方案，是建设数据中台的核心。目前数据中台与技术中台、业务中台交叉融合态势日趋增强，通过与技术、业务的融合进一步释放其价值。

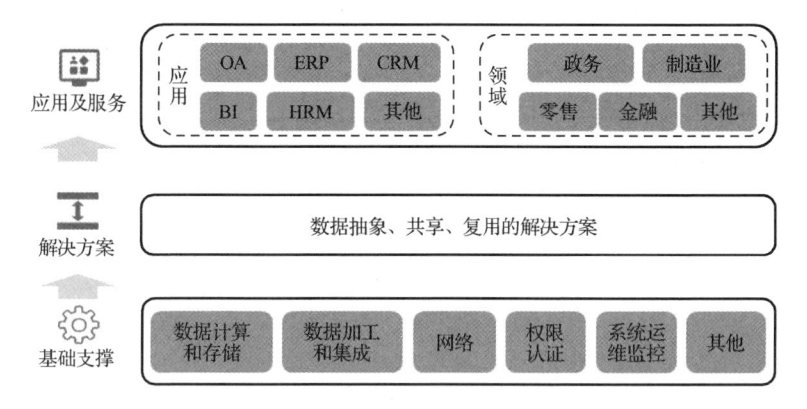

图 6-1 数据中台产业链全景图

数据来源：赛迪顾问，2021 年 1 月

应用及服务：是数据中台的应用及服务。从应用角度看，主要包括 OA、BI、ERP、CRM、HRM 等；从服务领域看，主要包括政府数据中台、金融数据中台、零售数据中台、制造业数据中台等。目前数据中台开始广泛应用于各类应用和各个领域，特别是智慧城市建设深入推进，需要对大量的、多维度的数据进行管理和应用，政府数据中台的建设明显加快。

第五节 价值链及创新

2020 年中国数据中台产业价值链分布情况如图 6-2 所示。

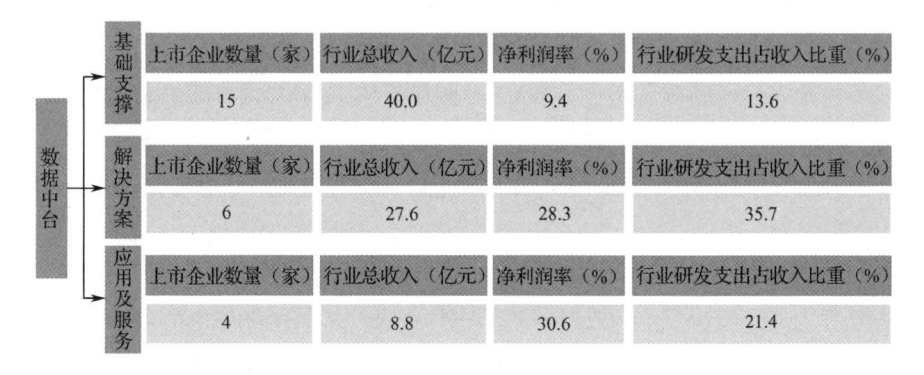

	上市企业数量（家）	行业总收入（亿元）	净利润率（％）	行业研发支出占收入比重（％）
基础支撑	15	40.0	9.4	13.6
解决方案	6	27.6	28.3	35.7
应用及服务	4	8.8	30.6	21.4

图 6-2 2020 年中国数据中台产业价值链分布情况

数据来源：赛迪顾问，2021 年 1 月

一、基础支撑

（一）基础支撑层总营收规模大，净利润率相对较低

基础支撑层涉及硬件设施和软件系统，是建设数据中台的基础，其在数据中台产业中占据首要位置。该领域厂商数量较多，市场竞争格局相对稳定，整体行业总营收较高，净利润率相对较低。2020 年中国数据中台基础支撑层相关企业总收入为 40.0 亿元，净利润率为 9.4%。

（二）基础支撑层产品和技术成熟，创新面临瓶颈

基础支撑层主要包括数据计算和存储、数据加工和整合、系统运维监控等，这些产品和技术已经过数十年的发展和应用，各细分环节的产品和技术均比较成熟，行业研发投入水平相对数据中台其他环节较低，2020 年中国数据中台基础支撑层相关企业研发支出占收入比重为 13.6%，单项技术创新和多项技术融合面临瓶颈。

二、解决方案

（一）数据中台技术方案要求高，净利润率较高

建设数据中台涉及业务抽象、集聚数据、架构构建、模块设计、开发交付等环节，要实现业务、数据、技术之间相互融合，要求较高，数澜科技、滴普科技、企加云、袋鼠云等数据中台提供商解决方案的溢价能力较强，行业利润率普遍较高，2020 年数据中台解决方案相关企业的净利润率为 28.3%。

（二）数据中台解决方案创新加快，厂商盈利能力增强

数据中台领域涌现出一批独立厂商，部分厂商借助资本的力量加快对技术产品的研发和解决方案的创新，如数澜科技加快数据中台与云原生结合；另外，一些与信息化相关的上市企业也开始加大对数据中台解决方案的研发和创新投入，如用友和浪潮均将数据中台与技术中台、业务中台、AI 中台等融合。数据中台产品创新加快，2020 年该领域相关企业研发支出占收入比重达到了 35.7%。未来，不断提升数据中台解决方案创新能力的厂商将获得大量订单，能够将数据中台与技术中台、业务中台等融合的厂商将具有核心竞争力，这也将驱动数据中台厂商不断提升盈利能力。

三、应用及服务

（一）应用及服务领域的营收相对较少，净利润率最高

2020 年，中国数据中台应用及服务领域相关企业营收为 8.8 亿元，净利润率为 30.6%，相比于数据中台产业其他环节，应用及服务领域营收相对较低，但净利润率最高。

（二）零售数据中台的营收最多，政府数据中台创新较快

数据中台在不同领域的落地应用水平存在明显差距，目前，零售、金融、制造业三大领域的数据中台应用及服务相关企业营收较高，占中国数据中台应用及服务总营收的比重分别为 23.5%、16.1%、9.7%，这与零售、金融、制造业等领域信息化程度高、数据沉淀多、业务响应快、创新能力强等紧密相关。未来，随着智慧城市建设深入推进，需要对大量的、多维度的数据进行管理和应用，政府数据中台应用及服务创新加快。

第六节 区域分布格局

一、产业资源分布

从产业资源总体分布（见表 6-1）来看，数据中台产业相关的企业资源、平台及载体主要分布在华北和华东地区。其中，华北地区的大数据 50 强企业达到 22 个、专业数据中台厂商 32 个，均在国内处于领先地位，这为华北地区的数据中台产业发展营造了较好的发展环境。

表 6-1 2020 年中国数据中台产业资源分布

区域	大数据 50 强企业（个）	载体、平台	专业数据中台厂商（个）
华北	22	大数据重点产业园 10 个	32
华东	14	大数据重点产业园 16 个	22
中南	6	大数据重点产业园 22 个	11
西南	6	大数据重点产业园 7 个	8
西北	2	大数据重点产业园 5 个	2

续表

区域	大数据 50 强企业（个）	载体、平台	专业数据中台厂商（个）
东北	—	大数据重点产业园 3 个	1

注：1. 大数据 50 强企业信息来源于大数据产业生态联盟、赛迪顾问及赛迪智库发布的《2020 中国大数据产业发展白皮书》；

2. 大数据重点产业园信息来源于大数据产业生态联盟、赛迪顾问及赛迪智库发布的《2020 中国大数据产业发展白皮书》《2019 中国大数据产业发展白皮书》等。

数据来源：赛迪顾问，2021 年 1 月

二、产业规模分布

从区域结构（见图 6-3）上看，华东、华北和中南地区是中国数据中台产业发展领先的区域，其中华北地区大数据 50 强企业和专业数据中台厂商的数量最多，华东、中南地区依托众多的大数据重点产业园区集聚了一批创新能力强的大数据和数据中台企业，这三个地区数据中台产业规模分别为 23.4 亿元、22.1 亿元、19.6 亿元，产业规模占全国的比重分别为 30.6%、28.9% 和 25.7%。

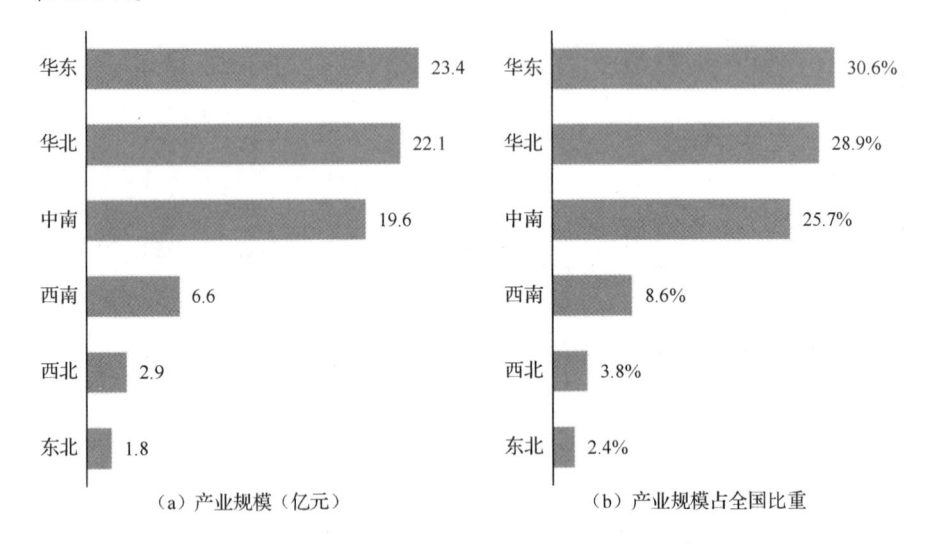

(a) 产业规模（亿元）

华东 23.4
华北 22.1
中南 19.6
西南 6.6
西北 2.9
东北 1.8

(b) 产业规模占全国比重

华东 30.6%
华北 28.9%
中南 25.7%
西南 8.6%
西北 3.8%
东北 2.4%

图 6-3　2020 年中国数据中台产业规模分布图

数据来源：赛迪顾问，2021 年 1 月

第七节　行业重大事件

数据中台行业发展正从初创阶段进入规模化发展阶段。2020 年阿里巴巴

"中台战略"多名负责人接连离职，围绕数据中台进行创业，催生了多个专业的数据中台厂商，阿里巴巴建设数据中台的经验也将驱动整个行业发展。市场上涌现出一批独立数据中台厂商，其中头部数据中台厂商以及专注某一细分领域的数据中台厂商获得大额融资，资本开始助推行业发展。用友、浪潮等软件企业纷纷开始提供数据中台产品及解决方案，倾向于将数据中台与技术中台、业务中台、AI 中台等融合，为政企客户提供新型的 IT 架构和数据管理模式。2020 年中国数据中台行业重大事件见表 6-2。

表 6-2　2020 年中国数据中台行业重大事件

序号	事件说明	事件主体	影响/意义
1	阿里巴巴"中台战略"事业群重要负责人离职，创办来未来科技公司，并获得阿里健康 2.16 亿元投资	阿里巴巴	阿里巴巴建设数据中台的经验将驱动整个行业发展
2	明略科技获 3 亿美元融资	明略科技	数据中台领域获得较大额度融资，资本开始助推行业发展
3	零售数据中台厂商奇点云获得 1.2 亿元融资	奇点云	专注某一领域的数据中台厂商更容易获得市场认可
4	用友基于技术平台、数据中台、业务中台、AI 中台打造云平台 iuap	用友	数据中台成为云平台的重要组成部分
5	金蝶 1.5 亿元战略投资数澜科技	金蝶、数澜科技	云服务、云应用与数据中台融合加快

数据来源：赛迪顾问，2021 年 1 月

第八节　产业规模预测

一、2023 年，中国数据中台产业规模达到 165.1 亿元

2018—2020 年中国数据中台逐渐规模化落地，数据中台厂商提供的解决方案和产品进一步成熟，获得了市场和行业的认可，产值不断增加。目前，随着智慧城市建设和企业数字化转型深入推进，政府和企业要求加大对数据资源的利用及进一步释放数据价值，数据中台将发挥关键作用，有效支撑数据的治理、共享及应用。未来三年，中国数据中台产业仍呈现高增长态势，到 2023 年，中国数据中台产业规模将达 165.1 亿元。2018—2023 年中国数据中台产业规模及预测如图 6-4 所示。

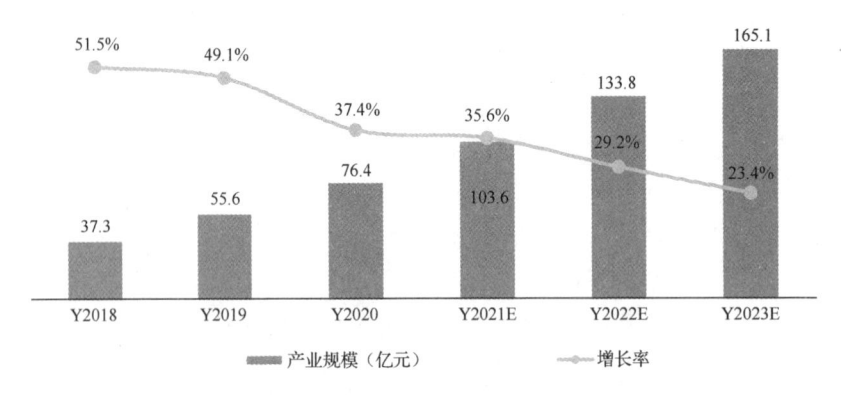

图 6-4　2018—2023 年中国数据中台产业规模及预测

数据来源：赛迪顾问，2021 年 1 月

二、基础支撑层规模占比最大，解决方案规模占比逐渐上升

大数据的发展为建设数据中台提供了坚实的底层基础设施。2020 年中国数据中台基础支撑层规模占比最大，为 52.4%，未来三年，基础支撑层规模占比将呈现下降态势，到 2023 年，占比为 47.9%。另外，2018—2020 年，系统集成商、云厂商、独立数据中台厂商等竞相进入该产业，提供数据中台解决方案，推动数据中台解决方案在政府、金融、制造业、零售等重点领域落地应用，未来三年将进一步延伸数据中台应用的领域，在供需的带动下，数据中台解决方案的规模将呈现高速增长态势，到 2023 年，规模预计将达 67.4 亿元，如图 6-5 所示。

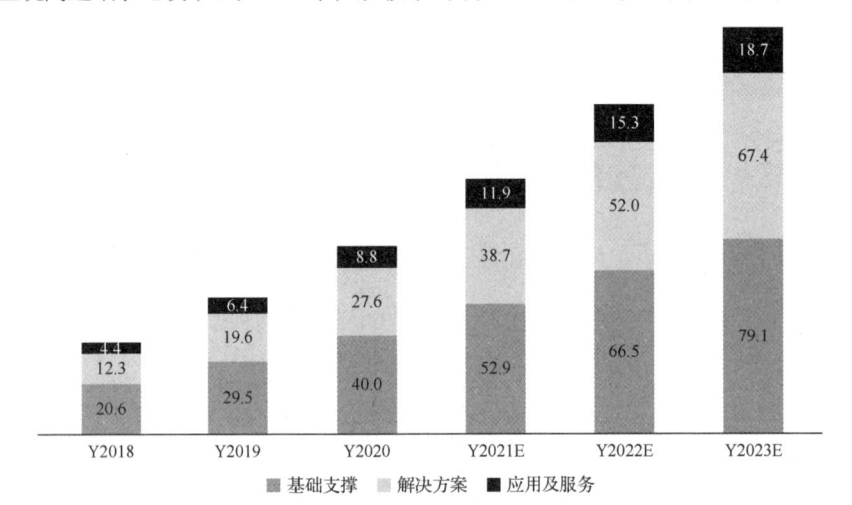

图 6-5　2018—2023 年中国数据中台产业结构及预测（亿元）

数据来源：赛迪顾问，2021 年 1 月

第九节 资本市场动向

一、数据中台项目投融资活动减缓，2020年投融资事件数量为22件

数据中台领域发展逐渐成熟，资本市场也回归理性，投资机构主要投资处于行业领先位置、具有核心竞争力的企业，2020年中国数据中台领域投融资事件数量（见图6-6）为22件，相比于2019年略有下降，数据中台项目投融资活动开始减缓。

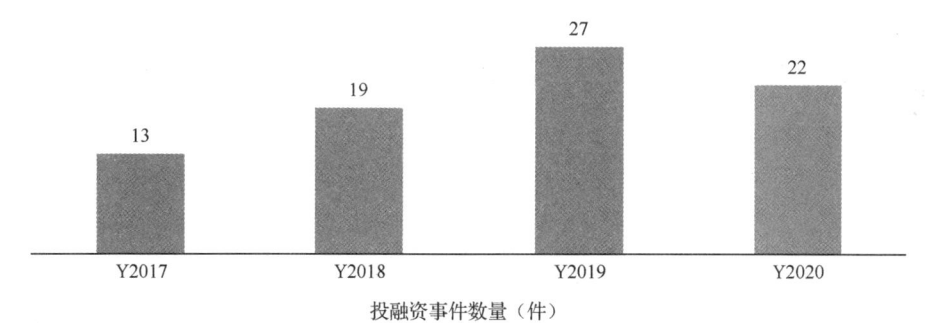

年份	投融资事件数量（件）
Y2017	13
Y2018	19
Y2019	27
Y2020	22

图6-6　2017—2020年中国数据中台投融资事件数量

数据来源：赛迪顾问，2021年1月

二、项目融资轮次分布相对均衡，获得战略投资的项目数量较多

数据中台项目已经历野蛮生长期，发展比较成熟的企业、在某一领域具备专业服务能力的企业将持续获得资本的支持。2020年，在数据中台领域，需要天使轮融资的项目很难获得融资，需要A、B、C轮融资的项目都获得了资本支持，项目融资轮次分布相对均衡。一些成熟项目也获得了大型集团企业的战略投资，如2020年11月数澜科技获得金蝶国际1.5亿元融资；个别项目单笔融资额较大，如2020年3月明略科技获得3亿美元融资。明显看到，数据中台项目开始走向成熟，市场认可度上升，项目的融资额和估值不断提高。2020年中国数据中台投资事件所处轮次占比情况如图6-7所示。

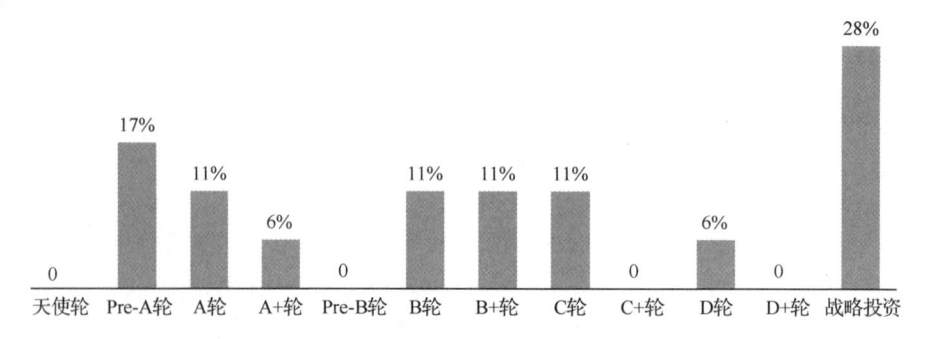

图 6-7　2020 年中国数据中台投资事件所处轮次占比情况

数据来源：赛迪顾问，2021 年 1 月

三、北京、杭州为重点投资地区，投资项目合计数占比超过一半

从 2020 年投融资发生区域（见图 6-8）来看，北京、杭州的数据中台投融资数量最多，两地融资数量占融资总数量的 59.1%，这与地区资本的密集程度和数据中台厂商集聚程度紧密相关。深圳、上海、武汉等地区也培育出一些数据中台厂商，并获得资本的支持。

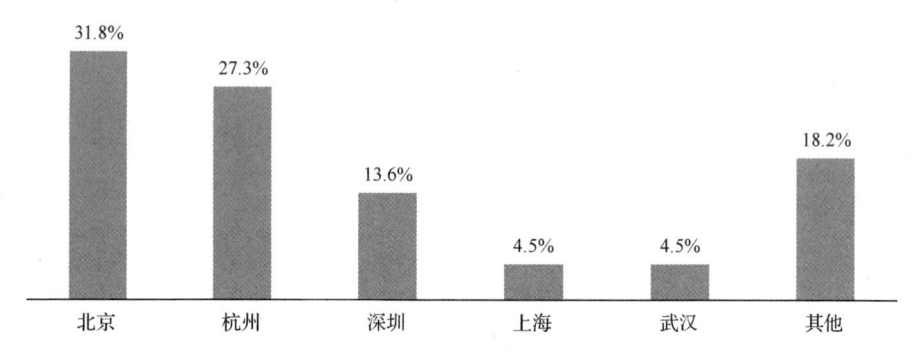

图 6-8　2020 年中国数据中台项目投融资地区分布情况

数据来源：赛迪顾问，2021 年 1 月

第十节　赛道选择建议

（1）政府数据中台和城市数据中台需求旺盛，未来仍将大规模建设和升级，是重点投资和关注的领域。

（2）数据加工和集成是构建数据中台的前提，也是数据中台发挥价值的基础，目前处于快速发展期，能够高质量治理数据的厂商值得重点投资。

（3）采用定制化和标准化方式将大幅提升建设数据中台的效率，专注于为某一行业提供数据中台定制化解决方案的厂商能够更好适应市场需求，是重点投资的方向。

2021年中国数据中台产业细分领域投资潜力气泡图如图6-9所示。

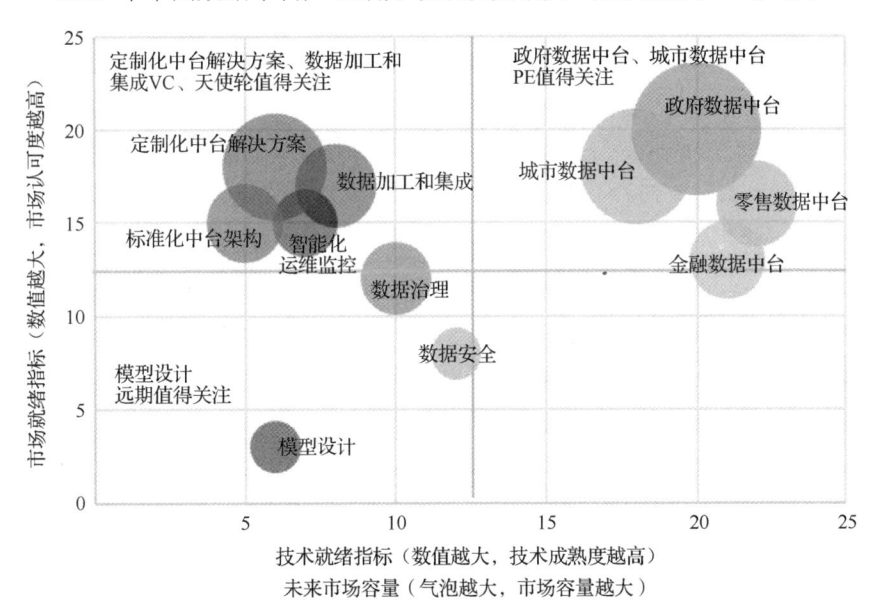

图6-9　2021年中国数据中台产业细分领域投资潜力气泡图

数据来源：赛迪顾问，2021年1月

第七章

MiniLED/MicroLED

第一节 产业定义或范畴

微型发光二极管（MiniLED/MicroLED）涉及新型显示、光电子、集成电路三大领域，是薄膜化、微型化、阵列化的新一代 LED，其晶粒尺寸和像素点间距从毫米级低至微米级（其中 MiniLED 晶粒尺寸为 50~200μm，像素点间距位于 0.1~1mm；MicroLED 晶粒尺寸小于 50μm，像素点间距小于 0.1mm），因此像素密度成倍增长，显示性能大幅提升。

MiniLED/MicroLED 具备自发光、高亮度、高对比度、低功耗、长寿命、广色域、响应时间短等特性，容易实现超高分辨率显示，可应用于可穿戴设备、VR/AR、智能手机、车载显示、电视、大屏会议显示等众多领域。

第二节 赛迪重大研判

（1）中国 MiniLED/MicroLED 产业整体起步较早，在新一轮产业竞争中将处于领先地位。

（2）与 MicroLED 相比，MiniLED 技术更加成熟，生产成本更低，将率先迎来市场爆发。

（3）面板企业积极涉足 MiniLED/MicroLED，玻璃基板有望成为 MiniLED/MicroLED 驱动基板重要发展方向。

（4）MiniLED 背光是 MiniLED 的主要应用方向，搭载 MiniLED 背光的 LCD 产品在中大尺寸显示领域将迎来广阔的发展空间，值得重点关注。

（5）MicroLED 将在超大尺寸商用显示领域和可穿戴设备领域率先得到

推广应用。

（6）未来新型显示将呈现以 LCD、OLED 为主导，MiniLED/MicroLED、量子点显示、喷墨印刷显示等多种显示竞相发展的产业新格局。

第三节 产业环境分析

一、多地重视 MiniLED/MicroLED 项目建设，MiniLED/MicroLED 具备良好发展条件

全球信息消费持续升级，智能化、柔性化、便携化、高清化的电子信息产品与各行业不断跨界融合，带动新型显示行业新技术、新工艺、新产品快速涌现，国内各地方政府快速把握这个重要窗口期，高度重视以 MiniLED/MicroLED 为代表的下一代新型显示产业发展，积极引进与推动相关项目建设。2020 年国内 MiniLED/MicroLED 产业相关项目规划投资超过 250 亿元，涉及 MiniLED/MicroLED 芯片外延及制造、MiniLED/MicroLED 封装，以及 MiniLED/MicroLED 显示应用的全产业链环节，为 MiniLED/MicroLED 产业壮大提供了重要支撑。广东、福建、江苏、江西、重庆等多个省（市）已在产业相关领域形成有效布局，正在引领国内 MiniLED/MicroLED 产业发展。在经历了 LCD、OLED 产业由日本、韩国率先引导之后，中国有望在以 MiniLED/MicroLED 为代表的新一轮显示产业竞争中获得发展先机。

二、LCD 产品加快性能优化升级，推动 MiniLED 背光等多种解决方案迎来巨大发展空间

目前 LCD 依然占据着新型显示市场的主要份额，然而 OLED 产品在手机、电视、穿戴产品等多领域和 LCD 产品形成了直接竞争，虽然整体成本方面 LCD 仍然具有优势，但是随着 OLED 产能和良率的提升，未来五年，显示效果更佳的 OLED 势必对 LCD 市场形成新一轮的强力冲击。传统 LCD 生产厂商为了保持产品的竞争力，将持续加大技术创新，以期弥补 LCD 产品在性能方面的劣势。MiniLED、Dual Cell 等背光调节技术，量子点彩色化解决方案等已经成功应用于 LCD 大尺寸产品，未来搭载这些新技术的 LCD 产品渗透率将迅速提升，在高阶市场形成较强的竞争力，并逐步向中端产品市场拓展，搭载 MiniLED 背光的 LCD 产品将迎来巨大的发展空间。

三、新型显示为代表的战略性新兴产业受到国家高度重视

新型显示作为智能交互的重要端口，已成为承载超高清视频、物联网和虚拟现实等新兴产业的重要支撑和基础，是世界各国及地区近年来竞相发展的战略性新兴产业。"十三五"时期新型显示为代表的新一代信息技术被国家列为战略性新兴产业，《"十三五"国家战略性新兴产业发展规划》强调实现主动矩阵有机发光二极管（AMOLED）、超高清（4K/8K）量子点液晶显示、柔性显示等技术突破及规模应用。《中共中央关于制定国民经济和社会发展第十四个五年规划和二〇三五年远景目标的建议》也明确指出要加快壮大新一代信息技术等战略性新兴产业，培育新技术、新产品、新业态、新模式。国家发改委《产业结构调整指导目录（2019年本）》则将包含光电子器件的新型电子元器件制造列为鼓励类目录。MiniLED/MicroLED等为代表的新型显示、光电子技术，是国家重点扶持的领域，代表了未来新型显示产业的发展方向。

四、国家推进超高清视频普及为MiniLED/MicroLED带来发展机遇

近年来，国家先后出台多项政策加快推进超高清视频产业发展，MiniLED/MicroLED等新型显示技术是实现超高清显示的重要保障，将迎来巨大发展空间。2019年3月，工信部、国家广播电视总局、中央广播电视总台联合印发《超高清视频产业发展行动计划（2019—2022年）》，明确将按照"4K先行、兼顾8K"的总体技术路线，大力推进超高清视频产业发展和相关领域的应用，支持面向超高清视频的新型显示器件的开发和量产。2020年12月，国家广播电视总局印发《广播电视技术迭代实施方案（2020—2022年）》，重点强调推动高标清同播向高清化发展，缩短同播过渡期，逐步关停标清频道，意味着超高清视频全面普及的时代即将到来。以4K和8K为代表的超高清产品对显示的动态范围、色域范围、对比度、发光效率、分辨率等提出了新要求，发展新型背光和显示技术意义重大。MiniLED/MicroLED具有自发光、高亮度、高对比度、低功耗、长寿命、广色域、响应时间短等特性，属于面向超高清视频的新一代显示技术，符合国家发展超高清视频产业的政策支持方向。随着国家对超高清视频产业的越发重视，MiniLED/MicroLED将成为电视厂商推出超高清显示新品时发力的重点。

第四节　产业链全景图

MiniLED/MicroLED 涉及新型显示、光电子、集成电路三大领域，产业链（见图 7-1）涵盖 MiniLED/MicroLED 芯片外延及制造、MiniLED/MicroLED 集成封装及 MiniLED/MicroLED 显示应用。

MiniLED/MicroLED 芯片外延及制造：根据芯片结构可以分为正装、倒装和垂直三种结构。其中蓝绿光芯片是以蓝宝石、碳化硅、氮化镓等材料作为衬底的 GaN 基芯片，而红黄光芯片是以磷化镓、砷化镓等材料作为衬底的 AlGaInP 基芯片。芯片外延生长过程主要包括衬底图形化处理、非掺杂缓冲层、N 型半导体、有源层、P 型半导体生长等环节，通过光刻、刻蚀、沉积、衬底剥离等一系列工艺形成最终的器件结构。近年来，芯片外延及制造相关企业一方面不断加强芯片衬底材料领域的整合力度，从而增强衬底自产能力；另一方面，加大高能效 MiniLED/MicroLED 芯片研发投资，以期提升未来高端市场占有率。而在关键设备领域，国内 MOCVD 设备已导入国内各芯片外延及制造重点企业，MOCVD 长期被国外垄断的格局逐渐被打破，为 MiniLED/MicroLED 芯片外延及制造提供了重要保障。

MiniLED/MicroLED 集成封装：对于 MicroLED 芯片转移，可以选择先切割外延薄膜结构，再利用 COB 技术，采用微米等级的独立 MicroLED 芯片键合于驱动基板上的芯片级焊接方式，也可以选择与驱动基板直接连接的外延级焊接（晶圆级键合）方式。但是，目前最受关注的依然是巨量转移工艺，巨量转移是将已经实现衬底剥离并转移至临时基板的芯片再次转移至 TFT 或者 CMOS 驱动基板，与驱动基板实现倒装键合，然而巨量转移却面临良率要求高（良率达到 99.9999%）、芯片置放位置精度要求高（0.5μm 之内）等难点。当前芯片级焊接、外延级焊接已经形成了较为成熟的解决方案，但需要耗费大量工时，产能很低，无法很好地满足 MicroLED 芯片巨量转移的要求，因此相关企业提出了利用巨量转移技术的多种解决方案，其中精准抓取、流体自组装以及激光剥离等方式开发进程较快，有望成为巨量转移的主流解决方案。

对于 MiniLED 封装，目前逐渐形成了两大阵营，即以传统 LED 封装企业为代表的 COB、IMD 封装工艺阵营，和以面板企业为代表的 COG 封装阵营。前者主要以 PCB 作为驱动基板，其中 COB 封装具备高度集成性，MiniLED 芯片与 PCB 组成的集成体已经具备显示产品的特征，使得下游显示屏制造商

图 7-1 MiniLED/MicroLED 产业链全景图

数据来源：赛迪顾问，2021 年 1 月

承担更多组装性的工作，产业链附加值从下游显示向中游封装转移；而 IMD "四合一"即一个封装结构有四个基本像素结构（后期也会出现"六合一""N 合一"等方案），属于 SMD 封装方式的改进，既拥有传统 SMD 成熟工艺的经济性，又能兼顾 COB 封装的视觉特性，在成本、产业化和规模化等综合方面均具有较强竞争力。后者主要以 TFT 玻璃基板作为驱动基板，玻璃基板散热性好、受热膨胀低、平坦度高、刚性好、成本低，更适用于高密度、高精度的显示，目前已经形成了基于玻璃基的 AM-MiniLED/MicroLED 解决方案，未来在面板厂商的持续推动下有望迅速扩大市场份额。

MiniLED/MicroLED 显示应用：MiniLED 即将步入商业化阶段，目前主要应用领域为 MiniLED 背光及超大屏显示，其中搭载 MiniLED 背光的 LCD 产品已开始应用于 4K、8K 超高清大尺寸电视，未来将持续向车载显示、平板电脑、显示器、笔记本电脑等中小尺寸领域渗透。而作为直显产品，MiniLED 主要应用在监控显示、演播显示、会议显示、办公显示、广告显示等商用及专用显示领域。

MicroLED 仍处于开发和小批量生产阶段，未来将率先在超大屏商业显示及可穿戴显示领域放量。之后，随着工艺技术的提升、成本降低，会逐步向智能手机、电视、平板电脑、笔记本电脑、显示器等领域渗透。

第五节　价值链及创新

近年来，传统 LED 主流产品已经进入成熟阶段，行业增速放缓将是大势所趋，发展 MiniLED/MicroLED 成为传统 LED 企业调整产品结构，加快高端化转型的重要方向。传统 LED 企业凭借在 LED 显示领域尤其是小间距 LED 显示领域的技术和工艺积累，在 MiniLED/MicroLED 领域积极布局。总体来看，由于 MiniLED/MicroLED 应用市场还未爆发，目前该领域企业数量整体偏少，而随着 MiniLED/MicroLED 集成封装方式的改变使产业链附加值从下游显示向中游封装转移，越来越多的传统 LED 封装企业参与到 MiniLED/MicroLED 封装领域，加之部分面板企业推动以玻璃基为驱动基板的 COG 封装加速渗透，目前该领域上市企业数目在产业链三大环节占比最多。而在 MiniLED/MicroLED 芯片外延及制造领域，部分传统 LED 芯片外延及制造领军企业不断完善在 MiniLED/MicroLED 衬底材料、芯片外延生长方面的全方位布局，这些企业凭借在资金、技术和规模方面的突出优势，进

一步提升行业集中度，并形成对 MiniLED/MicroLED 芯片外延及制造市场的主导。2020 年中国 MiniLED/MicroLED 产业价值链分布情况如图 7-2 所示。

	上市企业数量（家）	行业总收入（亿元）	行业净利润（%）	行业研发支出占比（%）
MiniLED/MicroLED 芯片外延及制造	11	246.4	7.3	5.51
MiniLED/MicroLED 集成封装	16	921.9	6.6	3.7
MiniLED/MicroLED 显示应用	7	168.3	3.7	5.6

注：图中数据按照 A 股相关上市企业 2020 年前三季度经营数据计算，经营数据未剔除上市企业内部其他相关业务收入。

图 7-2　2020 年中国 MiniLED/MicroLED 产业价值链分布情况

数据来源：上市企业财报，赛迪顾问整理，2021 年 1 月

一、芯片外延及制造

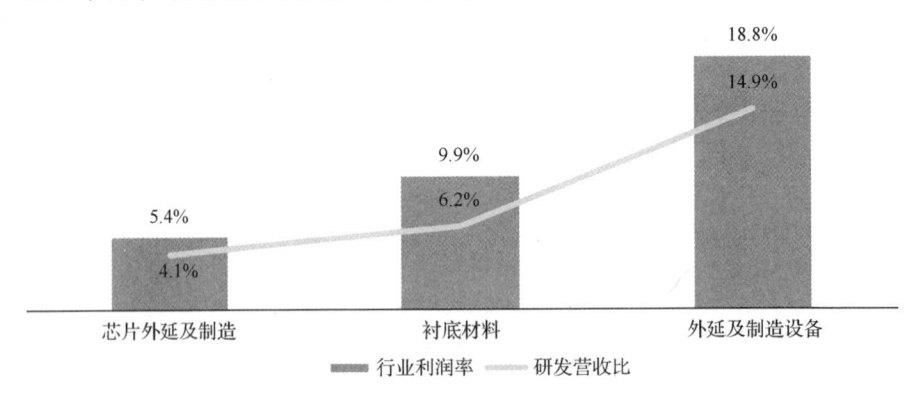

2020 年中国 MiniLED/MicroLED 芯片外延及制造各细分领域相关上市企业净利率与研发投入情况如图 7-3 所示。

细分领域	行业利润率	研发营收比
芯片外延及制造	5.4%	4.1%
衬底材料	9.9%	6.2%
外延及制造设备	18.8%	14.9%

图 7-3　2020 年中国 MiniLED/MicroLED 芯片外延及制造各细分领域相关上市企业净利率与研发投入情况

数据来源：赛迪顾问，2021 年 1 月

MiniLED/MicroLED 芯片外延及制造方面，该领域主要参与者以传统 LED 芯片外延及制造企业为主。受到全球新冠肺炎疫情及企业主营业务——

LED 芯片需求降低的影响，2020 年芯片外延及制造企业营收与利润均呈现一定下滑，但是部分领军企业以较强的规模优势仍保持盈利。

相较而言，衬底材料和芯片外延及制造设备领域企业由于持续加大在关键领域的投资，研发支出占比普遍高于芯片外延及制造领域企业，目前相关领域已经取得突破性进展。其中，衬底材料相关企业完成了 MiniLED/MicroLED 蓝绿光 4 英寸蓝宝石衬底、红黄光衬底领域的全方位布局，并积极推进硅基、碳化硅等衬底材料商业化进程；而在芯片外延及制造设备领域，MOCVD 设备在一些关键技术指标方面已经达到国际领先水平并成功导入国内市场，相关设备企业从中受益，盈利水平正在逐步提高。

二、集成封装

当前，传统 LED 封装市场需求逐渐减弱、封装环节量升价降、企业利润不断减薄，LED 封装企业面向传统封装领域的研发投入也开始迅速降低，而 MiniLED/MicroLED 集成封装被 LED 封装企业视为企业未来盈利增长点。LED 封装企业正在重点加大基于 PCB 作为驱动基板的 COB、IMD 等封装的研发投入，目前已经初步形成解决方案，并实现小批量生产。虽然 MiniLED/MicroLED 集成封装对于企业的营收贡献仍然较小，但是随着技术突破、良率提高、成本降低，MiniLED/MicroLED 下游应用市场进一步打开，COB、IMD 等集成封装有望为 LED 封装企业带来巨大红利，成为带动企业未来营收增长的重要推手。与此同时，面板企业也正在加大 MiniLED/MicroLED 基于玻璃基的 COG 研发投入，目前已经取得突破性进展。可以预见，受到传统 LED 封装企业和面板企业对 MiniLED/MicroLED 集成封装大力推进的影响，未来 3~5 年集成封装行业企业的研发投入占比将会大幅增长。

三、显示应用

MiniLED/MicroLED 应用领域主要分为背光应用与直显两大方向，参与企业以 LED 显示屏企业、整机制造企业为主。当前，该领域相关上市企业行业净利润水平整体偏低，主要是因为传统显示业务增长乏力，而布局 MiniLED/MicroLED 应用是企业优化产品结构，进一步扩大市场份额，增强企业盈利能力的有效途径，成为显示应用相关企业研发资金投入的重点领域。其中结合 MiniLED 背光的 Local Dimming 技术能够完成分区控制，实时控制对应分区的背光开关及亮度调节，解决 LCD 产品对比度低的问题，获

得更好的动态显示范围（HDR），并且在反应时间和功耗方面具备优势，对于传统 LCD 电视整机企业保持竞争力，抢占高阶市场，改善盈利水平具有重要意义；MiniLED/MicroLED 直显产品则可以明显提升整体显示效果，适用于商用显示、专用显示、消费电子等多个领域，是 LED 显示屏企业进一步扩大市场份额的重要途径。

第六节 区域分布格局

一、产业资源分布

中国 MiniLED/MicroLED 显示产业资源分布见表 7-1。在企业资源方面，中南地区、华东地区是国内 MiniLED/MicroLED 企业资源最为丰富的地区，两大区域产业链完整，产业链各环节都拥有多个龙头企业，关键技术研发进程快速，并在下游应用领域形成了初步解决方案。西南、华北、东北、西北核心企业数量与中南、华东两大区域差距明显，企业资源相对缺乏。

表 7-1 中国 MiniLED/MicroLED 显示产业资源分布

区域	企业资源	创新资源
华北	核心企业 4 家	国家工程技术研究中心 1 个 国家地方联合工程研究中心 1 个 国家企业技术中心 1 个 光电方向国家重点实验室 2 个
东北	核心企业 3 家	国家地方联合工程研究中心 1 个 光电方向国家重点实验室 1 个
华东	核心企业 41 家	国家工程技术研究中心 4 个 国家地方联合工程研究中心 6 个 国家企业技术中心 4 个 光电方向国家重点实验室 1 个
中南	核心企业 49 家	国家地方联合工程研究中心 3 个 国家企业技术中心 4 个 光电方向国家重点实验室 1 个
西南	核心企业 9 家	国家企业技术中心 1 个
西北	核心企业 1 家	—

注：核心企业包括上市企业，以及与上市企业形成相关产业配套的关联企业。

数据来源：赛迪顾问，2021 年 1 月

在创新资源方面，MiniLED/MicroLED 产业仍处于前期开发阶段，多项关键技术处在攻关阶段，依托企业形成的国家企业技术中心，国家地方联合组建的工程研究中心，以高校和科研院所为依托的国家重点实验室，以企业和高校、研究院为主体建设的国家工程技术研究中心等是 MiniLED/MicroLED 产业创新的发源地，对推动关键技术产业化转变起着重要作用。当前，华东地区拥有数量最多的国家地方联合工程研究中心（共 6 个）和数量最多的国家工程技术研究中心（共 4 个），国家企业技术中心数量则与中南地区并列第一（共 4 个）；中南地区、华北地区在创新资源方面处于第二阵营，其中中南地区拥有 3 个国家地方联合工程研究中心、4 个国家企业技术中心和 1 个光电方向国家重点实验室，华北地区拥有 2 个国家重点实验室（光电方向），国家工程研究中心、国家地方联合工程研究中心和国家企业技术中心各有 1 个；东北地区则拥有 1 个国家地方联合工程研究中心和 1 个光电方向国家重点实验室，西南地区仅有 1 个国家企业技术中心，西北地区尚无国家级创新平台。

二、产业规模分布

从总体规模分布（见图 7-4）来看，目前 MiniLED/MicroLED 产业在广东、福建、江苏、江西、浙江、湖北、安徽、重庆等省（直辖市）表现比较优秀。其中，广东、福建、江苏、江西是传统 LED 企业的主要聚集地，拥有发展 MiniLED/MicroLED 的良好产业基础，已经构建了较为完整的产业链条，浙江、湖北、安徽、重庆则在 MiniLED/MicroLED 芯片外延及制造、MiniLED/MicroLED 封装及显示应用等领域拥有龙头企业，通过将产业链部分环节做大做强，打造地区产业特色名片。

第七节　行业重大事件

2020 年是中国 MiniLED/MicroLED 行业快速发展的一年，多个 MiniLED/MicroLED 芯片外延及制造企业、MiniLED/MicroLED 封装企业，以及 MiniLED/MicroLED 显示应用企业纷纷加大在该领域的投资，使得 2020 年 MiniLED/MicroLED 相关项目投资额已逾 250 亿元。多款 MiniLED/MicroLED 产品相继问世，在像素点间距、像素点尺寸、整体显示性能等方面已经处于国际领先水平。随着国内 MiniLED/MicroLED 工艺水平成熟度大

幅提升，MiniLED/MicroLED 产品制造成本将持续下降，有利于加快产品在下游应用市场的渗透。与此同时，国内面板龙头企业的加入，则进一步推动中国在以 MiniLED/MicroLED 为代表的下一代新型显示领域形成全面布局。2020 年中国 MiniLED/MicroLED 行业重大事件见表 7-2。

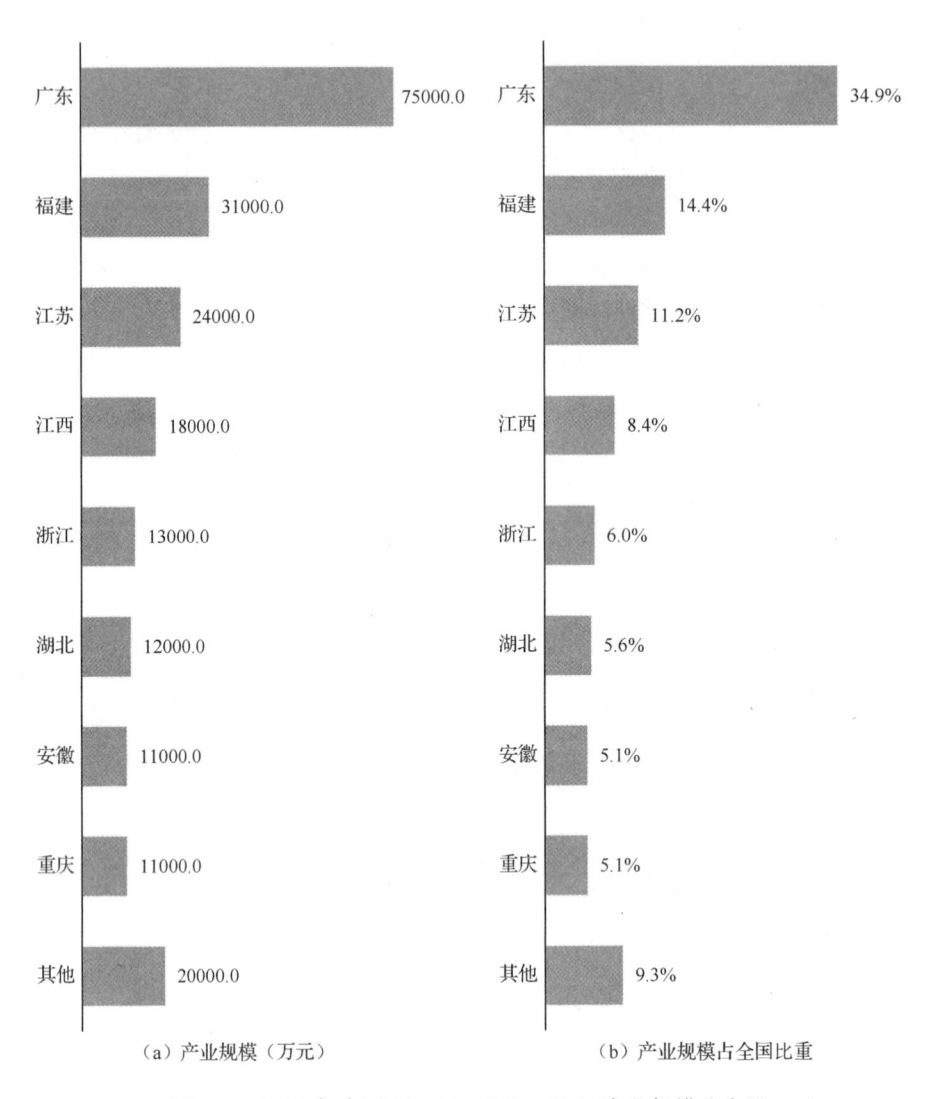

地区	产业规模（万元）	产业规模占全国比重
广东	75000.0	34.9%
福建	31000.0	14.4%
江苏	24000.0	11.2%
江西	18000.0	8.4%
浙江	13000.0	6.0%
湖北	12000.0	5.6%
安徽	11000.0	5.1%
重庆	11000.0	5.1%
其他	20000.0	9.3%

图 7-4　2020 年中国 MiniLED/MicroLED 产业规模分布图

数据来源：赛迪顾问，2021 年 1 月

第七章 MiniLED/MicroLED

表 7-2 2020 年中国 MiniLED/MicroLED 行业重大事件

序号	事 件 说 明	事件主体	影响/意义
1	聚灿光电募资 10 亿元发力 MiniLED/Micro LED	聚灿光电	随着 MiniLED/MicroLED 产品消费需求增加，上游 MiniLED/MicroLED 芯片产能成为打开下游应用市场的关键，多家 LED 芯片企业拟通过非公开发行股票、定增等方式募资投向 MiniLED/MicroLED 芯片建设，扩大已有产能，从而更好地满足下游市场对于大量芯片的需求
2	定增 15 亿元，乾照光电加码 MiniLED/Micro LED 芯片	乾照光电	
3	华灿光电募资 15 亿元发力 MiniLED/Micro LED	华灿光电	
4	TCL 华星与三安半导体进行战略合作	TCL 华星光电、三安半导体	面板企业不断加大 MiniLED/MicroLED 领域布局，将持续推动玻璃基（主动式驱动）MiniLED/MicroLED 显示产品的应用渗透
5	维信诺拟 3 亿元转让 506 项 MicroLED 相关专利	维信诺	
6	瑞丰光电募资 10 亿元发力 MiniLED/Micro LED	瑞丰光电	MiniLED/MicroLED 的产业特点使得产业链附加值从下游显示向中游封装转移，封装企业通过加快 MiniLED/MicroLED 显示项目布局，有望分享新一轮显示带来的红利
7	鸿利智汇在广州花都市投建鸿利 MiniLED/Micro LED 半导体显示项目，分两期进行	鸿利智汇	
8	兆驰股份子公司兆驰光元正式宣布在南昌市青山湖区投资 20 亿元新增 2000 条 LED 封装产线	兆驰股份	
9	深德彩 MiniLED 智能显示屏生产项目落户滁州	深德彩	LED 大屏显示企业重点推进 MiniLED/MicroLED 在商业显示领域的应用，打造适用于不同场景的超高清大屏显示
10	利晶全球首个 MicroLED 大规模量产基地正式投产	利亚德、晶元光电	
11	多款 MiniLED 背光超高清（4K、8K）电视面世	TCL、小米、康佳	TCL、小米、康佳和 LG 等多个品牌厂先后推出 MiniLED 电视，产品尺寸涉及 55/65/75/82 等系列，最低售价已经低于万元人民币，这将推动 MiniLED 背光电视向 4K、8K 主流电视尺寸领域的渗透，2021 年有望成为 MiniLED 背光电视大规模应用元年
12	康佳重庆光电研究院一期项目正式投产	康佳	总投资 300 亿元的重庆康佳光电技术研究院项目在璧山区正式投产，该产业园布局了除背板制造外的外延、芯片、背板设计、巨量转移、终端系统整合及销售平台等每个环节

续表

序号	事件说明	事件主体	影响/意义
13	康佳发布全球首款Micro LED智能手表APHAEA Watch	康佳	这款产品搭载基于玻璃基板的P0.12 AM-LTPS MicroLED微晶屏，点间距缩小至0.12mm，芯片尺寸小于30μm，具有百万级对比度，屏幕亮度达到1500尼特，采用了康佳特有的巨量转移技术，转移效率超过千万级，是全球首款真正意义上的MicroLED智能手表
14	创维液晶正式启动MiniLED产品量产	创维数字	创维数字旗下的创维液晶正式发布其MiniLED产品启动量产，并将于2021年1月正式开始给国际电视大厂批量供货。该产品采用COB倒装MiniLED芯片直接实现均匀混光，实现更高对比度，缩短光学混光距离，达到超薄化的目的

数据来源：赛迪顾问，2021年1月

第八节　市场规模预测

一、2023年，中国MiniLED/MicroLED市场规模将达到69.3亿元

受到国家出台政策促进超高清视频产业发展、MiniLED/MicroLED产品技术与工艺能力快速提升、面板企业积极布局MiniLED/MicroLED、消费者对极致显示需求持续增加及下游产品应用商大力推进MiniLED背光解决方案不断渗透等众多利好因素的影响，预计到2023年中国MiniLED/MicroLED市场规模将达到69.3亿元，2021—2023年的平均增长率达342.7%，如图7-5所示。

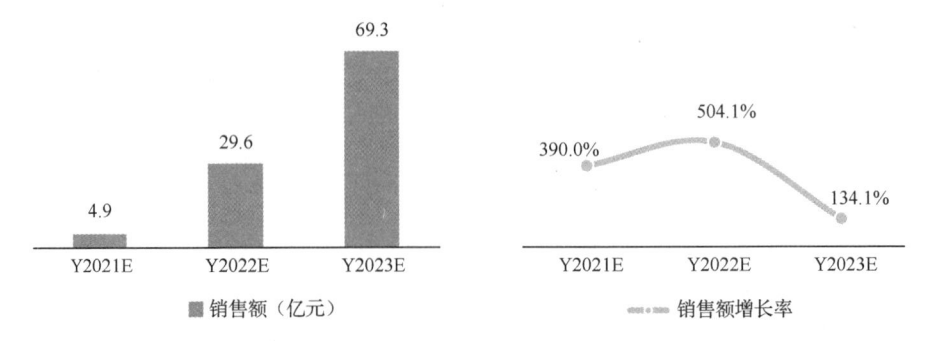

图7-5　2021—2023年中国MiniLED/MicroLED市场规模及增长率预测

数据来源：赛迪顾问，2021年1月

二、搭载 MiniLED 背光模组的 TFT-LCD 产品将率先迎来巨大发展空间

MiniLED/MicroLED 显示形态通常包括：MiniLED 背光模组、MiniLED RGB 直显、MicroLED。MiniLED 背光模组主要与 TFT-LCD 面板搭配，是 LCD 显示的升级版本。使用 MiniLED 背光模组能够大幅减小面板厚度，使产品更加轻薄；利用 MiniLED 的 Local Dimming 局部调光技术，可以划分形成百级、千级甚至万级的分区，对各分区独立控制，解决了传统 LED 背光源无法独立控制开闭的问题，大大提高了 LCD 显示产品的对比度，能够与自发光的 OLED 产品相媲美；蓝光 MiniLED 背光通过量子点转化形成 RGB 彩色化显示，可以大幅提升色域范围，并使显示效果更加细腻；此外，MiniLED 还解决了传统背光源功耗高的问题，具有长寿命、高亮度的特点。在 MicroLED 制造成本高昂，短期内无法大规模普及的情况下，使用 MiniLED 背光技术对于 LCD 产品而言是一次重大革新，能够帮助 LCD 显示继续保持强劲竞争力。搭载 MiniLED 背光模组的 LCD 产品将率先在大尺寸超高清电视、电竞显示器、高阶笔记本电脑、高阶平板电脑、车载显示等领域开始爆发，随着成本下降，未来将持续向智能手机等小尺寸领域渗透。MiniLED 背光将是 MiniLED/MicroLED 成长最快的应用领域，其市场规模预计将从 2021 年的 2.7 亿元快速增长至 2023 年的 43.0 亿元，如图 7-6 所示。

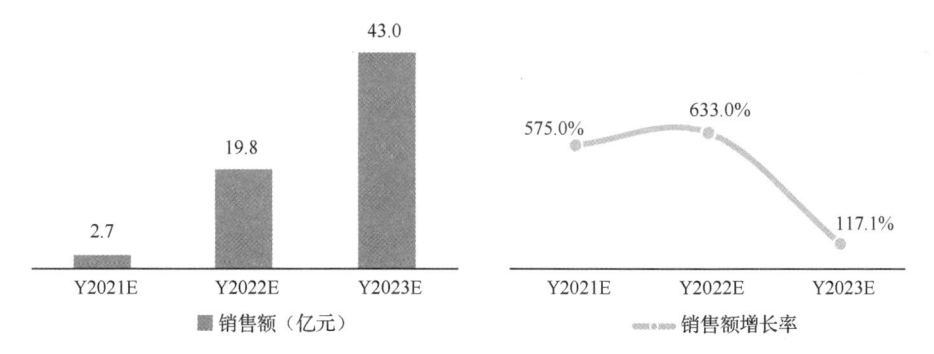

图 7-6 2021—2023 年中国 MiniLED 背光市场规模及增长率预测

数据来源：赛迪顾问，2021 年 1 月

MiniLED RGB 直显是指利用红、绿、蓝 MiniLED 像素直接发光的显示产品，由于其像素间距大于 0.1mm，像素尺寸在 50～200μm，不适于近距离观看，将主要应用于超大尺寸（85 英寸以上）商业显示，包括各类会议显示、

广告显示、调度指挥显示、影院显示等，预计市场规模将从 2021 年的 1.2 亿元增加到 2023 年的 22.0 亿元，如图 7-7 所示。

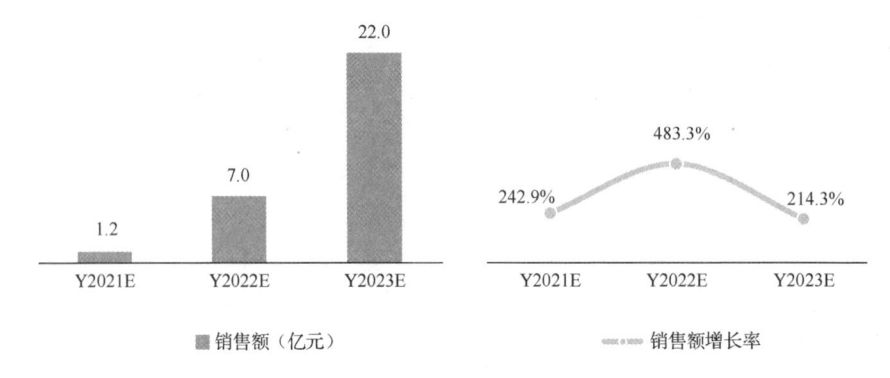

图 7-7 2021—2023 年中国 MiniLED 直显市场规模及增长率预测

数据来源：赛迪顾问，2021 年 1 月

MicroLED 是 MiniLED/MicroLED 显示领域最有前景的解决方案，但是目前在芯片外延及制造、巨量转移与修复等方面依然面临诸多困难，整体制造成本高昂。未来将首先在价格相对不敏感的超大尺寸（85 英寸以上）显示领域实现市场渗透，而可穿戴产品等小尺寸领域由于所需 MicroLED 芯片数量相对较少，减少了一些工艺复杂性，也将成为 MicroLED 应用的主要方向，其市场规模预计在 2023 年达到 4.3 亿元，2021—2023 年销售额平均增长率高达 177.9%，如图 7-8 所示。

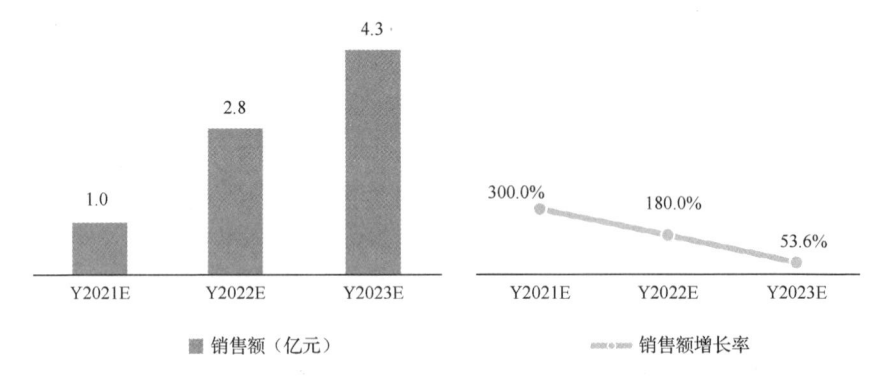

图 7-8 2021—2023 年中国 MicroLED 市场规模及增长率预测

数据来源：赛迪顾问，2021 年 1 月

MiniLED/MicroLED 市场潜力及应用前景见表 7-3。

第七章　MiniLED/MicroLED

表 7-3　MiniLED/MicroLED 市场潜力及应用前景

产品名称	市场潜力	应用前景
MiniLED 背光+LCD	★★★★	★★★★★
MiniLED RGB 直显	★★★	★★★★
MicroLED 显示	★★★★★	★★★

备注：★★★★★ 非常好　　★★★★ 较好　　★★★ 一般

数据来源：赛迪顾问，2021 年 1 月

第九节　资本市场动向

一、产业上游、中游投融资事件次数最多

MiniLED/MicroLED 属于下一代新型显示技术，当前还处于前期发展阶段，多项技术和工艺难题亟待解决。2020 年行业投融资事件（见图 7-9）主要发生在上游衬底材料、外延生长，中游巨量转移、驱动基板、集成封装等环节，其中上游 12 件，中游 18 件。

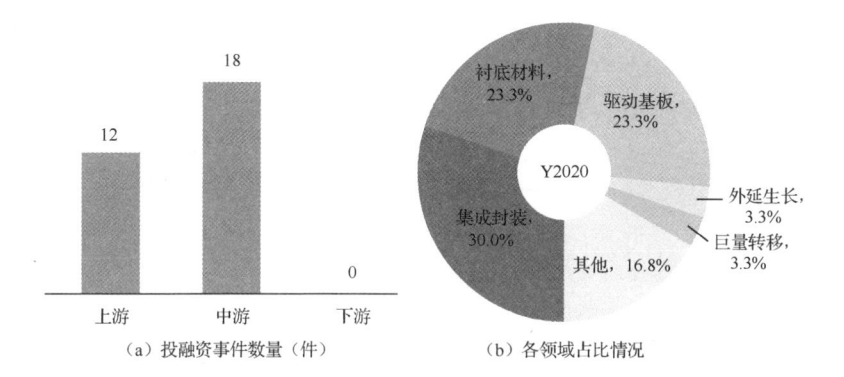

（a）投融资事件数量（件）

（b）各领域占比情况

图 7-9　2020 年中国 MiniLED/MicroLED 行业投融资事件数量及各领域占比情况

数据来源：赛迪顾问，2021 年 1 月

二、投融资主要以战略投资、B 轮之前融资为主

2020 年中国 MiniLED/MicroLED 行业投融资轮次情况如图 7-10 所示。2020 年 MiniLED/MicroLED 战略投资事件达到 11 起，占据全部投资事件数目的 36.7%。基于 MiniLED/MicroLED 产品在显示方面的优异性能以及未来丰富的应用场景，投资者普遍看好 MiniLED/MicroLED 将在新一轮显示市场竞争中脱颖而出。而在投融资轮次方面，由于 MiniLED/MicroLED 市场尚未

113

形成真正爆发，相关企业主要处于前期技术攻关、产品开发阶段，2020 年 MiniLED/MicroLED 领域以 B 轮（含 B+）之前的融资为主，数量达到 10 件。

单位：件

天使轮	Pre-A	A（含A+）	B（含B+）	C（含C+）	D	战略投资	其他
1	1	4	4	2	1	11	6

2020

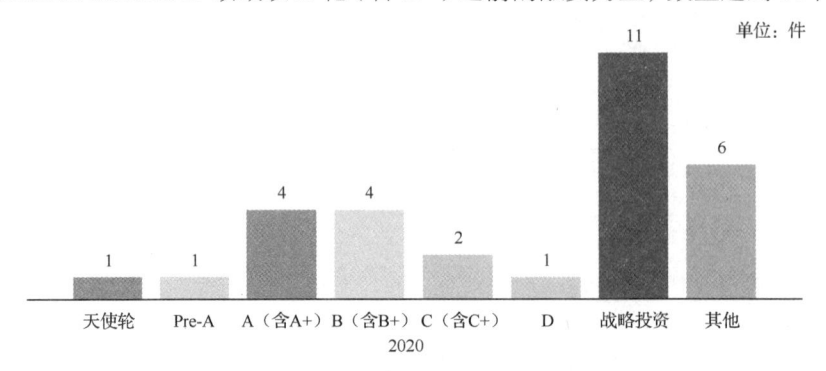

图 7-10　2020 年中国 MiniLED/MicroLED 行业投融资轮次情况

数据来源：赛迪顾问，2021 年 1 月

三、江苏、广东成为投融资事件主要发生地区

从 2020 年投融资发生区域（见图 7-11）来看，LED 显示行业较为发达的江苏、广东等地投融资事件数量最多，分别为 10 件、8 件，其他发生投融资事件较多的区域还有上海、北京，分别发生 6 件、2 件，云南、山东、河北、湖北等地则各发生 1 件。

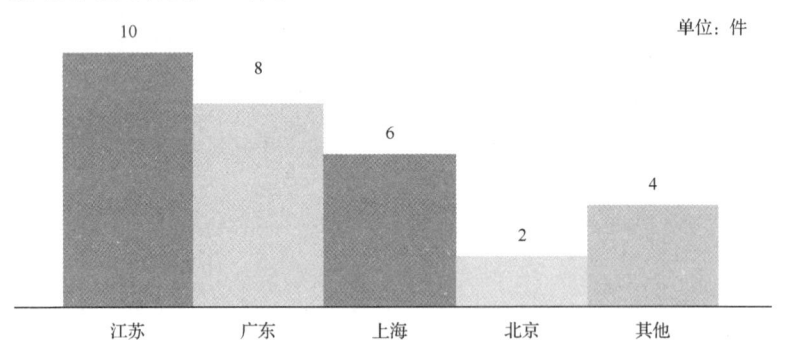

单位：件

江苏	广东	上海	北京	其他
10	8	6	2	4

图 7-11　2020 年中国 MiniLED/MicroLED 行业投融资地区分布情况

数据来源：赛迪顾问，2021 年 1 月

第十节　赛道选择建议

（1）MiniLED/MicroLED 芯片性能是影响下游应用扩展的关键环节，建议关注高性能蓝绿光、红黄光芯片制造及新型衬底（碳化硅、硅、氧化锌等）

第七章　MiniLED/MicroLED

制备等领域。

（2）建议关注 AM-MiniLED（玻璃基）工艺路线，该工艺路线极大提高了背光源"点阵"密度、驱动灵敏性和显示精度，能为电视产品提供更好的 HDR 效果。

（3）随着 MiniLED/MicroLED 像素点间距的不断缩小，以及在显示效果、制造成本方面的需要，IMD、COB 封装方式值得关注，这两种封装方式能够简化工艺，可大大缩小像素点间距，同时成本较低，非常适合 MiniLED/MicroLED 封装。

（4）目前，MicroLED 芯片转移以芯片级焊接、外延级焊接居多，但需要耗费大量工时，产能很低，无法很好地满足 MicroLED 芯片巨量转移的要求，建议关注以静电吸附、微转印、流体自组装等为代表的巨量转移方案，这些方案能够实现超大规模数量的芯片转移，效率高、精度准，有望成为巨量转移主流解决方案。

（5）超高清显示、高阶显示器、车载显示等领域市场广阔，利润空间大，MiniLED 背光在这些领域的应用值得关注。

（6）小尺寸可穿戴产品、近眼显示产品对于续航时间、响应时间要求较高，MicroLED 具有低功耗、快速响应等特点，建议关注 MicroLED 在小尺寸可穿戴产品、近眼显示领域的应用。

2021 年中国 MiniLED/MicroLED 投资价值趋势如图 7-12 所示。

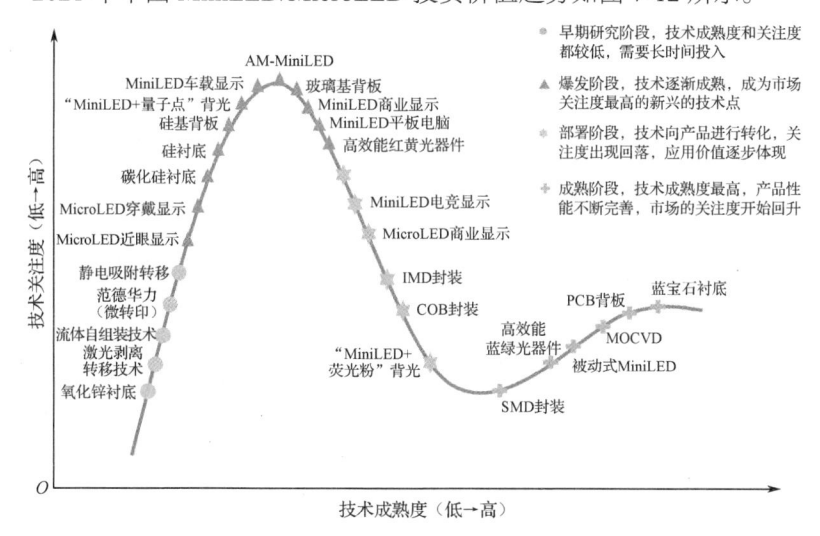

图 7-12　2021 年中国 MiniLED/MicroLED 投资价值趋势图

数据来源：赛迪顾问，2021 年 1 月

第八章

超高清视频

第一节 产业定义或范畴

超高清视频是信息显示"4K 分辨率（4096×2160 像素）"和"8K 分辨率（7680×4320 像素）"的正式名称。通常，能实现 3840×2160（4K×2K）及以上分辨率的终端显示、视频生产、网络传输等设备都可称之为超高清设备。

超高清视频产业涉及数十个相关产业，主要涵盖显示面板、感光芯片、视频处理芯片、视频采集设备、视频制作系统、TV、笔记本电脑、平板电脑、VR/AR 等软硬件产品及其在安防监控、文化娱乐、医疗健康等领域应用的解决方案。

第二节 赛迪重大研判

（1）中国超高清视频产业发展强化"标准先行"的发展思路，未来有望带动超高清视频更多下游应用领域的规范化发展。2020 年，工信部、国家广播电视总局印发《超高清视频标准体系建设指南（2020 版）》（以下简称《指南》），明确了在基础通用、内容制播、终端呈现、行业应用等关键技术标准及测试标准，该《指南》还指出到 2022 年要重点推进在工业制造、广播电视等重点领域行业应用的标准化工作。

（2）目前来看，超高清视频无论在 2B 还是在 2C 端应用领域均有很大的发展潜力尚未被释放。特别对于 2C 端，内容制造成本过高及国内付费意愿较低仍是阻碍超高清视频在 2C 端应用发展的最大阻力。

（3）近两年，各地政府陆续出台了多个超高清视频专项政策，其中，打造生态、完善产业链等是高频词汇。但除了要顾"全"之外，各地也应综合考虑本地发展条件及国内整体超高清视频产业发展的难点与重点，着重发展各地在超高清视频的特色环节，推动地区乃至全国的超高清视频产业协同发展。

（4）2020年，超高清视频芯片领域行业净利率及行业研发支出增长率实现两个最高。在行业总收入方面，显示面板领域排名第一。

（5）总体来看，超高清视频产业主要分布在中南和华东地区，2020年两地产业规模分别是 6566.9 亿元和 5490.6 亿元，占比之和超过 77%，其中广东、上海、安徽、湖南等省（市）发挥了重要作用。

（6）除 LCD 外，下一代显示面板技术一直是大家关注的焦点。目前来看，OLED、MicroLED、MiniLED 的呼声最高，而且随着用户对画质要求的不断提升及消费水平的提高，大屏化、高端化的产品未来可能会更容易得到市场关注。

第三节　产业环境分析

一、4K 电视、IPTV 快速发展，助力超高清视频市场需求进一步释放

中国高清、超高清用户数量呈上升趋势。2020 年前三季度国内市场销售 4K 超高清电视 2079 万台，占国内电视销量近 70%。与 2019 年相比，4K 电视销量占比约上升了 3%，这一水平远远超过了在《超高清视频产业发展行动计划（2019—2022 年）》中设定的"2020 年，4K 电视终端销量占电视总销量的比例超过 40%"的目标。《2019 年全国广播电视行业统计公报》数据显示，全国有线数字电视实际用户数已不足 2 亿户，消费者在超高清视频领域不断提升的物质文化需求主要表现为用户想要摆脱传统电视呈现内容的方式、化被动为主动、自己主动搜索喜爱的视频内容。在此背景下，三大运营商大力推出 IPTV（网络电视）业务，《2020 年通信业统计公报》中显示 2020 年 IPTV 业务收入达到 335 亿元，比上年增长 13.6%，发展 IPTV 用户总数达 3.15 亿户，全年净增 2120 万户。4K 电视及 IPTV 的发展将有助于 4K/8K 技术在广播电视、文化娱乐等领域的深度应用，并为带动超高清视频产业链上下游发展及拓展用户更多场景下的需求奠定基础。

二、5G 加速落地，助力拓展 4K/8K 技术在移动端的应用

如今，移动网络速度成为超高清视频全面普及的限制因素之一，伴随着像素的增加，超高清视频对网络传输速度的要求也有提升。随着 5G 时代的来临，5G 高速率、大容量、低时延的特点可较好地解决传输速率问题，边缘计算和切片管理等新架构有望将视频处理、渲染和制作的时延降至 10ms 以内，同时满足专业媒体对于超高清视频传送安全性的需求。目前，各大视频网站已推出 4K 专区，但大多都要通过电视、投影观看，随着 5G 技术及硬件的升级，4K 视频也将广泛出现在电脑、移动设备上，来满足超过 9 亿人的国内手机网民的需求。

三、超高清视频内容制作成本较高，用户市场和消费习惯仍需培养

为满足市场对于更高清晰度、更广视角及更高帧率的超高清视频观影体验，爱奇艺、腾讯视频等各大视频网站纷纷推出 4K 超高清视频服务，4K 内容正在不断扩充。但 4K/8K 内容制作成本较高、用户认可度及付费意愿较低等因素仍然是目前造成超高清视频内容短缺的主要原因。超高清视频录制的成本大致可分为制作生产、视频录制设备、数据传输设备及人才培训等成本。以视频采集和直播成本为例，2019 年成都世警会 5G+8K 直播中用到的导播车及 2019 年中央电视台国庆活动 4K 直播适配设备采购金额均在 2000 万元及以上。在内容制作方面，由于 4K/8K 视频每帧图像像素分别是 1080P 视频的 4 倍和 16 倍，因此视频存储空间也要获得相同倍数的增长，这也对后期处理及数据存储传输时的硬件设备提出较高要求。

此外，不同于海外市场，国内市场用户的视频付费习惯还需要进一步培养。在海外市场，视频订阅付费已经成为主流趋势，海外流媒体公司龙头 Netflix 的主要业务收入来源于订阅用户付费，该收入占整体收入的 98%以上。对比国内主流视频网站，会员付费收入基本占企业营收的 50%以下。解决用户付费意愿较低和 4K/8K 视频制作成本较高才是改善超高清视频市场中内容短缺的关键问题。

四、新政策聚焦完善标准体系、5G 创新应用等方面

2020 年 5 月，在坚持标准先行的编制总体要求下，工信部、国家广播电

视总局共同组织制定了《超高清视频标准体系建设指南（2020版）》（以下简称《指南》），该《指南》覆盖采集、制作、传输、呈现、应用等全产业链的超高清视频标准体系。为遵循"急用先行、应用牵引"的基本原则，本标准优先支持基础通用、共性技术等急需标准的制定，行业应用标准方面也仅选取了安防监控、文教娱乐、健康医疗、智能交通和工业制造五大重点应用。

另外，2020年2月，中宣部等九部门联合印发《全国有线电视网络整合发展实施方案》，加快推动广电网络整合、"全国一网"早日落地、智慧广电建设。同年12月，国家广播电视总局印发《广播电视技术迭代实施方案（2020—2022年）》，面向全国有线电视网络整合和广电5G建设一体化发展目标，加快技术优化、体系重构、流程再造，推动有线电视网络"云、网、端"资源要素的有效整合、融通共享和智能协同，着力构建高速、泛在、智慧、安全的新型有线电视网络。广电网络架构的变动将助力提升有线电视服务质量，加速推动有线电视与互联网的融合，并进一步深化超高清视频技术在广电领域的应用。

第四节　产业链全景图

超高清视频产业涉及数十个相关产业，从产业链（见图8-1）看，包括核心元器件、视频生产设备、网络传输设备、终端呈现设备、应用与服务。

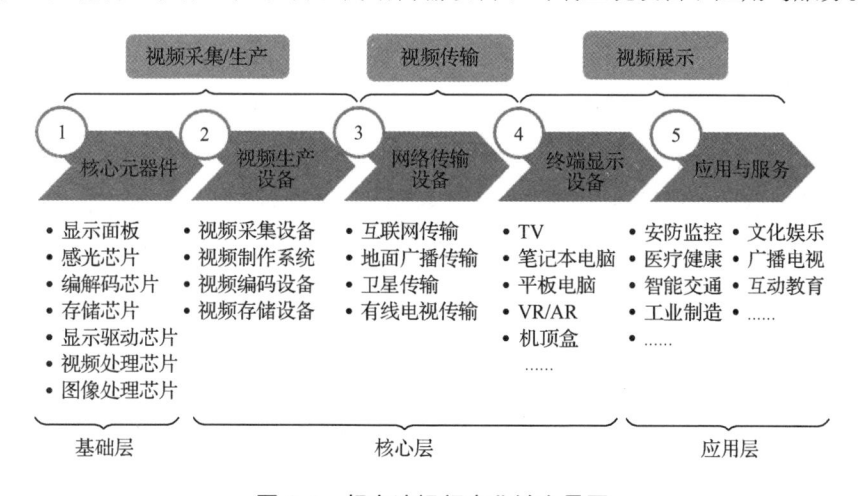

图8-1　超高清视频产业链全景图

数据来源：赛迪顾问，2021年1月

基础层：主要指核心元器件，包括显示面板、感光芯片、存储芯片、编解码芯片、显示驱动芯片、视频处理芯片、图像处理芯片。目前，LCD 技术仍然是主流显示技术，但同时也有 OLED、QLED、Micro LED、Mini LED 等多种显示技术遍地开花的态势，谁将最先替代 LCD 成为下一代显示技术仍是未解之谜。此外，编解码芯片制程工艺不断升级，目前已有企业在开展 7nm 制程工艺研发计划。

核心层：包含视频生产设备、网络传输设备、终端显示设备。视频生产设备包括视频采集设备、视频制作系统、视频编码设备、视频存储设备。网络传输设备包括卫星传输设备、有线电视传输设备、地面广播设备、互联网传输设备。终端呈现设备包括 TV、投影机、PC、手机、机顶盒、VR/AR 等。2020 年前三季度，4K 电视占整体电视销量的占比提升至 70%。受新冠肺炎疫情影响，MiniLCD/Micro LED 成为用户居家娱乐的新宠，另外，智慧屏、社交电视、游戏电视等新型电视产品影响力逐渐增强，电视机的功能边界被进一步打破，未来有望成为家庭 AIoT 的中心。

应用层：超高清视频产业应用广泛，可以分为企业级和消费级，即 2B 和 2C。企业级应用包括安防监控、医疗影像、工业制造等；消费级应用包括广播电视、文化娱乐、互动教育等。目前，超高清视频的主要应用领域仍集中在广播电视、文化娱乐等 2C 领域，比如 2020 年鼠年春晚就采用了 5G+4K/8K 技术，但新冠肺炎疫情的发生也暴露了 4K/8K 技术在远程医疗、远程培训等 2B 端应用的深度不足，4K、8K 化程度仍有待进一步提高。

第五节　价值链及创新

通过分析超高清视频产业中的上市企业在 2020 年前三季度的营收表现，不难发现，随着供求关系的改善，显示面板企业的盈利情况得到了明显改善，行业总收入最高，为 3046.9 亿元，行业净利率与上年同期相比也有提高。芯片仍然占据了"两高"，即行业净利率和研发支出增长率最高。另外，受上游成本上升及新冠肺炎疫情带来的消费收紧等因素影响，终端显示设备领域及 2B、2C 下游应用领域的营收水平呈现增长率下降或者增长率由正转负等情况。2020 年前三季度超高清视频产业价值链分布情况如图 8-2 所示。

第八章 超高清视频

层级	类别	上市企业数量（家）	行业总收入（亿元）	行业净利率（%）	行业研发支出增长率（%）
基础层	显示面板	44	3046.9	5.5	8.6
基础层	芯片	64	2742.2	14.1	25.6
核心层	视频生产设备	66	2360.4	10.6	3.5
核心层	网络传输设备	92	1076.5	6.1	22.2
核心层	终端显示设备	42	2846.4	2.5	4.7
应用层	2B端	32	699.5	10.2	11.8
应用层	2C端	46	826.1	1.9	6.4

注：图中数据按照相关上市企业2020年前三季度经营数据计算。

图 8-2　2020 年前三季度超高清视频产业价值链分布情况
数据来源：上市企业财报，赛迪顾问整理，2021 年 1 月

一、基础层

（一）受供需关系改善等因素影响，显示面板企业营收、利润获得明显改善

2020 年以来，由于韩企关闭部分液晶面板产线、上游零部件缺货等情况导致的显示面板供不应求，以及新冠肺炎疫情期间"宅经济"的爆发式增长加速了市场对于显示面板的需求，面板价格维持上升趋势。特别是在 2020 年下半年开始，主流面板开始启动全系涨价，因此显示面板企业营收及盈利情况均获得明显改善。2020 年前三季度数据显示，显示面板上市企业营收增长 20%，净利率增长至 5.5%，如图 8-3 所示。

（二）2020 年国内 LCD 厂商话语权持续提升，Mini/MicroLED 技术备受关注

2020 年，TCL 科技和京东方先后发布公告称，要对苏州三星电子液晶显示科技有限公司、苏州三星显示有限公司和南京中电熊猫平板显示科技有限公司、成都中电熊猫显示科技有限公司进行收购。若收购完成，两家企业

市场份额之和将扩大至 45% 以上。未来，LCD 领域的营收、利润等会更加聚集在头部厂商，三星等韩系企业的加入也会进一步提升 TCL 科技等国内厂商的研发及创新实力。

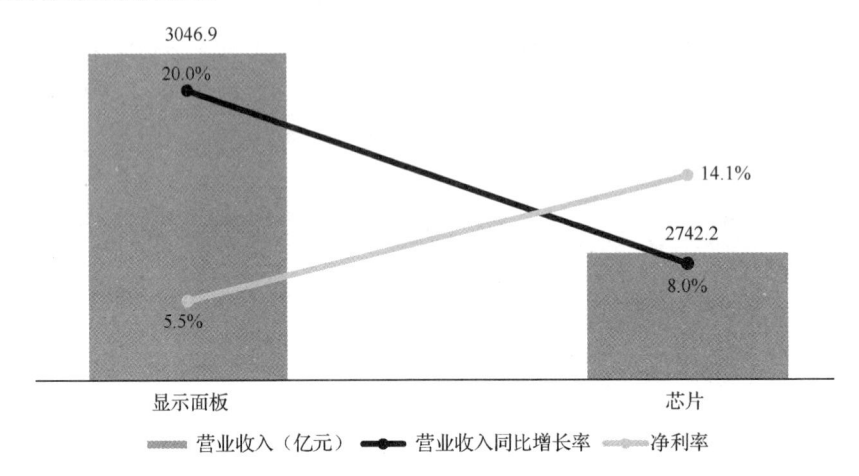

图 8-3 2020 年前三季度中国超高清视频基础层上市企业营收及净利率增长情况
数据来源：上市企业财报，赛迪顾问整理，2021 年 1 月

目前，整体彩电市场处于存量竞争与转型期，新型显示技术的应用对于产品创新及获得用户青睐显得格外重要。2020 年，Mini/MicroLED 成为厂商的关注焦点，除三星、康佳、TCL 等传统彩电厂商外，苹果、华为等科技企业也涉足了 Mini/MicroLED 领域。同时，Mini/MicroLED 也开始进入消费级市场。

二、核心层

（一）受"新基建"红利影响，网络传输设备企业营收及研发投入增长显著

2020 年 3 月 4 日，中共中央政治局常务委员会会议指出要加快 5G 网络、数据中心等新型基础设施建设进度。"新基建"板块站在了"上风口"，与"新基建"相关的网络传输设备类企业的营收及研发投入增长明显。2020 年前三季度，从核心层相关上市企业营收及研发投入情况（见图 8-4）来看，网络传输设备上市企业的营业总收入达到 1076.9 亿元，增长率达到 15.4%，企业研发投入增长率高达 22.2%。

第八章　超高清视频

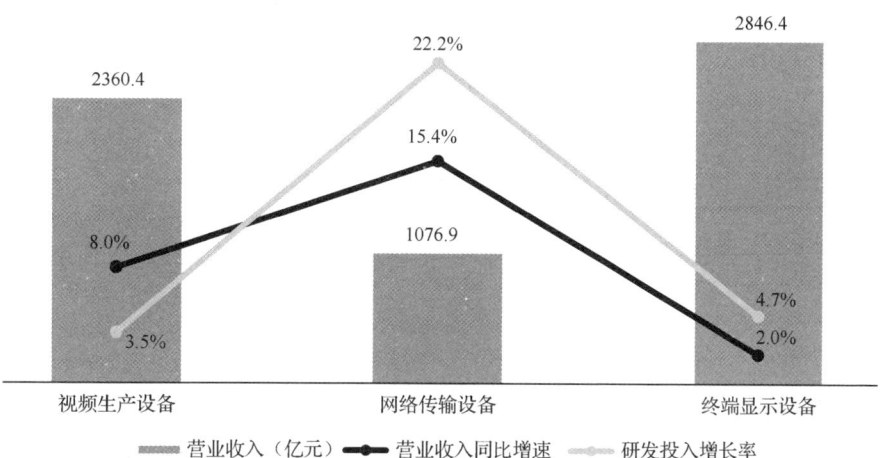

```
              2360.4                22.2%                    2846.4
                          15.4%
                8.0%
                          1076.9
                                                              4.7%
                3.5%                                          2.0%
           视频生产设备          网络传输设备             终端显示设备
           ━━ 营业收入（亿元）　━●━ 营业收入同比增速　━━ 研发投入增长率
```

图 8-4　2020 年前三季度中国超高清视频产业核心层相关上市企业营收及研发投入情况

数据来源：上市企业财报，赛迪顾问整理，2021 年 1 月

（二）终端显示设备企业净利率持续走低，用户需求集中在大尺寸化和高端化产品

受新冠肺炎疫情导致的复工复产延后及线下销售场景正常开展受阻，加之显示面板等上游零部件价格上涨引发的成本上升等多重因素影响，终端显示设备企业净利率增长率持续走低，2020 年前三季度，终端设备上市企业净利率仅为 2.5%，如图 8-5 所示。

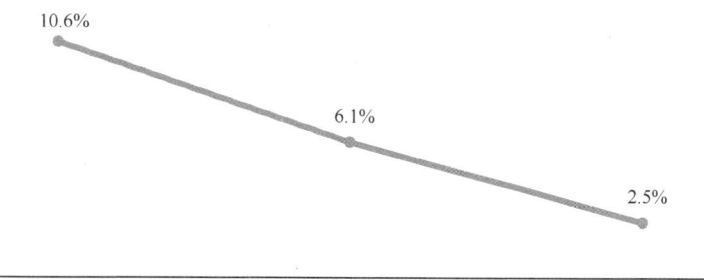

```
        10.6%
                        6.1%
                                           2.5%
    视频生产设备        网络传输设备        终端显示设备
```

图 8-5　2020 年前三季度中国超高清视频产业核心层相关上市企业净利率情况

数据来源：上市企业财报，赛迪顾问整理，2021 年 1 月

与此同时，面板涨价使得彩电等终端显示设备价格战受到遏制，电视品牌企业纷纷从价格战转为价值战。2020 年全年彩电平均尺寸上涨至 52 英寸以上，55～70 英寸的智能电视成为主流产品。另外，一些主力企业开始发布

采用 8K、MiniLED、OLED 等新型显示技术或者带有社交属性的高端化、个性化产品，预计未来终端显示设备领域将进一步被细分，带给消费者更好的视觉感受及满足社交、游戏等需求的产品将会更受欢迎。

三、应用层

2020 年前三季度，以安防监控、医疗健康、智能交通等为代表的 2B 端应用上市企业整体营收实现 699.5 亿元，同比增长 5.0%。以广播电视、文教娱乐为代表的 2C 端应用上市企业整体营收实现 826.1 亿元，同比下滑 10.0%。2020 年前三季度中国超高清视频产业应用层相关上市企业营收及研发投入情况如图 8-6 所示。

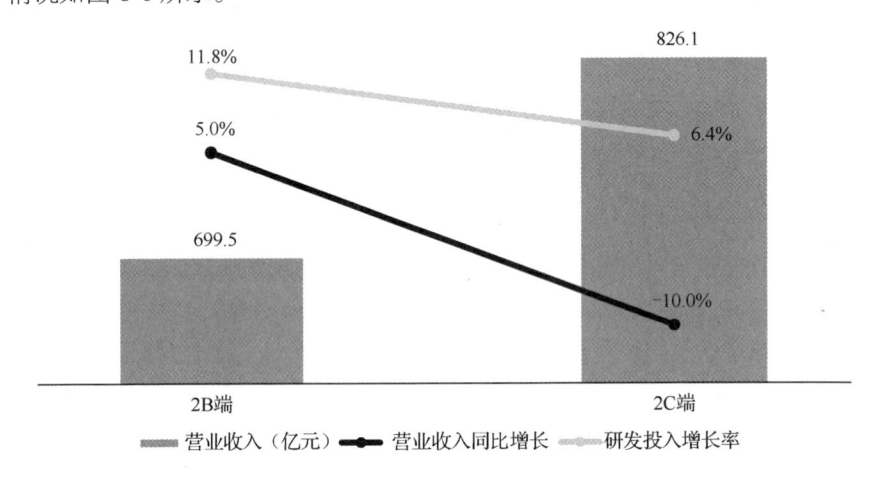

图 8-6　2020 年前三季度中国超高清视频产业应用层相关上市企业营收及研发投入情况
数据来源：上市企业财报，赛迪顾问整理，2021 年 1 月

受疫情影响，2020 年上半年，在地铁、高铁、学校、企业等客流量大的场所均添加了带有精准及快速测温功能的智能测温整体解决方案，这带动了 4K/8K 技术在安防监控、医疗健康等领域的应用。另外，为支撑远程医疗与智慧抗疫，超高清视频技术搭载 AI、边缘计算等技术为医务工作者提供了涵盖高端医学影像设备、服务及临床应用培训等一站式解决方案，也带动了 4K/8K 在医疗健康领域的应用。

受超高清视频制作成本居高不下，以及疫情时期居民消费下滑引发的对于超高清视频观影服务支付意愿的下降，大部分广播电视、文教娱乐类厂商营收都处于下降态势。

第六节　区域分布格局

一、产业资源分布

从产业资源总体分布（见表 8-1）来看，超高清视频产业资源主要分布在中南、华东和华北地区，这些地区通常集聚了国家高新区、重点实验室、创新实验室、高校、科研院所等创新资源。其中，中南地区的超高清视频产业生态相对最为健全，以广东省为例，本地企业基本涵盖了从芯片、面板到视频制作、网络传输、电视、机顶盒、应用等全链条，广东更是将超高清视频产业作为本省新名片。2020 年，省会广州还成立了中国（广州）超高清视频创新产业示范园区，致力于建成"一都、一区、一基地"[①]，并成为世界超高清视频大会的永久承办地。

表 8-1　2020 年超高清视频产业资源分布

区域	企业资源	载体、平台	创新资源
华北	拥有规上企业 300 家；营业收入超百亿元企业 7 家，超 10 亿元企业 20 家	国家高新区 4 家 国家重点实验室 1 家 国家创新实验室 1 家 国家企业技术中心 178 家 国家技术创新中心 1 家	高校 20 所； 相关科研机构数量 20 家； 国家实验室 6 家； 孵化器、加速器 6 家
华东	拥有规上企业 400 家；营业收入超百亿元企业 12 家，超 10 亿元企业 70 家	国家高新区 12 家 国家重点实验室 4 家 （超高清视音频制播呈现国家重点实验室） 国家企业技术中心 242 家	高校 158 所 相关的科研院所 80 家 人才培养基地 6 个
中南	拥有规上企业 500 家；营业收入超百亿元企业 14 家，超 10 亿元企业 60 家	国家高新区 20 家 国家企业技术中心 118 家	高校 199 家 直接相关的科研院所 60 家
东北	拥有规上企业 15 家	国家高新区 2 家 国家重点实验室 1 家 国家企业技术中心 9 个	高校 114 家 相关的科研院所 20 家

[①] "一都、一区、一基地"，即"世界显示之都、国家超高清视频应用示范区、国家超高清视频产业内容制作基地"。

续表

区域	企业资源	载体、平台	创新资源
西南	拥有规上企业150家；营业收入超百亿元企业6家，超10亿元企业50家	国家高新区7家 国内首个国家级超高清视频产业基地 国家企业技术中心51家	高校107家 直接相关的科研院所35家
西北	拥有规上企业10家	国家高新区2家 国家企业技术中心7个	高校82家 直接相关的科研院所16家

数据来源：赛迪顾问，2021年1月

此外，北京、上海、江苏、安徽、四川等地区拥有的超高清视频企业数量在全国排名靠前，这些区域的企业规模也往往较大，龙头企业对产业的带动作用显著。比如，国内首个国家级超高清视频产业基地落户成都，引进包括超高清数字摄影棚群落、中国移动5G超高清产业技术研究院重点实验室、8K协同创新研发中心暨5G超高清视频产业基地等10余个项目，构建集超高清视频研制、影视科技研发、文化创意、时尚传媒为一体的产业生态圈。

二、产业规模分布

从产业规模总体分布（见图8-7）来看，超高清视频产业主要分布在中南和华东地区，2020年两地产业规模分别为6566.9亿元和5490.6亿元，占

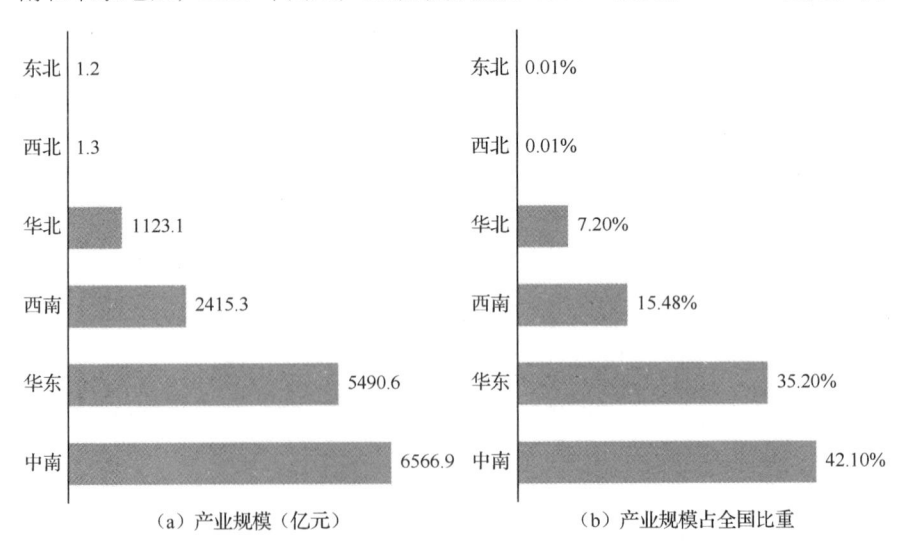

(a) 产业规模（亿元）

东北	1.2
西北	1.3
华北	1123.1
西南	2415.3
华东	5490.6
中南	6566.9

(b) 产业规模占全国比重

东北	0.01%
西北	0.01%
华北	7.20%
西南	15.48%
华东	35.20%
中南	42.10%

图8-7 2020年中国超高清视频产业规模分布图

数据来源：赛迪顾问，2021年1月

比之和超过 77%。每个地区超高清视频产业规模除了与本地的高校、重点实验室等创新资源相关之外,还与本地重点发展的产业环节的产出特点息息相关。比如,在产业创新资源方面,以北京为代表的华北地区是较为突出的,但由于本地重点发展的产业是在内容制作、网络传输等环节,与华东、西南等地区选择的芯片、面板、终端等产值更高的环节相比,在产业规模上就会相对略小一些,特别是 2020 年面板环节恰逢行情回暖,这一情况会更加明显。

第七节　行业重大事件

2020 年,4K/8K 内容供给持续丰富。2020 年春晚、中超冠亚军决赛等重大赛事中应用 8K 技术进行直播;继中央广播电视总台、广东广播电视台开播 4K 频道之后,截至 2020 年,国内已有 5 个 4K 超高清电视频道,中央广播电视总台 4K 节目制作时长到 5000 小时,广东广播电视台可提供超过 2.5 万小时 4K 节目。另外,作为专业的 4K 内容生产与分发平台,4K 花园继续探索超高清视频在 2C 端的应用,积极尝试超高清视频在视频彩铃、演唱会、电商、直播等领域的应用。2020 年中国超高清视频行业重大事件见表 8-2。

表 8-2　2020 年中国超高清视频行业重大事件

序号	事件说明	事件主体	影响/意义
1	2020 年,华星光电、京东方先后收购苏州三星和南京中电熊猫	华星光电、京东方	随着 LCD 需求及产能进一步释放,收购后的两巨头市场占比将超过 60%,国内 LCD 行业集聚度愈发明显
2	2020 年 12 月,三星显示和 LG 显示宣布 LCD 面板停产时间延后	三星显示、LG 显示	LCD 市场进一步回暖,三星等韩企仍会在未来一段时间与京东方等国内企业抢占一定市场份额
3	4K 花园先后获得号百控股、广州汇垠澳丰的 B 轮和 B+轮投资,融资累计金额过亿元	4K 花园	2C 端用户在超高清视频领域的需求有待进一步挖掘,与"短视频""社交"等热点功能的结合更容易成为应用爆点
4	2020 年春晚、中超冠亚军决赛等重大赛事活动应用 8K 技术直播	江苏有线、海信、体奥动力	在贯彻"4K 先行,兼顾 8K"的发展路线下,8K 直播逐渐进入发展快车道
5	2020 年,国家广播电视总局新批准上海、杭州、广州开通 4K 城市频道	国家国家新闻出版广电总局	继中央广播电视总台、广东广播电视台开播 4K 频道之后,截至 2020 年,国内已有 5 个 4K 超高清电视频道。预计未来广播电视会成为超高清视频发展最快的应用领域

续表

序 号	事 件 说 明	事件主体	影响/意义
6	2020年世界超高清视频大会上，中国（广州）超高清视频创新产业示范园区揭牌	花果山超高清视频产业特色小镇	未来，广州将补足中南地区乃至国内超高清视频内容制作方面的短板，有效改善市场中4K/8K内容短缺的问题
7	三星、索尼、康佳、TCL等彩电厂商已经推出了Mini/Micro LED电视，苹果、华为、小米等科技企业也纷纷涉足Mini/MicroLED领域	三星、TCL、华为、小米	Mini/MicroLED电视有望加快拓展在消费级市场的应用

数据来源：赛迪顾问，2021年1月

第八节 市场规模预测

一、2021年，中国超高清视频市场规模将突破万亿元

由于受到新冠肺炎疫情影响，2020年上半年企业复工复产受阻，下游用户特别是2C端用户对待消费更为谨慎，2020年，中国超高清视频市场规模为7809.3亿元，增速降至39.8%。2018—2023年中国超高清视频市场规模及预测如图8-8所示。随着疫情防控的常态化，社会经济正常化也给予生产、生活、消费等充分的保证。《超高清视频标准体系建设指南（2020版）》指出，到2022年要重点推进在工业制造、广播电视等重点领域行业应用的标准化工作，赛迪顾问预测超高清视频下游应用及服务将逐步规范并促进市场需求进一步爆发，2021年中国超高清视频市场规模将突破万亿元。

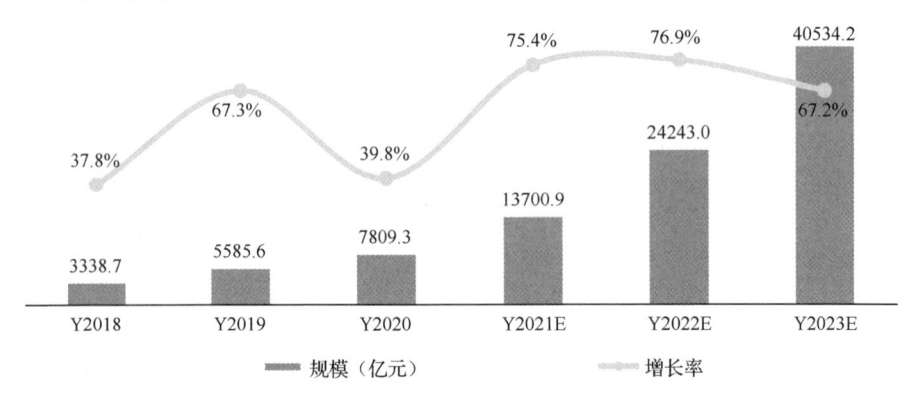

图8-8 2018—2023年中国超高清视频市场规模及预测

数据来源：赛迪顾问，2021年1月

二、广播电视、文化娱乐、医疗健康等下游应用等市场将迎来快速增长

2020 年，从目前超高清视频市场的产品结构（见图 8-9）来看，无论是 2B 还是 2C 端应用级服务，这部分市场规模及占比仍然偏小，2B、2C 端应用的发展潜力均有待进一步挖掘。另外，随着人民在物质文化方面需求的日益增长及智慧城市、远程医疗等快速布局与发展，4K/8K 在广播电视、文化娱乐、交通、医疗等领域的应用未来有望实现较快速增长。因此，赛迪顾问预测，到 2023 年，超高清视频应用及服务市场规模将达到 8106.9 亿元。

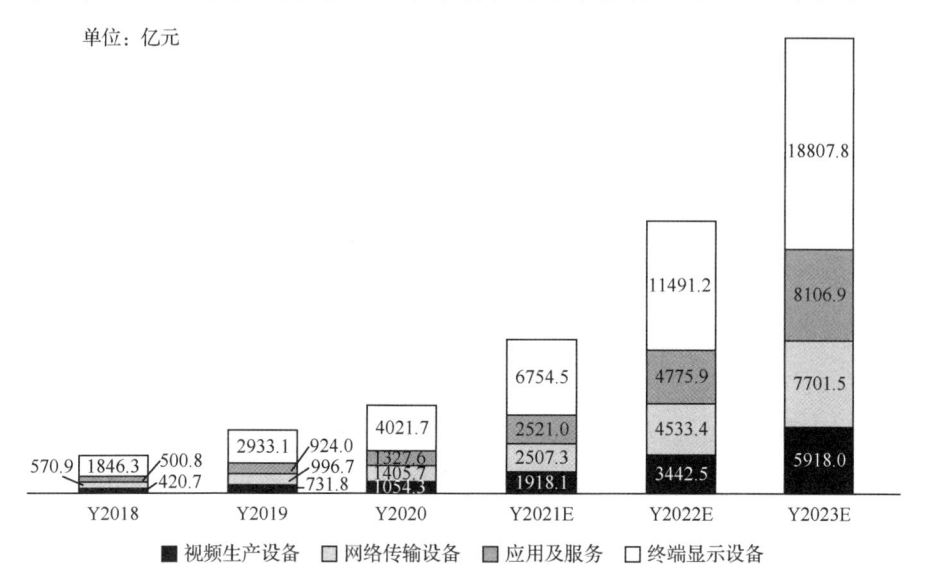

单位：亿元

年份	视频生产设备	网络传输设备	应用及服务	终端显示设备	合计
Y2018	420.7	500.8	570.9	1846.3	
Y2019	731.8	996.4	924.0	2933.1	
Y2020	1054.3	1405.2	1327.6	4021.7	
Y2021E	1918.1	2507.3	2521.0	6754.5	
Y2022E	3442.5	4533.4	4775.9	11491.2	
Y2023E	5918.0	7701.5	8106.9	18807.8	

图 8-9　2018—2023 年中国超高清视频市场结构及预测

数据来源：赛迪顾问，2021 年 1 月

第九节　资本市场动向

一、核心元器件投融资金额最大，京东方迎来面板史上最大并购

2020 年，超高清视频领域的投融资事件数量下降至 10 个，涉及图像传感器、显示驱动芯片、显示面板等基础层的融资金额最大，占比高达 62.6%，如图 8-10 所示。其中，京东方收购南京中电熊猫 80.831% 的股权平板显示科

技有限公司,以及成都中电熊猫显示科技有限公司部分股权(51%),金额累计高达 121 亿元之多,成为至今面板领域最大的并购案。

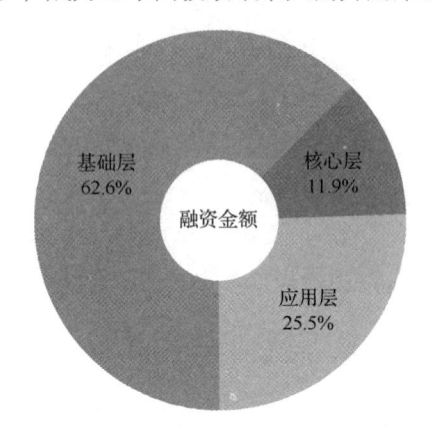

图 8-10　2020 年中国超高清视频各领域投融资事件的投资金额占比情况

数据来源:赛迪顾问,2021 年 1 月

二、早期融资金额偏小,IPO 上市、并购等融资金额占比最大

从投资金额来看,处于 B+轮之前的早期投资金额较小,通常不会超过 10 亿元,且集中在视频制作系统、内容制作、通信产品等领域。这些领域集聚了大量中小企业,竞争较为激烈。另外,以 IPO 上市和并购等为代表的融资方式融资金额最多,占比达到 62.5%。2020 年中国超高清视频投资事件所处轮次占比(按融资金额)如图 8-11 所示。

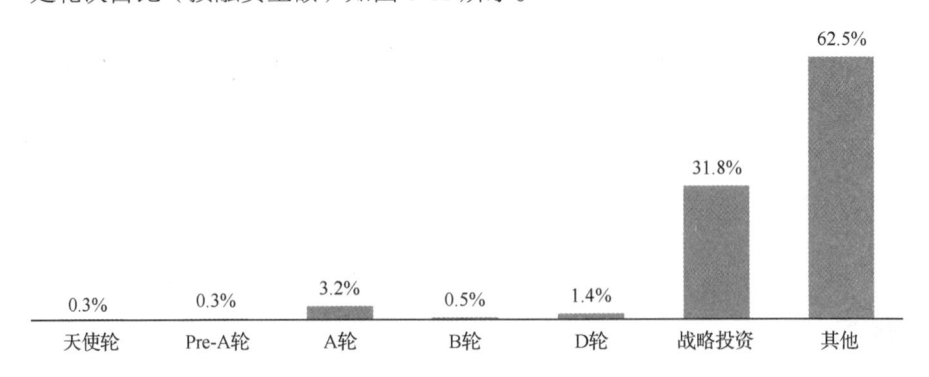

图 8-11　2020 年中国超高清视频投资事件所处轮次占比(按融资金额)

数据来源:赛迪顾问,2021 年 1 月

第十节　赛道选择建议

（1）除 LCD 外，下一代显示面板技术一直是大家关注的焦点。其中，OLED、MicroLED、MiniLED 的呼声最大。2020 年已经有一些搭载 MicroLED、MiniLED 等新型显示技术的产品进入消费级市场。

（2）随着未来各重点领域应用标准的先后出台，广播电视、安防监控、工业制造等有望成为超高清视频发力的主力应用领域。

（3）视频制作系统等视频生产设备领域是超高清视频发展的热点与重点，该产品在抗疫时期为多场演唱会、演讲、会议的直播提供了强有力的技术支撑。且该领域聚集了大量中小企业，目前中国已初步具备超高清视频内容编辑系统、网络化制播系统等自主研发能力，资本可适当关注。

2021 年中国超高清视频领域投资价值趋势如图 8-12 所示。

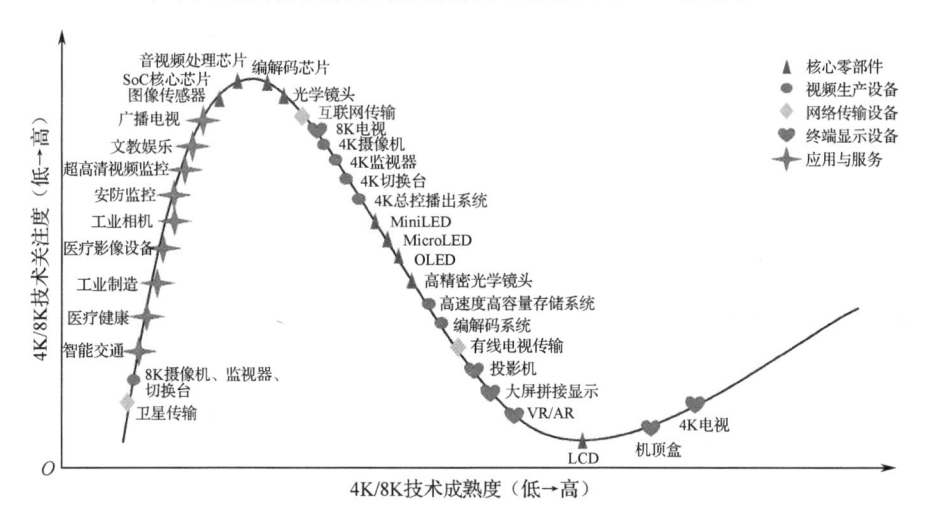

图 8-12　2021 年中国超高清视频领域投资价值趋势图

数据来源：赛迪顾问，2021 年 1 月

第九章 工业软件

第一节 产业定义或范畴

工业软件指专用于或主要用于工业领域，以提高工业企业研发、制造、管理水平和工业装备性能的软件。工业软件不包括通用的系统软件和应用软件，如计算机操作系统、通用数据库系统、办公软件等。工业软件按用途可以分为以下四类：

产品研发类：包括计算机辅助设计（CAD）软件、计算机辅助工程（CAE）软件、计算机辅助制造（CAM）软件、产品全生命周期管理（PLM）软件、产品数据管理（PDM）软件、计算机辅助过程设计（CAPP）软件、电子设计自动化（EDA）软件、集成研发平台等。

信息管理类：包括企业资源计划（ERP）软件、供应链管理（SCM）软件、客户关系管理（CRM）软件、人力资源管理（HRM）软件、企业资产管理（EAM）软件、商业智能（BI）软件、视频监控软件等。

生产控制类：包括制造执行系统（MES）、数据采集与监视控制系统（SCADA）和离散控制系统（DCS）等。其目的是提高制造设备利用率、降低制造成本、提高产品制造质量、缩短产品制造周期、提高制造过程管理水平。

嵌入式工业软件：包括工业通信设备、工业装备电子、能源电子、汽车电子、安防电子及其他领域的软件部分。其目的是提高工业装备的数字化、自动化和智能化水平，增加工业装备的功能，提升工业装备的性能和附加值。

第二节　赛迪重大研判

（1）新的时代背景下，工业软件正成为支撑制造强国战略的核心领域。

（2）中国工业软件上市企业数量快速增长，北京、江苏、广东、上海则是工业软件上市企业最集中的区域。

（3）受新冠肺炎疫情影响，工业软件市场增速略有下降，但依然保持在14%以上。

（4）工业软件上市企业营业收入保持高速增长，信息管理软件近年来平均增长速度最快。

（5）2023年，中国工业软件市场规模预计将超过3500亿元。

（6）从投资潜力来看，仿真软件、低代码平台和云MES等领域值得关注。

第三节　产业环境分析

一、工业软件成为制造强国战略的重要驱动力

"十四五"期间中国经济将向高质量发展模式转变，围绕制造强国战略，工业企业在转型升级的过程中，亟须提高管理效率、控制管理成本的解决方案。未来，越来越多的制造企业将通过数字化转型提升企业创新能力，降低企业运营成本。在这一过程中，工业软件在增加企业创新能力、提升企业生产效率和经营效益等方面将发挥至关重要的作用。在构建以国内大循环为主体、国内国际双循环相互促进的新发展格局背景下，国内工业软件供给侧将持续发力，工业软件产业迎来巨大的发展机遇。

二、资本"寒冬"中工业软件领域继续保持高热度

2020年，全球创业投资生态环境受新冠肺炎疫情影响迎来"寒冬"，然而针对中国工业软件企业的投资热度却持续高涨。研发设计软件领域，中望龙腾在完成第二轮1.4亿元融资后申请科创板上市，成立不足一年的EDA企业芯华章就完成了亿元Pre-A轮融资，另有多个CAE初创企业分别获得数千万Pre-A轮融资。生产控制软件领域，欧软、迈艾木、慧程等云MES厂商均获资本青睐。资本市场对于工业软件领域的关注一方面反映了在国家相关

政策的鼓励下工业软件产业巨大的发展潜力，另一方面也反映了工业软件投融资正逐渐从概念热点走向落地的过程。

三、低代码开发与工业微服务变革工业软件开发模式

以西门子 Mendix 为代表的低代码开发平台在企业数字化转型中正在发挥越来越重要的作用，低代码开发的方式能够通过准确的描述与自动迭代能力，提升复杂系统搭建的效率。项目实施人员可以快速实现客户的需求，并基于快速反馈建立与用户及时良好的互动，集中关注业务实现，降低对开发人员的依赖，从而提高现场人员的主观能动性。在工业领域由于专业知识繁杂、工业应用复杂程度高等问题，使用微服务架构能够为工业互联网平台的知识转化和复用提供最佳技术手段，算法、模型、知识等模块化组件，能够以"搭积木"的方式被调用和编排，实现低门槛、高效率的工业 App 开发。一方面，工业微服务开发和维护具有高度灵活性；另一方面，工业微服务运行去中心化分布式执行。随着微服务组件池的构建和行业经验知识的持续积累，平台既能够为广大第三方开发者提供众多低门槛、易操作、高效率的开发支持手段，形成以工业 App 开发为核心的平台创新生态，也能够为制造业用户提供以工业微服务为基础的定制化、高可靠、可扩展工业 App 或解决方案，形成以价值挖掘提升为核心的平台应用生态。

四、工业软件正成为多重政策聚焦的热点

2020 年，国务院印发《新时期促进集成电路产业和软件产业高质量发展的若干政策》，对促进包含工业软件在内的软件产业高质量发展提出了新的政策支持。在"两个强国"战略的指引下，工业软件正成为多重政策聚焦的热点领域。一方面促进网络基础设施建设、云计算和大数据发展的重大政策措施陆续出台；另一方面围绕工业互联网的行业应用、平台建设、网络建设等方面出台了指导政策，都给工业软件带来了政策红利。随着企业信息化的基础设施成本大幅降低，企业 CIO（首席信息官）会更加关注软件与系统的功能和覆盖度。同时，制造业企业通过信息化手段提升核心竞争力的意愿将显著上升，更多企业将在制造流程管控、企业运营管理、工业数据分析、企业业务和系统上云等领域加大投入。

第四节　产业链全景图

工业软件产业主要包括研发设计软件、生产控制软件、信息管理软件和嵌入式工业软件四个细分领域。工业软件产业链全景图如图 9-1 所示。

研发设计软件：包含计算机辅助设计 CAD 软件、计算机辅助工程 CAE 软件、产品生命周期管理 PLM 软件、电子设计自动化 EDA 软件、建筑信息模型 BIM 软件等主要产品。2020 年，中国研发设计软件企业迎来快速发展阶段，CAD 厂商中望龙腾登陆科创板，EDA 厂商芯华章获得多轮融资，CAE 厂商安世亚太正式推出自主通用仿真软件 PERA SIM。虽然与国际巨头相比在技术和市场两端仍有较大差距，但在政策支持和投资环境改善的背景下，中国厂商将有望取得突破。

生产控制软件：包含制造执行系统 MES 软件、离散控制系统 DCS 软件、数据采集与监视控制 SCADA 软件、能源管理系统 EMS 软件等主要产品。中国生产控制软件领域有较多本土厂商，在电力、钢铁冶金和石化等行业深耕多年，客户数量多且相对稳定。由于各行业的生产工艺差异较大而带来的行业壁垒，生产控制软件领域的企业业务大多数都集中在垂直行业内部，而部分龙头企业也开始尝试提供跨行业的解决方案。2020 年，浙江中控上市成功，力控科技、亚控科技等企业深耕垂直行业取得一系列成果，正逐渐突破西门子、施耐德、霍尼韦尔等对该领域的垄断。

信息管理软件：包含企业资源计划 ERP 软件、财务管理 FM 软件、人力资源管理 HRM 软件、企业资产管理 EAM 软件等主要产品。中国在信息管理软件领域发展相对较为成熟，本土企业的市场占有率不断上升，并逐步进入高端市场。2020 年，管理软件的 SaaS 化已成为显著趋势，用友提出 BIP 率先向全生命周期企业云服务平台转型，浪潮则借助"云洲"工业互联网平台发布云 ERP 解决方案。

嵌入式软件：包含工业通信系统、信号系统、控制系统、能源电子、汽车电子、安防电子和军工电子等解决方案中的软件部分。中国嵌入式工业软件领域规模占工业软件一半以上，是工业软件的重要组成部分，其技术与产品特点因应用场景不同而有较大差异，因此存在一定程度的行业壁垒。2020 年，华为、海康、南瑞、汇川等厂商业务保持高速增长，特别是华为和海康在外部不利环境下仍然积极拓展市场，形成了大量优秀的解决方案案例。

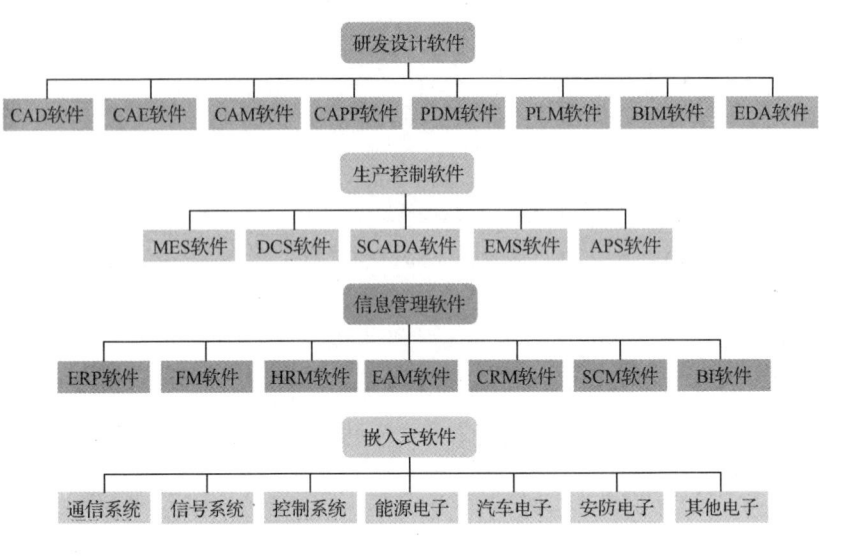

图 9-1　工业软件产业链全景图

数据来源：赛迪顾问，2021 年 1 月

第五节　价值链及创新

工业软件各细分领域中，嵌入式软件的上市企业数量和总收入规模都是最高的，研发设计软件上市企业数量较少且企业规模普遍较小。从创新角度来看，研发设计软件企业研发支出占比相对较高，技术创新能力较强。从行业利润来看，研发设计软件行业净利率最高。工业软件细分领域价值链分布情况如图 9-2 所示。

工业软件	上市企业数量（家）	行业总收入（亿元）	行业净利率（%）	行业研发支出占比（%）
研发设计软件	2	85.19	8.82	27.60
生产控制软件	24	349.49	5.70	7.00
信息管理软件	31	572.29	4.30	10.60
嵌入式软件	42	1177.34	7.07	7.56

图 9-2　2020 年中国工业软件价值链分布情况

数据来源：赛迪顾问，2021 年 1 月

一、工业软件企业营收和利润增速同比下降

受到新冠肺炎疫情以及贸易环境的影响,2020年中国制造业信息化投入增速放缓,当年工业软件企业营业收入达到2184.3亿元,同比增长12.0%,工业软件企业净利润同比下降0.6%至135.3亿元,利润下降的主要原因是很多企业受到疫情影响在第一季度甚至上半年无法进场实施项目。2017—2020年中国工业软件企业营收及增长情况如图9-3所示。

(a) 工业软件企业营业收入及同比增长率

(b) 工业软件企业净利润及同比增长率

图9-3 2017—2020年中国工业软件企业营收及增长情况
数据来源:赛迪顾问,2021年1月

二、生产控制软件规模增长较快

从工业软件四个细分领域结构(见图9-4)来看,2020年信息管理软件企业受疫情影响较为突出,增长速度有所下降,生产控制类软件增速较快,占比上升至16.0%,嵌入式软件占比仍然超过一半。

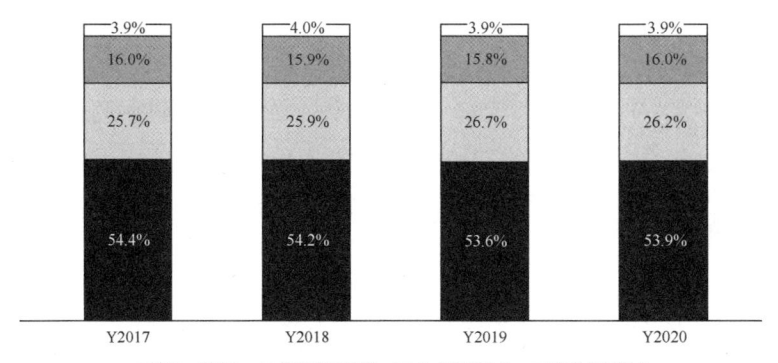

图9-4 2017—2020年中国工业软件企业营收结构情况
数据来源:赛迪顾问,2021年1月

三、研发设计软件企业净利水平较高

从各细分领域盈利水平（见图 9-5）来看，研发设计软件净利率水平较高。虽然工业软件企业整体盈利水平在 2020 年有所下降，但研发设计软件企业由于资产水平偏低，且业务处于高速增长阶段，因此净利率略高于其他细分领域。

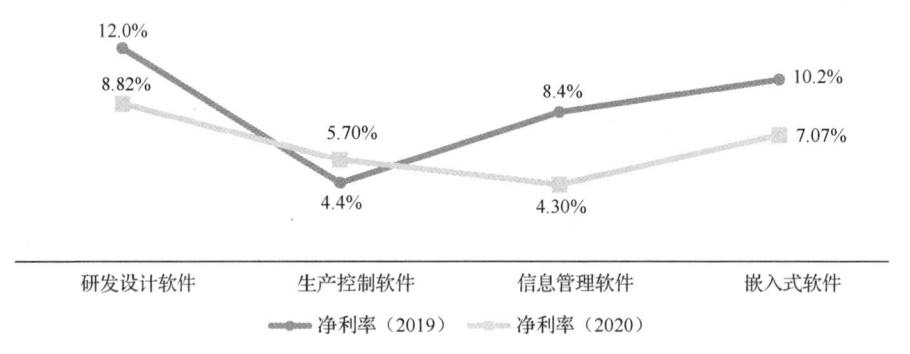

图 9-5 2019—2020 年中国工业软件细分领域企业净利率情况
数据来源：赛迪顾问，2021 年 1 月

第六节 区域分布格局

一、产业资源分布

2020 年中国工业软件产业资源分布见表 9-1。中国工业软件行业上市企业主要分布在东部沿海和长江经济带地区。北京是中国工业软件企业资源最为集中的城市，长三角和珠三角则是企业集聚最为突出的区域，其中江苏、广东、上海、浙江等省、直辖市的上市工业软件企业数量较多，山东、辽宁等省份也有实力较强的上市企业作为产业发展的龙头，在中西部地区表现突出的是湖北和重庆，上市企业数量分别排在第 8 位和第 9 位。

表 9-1 2020 年中国工业软件产业资源分布

省、直辖市	企业资源	载体与联盟	国家重点实验室	孵化资源
北京	拥有上市企业 19 家；是中国工业软件企业资源最为集中的城市	1 个国家级高新区 3 个产业联盟	79 个	孵化器超过 500 家，孵化场地面积超过 500 万平方米，孵化企业和创业团队 7 万余家

续表

省、直辖市	企业资源	载体与联盟	国家重点实验室	孵化资源
广东	上市企业 18 家,主要分布在深圳、广州	14 个国家级高新区 1 个省级产业联盟	11 个	深圳有 463 家科委备案的孵化载体,广州科技企业孵化协会有 339 家孵化载体
江苏	上市企业 19 家,主要分布在南京、苏州	17 个国家级高新区 1 个省级联盟	20 个	江苏省科技企业孵化器有 720 家,其中国家级孵化器 175 家
上海	上市企业 11 家	1 个国家级新区 2 个国家级高新区 1 个市级产业联盟	32 个	上海科技企业孵化协会有 201 家会员孵化单位
浙江	上市企业 8 家,其中杭州 5 家、台州 2 家、宁波 1 家	1 个国家级新区 8 个国家级高新区	9 个	浙江省科技企业孵化器协会有 142 家会员孵化单位
山东	上市企业 6 家,其中济南 4 家、青岛 2 家	1 个国家级新区 13 个国家级高新区	3 个	山东省省级以上科技企业孵化器 277 家,其中国家级科技企业孵化器 98 家
辽宁	上市企业 3 家,全部位于沈阳	1 个国家级新区 8 个国家级高新区	8 个	辽宁省有科技企业孵化器 75 家,众创空间 206 家
湖北	上市企业 2 家,全部位于武汉	12 个国家级高新区	17 个	湖北省各类企业孵化器 300 多家,其中东湖高新区科技企业孵化器 140 家
重庆	上市企业 2 家	1 个国家级新区 4 个国家级高新区	5 个	重庆市级以上科技企业孵化器 67 家

数据来源:赛迪顾问,2021 年 1 月

二、产业规模分布

一方面,头部企业的集聚能够较好地带动当地产业规模化发展;另一方面,较为丰富的人才、资本等要素的供给能够保障工业软件企业的竞争力。因此,中国工业软件产业主要分布在经济发达的东部地区,广东、江苏和北京在工业软件产业规模上位居全国前三,如图 9-6 所示。

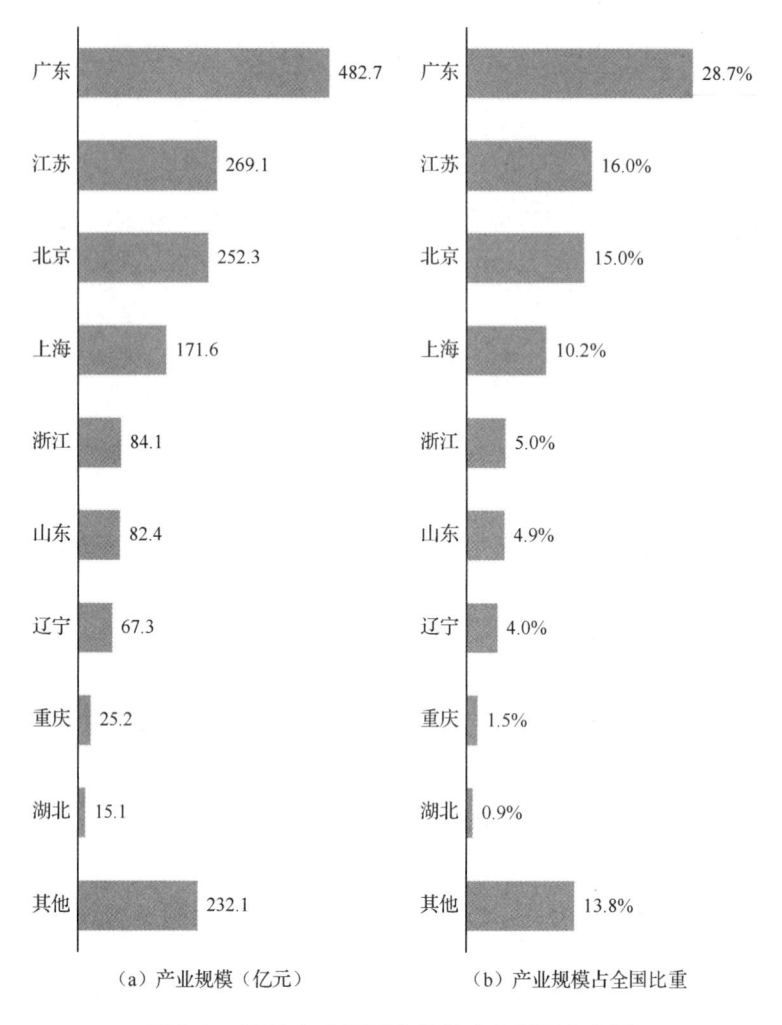

地区	产业规模（亿元）	产业规模占全国比重
广东	482.7	28.7%
江苏	269.1	16.0%
北京	252.3	15.0%
上海	171.6	10.2%
浙江	84.1	5.0%
山东	82.4	4.9%
辽宁	67.3	4.0%
重庆	25.2	1.5%
湖北	15.1	0.9%
其他	232.1	13.8%

（a）产业规模（亿元）　　（b）产业规模占全国比重

图 9-6　2020 年中国工业软件产业规模分布图

数据来源：赛迪顾问，2021 年 1 月

第七节　行业重大事件

2020 年，工业软件领域的龙头企业通过资本运作和商业模式创新，进一步围绕各自核心能力构建产业生态体系。行业投融资与并购依然保持较高热度，成立不足一年的 EDA 厂商芯华章就先后完成了三轮融资，为国产 EDA 软件注入了一针强心剂。在信息管理软件领域，用友与浪潮纷纷推出新的产品和战略，加大 SaaS 市场开拓力度。除此之外，宝信软件收购飞马智科、工业富联收购鼎捷部分股份，均属于细分市场的龙头企业提升市场竞争力的

重要事件。2020 年中国工业软件行业重大事件见表 9-2。

表 9-2 2020 年中国工业软件行业重大事件

序号	事件说明	事件主体	影响/意义
1	芯华章在 2020 年 3 月成立后一年内先后完成三轮亿元级别融资	芯华章	芯华章以开源商用为路线，有望打破国外 EDA 企业对中国市场的垄断
2	2020 年 6 月浙江中控在科创板上市成功	浙江中控	浙江中控上市将促进国产工控软件加速发展
3	用友拟通过定增募资 46 亿元布局 YonBIP	用友网络	标志着用友率先向全生命周期企业云服务平台转型
4	浪潮"云洲"工业互联网平台发布云 ERP 解决方案	浪潮云	提升浪潮在云 ERP 市场的竞争力
5	宝信软件拟 8.23 亿元关联收购飞马智科	宝信软件	宝武资产优化配置、打造唯一 IT 上市平台，将提升宝信软件综合竞争力及盈利能力
6	工业富联收购鼎捷软件 3997.13 万股（约占其总股本的 15.19%），成为其第一大股东	工业富联	工业富联提升其软件能力，进一步完善全程价值服务体系

数据来源：赛迪顾问，2021 年 1 月

第八节 市场规模预测

一、2023 年，中国工业软件市场规模将超过 3500 亿元

尽管新冠肺炎疫情给制造业带来较大的困难，但在宏观政策稳步推进、信息技术进步升级、产业转型需求深化落地等众多利好因素的影响下，中国工业软件市场基本保持稳步增长，2020 年整体规模达到 2223.3 亿元，预计到 2023 年将达到 3515.4 亿元，如图 9-7 所示，工业软件对智能制造和产业转型升级的推动作用进一步显现，持续为国民经济的发展做出巨大贡献。

二、信息管理软件占比稳步上升，嵌入式软件占比仍过半

随着中国制造业技术与产品自主开发比例的上升，研发设计软件市场份额将不断上升。管理软件的云化趋势将迎合大量中小企业的数字化转型需求，推动信息管理软件快速发展。与此同时，由于嵌入式软件技术与市场的成熟度较高，增长速度相对较低，占市场规模的比重将呈现逐年下降趋势。

2018—2023 年中国工业软件市场结构及预测如图 9-8 所示。

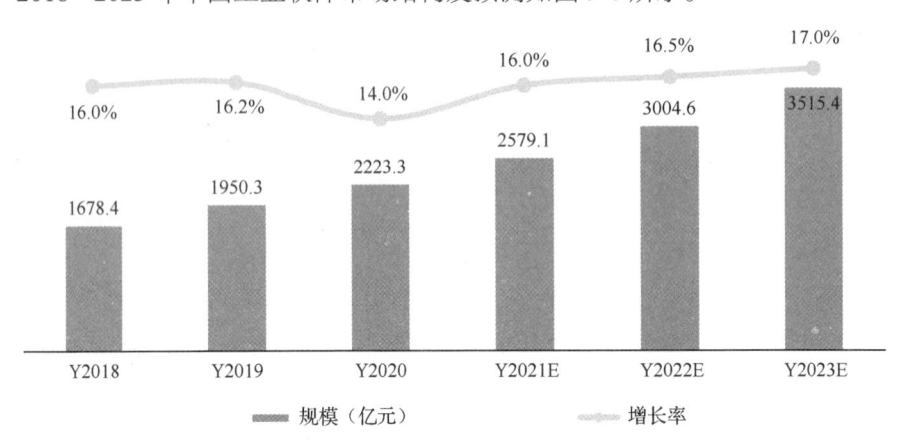

图 9-7 2018—2023 年中国工业软件市场规模及预测

数据来源：赛迪顾问，2021 年 1 月

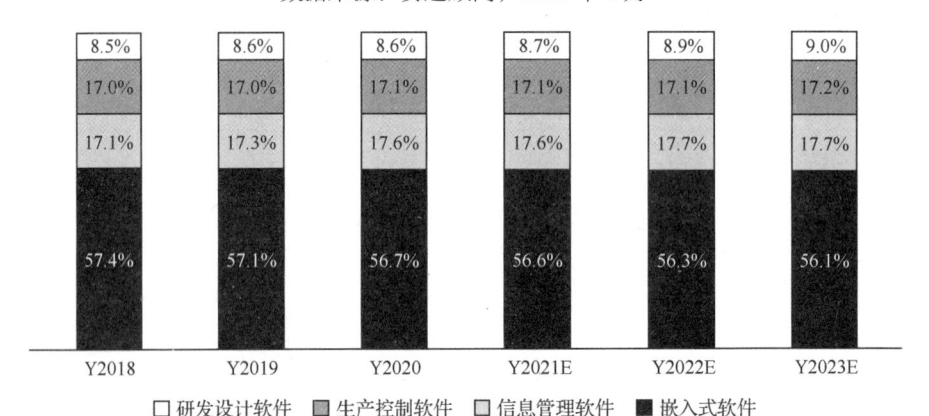

图 9-8 2018—2023 年中国工业软件市场结构及预测

数据来源：赛迪顾问，2021 年 1 月

第九节 资本市场动向

一、工业软件投融资保持较高热度

2018—2020 年中国工业软件投融资事件数量及 2020 年各领域占比情况如图 9-9 所示。近三年工业软件领域的投融资事件数量呈现出逐年增多的态势。从细分领域来看，信息管理软件投融资数量占比最高，超过 40%。研发设计软件投融资主要集中在 CAE 领域，生产控制软件投融资主要集中在云

MES 领域，嵌入式软件投融资主要集中在安防电子和数据采集等领域。

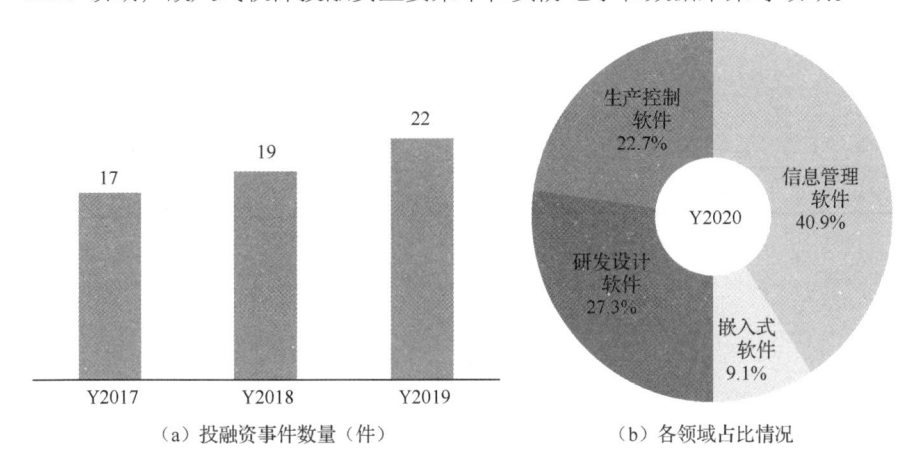

(a) 投融资事件数量（件）

(b) 各领域占比情况

图 9-9　2018—2020 年中国工业软件投融资事件数量及 2020 年各领域占比情况
数据来源：赛迪顾问，2021 年 1 月

二、投融资金额总规模有所回落

虽然工业软件企业投融资并购事件数量有所增长，但在新冠肺炎疫情影响下投融资整体市场的活力大幅度下降，工业软件领域融资规模与 2019 年相比有所下降，如图 9-10 所示。从细分领域来看，信息管理软件领域的投融资金额规模最大。

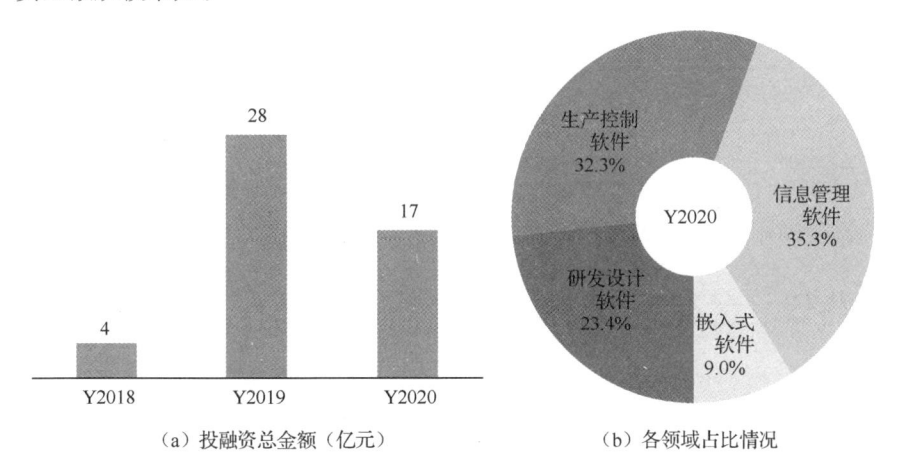

(a) 投融资总金额（亿元）

(b) 各领域占比情况

图 9-10　2018—2020 年中国工业软件投融资金额及 2020 年各领域占比情况
数据来源：赛迪顾问，2021 年 1 月

三、A 轮融资数量最多

2020 年，A 轮融资数量最多，其次是 B 轮和 C 轮，Pre-A 和 A+轮投资数量也较多。A 轮融资企业以华天软件、芯华章等研发设计企业为代表，普遍处于初创期和成长期；B 轮融资企业以数之联科技、阿丘科技等专注底层技术研发的企业为代表，曾经以数据智能概念获得过投资；C 轮融资企业以寄云科技、天圣华、上海慧程等云 MES 平台型企业为代表，已经具备比较成熟的市场运营能力。由此可以看出，近年来国内工业软件初创企业数量增长迅速，针对工业软件企业的投资主要集中在初创期和成长期，而 D 轮之后的投资事件较少。2020 年中国工业软件投融资轮次情况如图 9-11 所示。

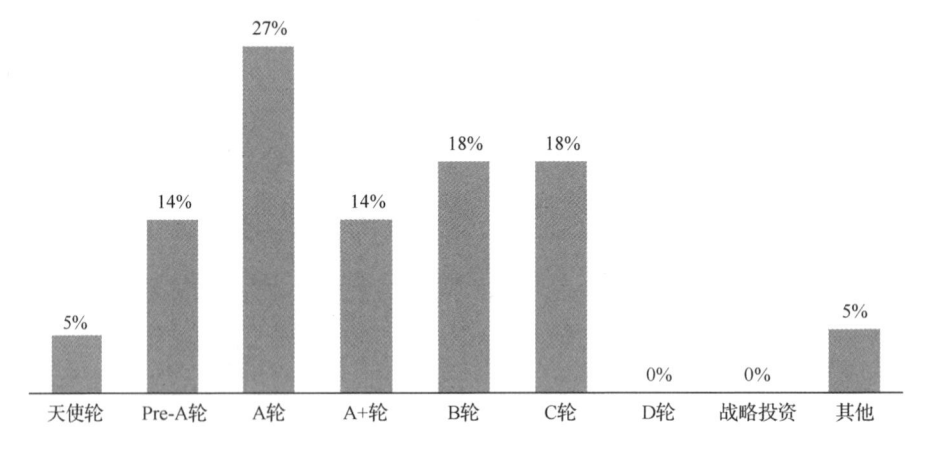

图 9-11　2020 年中国工业软件投融资轮次情况

数据来源：赛迪顾问，2021 年 1 月

第十节　赛道选择建议

（1）仿真软件领域正成为国内创业热点，但其技术特点决定了投资金额大和周期长，投资风险相对较高。

（2）云 MES 有望依托工业互联网平台迎来爆发机会，应重点关注离散制造领域行业需求。

（3）以低代码平台为基础的应用软件正受到企业重视，有望成为新的投资热点。

2021 年中国工业软件细分领域投资价值趋势图如图 9-12 所示。

第九章　工业软件

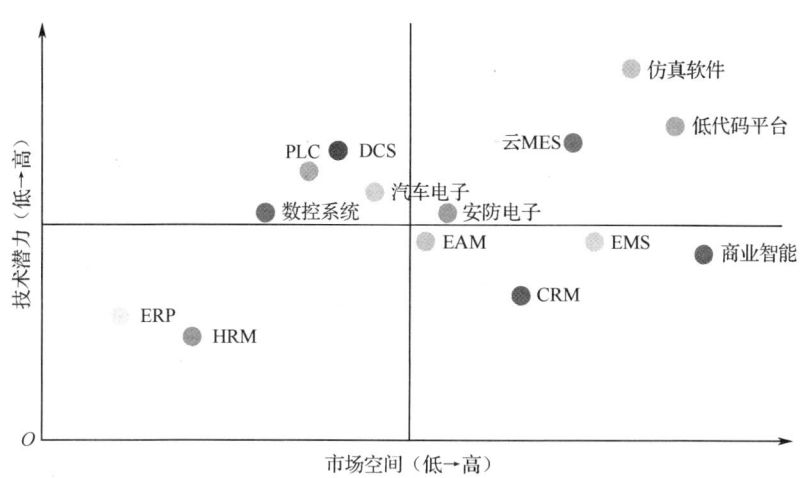

图 9-12　2021 年中国工业软件细分领域投资价值趋势图
数据来源：赛迪顾问，2021 年 1 月

第十章

城市大脑

第一节 产业定义或范畴

按照城市生命体理论,城市是人类社会发展过程中在一定区域内形成的、以非农业人口为主体的经济、政治、社会、文化、生态要素高度集聚的复杂巨系统。这个系统在发展过程中,表现出了显著的生命特征,在此特征下,各类城市在面对内外部环境的变化与挑战过程中,为了保障城市安全、稳定、绿色运行,构建人与自然和谐相处的生态城市,生活更加幸福美好的人文城市,科技发达先进的智能城市,需要借助"大脑",不断改变自身运行机制,增强系统性的自适应能力,提高生存发展能力和城市竞争力。

城市大脑是综合利用人工智能、云计算、大数据、区块链等新一代信息技术,通过采集、汇聚、标准化城市各类数据,形成集数据中枢、智能中枢、城市知识图谱于一体的数字平台。随着时代发展,城市大脑的内涵不断丰富,赋能城市精细化、现代化管理发展,成为数字城市建设和数字政府打造的重要抓手,并在城市不同发展阶段,逐步实现城市全域数据输入、全行业 AI 赋能输出、全数字技术及能力整合、全态势感知洞察、全政府部门协同联动。城市大脑是多技术、多平台融合的产物,产业链带动能力强。城市大脑产业链涉及软硬件基础、网络基础、云计算、人工智能平台、行业应用等多个产业。从产业链环节来看,可以分为上游云网基础、中游大脑中枢及下游重点领域应用三个环节。

第二节 赛迪重大研判

（1）在加快经济高质量发展、着力推动"新基建"的重要窗口期，智慧城市战略地位凸显，城市大脑作为城市数字化转型的重要数字基础设施，将迎来发展新机遇。

（2）城市知识图谱是城市大脑建设必要的数字技术之一，利用该技术可以依据城市运行规律解决城市综合性问题、提升城市运行效率。

（3）城市大脑的市场空间格局从集中到相对集中演变，从区域市场分布来看，浙江、北京、广东、上海等地纷纷深入持续推进城市大脑建设。未来，随着智慧城市、智慧社会的深入推进，城市数字化转型将逐步从东部城市向西部城市扩散，部分欠发达城市有望借助数字化转型机遇实现城市能力升级。

（4）供应商的产业生态打造能力是影响其未来竞争力的关键要素。随着城市大脑市场化推进，产业生态不断得到完善，具有生态聚合能力的平台企业将主导生态建设和能力整合。从行业趋势来看，运营服务能力和数据安全保障将成为城市大脑价值发挥的关键。

（5）从投资重点方向来看，人工智能、城市知识图谱、公共数据平台等成为市场投资热点，数据治理领域可近期重点关注。

第三节 产业环境分析

一、"城市大脑"备受各界关注，建设城市大脑逐渐成为城市发展"标配"

2010年以来，前沿科技领域出现诸多"大脑"概念，企业界出现谷歌大脑、百度大脑、阿里ET大脑、360安全大脑、腾讯超级大脑等，产业界出现城市大脑、城市神经网络、工业大脑、航空大脑等。其中，城市大脑的出现引起了政府、学术界和产业界的高度重视。目前国内包括杭州、苏州、海口、广州、福州等多个城市都纷纷投入城市大脑建设中，据粗略统计，全国范围内宣布要建设"城市大脑"的城市（含县、区）约有500多个，几乎涵盖了所有副省级以上城市和地级市，"城市大脑"正在逐渐成为城市数字化转型的"标配"。

二、伴随智慧城市建设的完善和升级，城市大脑正加速推动城市功能优化

城市大脑最初的理念来自互联网大脑模型，早在 2015 年，中国科学院研究团队就发文提出"城市大脑是互联网大脑架构与智慧城市建设相结合的产物，是城市级的类脑复杂智能巨系统"这一结论。城市大脑通过提供类脑智能支撑平台，可提高城市的运行效率，解决城市运行中面临的复杂问题，更好地满足城市内众多主体的不同需求。在物联网、大数据、人工智能、边缘计算、5G、云机器人、数字孪生等前沿技术的支撑下，城市大脑将以城市信息交互（城市神经元网络）和快速智能反应（城市云反射弧）功能建设为重点，通过新一代信息技术创新和市场应用，加速城市功能优化。

三、新技术的融合应用持续为城市大脑建设提供动能，推动城市智慧化发展

城市大脑是利用大数据、人工智能、区块链等新一代信息技术全面提升城市管理和发展能力的新型基础设施，基于新技术融合应用，城市大脑可以整合城市的各种系统和服务，提升资源利用的效率、优化城市管理和服务，推动城市治理向纵深方向发展。应用人工智能技术，城市大脑将赋能各类智慧应用场景，推动城市智慧化建设；大数据助力城市大脑建设，通过打通城市内部、城市之间、国家与地方之间的数据通道，进行基于场景的大数据分析，搭建城市信息模型，提高政府治理与服务水平；区块链技术与城市大脑相结合为不同参与主体间不同行业的可信数据交互提供了有效的技术手段；物联网作为构建城市大脑的核心技术支撑，提升了城市大脑对城市运行状态的感知能力，拓展了城市大脑在服务方面的时间与空间；5G 作为新一代的无线通信技术，以其为基础的泛在传感网络赋能城市大脑，实现根据末端应用场景灵活配置网络资源。新技术的融合应用，推进了城市大脑的不断升级与完善，助力城市从数字化向智慧化发展。

四、"新基建"政策频出，推动城市大脑项目加快落地

云网基础设施是城市大脑建设的基础支撑，是以网络为基础、云为核心的资源融合，进而实现网随云动、云网一体的基础设施。伴随着 5G 时代的到来，"新基建"许多新的应用场景将被逐一打开。2019 年 5G 正式商用，

随后从国家到地方政策相继出台支持 5G 基础设施建设；同时，基于 5G 网络的云网融合驱动行业应用与转型升级。2020 年，工信部印发《关于推动工业互联网加快发展的通知》，明确提出加快新型基础设施建设、加快拓展融合创新应用。"新基建"的加快推进，重构了城市的物联网、视联网、人联网、工业互联网和产业互联网，由此带来了大数据中心建设的蓬勃发展，从而具备了构建数字孪生城市的基础设施，推动了城市大脑项目的快速落地。

五、数据要素蕴含巨大价值，政策助力"数据"成为城市大脑发展核心

党的十九届四中全会将数据提到新型生产要素的高度，使得数据资源价值进一步升级。城市治理、产业发展"拥抱"大数据，加速数字化转型，数据驱动下的新产业、新业态、新模式不断涌现，数据资源显示出前所未有的巨大影响力和发展潜力。2020 年 12 月，国家发改委、中央网信办、工信部、国家能源局四部门印发《关于加快构建全国一体化大数据中心协同创新体系的指导意见》，对深化大数据协同创新做出了具体要求，为中国大数据中心协同创新体系构建提出了总体思路、发展目标，并制定了战略发展任务。数据是城市大脑建设的核心要素，大数据中心协同创新体系的加快构建，将为城市大脑产业的全面提升提供强劲动力。

第四节 产业链全景图

城市大脑是城市的新型基础设施，是算力资源及数据资源的汇聚地，也是智慧城市的中枢。城市大脑产业链涉及网络及感知基础设施、云基础设施、大数据及人工智能平台、行业应用平台等多个细分领域。从产业链（见图 10-1）环节来看，可以分为上游云网基础、中游大脑中枢及下游行业应用领域三个环节。

云网基础： 云网基础是城市大脑的基础支撑，主要包括基础网络、云基础、IT 支持与维护、信息安全等。云网基础是城市大脑建设和发挥价值效能的基础。随着中国"新基建"建设的加速推进，数字技术与城市基础设施将进一步深度融合，云网基础将成为构建城市大脑的最有效支撑。基础网络包括光纤宽带网、4G/5G、物联感知网络、政务网络等，是城市大脑有效运行的"神经元"；云基础设施为城市大脑进行数据采集、存储、计算、应用等

图 10-1 城市大脑产业链全景图

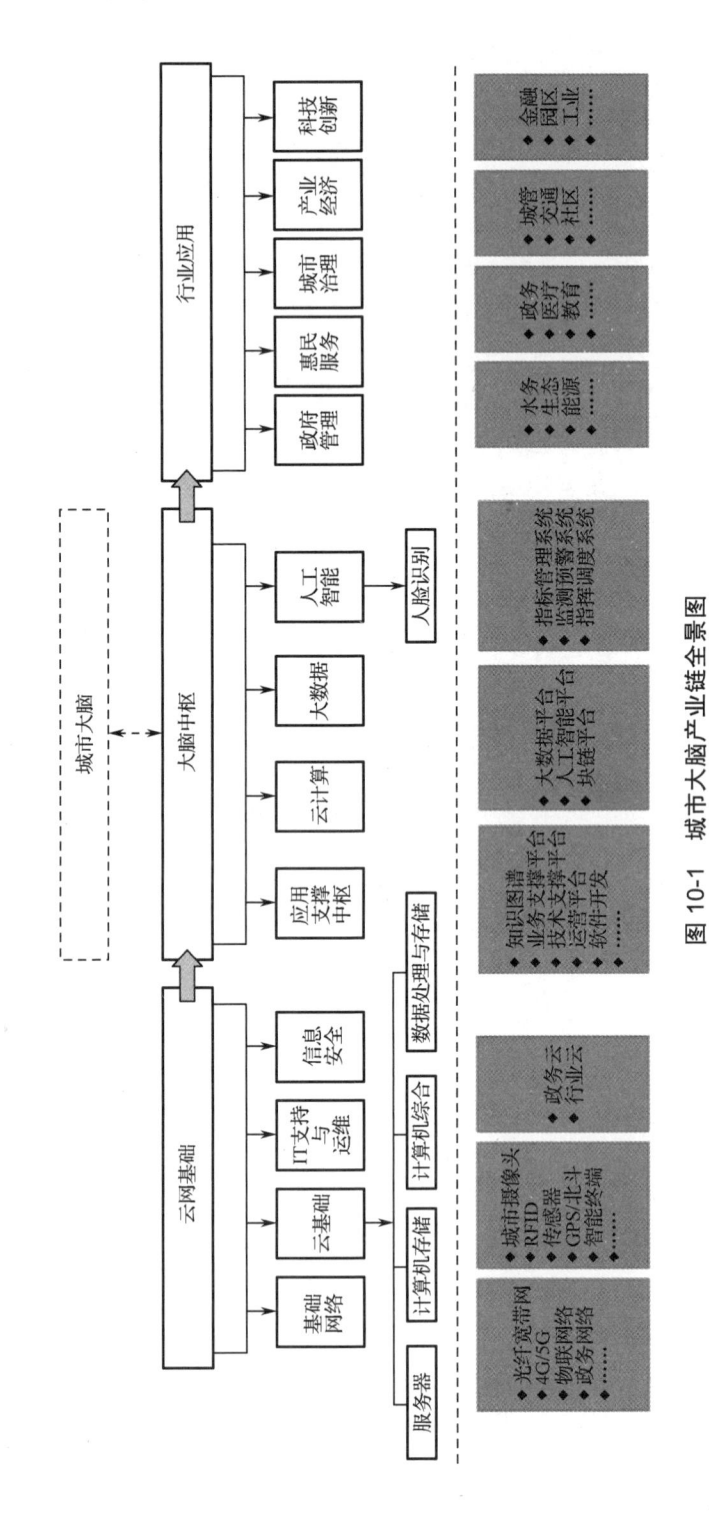

数据来源：赛迪顾问，2021 年 1 月

提供服务。云网基础是城市大脑对城市各类数据进行采集和感知的基础，2020年受新冠肺炎疫情影响，上半年的云网基础建设放缓，但随着疫情影响的持续下降，下半年云网基础的投资将有所回升。

大脑中枢：大脑中枢是城市大脑的核心所在，包括应用支撑中枢、大数据、人工智能等平台系统，是城市管理、建设、运行等多领域数据应用价值重构的重要环节。应用支撑中枢主要包括行业知识图谱、业务支撑平台、技术支撑平台、系统运营与软件开发等，从2020年主要城市大脑建设项目和产业投资方向来看，中枢平台领域的研发创新将会成为未来城市大脑建设的重点，各大厂商较为关注基于海量数据的算力算法体系建设。知识图谱体系的构建涵盖城市数据存储、知识抽取、策略训练、图谱管理等，打造一体化知识图谱，可以实现根据城市不同场景应用需求，快速构建应用策略，因此，城市知识图谱也逐步成为行业热点。

行业应用：从城市数字化发展需求来看，城市级、行业级、企业级行业应用才是城市大脑的最终落脚点，主要围绕政府管理、城市治理、惠民服务、产业经济等方面发展内容，推动城市数字化、智能化、智慧化发展。城市大脑基于对城市场景的深刻"理解"，通过对交通、教育、医疗、政务、社区等领域的智慧单元实现指挥、协同，以数字化的方式更好地解决城市治理的"难点"和"痛点"，解决智慧单元碎片化建设产生的"数据孤岛"和"重复建设"的问题。较之以往智慧城市建设更偏向于各智慧单元的建设，2020年受新冠肺炎疫情影响，越来越多的行业应用需要连接、协同，通过综合性平台实现科学治理，城市大脑建设的重要性不断提升。

第五节　价值链及创新

城市大脑已经成为城市发展过程中的热点领域，是一个在中国本土诞生的科技概念和技术模型。自2015年以来，中国学术、产业和城市界纷纷提出城市大脑概念，特别是近年来"新基建"背景下城市加快推进数字化发展，中国城市大脑产业正处于由探索建设向高速发展阶段的转变。城市大脑产业主体包括政府、运营商、系统集成商、互联网巨头等。规模较大的参与企业以阿里云、腾讯、百度等为代表，此类企业以城市大脑一体化解决方案为主。随着人工智能、大数据、区块链等新兴技术的深度应用，如何快速、有效地指挥、协同各类场景化智慧应用逐渐成为城市大脑建设的重点。据统计，2020

年中国重点企业在城市大脑建设领域的中标项目有 37 个，其中，阿里、腾讯、百度等互联网企业项目占比为 52.9%，硬件及系统集成厂商项目占比为 35.3%，专业领域创新型企业项目占比为 11.8%。

从城市大脑产业链来看，主要涵盖了云网基础、平台中枢、重点行业应用、信息安全等环节，行业领域企业数量超过 100 家，涉及行业收入和净利润水平也存在差距。在云网基础领域，上市企业较多，随着中国智慧城市整体布局建设的深入，信息化资源基础越来越成为城市数字化、智慧化发展的重点，城市管理者从城市整体角度出发，更加关注基础网络与技术服务、服务器（数据资源管理、存储等）、信息安全等方面的建设；在城市平台中枢建设领域，上市企业以城市一体化运营管理平台、算法算力中枢平台建设为主，行业净利润率较高，这也是未来城市大脑产业投资被普遍看好的领域。在行业重点应用领域，以政府管理、城市治理、惠民服务、产业经济、科技创新等方面的发展为主，上市企业整体规模较大，业务利润率也较高。

2020 年城市大脑产业云网基础和大脑中枢层价值链分布情况如图 10-2 所示。

一、云网基础

（一）数字基础形成城市"神经网络"，构建城市大脑智慧基础

近年来，各地方城市数字化战略不断深入，在"新基建"加速背景下，纷纷强化城市数字基础支撑能力，依托"城市大脑"建设推进城市各领域平台、系统集约化建设，以期实现城市数字化、智慧化场景应用落地。城市大脑重点利用丰富的城市数据资源，实现对城市数据的最大价值挖掘，并进行全域数据实时分析，通过数据资源有效调配公共资源，不断完善城市治理，推动城市高质量发展。城市大脑利用物联网、人工智能、大数据等技术，推动散落在城市各个角落的数据资源价值利用，逐渐形成城市大脑的"神经网络"。通过基础网络体系的建设，构建涵盖数据采集、数据存储与数据处理、图像感知、云服务、智能交互等方面的城市大脑数字基础，助力城市实现数字化治理。城市大脑数字基础设施体系如图 10-3 所示。

第十章 城市大脑

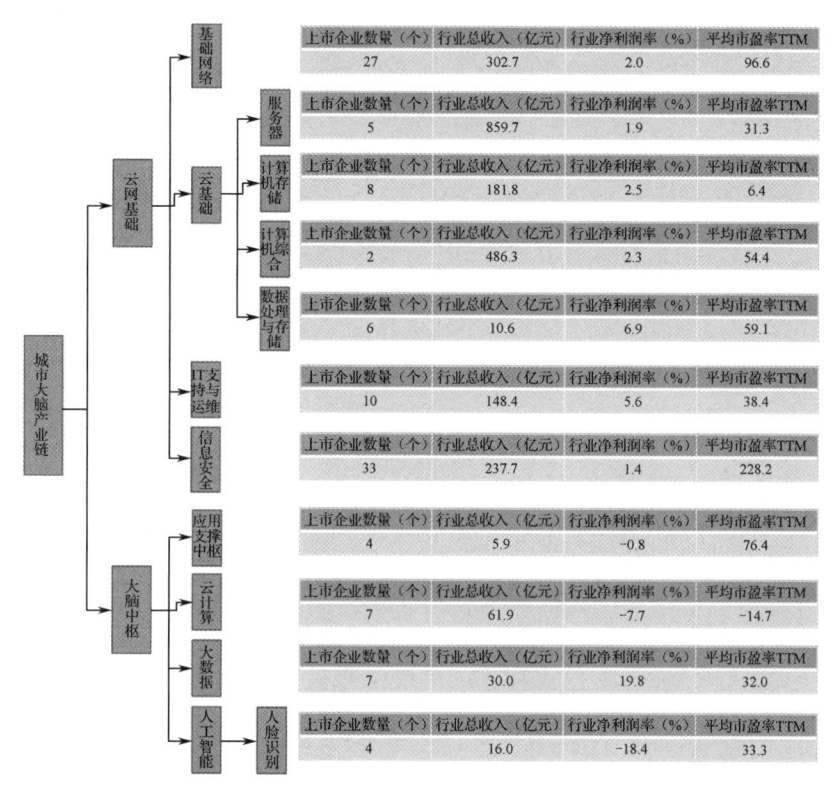

产业链层级			上市企业数量（个）	行业总收入（亿元）	行业净利润率（%）	平均市盈率TTM
城市大脑产业链	云网基础	基础网络	27	302.7	2.0	96.6
		服务器	5	859.7	1.9	31.3
		计算机存储	8	181.8	2.5	6.4
		计算机综合	2	486.3	2.3	54.4
		数据处理与存储	6	10.6	6.9	59.1
		IT支持与运维	10	148.4	5.6	38.4
		信息安全	33	237.7	1.4	228.2
	大脑中枢	应用支撑中枢	4	5.9	-0.8	76.4
		云计算	7	61.9	-7.7	-14.7
		大数据	7	30.0	19.8	32.0
		人工智能·人脸识别	4	16.0	-18.4	33.3

注：图中数据按照相关上市企业2020年前三季度经营数据计算，经营数据未剔除上市企业内部其他相关业务收入。

图10-2　2020年城市大脑产业云网基础和大脑中枢层价值链分布情况

数据来源：上市企业财报，赛迪顾问整理，2021年1月

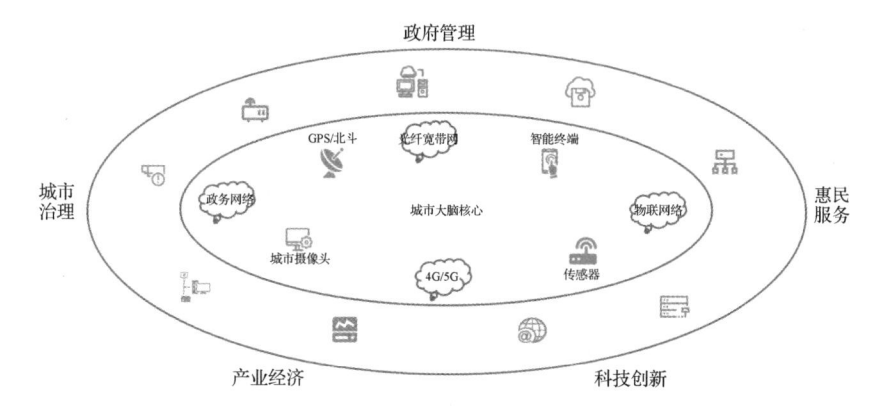

图10-3　城市大脑数字基础设施体系

数据来源：赛迪顾问，2021年1月

153

（二）云服务成为行业发展趋势，云存储行业收入稳居首位

云服务是基于互联网服务发展而来的新型供需交互模式，通常是通过互联网来提供动态易扩展的虚拟化资源。近年来，随着中国智慧城市、数字政府等领域建设的深入发展，中国云服务市场持续呈现出高速发展态势。据2020年前三季度统计，在城市大脑产业链中，云基础服务环节有21家上市企业：其中，数据处理与存储相关企业6家，收入合计仅10.6亿元，平均净利润率为6.9%；服务器企业5家，收入合计达到859.7亿元，平均净利润率为1.9%。2020年前三季度中国云网基础环节上市企业分布结构和营收结构如图10-4所示。

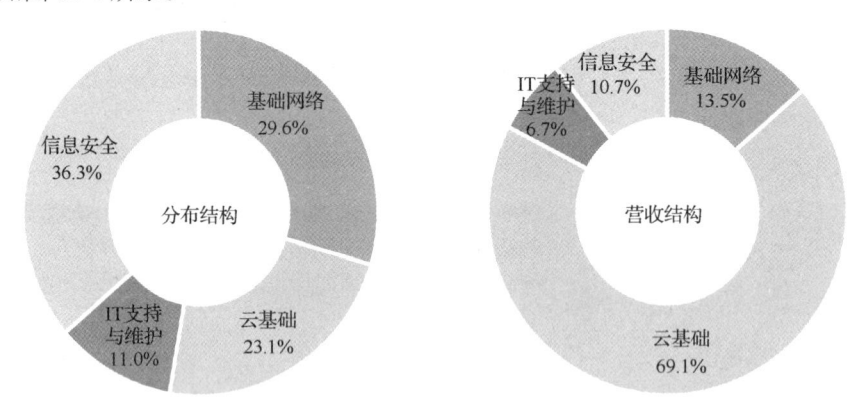

图 10-4　2020年前三季度中国云网基础环节上市企业分布结构和营收结构
数据来源：上市企业财报，赛迪顾问整理，2021年1月

二、大脑中枢

（一）中枢平台领域企业数量最少，大数据领域的企业净利率最高

城市大脑作为城市数字化、智慧化的重要基础设施，就是综合利用大数据、云计算、区块链等新兴技术，强化数据资源在解决城市问题中的赋能价值。城市大脑以互联网为基础，利用丰富的城市数据资源，对城市进行全局的即时分析，数据资源已经成为未来城市发展不可或缺的资源。随着城市的不断发展，各领域海量数据资源持续汇聚，城市大数据中心建设已经逐渐成熟，大数据被科技企业看作是云计算之后的另一个巨大商机。从各细分领域的行业利润率（见图10-5）来看，2020年前三季度城市大脑大数据领域的上市企业较少，仅有7家，总收入为30.0亿元，平均净利润率为19.8%。应用

支撑、云计算、人工智能行业的净利润率分别为-0.8%、-7.7%、-18.4%，归属母公司收益为亏损状态。

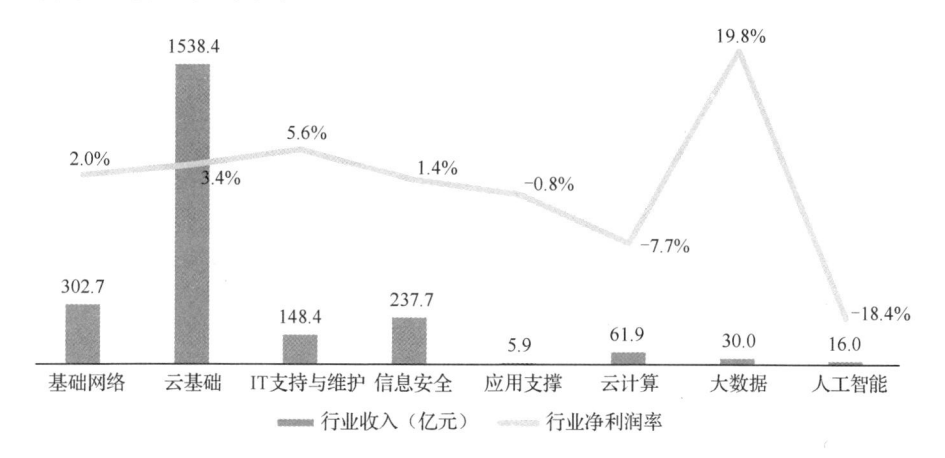

图 10-5　2020 年前三季度中国城市大脑各细分领域相关上市企业行业收入与净利润率情况

数据来源：上市企业财报，赛迪顾问整理，2021 年 1 月

（二）城市海量异构数据生成，行业知识图谱应用不断拓展

城市知识图谱（见图 10-6）作为城市大脑的重要技术支撑和核心构成要素，从逻辑结构上，可分为数据层、策略层及管理层。其中，策略层主要是

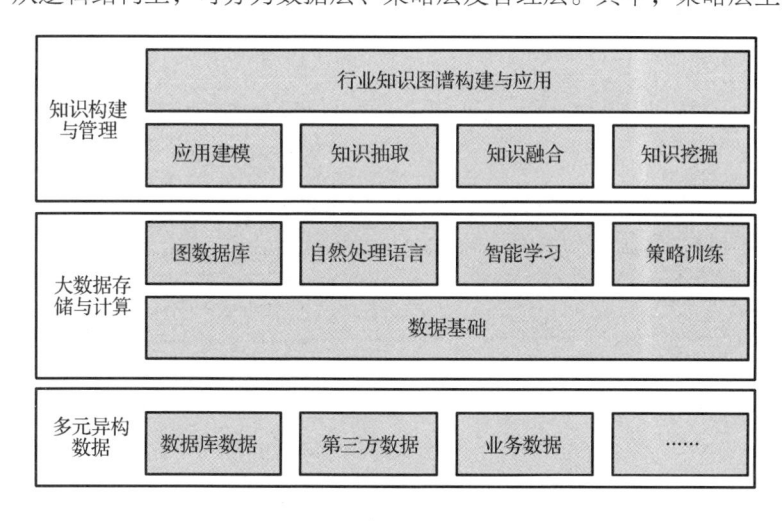

图 10-6　城市大脑行业知识图谱框架

数据来源：赛迪顾问，2021 年 1 月

对已有数据进行知识抽取，按照应用需求进行知识图谱的构建，即知识融合与知识推理计算。知识图谱可以提供从数据、信息、知识到知识服务一整套技术平台化服务，根据特定领域的应用需求，可对知识图谱进行组合、构建，众多互联网巨头和技术创新型企业都专注于知识图谱技术的研发与创新应用。目前，国内城市大脑行业知识图谱技术重点企业初步统计为9家。

三、重点应用

（一）推动实现数据引擎效能，城市大脑实现对智慧单元应用的有效协同与指挥

城市大脑是基于人工智能、区块链、云计算等为代表的新一代信息技术，综合采集、汇聚、利用城市全域全行业的数字资源，通过全局的即时分析、指挥、调动、管理，最终实现对城市的精准治理、态势研判、协同指挥，实现对公共资源进行智能化调配。作为城市发展的新型基础设施，城市大脑强化对交通、能源、供水等行业领域数字"神经元"的体系构建，推动城市级、行业级、企业级应用发展。城市大脑重新定义了城市生活、工作、学习的运行方式，实现了对城市公共服务、生态环境、公共安全等领域的高效协同与智能指挥，打造具备可持续内生动力的安全、高效、绿色的城市形态。同时，城市大脑的应用体系赋能产业经济与科技创新领域，推动了城市数字经济、创新体系建设。城市大脑应用需求层级如图10-7所示。

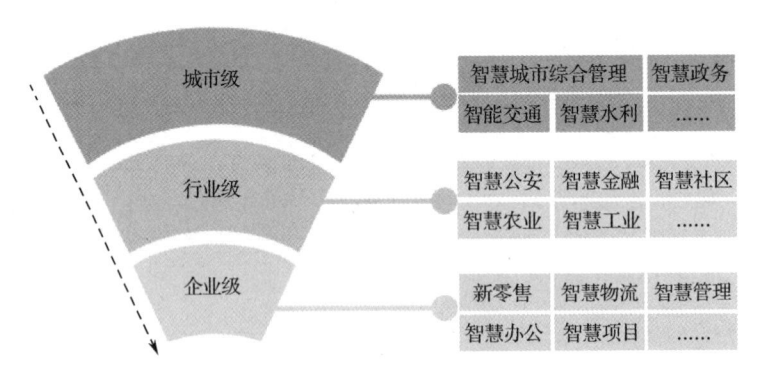

图10-7 城市大脑应用需求层级

数据来源：赛迪顾问，2021年1月

（二）城市大脑赋能产业经济，为城市数字经济发展提供强劲动力

城市大脑主要强调业务融合、数据融合和技术融合，实现对城市级业务跨层级、跨区域、跨部门进行协同管理和服务。2020年新冠肺炎疫情给中国经济发展带来极大的不确定性，对此各地政府纷纷依托"新基建"建设赋能产业经济发展。作为"新基建"建设的中枢，大力发展城市大脑产业，构建起了城市全要素、全价值链的产业发展与服务体系，实现传统产业数字化转型与升级。从已建设的城市大脑细分领域（见图10-8）来看，城市大脑对产业创新和产业经济发展的支撑作用越加明显，通过建设城市大脑，将深化数字技术与实体经济相融合，提升实体经济能级和核心竞争力，助推数字经济高质量发展。

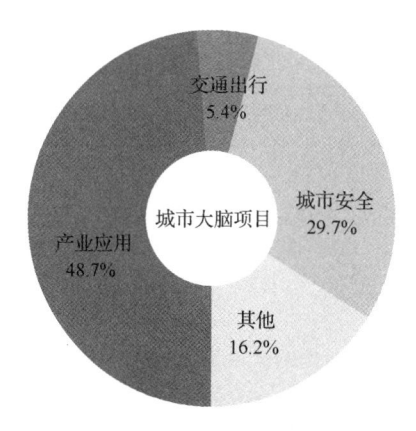

图 10-8 2020年中国城市大脑建设细分领域重点建设方向

数据来源：赛迪顾问，2021年1月

第六节 区域分布格局

一、产业资源分布

从产业资源总体分布（见表10-1）来看，在企业资源层面，北京、浙江、广东、上海、山东、江苏、福建等省（市）的企业数量领跑全国；从公开发布的建设项目（已中标）情况来看，经济基础好的省（市）项目相对较多，其中浙江省杭州市在项目数量上领跑；在政策层面，各地陆续出台相关政策以支持城市大脑建设。

表 10-1　2020 年中国城市大脑重点省（市）产业资源分布

区域	企业资源	2020 年重点中标项目	地区重点政策
北京	重点企业 36 家	重点中标项目有 6 个	北京市海淀区人民政府办公室印发《海淀城市大脑建设项目管理工作规则》《北京市加快新型基础设施建设行动方案（2020—2022 年）》
上海	重点企业 18 家	重点中标项目有 3 个	上海发布《关于进一步加快智慧城市建设的若干意见》；上海市委、市政府印发《全面推进"一网通办"加快建设智慧政府工作方案》
浙江	重点企业 11 家	重点中标项目 136 个，其中仅杭州市重点中标项目达 99 个（其中与警务相关占比约为 25%）	《浙江省"城市大脑"建设应用行动方案》
广东	重点企业 7 家	重点中标项目有 4 个，重点项目集中在佛山市	广东省人民政府办公厅印发《广东省推进新型基础设施建设三年实施方案（2020—2022 年）》
山东	重点企业 5 家	重点中标项目有 12 个，涉及聊城、平度、日照、滨州、潍坊滨州等地	山东省人民政府办公厅印发《关于加快推进新型智慧城市建设的指导意见》《山东省新型智慧城市试点示范建设工作方案》《数字山东发展规划（2018—2022 年）》
江苏	重点企业 3 家	重点中标项目有 3 个，主要涉及南京、苏州	《智慧江苏建设三年行动计划（2018—2020 年）》
福建	重点企业 3 家	重点中标项目有 6 个，主要涉及福州、泉州	

注：1. 重点企业指持续进行城市大脑研发与技术成果转化，形成企业核心自主知识产权，并以此为基础开展经营活动的企业；2. 重点中标项目指在招投标网站公示的投资金额超过一百万元的城市大脑相关 IT 软硬件中标项目。

数据来源：赛迪顾问，2021 年 1 月

二、产业规模分布

伴随新时代城市治理现代化的不断深入，以"新基建"为载体，城市大脑产业规模提速增长，进入融合创新发展新阶段。从总体分布（见图 10-9）来看，华北、华东和中南地区三个区域城市大脑产业规模占全国的 71.6%。

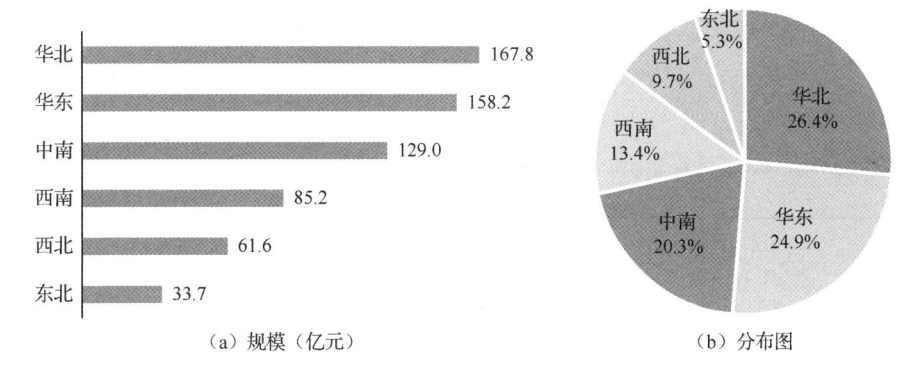

华北 167.8
华东 158.2
中南 129.0
西南 85.2
西北 61.6
东北 33.7

（a）规模（亿元）

东北 5.3%
西北 9.7%
华北 26.4%
西南 13.4%
华东 24.9%
中南 20.3%

（b）分布图

图 10-9　2020 年中国城市大脑产业规模分布图

数据来源：赛迪顾问，2021 年 1 月

第七节　行业重大事件

2020 年，新冠肺炎疫情考验着城市治理现代化水平，为了应对新形势城市治理需求，各地城市大脑建设逐步加快步伐，各大科技企业纷纷跟进，政府、科技企业、科研机构在城市大脑领域构建了"产、学、研、用"生态体系，整个产业生态日益完善，城市大脑建设与发展进入了一个新的历史阶段。2020 年中国城市大脑行业重大事件见表 10-2。

表 10-2　2020 年中国城市大脑行业重大事件

序号	事件说明	事件主体	影响/意义
1	2020 年 2 月 9 日，"健康码"问世，深圳成了全国第一个"凭码出行"的城市	深圳市政府	全国各大城市纷纷推出本地健康码，城市数字化、智能化进程加速推进
2	2020 年 7 月 10 日，《2020 联合国电子政务调查报告》显示，中国"电子政务发展指数"较两年前的上次排名提升 20 位，全球排名第 45 位，达到全球电子政务发展"非常高"的水平。上海市在"地方在线服务指数"排名中名列全球各大城市第 9 位，上海市"一网通办"在报告中被作为经典案例加以介绍	联合国经济和社会事务部	数字政府是数字中国建设体系的有机组成部分，是发展数字经济和建设数字社会的基础性和先导性工程，更是再创营商环境新优势的重要抓手和重要引擎

续表

序号	事件说明	事件主体	影响/意义
3	2020年9月8日,"掌上海淀"智能客户端在2020年中国国际服务贸易交易会上宣布上线,同时举行了北京海淀融媒实验室揭牌仪式,该实验室由北京市海淀融媒与行业龙头企业中科大脑、中国电信、科大讯飞联合建立,并提供技术和应用	北京市海淀区	建立全国首个区级"智慧城市融媒实验室""5G融媒实验室""AI融媒实验"),并发布上线北京市首个区级智慧媒体生产平台(海淀云)和智能客户端(北京海淀)
4	2020年11月18日,2020全球智慧城市大会发布世界智慧城市大奖获奖名单,上海从全球350个城市中脱颖而出,获得最高殊荣——世界智慧城市大奖,这是中国城市首次获得该奖项	上海市政府	以泛在化、融合化、智敏化为特征的智慧城市受到极大关注
5	2020年10月30日,雄安云网科技有限公司承建的雄安城市计算(超算云)项目开工,45亩地打造一朵云,一期工程总投资10.99亿元	雄安云网科技有限公司	雄安新区的示范作用更加凸显,将助推国内整体数字孪生城市的建设大潮

数据来源:赛迪顾问,2021年1月

第八节 市场规模预测

一、2023年,中国城市大脑市场规模将突破1700亿元

自2015年"城市大脑"概念被提出后,"城市大脑"的市场接受度和认可度逐步提高,城市大脑需求持续被挖掘。按照广义的城市大脑建设及赋能范围来说,是包括整个城市各类信息基础设施和智慧化应用;但从城市大脑的核心构成来看,城市大脑应包括具有连接、协同、赋能等功能的城市数据平台、算法与算力平台、城市知识图谱等核心系统及应用。根据赛迪顾问预测,按照城市大脑核心构成要素来看,2020年的城市大脑市场规模为738.9亿元,如图10-10所示,到2023年,其市场规模预计将快速增长至1709.6亿元。

二、二线和三线城市将逐步成为市场建设重点

2021—2023年中国城市大脑市场结构及预测如图10-11所示。从城市层

级来看，未来城市大脑建设仍将以一、二、三线城市建设为主，其中一线城市随着城市大脑建设的不断完善，后期增长放缓；二线城市和三线城市将逐步成为市场建设重点，四线及以下城市将稳步推进。

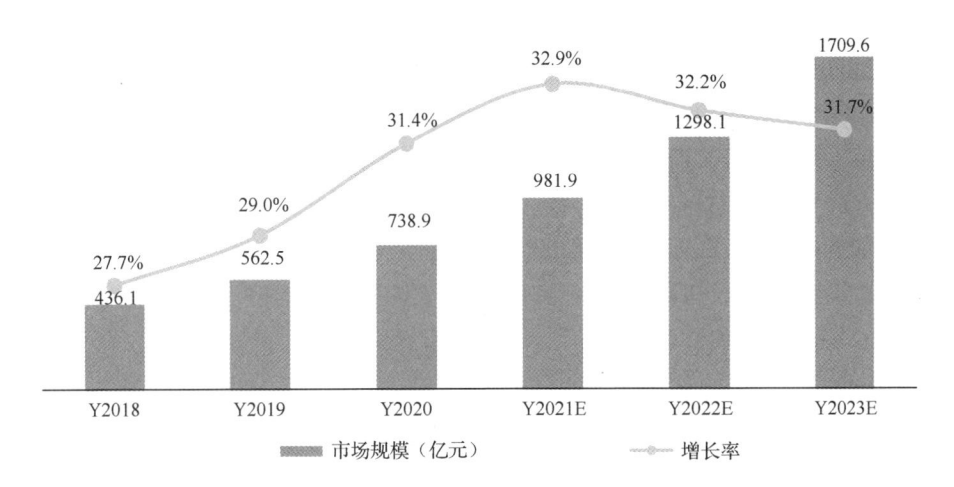

图 10-10　2018—2023 年中国城市大脑市场规模及预测
数据来源：赛迪顾问，2021 年 1 月

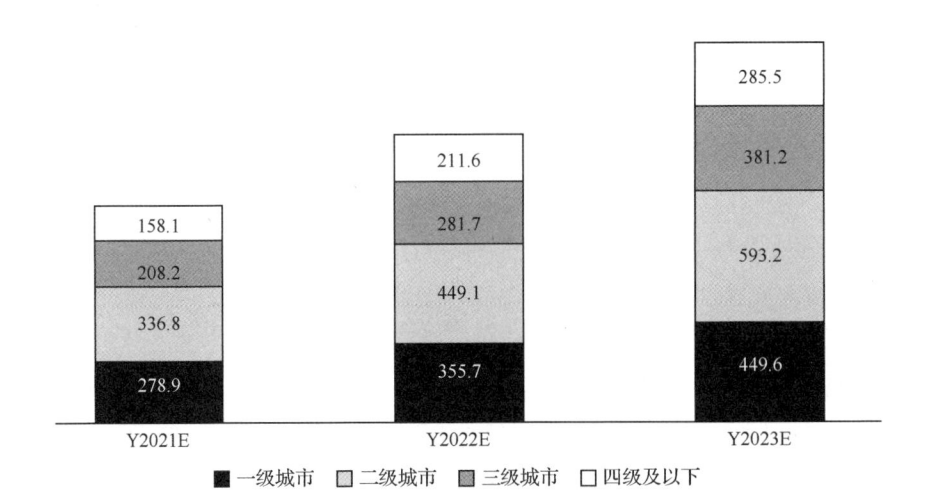

图 10-11　2021—2023 年中国城市大脑市场结构及预测（亿元）
数据来源：赛迪顾问，2021 年 1 月

第九节 资本市场动向

一、云计算领域投融资事件数量和金额均最高

赛迪顾问整理了 2020 年城市大脑相关投融资事件共计 38 件,其中涉及云计算领域的投融资事件最多,占总投融资事件的 31.6%。这些投融资事件主要集中在基于 AI、大数据、区块链、物联网等技术支撑推进算力、算法资源及业务平台建设方面。目前看来,资本投资比较关注算力与算法资源能力的构建,以及支撑城市大脑有效运营的平台中枢建设。从投融资金额来看,在算力与算法资源体系建设领域获得的投融资金额最大。城市大脑建设需要持续推进在城市智慧化过程中治理领域的效能发挥。2020 年中国城市大脑各领域投融资事件数量及投资金额占比情况如图 10-12 所示。

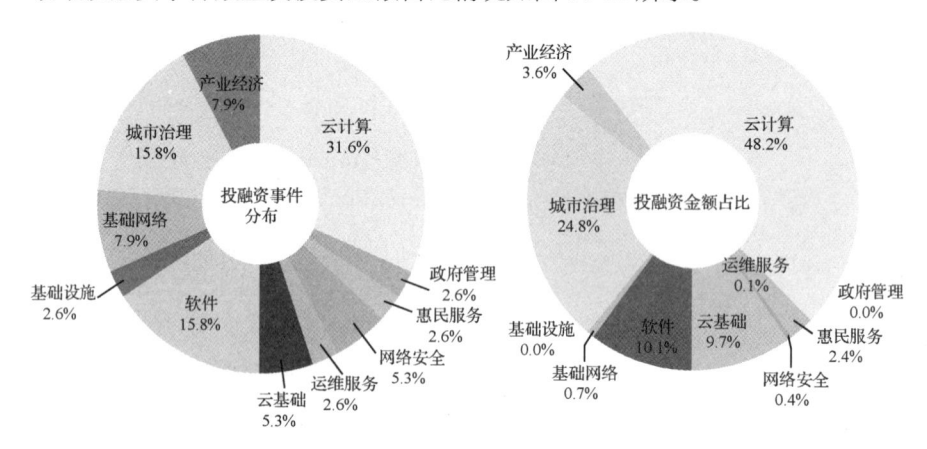

图 10-12 2020 年中国城市大脑各领域投融资事件数量及投资金额占比情况

数据来源:赛迪顾问,2021 年 1 月

二、投融资轮次多集中在 B 轮以前和战略投资阶段

城市大脑项目投资多集中于项目在 B 轮以前及战略投资阶段,其中 B 轮及以前占比高达 42.2%,战略投资占比达到了 39.5%。城市大脑企业以大型互联网企业、科技巨头、系统集成商、技术创新型企业为主,而其中大型企业为构建企业生态体系,多利用自身资本实力雄厚的优势,投资、入股技术创新型企业,因此很多投融资发生在较为前期及战略投资阶段。2020 年中国城市大脑行业投资事件所处轮次占比如图 10-13 所示。

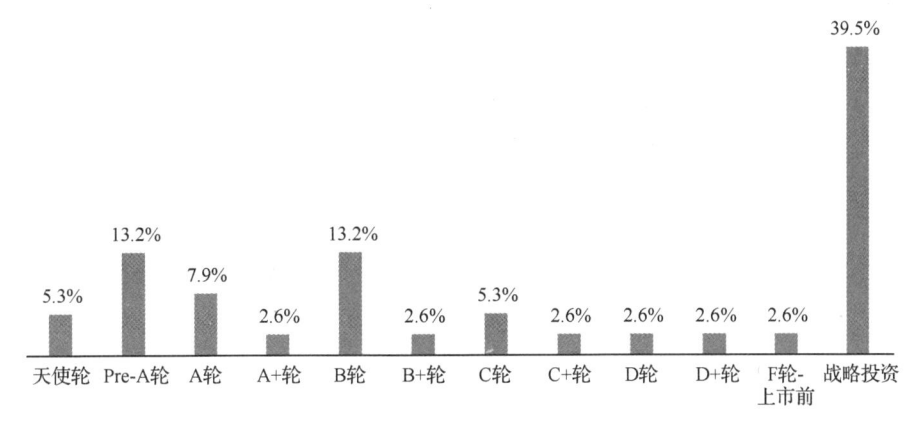

图 10-13　2020 年中国城市大脑行业投资事件所处轮次占比

数据来源：赛迪顾问，2021 年 1 月

三、北京、深圳成为重点投资地区，投资更注重科技研发

从 2020 年度投融资发生区域（见图 10-14）来看，北京、深圳两地的投融资案例数量最多，占比均为 23.7%。从投资金额来看，北京、上海、深圳三地的投资总金额达到 14.4 亿元，占总投资额的 46.7%。北京、深圳作为中国经济发展领先城市，在科技、创新等方面处于全国领先地位，成为其吸纳投资的主要优势。

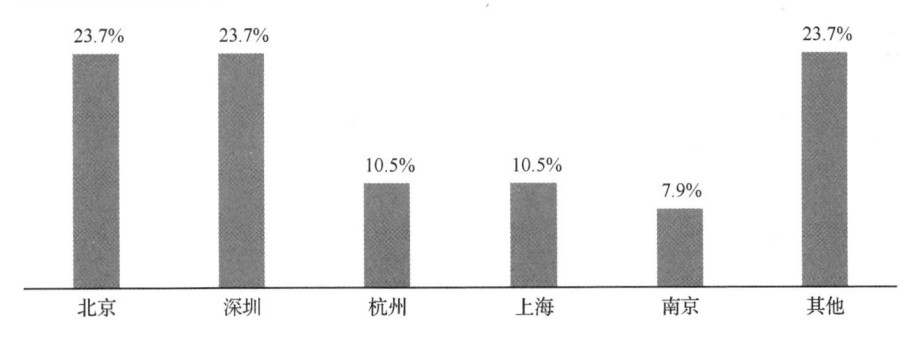

图 10-14　2020 年中国城市大脑行业投融资事件地区分布情况

数据来源：赛迪顾问，2021 年 1 月

第十节　赛道选择建议

（1）数据治理是行业关注焦点领域，但该领域不仅涉及技术层面，还涉及制度、规范层面等问题，市场关注较多但实际发展较为缓慢，该领域近期

可重点关注。

（2）随着技术不断发展与迭代，人工智能作为城市大脑建设的重要技术手段之一，将引领城市大脑的不断升级与完善，可以持续关注人工智能领域。

（3）城市知识图谱是城市大脑价值最大化的关键技术，逐步成为市场投资热点领域，未来可以持续关注。

（4）随着"共享"理念的深入，通过技术实现政府不同部门系统连接的公共数据平台、算力与算法平台等成为市场投资热点，相关"新基建"领域可重点关注。

（5）在政策与理念的不断发展下，数据安全、数据确权、数据共享、数据交易等问题将持续成为市场关注焦点，未来可持续观望。

2021年中国城市大脑领域投资价值趋势如图10-15所示。

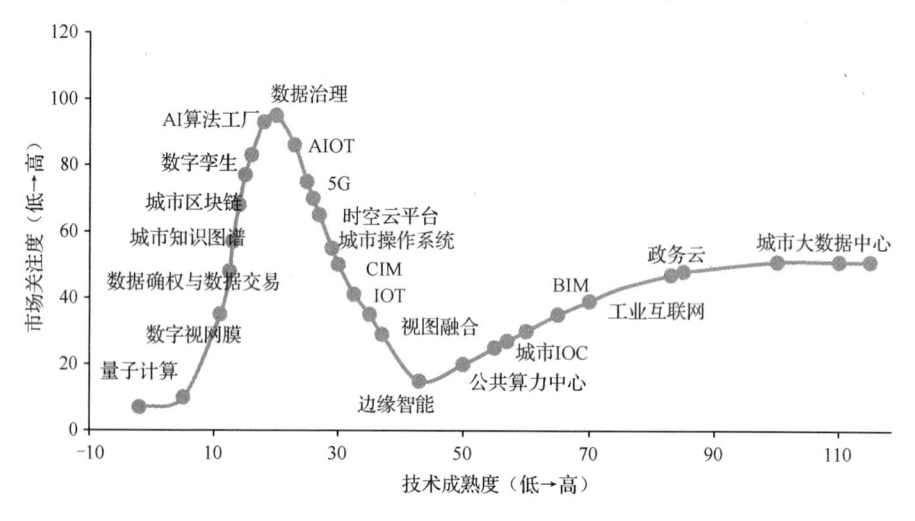

图10-15 2021年中国城市大脑领域投资价值趋势图

数据来源：赛迪顾问，2021年1月

第十一章 服务机器人

第一节 产业定义或范畴

服务机器人是指除工业机器人之外的、用于非制造业并服务于人类的多种高技术集成的先进机器人，主要包括家用机器人、医疗机器人、公共服务机器人和特种机器人。

第二节 赛迪重大研判

（1）新冠肺炎疫情催生"无接触"服务，服务机器人迎来重大发展机遇，市场规模预计在2023年达到751.80亿元。

（2）各大服务机器人厂商开始加码技术链条布局，传感器、芯片、机器视觉、语音识别、人机交互、人工智能等核心技术将获得较快发展。

（3）服务机器人产业资源集中在华北、华东、中南三地，其中华东地区产业资源最丰富。

（4）2020年服务机器人投融资数量和投资规模均呈现大幅上涨趋势。

（5）从投资潜力来看，医疗服务机器人、家务机器人、物流机器人领域值得资本近期关注。

第三节 产业环境分析

一、人口与产业结构的变化为服务机器人产业发展提供良好环境

2020年中国老年人口数量占总人口的比重持续增长，人口结构的变化使

得中国在养老、医疗、教育、物流等方面出现了巨大的人力需求缺口，为降低人口结构变化产生的影响，推进服务机器人产业规模化落地成为发展新趋势；2017—2020年，中国服务业增加值占GDP的比重从52.7%增加至54.5%，服务业需求的持续提高进一步刺激中国服务机器人产业的技术革新及应用深入。

二、人工智能、5G等新一代信息技术赋能服务机器人产业发展

作为环境感知、人机交互、数据传递、决策执行的综合性载体，5G、物联网、人工智能、云计算等新一代信息技术将为服务机器人产业发展赋能。以机器学习、自然语言处理为核心的人工智能技术不断发展，将推动服务机器人自主学习、语言沟通和情感交流能力的提升，扩大服务机器人的应用范围；5G技术的高速率大容量、低延时高可靠、低功耗大连接等能力能够实时传输服务机器人在工作中所需的海量数据，为服务机器人的实时应用提供网络支撑。

三、资本市场助力服务机器人企业快速发展

2020年中国资本市场深化改革持续推进，制度建设不断完善，《中华人民共和国证券法》、国务院2020年9月发布的《关于实施金融控股公司准入管理的决定》、中国人民银行2020年9月印发的《金融控股公司监督管理试行办法》等一系列金融法律政策的实施，推动中国资本市场进入了前所未有的快速发展时期。在此背景下，众多服务机器人企业通过从资本市场融资，加大研发投入，促进科技成果向生产力的转化，资本市场的健康发展也促使更多服务机器人企业通过登录科创板赢得发展先机。

四、政策持续发力助推服务机器人产业快速发展

2018—2020年，为促进中国服务机器人产业健康发展，提高服务机器人国际竞争力，国家发展改革委、科技部、工业和信息化部等部门发布多项服务机器人及相关产业的指导性政策，从顶层设计的角度明确中国服务机器人产业的发展路径和计划。2019年，工业和信息化部、国家发展和改革委员会等十三部门联合印发了《制造业设计能力提升专项行动计划（2019—2022年）》，文件指出在高档数控机床和机器人领域，重点突破系统开发平台和伺服机构设计，多功能工业机器人、服务机器人、特种机器人设计等。2020年

国家发展和改革委员会、科技部、工业和信息化部、财政部联合印发《关于扩大战略性新兴产业投资 培育壮大新增长点增长极的指导意见》，文件指出重点支持工业机器人、建筑、医疗等特种机器人、高端仪器仪表、轨道交通装备、高档五轴数控机床、节能异步牵引电动机、高端医疗装备和制药装备、航空航天装备、海洋工程装备及高技术船舶等高端装备生产，实施智能制造、智能建造试点示范。

第四节　产业链全景图

从产业环节来看，服务机器人产业可以分为上游关键零部件及软件、中游本体制造以及下游场景应用三个环节。服务机器人产业链全景如图 11-1 所示。

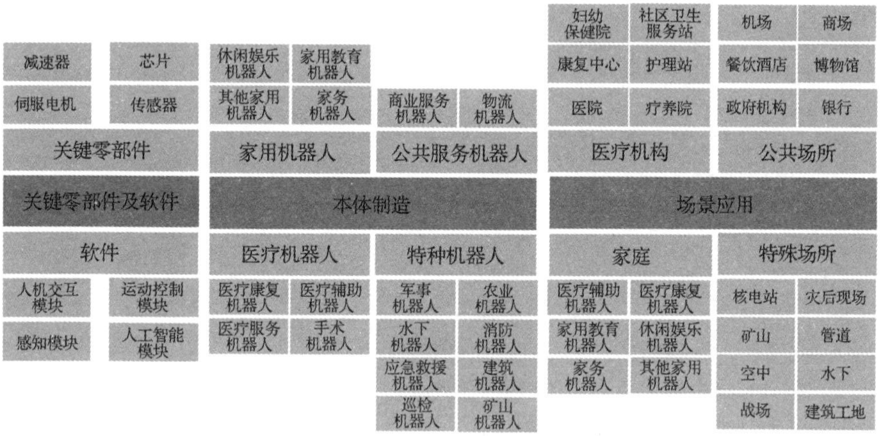

图 11-1　服务机器人产业链全景图

数据来源：赛迪顾问，2021 年 1 月

关键零部件及软件：关键零部件主要包括伺服电机、传感器、减速器、芯片等部件。伺服电机作为驱动装置，主要负责提供服务机器人各部位、各关节动作的原动力；传感器可以使服务机器人在复杂的工作环境中及时感知自身和外部环境的参数变化，从而判断自身位置、躲避障碍物，目前应用于服务机器人的传感器主要包括 MEMS 传感器、视觉传感器、雷达、惯性导航等；减速器主要负责将伺服电机的高转速降低到服务机器人所适用的速度，使得服务机器人可以在伺服电机的驱动下完成各项任务，目前应用于服务机器人的减速器主要包括精密行星减速器、谐波减速器、摆线减速器；芯

片主要用于服务机器人的环境感知、路径规划、信息传输、深度学习、语音识别、操作执行等环节，从应用范围看，服务机器人所应用芯片可分为通用芯片和专用芯片两类。软件主要包括感知模块、人机交互模块、运动控制模块及人工智能模块，由于激光雷达、毫米波雷达、摄像头等多种传感器在功能上的融合，保证了服务机器人的安全性和正常使用，因此感知模块多采用多传感融合技术方案；人机交互模块包括语义识别、语音合成、图像识别等技术；运动控制模块主要以伺服电机控制技术为主；人工智能模块主要包括机器学习、自然语言处理等技术。相比于 2019 年，2020 年在国家多项政策及企业不断研发创新的作用下，服务机器人芯片、人机交互模块、人工智能模块等关键零部件及软件获得较快发展。

本体制造： 服务机器人本体制造环节涵盖家用机器人、公共服务机器人、医疗机器人及特种机器人。家用机器人包括休闲娱乐机器人、家用教育机器人、家务机器人及其他家用机器人；公共服务机器人主要包括商业服务机器人和物流机器人；医疗机器人主要包括医疗康复机器人、医疗辅助机器人、医疗服务机器人及手术机器人；特种机器人主要包括军事机器人、农业机器人、巡检机器人等。相比于 2019 年，2020 年中国服务机器人本体制造环节规模进一步扩大。

场景应用： 服务机器人场景应用主要涵盖家庭、医疗机构、公共场所、特殊场所等。相比于 2019 年，2020 年中国服务机器人终端应用环节中，公共场所和医疗机构所使用的服务机器人数量大幅提升。

第五节 价值链及创新

2020 年前三季度中国服务机器人价值链分布情况见表 11-1。

表 11-1　2020 年前三季度中国服务机器人价值链分布情况

产业链环节	上市企业数量（家）	总收入（亿元）	行业净利率（%）	行业研发收入比（%）
关键零部件及软件	2	75.4	4.3	18.5
本体制造	3	76.5	22.5	7.4

注：图中数据按照相关上市企业 2020 年前三季度经营数据计算，经营数据未剔除上市企业内部其他相关业务收入。

数据来源：上市企业财报，赛迪顾问整理，2021 年 1 月

一、关键零部件及软件环节上市企业前三季度的营收能力逐年降低

服务机器人关键零部件及软件是服务机器人的核心领域，技术门槛较高，在人工智能和人机交互领域，国内企业技术已达到世界先进水平；在感知领域，国内企业已取得部分技术的突破；在运动控制领域，国内企业技术方案成熟度不足，外资企业核心竞争力较强。2018—2020 年前三季度中国服务机器人关键零部件及软件环节上市企业营业收入虽保持增长，但同比增长率从 2018 年的 53.2%下降至 2020 年的 9.4%，如图 11-2 所示，营收能力逐年降低，随着相关技术的逐渐成熟，关键零部件及软件环节将进一步发挥主体作用，具有广阔的发展前景。

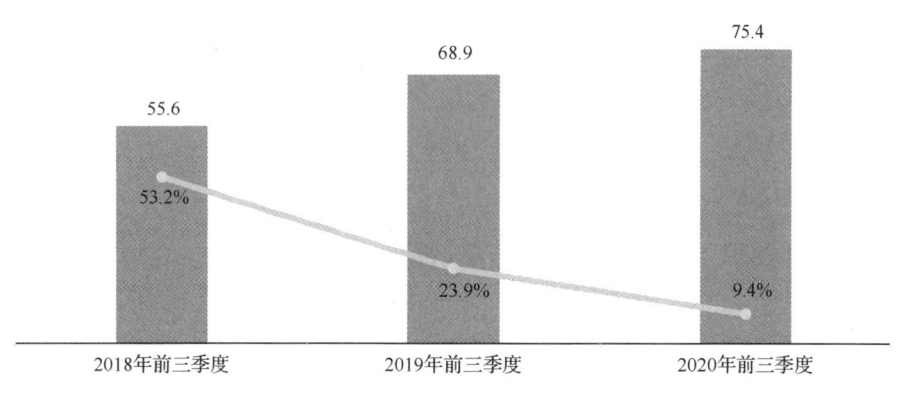

图 11-2 2018—2020 年前三季度中国服务机器人关键零部件及软件环节上市企业营业收入及增长率

数据来源：上市企业财报，赛迪顾问整理，2021 年 1 月

二、本体制造环节上市企业前三季度营收能力呈现复苏趋势

2018—2020 年，服务机器人本体制造环节的上市企业前三季度营业收入逐年增加，如图 11-3 所示，从 2018 年的 61.4 亿元增加至 2020 年的 76.5 亿元，但营业收入同比增长率从 2018 年的 54.3%下降至 2019 年的 9.8%，并于 2020 年提高至 13.5%，说明服务机器人本体制造环节上市企业的前三季度营收能力经历过 2019 年的断崖式下降后逐渐复苏。

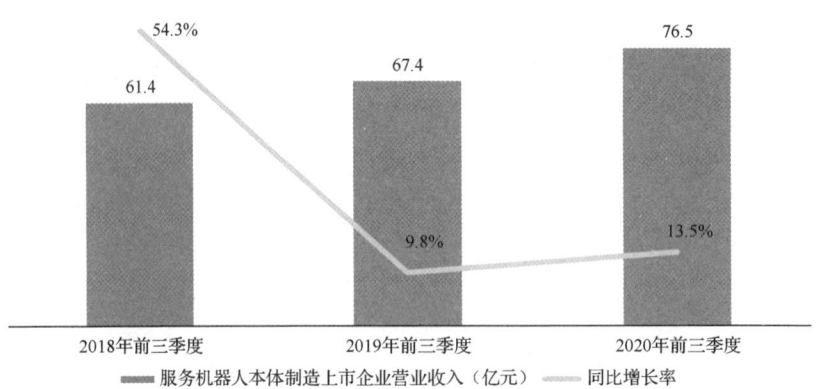

```
         54.3%                                    76.5
                              67.4
    61.4
                              
                              9.8%                13.5%
                              
  2018年前三季度          2019年前三季度          2020年前三季度
        ━━━ 服务机器人本体制造上市企业营业收入（亿元）  ━━━ 同比增长率
```

图 11-3　2018—2020 年前三季度中国服务机器人本体制造环节
上市企业营业收入及增长率

数据来源：上市企业财报，赛迪顾问整理，2021 年 1 月

第六节　区域分布格局

一、产业资源分布

从总体分布（见表 11-2）来看，服务机器人产业资源主要分布在华东、中南、华北三个地区。其中华东地区的产业资源最丰富，各项资源总量均位居前列；华北地区和中南地区的产业资源优势较明显，其中华北地区的北京拥有科研机构数量居全国首位，中南地区的广东拥有规上企业数量和涉及专利申请企业数量居全国首位；西北地区则由于经济相对落后等原因，服务机器人产业资源较稀缺。

表 11-2　2020 年中国服务机器人产业资源分布

区　域	企　业　资　源	载　体　平　台	涉及专利的创新机构
华北	上市企业 2 家 关键零部件及软件规上企业 68 家 本体制造规上企业 39 家 涉及专利申请企业 44 家	国家级服务机器人园区 4 个 省级服务机器人园区 3 个	高校 17 所； 学院 1 所； 科研机构 8 家
华东	上市企业 4 家 关键零部件及软件规上企业 117 家 本体制造规上企业 75 家 涉及专利申请企业 162 家	国家级服务机器人园区 7 个 省级服务机器人园区 5 个	高校 32 所； 学院 14 所； 科研机构 14 家； 实验室 1 家
中南	上市企业 2 家 关键零部件及软件规上企业 96 家 本体制造规上企业 70 家 涉及专利申请企业 111 家	国家级服务机器人园区 3 个	高校 21 所； 学院 17 所； 科研机构 8 家； 实验室 1 家

续表

区 域	企 业 资 源	载 体 平 台	涉及专利的创新机构
东北	上市企业1家 关键零部件及软件规上企业15家 本体制造规上企业9家 涉及专利申请企业18家	国家级服务机器人园区2个	高校9所； 科院机构2家
西南	关键零部件及软件规上企业6家 本体制造规上企业6家 涉及专利申请企业39家	国家级服务机器人园区2个 省级服务机器人园区2个	高校10所； 学院3所； 科研机构1家
西北	关键零部件及软件规上企业15家 涉及专利申请企业15家	国家级服务机器人园区1个	高校9所； 学院1所； 科研机构1家

数据来源：赛迪顾问，2021年1月

二、产业规模分布

从产业规模总体情况（见图11-4）来看，中国服务机器人产业规模分布呈现以华东、中南、华北地区为核心的发展态势，西南、东北、西北地区目前的服务机器人产业规模较小。其中，华东地区产业规模为125.8亿元，占比40.6%；中南地区产业规模为101.4亿元，占比32.7%；华北地区产业规模为53.3亿元，占比17.2%。

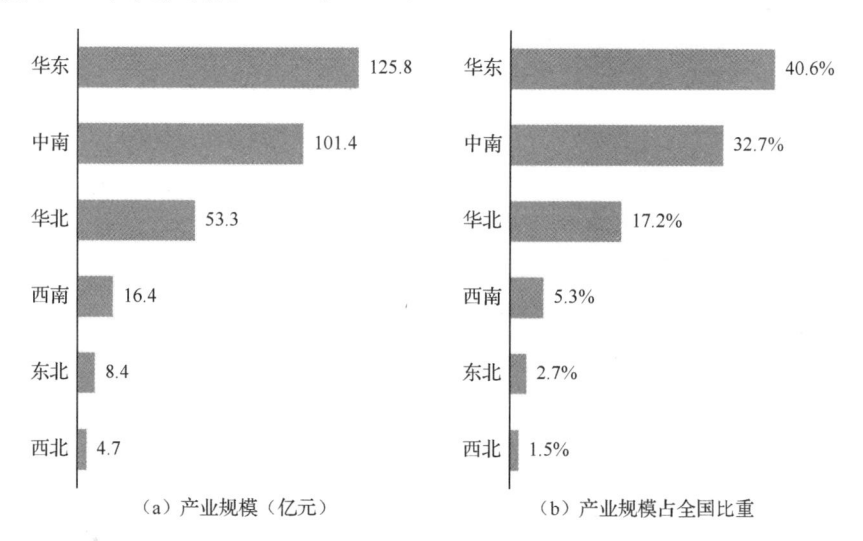

区域	产业规模（亿元）	产业规模占全国比重
华东	125.8	40.6%
中南	101.4	32.7%
华北	53.3	17.2%
西南	16.4	5.3%
东北	8.4	2.7%
西北	4.7	1.5%

（a）产业规模（亿元）　　　（b）产业规模占全国比重

图11-4　2020年中国服务机器人产业规模分布图
数据来源：赛迪顾问，2021年1月

第七节　行业重大事件

2020年，新冠肺炎疫情席卷全球，无人送货、无人零售、智能接待、无人消杀等需求增加，服务机器人的发展迎来新机遇，在此背景下，服务机器人价值的凸显促使资本投资热度持续高涨，众多企业通过融资加大研发投入力度拓展市场。专注于家用机器人的石头世纪科技和专注医疗机器人的天智航医疗科技充分把握市场机遇，在上海证券交易所科创板成功上市，正式登陆资本市场。2020年中国服务机器人行业重大事件见表11-3。

表11-3　2020年中国服务机器人行业重大事件

序号	时间	事件说明	事件主体	影响/意义
1	2020.1	碧桂园旗下首家机器人餐厅在广州开业	千玺机器人集团	推动行业积极探索机器人餐厅运营模式
2	2020.1	SharkNinja Venus Technology Company Limited 与速感科技订立股份购买协议	速感科技（北京）有限公司	中国家用机器人部分核心技术逐渐成熟
3	2020.2	北京石头世纪科技股份有限公司在上海证券交易所科创板上市	北京石头世纪科技股份有限公司	中国家用机器人深受资本市场欢迎
4	2020.7	天智航在上海证券交易所科创板挂牌上市，正式登陆资本市场	北京天智航医疗科技股份有限公司	中国骨科手术机器人性能指标已达到国际同类产品水平
5	2020.8	BionicM 健行仿生完成数千万元人民币的A轮融资	BionicM	推动中国在人形机器人科技与仿生学技术领域的探索
6	2020.8	普渡科技完成由红杉资本中国基金领投的近亿元B+轮融资	深圳市普度科技有限公司	加快中国餐饮机器人的市场化进程
7	2020.8	HachiBot 完成千万美元pre-A轮融资	HachiBot	加快中国宠物机器人的市场化进程
8	2020.9	高仙机器人完成B+轮1.5亿元融资	上海高仙自动化科技发展有限公司	中国智能清洁机器人具备一定价值投资
9	2020.9	微创医疗机器人完成30亿元融资	海微创医疗器械（集团）有限公司	中国手术机器人具备长期结构性价值投资

续表

序号	时间	事件说明	事件主体	影响/意义
10	2020.12	擎朗智能科技完成C轮融资，由软银亚洲风险投资公司领投	上海擎朗智能科技有限公司	推动中国餐饮机器人的市场化进程

数据来源：赛迪顾问，2021年1月

第八节　市场规模预测

一、2021—2023年，中国服务机器人市场规模将持续增长

2020年，受新冠肺炎疫情影响，服务机器人市场需求迎来爆发式增长，市场规模达到283.8亿元，同比增长37.4%；2018—2023年中国服务机器人市场规模及预测如图11-5所示。随着全球新冠肺炎疫情影响的持续及国内老龄化问题的加剧，服务机器人市场需求将持续提升，市场规模将保持高速增长，预计到2023年市场规模将达到751.8亿元。

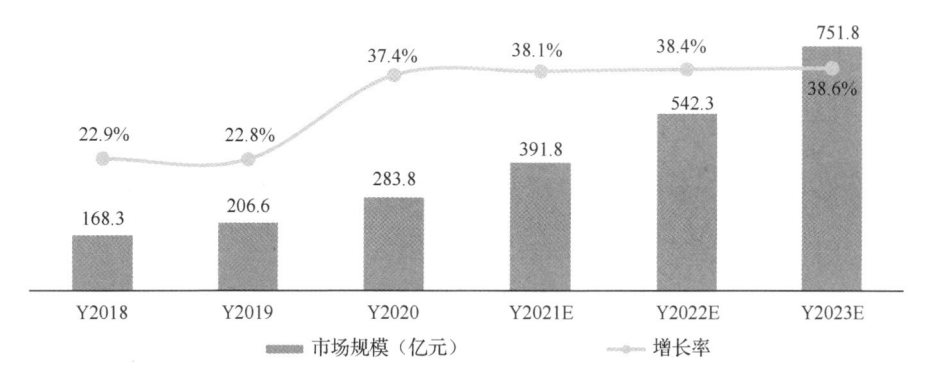

图 11-5　2018—2023年中国服务机器人市场规模及预测

数据来源：赛迪顾问，2021年1月

二、公共服务机器人和医疗机器人占比逐渐升高

常态化的疫情防控促使公共服务机器人和医疗机器人逐渐成为刚性需求产品，其市场占比在2020年大幅增加，预计未来将保持高速增长态势；2020年中国人均可支配收入增速降低，而家用机器人中的多数产品是非生活必需品，预计家用机器人市场占比面临逐年下降态势；智慧城市建设、"两网"融合、劳动力人数持续减少等因素将促使特种机器人市场占比稳步提升。

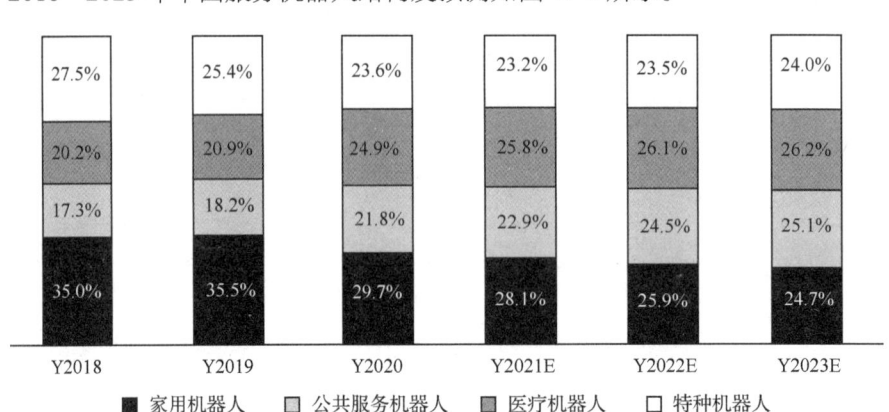

2018—2023 年中国服务机器人结构及预测如图 11-6 所示。

	Y2018	Y2019	Y2020	Y2021E	Y2022E	Y2023E
特种机器人	27.5%	25.4%	23.6%	23.2%	23.5%	24.0%
医疗机器人	20.2%	20.9%	24.9%	25.8%	26.1%	26.2%
公共服务机器人	17.3%	18.2%	21.8%	22.9%	24.5%	25.1%
家用机器人	35.0%	35.5%	29.7%	28.1%	25.9%	24.7%

图 11-6　2018—2023 年中国服务机器人结构及预测

数据来源：赛迪顾问，2021 年 1 月

第九节　资本市场动向

一、2020 年投融资事件数量呈现大幅增加态势

2018—2020 年中国服务机器人行业投融资事件数量及 2020 年各领域占比情况如图 11-7 所示。从近三年的投融资数量来看，2020 年服务机器人领域主要投融资事件数量相比 2019 年大幅增加，总数共计 109 件。从细分领域来看，公共服务机器人领域的投融资数量最多，占总投融资数量的 47.6%；其次是医疗机器人，投融资数量占总投资数量的 23.9%；家用机器人、关键零部件领域发生的融资数量较少，分别占总数量的 11.0%、9.2%；发生在特种机器人领域的融资事件数量最少，占总投融资事件数量的 8.3%。

二、2020 年投融资规模出现爆发式增长

2018—2020 年中国服务机器人行业投融资金额及 2020 年各领域占比情况如图 11-8 所示。从近三年的投融资规模来看，2020 年服务机器人投融资规模与 2019 年相比发生大幅增加，增长至 186.2 亿元。从细分领域看，公共服务机器人、医疗机器人领域的投融资金额较多，分别占总金额的 49.7%、23.7%；关键零部件、家用机器人领域的投融资金额相对较少，分别占总金额的 18.3%、5.4%；特种机器人领域的投融资金额最少，占总金额的 2.9%。

第十一章 服务机器人

(a) 投融资事件数量（件）

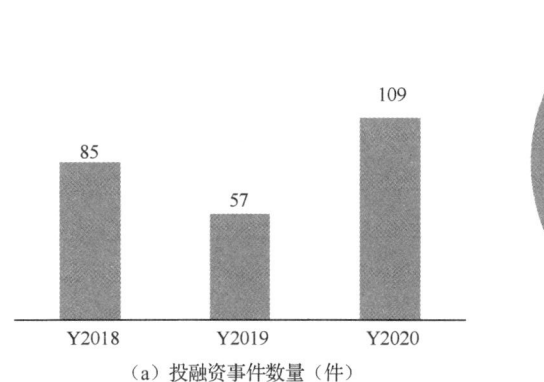

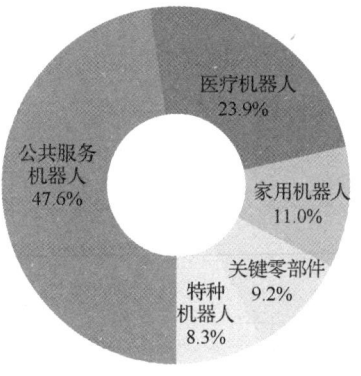

(b) 各领域占比情况

图 11-7　2018—2020 年中国服务机器人行业投融资事件数量及 2020 年各领域占比情况

数据来源：赛迪顾问，2021 年 1 月

(a) 投融资金额（亿元）

(b) 各领域占比情况

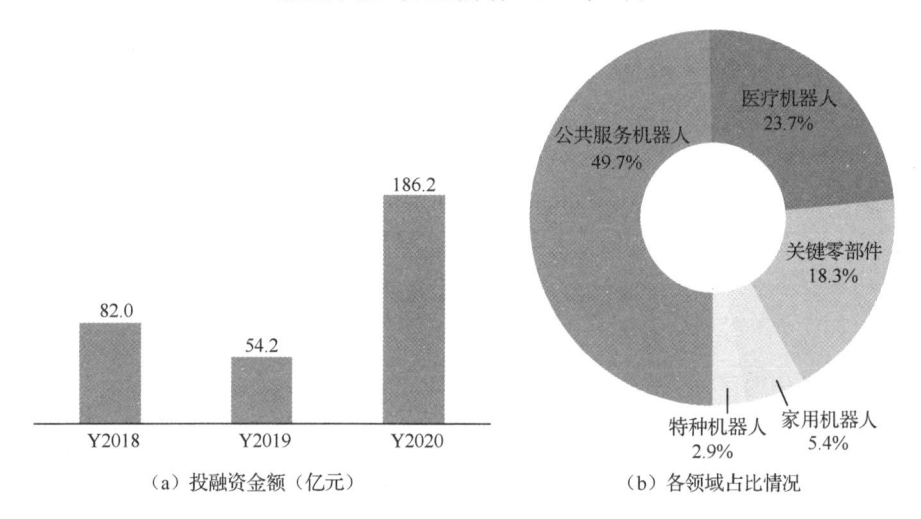

图 11-8　2018—2020 年中国服务机器人行业投融资金额及 2020 年各领域占比情况

数据来源：赛迪顾问，2021 年 1 月

三、2020 年 Pre-A/A/A+ 融资事件数量明显增多

从投融资轮次情况（见图 11-9）来看，2020 年服务机器人行业 Pre-A/A/A+ 融资轮次最多，达到 53 件，同比增长 30 件；B/B+ 和 C/C+ 轮融资事件数量明显增多，同比增长 21 件和 8 件，战略投资事件数量比 2019 年减少 3 件。

(件)

图中数据：
- Y2018：种子/天使轮 15、Pre-A/A/A+ 51、B/B+ 11、C/C+ 3、战略投资 5
- Y2019：种子/天使轮 7、Pre-A/A/A+ 23、B/B+ 19、C/C+ 2、战略投资 6
- Y2020：种子/天使轮 3、Pre-A/A/A+ 53、B/B+ 40、C/C+ 10、战略投资 3

■ 种子/天使轮　■ Pre-A/A/A+　▨ B/B+　□ C/C+　▨ 战略投资

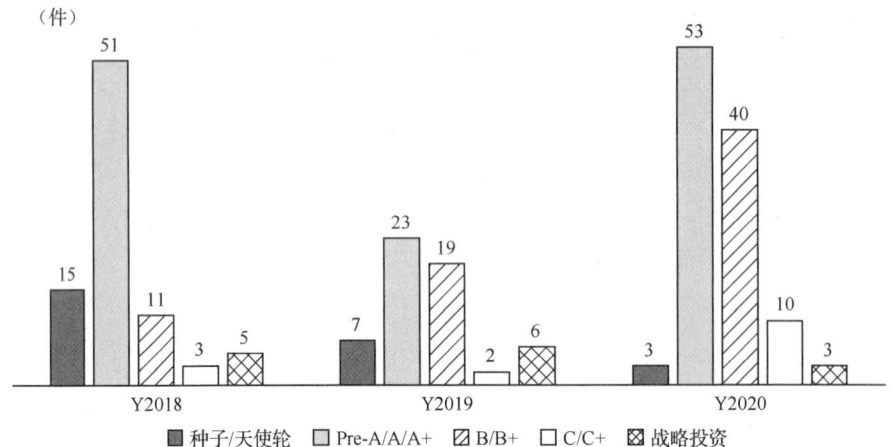

图11-9　2018—2020年中国服务机器人行业投融资轮次情况

数据来源：赛迪顾问，2021年1月

第十节　赛道选择建议

（1）疫情期间，面对面服务大量减少，无人配送、无人消杀、智能接待等需求增加，近期资本可重点关注物流机器人、医疗服务机器人、商业服务机器人。

（2）手术机器人和医疗康复机器人存在较高技术壁垒，随着人口老龄化逐渐加深，以微创外科领域为主的手术机器人和医疗康复机器人有望得到进一步发展，长期看好。

（3）随着AI、5G、云计算和基础设施的完善，以及国家推动服务机器人行业的鼓励政策逐步落实，资本可重点关注医疗机器人、公共服务机器人领域拥有硬件、开发平台双维度生态的企业。

（4）服务机器人技术方面多依赖人工智能、芯片、人机交互模块等高价值软硬件，可重点关注高价值软硬件未来3～10年内的发展。

（5）目前具备引导接待、配送等功能的服务机器人已实现较多落地迭代，资本可重点投资具备物流机器人、商业服务机器人核心技术或具备突破核心技术瓶颈能力的企业。

2021年中国服务机器人细分领域投资潜力气泡如图11-10所示。

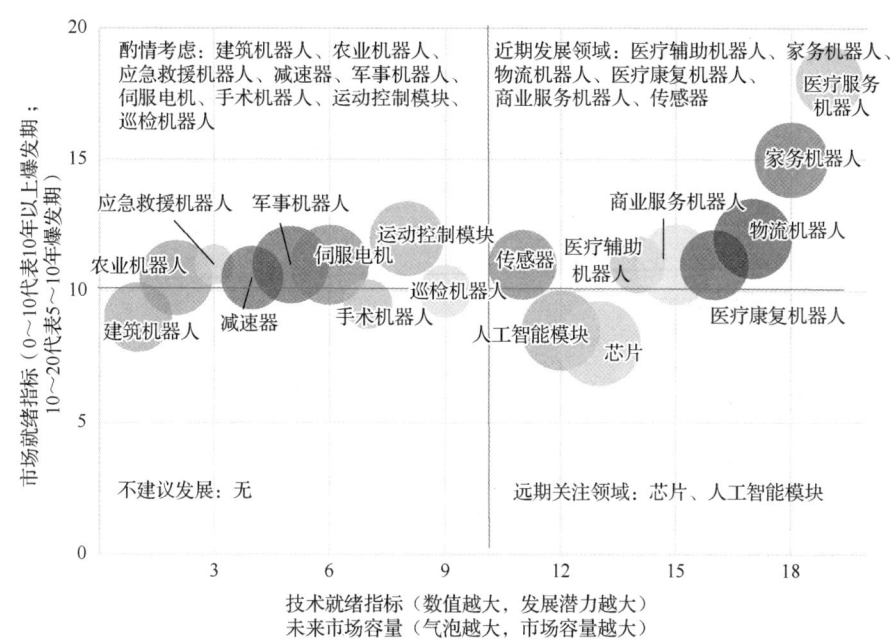

图 11-10 2021 年中国服务机器人细分领域投资潜力气泡图

数据来源：赛迪顾问，2021 年 1 月

第十二章

工业机器视觉

第一节 产业定义或范畴

工业机器视觉是指以工业应用为目的，采用基于机器视觉技术的软件、硬件及解决方案作为主要产品的工业自动化细分产业。其主要产品包括光源、工业镜头、工业相机、图像采集卡等基础零部件，专用软件及算法平台等开发工具，以及工业视觉装备和工业视觉解决方案。本章研究的工业机器视觉是以机器视觉技术为基础的工业应用，不包含视频监控产业、辅助驾驶产业中的视觉方案及基于计算机视觉技术的智慧城市应用。

机器视觉与计算机视觉两个术语在很多科技文献中并未加以区分，但其实这两个术语既有区别又有联系。计算机视觉是采用图像处理、模式识别、人工智能技术相结合的手段，侧重于对图像的计算机分析技术。而机器视觉则侧重于计算机视觉技术的工程化和产品化，保障在应用场景中能够稳定地自动获取和分析特定的图像，以给出相应的控制策略。计算机视觉为机器视觉提供了图像和景物分析的理论及算法基础，机器视觉则为计算机视觉技术的实现提供传感器模型、系统构造和实现手段。因此，计算机视觉是一个跨学科的科学领域，而机器视觉是工业自动化领域的工程技术产品。本章侧重于研究计算机视觉在工业中的应用和特定的工业视觉产品，即对工业机器视觉的研究。

第二节 赛迪重大研判

（1）中国机器视觉行业处于快速成长阶段，行业应用不断拓展，尤其是锂电池在涂布、卷绕、极耳等多环节开始应用视觉检测，成为行业新的增长点。

（2）目前终端客户已经对3D机器视觉有了初步了解，市场上涌现出标准化3D视觉软、硬件产品，产业链已初步形成。以尺寸检测、定位引导、识别为主的3D视觉应用逐渐渗透集成商的方案，以3C、汽车行业为主的新场景不断涌现，3D视觉技术落地速度逐步加快。

（3）相比于基于PC或云架构的视觉技术，嵌入式技术将用于实现图像处理和深度学习算法的AI模块集成，以便于实现边缘智能。

（4）智能工业相机将是工业自动化领域边缘智能的重要实现手段。通过对AI芯片的集成，智能相机可以在特定的应用环境中实现图像处理并利用内嵌的人工智能算法做出逻辑判断，为自动化场景提供无须人工干预的智能方案。

（5）在工业机器视觉产品中，核心零部件为工业相机和工业镜头，在工业机器视觉产品成本中占较大比例。工业机器视觉涉及光学镜头、LED光源、CMOS相机等跨领域零部件，龙头企业大多以各自的技术路线为主。近期零部件龙头企业开始联合研发，例如，CCS和Basler在光源与相机的设计方案中通力合作，共同向终端客户的需求倾斜。

（6）作为非标的自动化产业，一定程度的定制化是每个企业和产品都无法避免的问题。但龙头企业大多能够从非标的产品中尽可能组合出标准化的模块，再由标准化的模块向客户输出解决方案。因此工业机器视觉可选方案的标准化程度将决定其产品和存货的周转率，进而影响企业的运营效率。

第三节 产业环境分析

一、工业产品价格持续从低位回升，促进工业机器视觉产业复苏

工业机器视觉属于工业自动化的细分领域，其增长情况与工业经济增加值直接相关。2020年，面对新冠肺炎疫情冲击及复杂严峻的国内外环境，中国工业经济持续稳定恢复，企业生产经营明显改善。PPI整体先降后升，年初受疫情等因素影响，工业品需求低迷，2月份起PPI环比和同比进入下降区间；随着国内疫情防控形势持续向好，工业生产稳定恢复，基建和房地产投资持续发力，加之部分国际大宗商品价格波动上行，6月份起PPI环比止

降转涨，同比降幅稳步收窄。受国际原油价格震荡下跌叠加疫情等因素影响，国内石油相关行业价格总体下行。工业机器视觉作为非标准化工业自动化产品，具有工业产品价格的"二阶导数"效应，即当工业产品价格快速上升时，工业机器视觉也将迎来持续的增长。

二、下游装备制造业稳步增长，带动上游工业机器视觉产业持续发展

2020年，作为工业机器视觉最重要的下游应用，装备制造业增势稳健。装备制造业增加值比上年增长6.6%，增速与2019年基本持平，高于全部规上工业平均水平3.8个百分点，对全部规上工业增长贡献率达70.6%，三、四季度均实现两位数增长，有力支撑工业增长稳步回升。从主要行业看，2020年，电子、电气机械、汽车行业增长较快，增速分别为7.7%、8.9%、6.6%；从产品分类看，挖掘机、太阳能电池、笔记本电脑、工业机器人、新能源汽车、集成电路等主要产品实现较快增长，增速分别为36.7%、30.3%、26.3%、19.1%、17.3%、16.2%。下游装备制造业的稳步增长构成了对智能制造的持续需求，而作为智能制造的重要实现手段，工业机器视觉将以稳定的速度增长。

三、工业机器视觉成为智能制造发展的重要突破口

工业机器视觉是工厂设备抓取和分析工业数据的重要途径，是实现工业4.0和智能制造的关键技术。人口结构和用工成本持续上升驱动工业自动化、智能化转型升级，对机器视觉产品的需求也将不断提升。国内机器视觉市场此前长期由基恩士、康耐视等少数国际巨头占据，随着国内产业高级化和核心零部件高端化进程的推进，对机器视觉的需求将进一步提升，同时也将促进国内机器视觉技术迭代和对应用场景的理解。

四、政策鼓励机器视觉赋能制造业发展

2020年3月，工业和信息化部办公厅印发《中小企业数字化赋能专项行动方案》，鼓励创新工业互联网、5G、人工智能和工业App融合应用模式与技术，引导有基础、有条件的中小企业加快传统制造装备联网、关键工序数控化等数字化改造，应用低成本、模块化、易使用、易维护的先进智能装备和系统，优化工艺流程与装备技术，建设智能生产线、智能车间和智能工厂，

实现精益生产、敏捷制造、精细管理和智能决策。工业机器视觉作为先进智能装备和系统的代表，将是中小企业建设智能生产线、智能车间和智能工厂的重要着力点。2020 年 4 月，国家发展改革委、中央网信办印发《关于推进"上云用数赋智"行动 培育新经济发展实施方案》，提出在已有工作基础上，大力培育数字经济新业态，深入推进企业数字化转型，打造数据供应链，以数据流引领物资流、人才流、技术流、资金流，形成产业链上下游和跨行业融合的数字化生态体系，构建设备数字化-生产线数字化-车间数字化-工厂数字化-企业数字化-产业链数字化-数字化生态的典型范式。"上云用数赋智"明确了机器视觉赋能制造业的发展思路。

第四节　产业链全景图

工业机器视觉产业属于新兴的融合产业，涉及 LED 光源、光学镜头、工业相机图像采集卡和工业视觉装备等多个产业。从产业环节来看，可以分为上游零部件、中游软件与解决方案及下游装备与应用三个环节。工业机器视觉产业链全景图如图 12-1 所示。

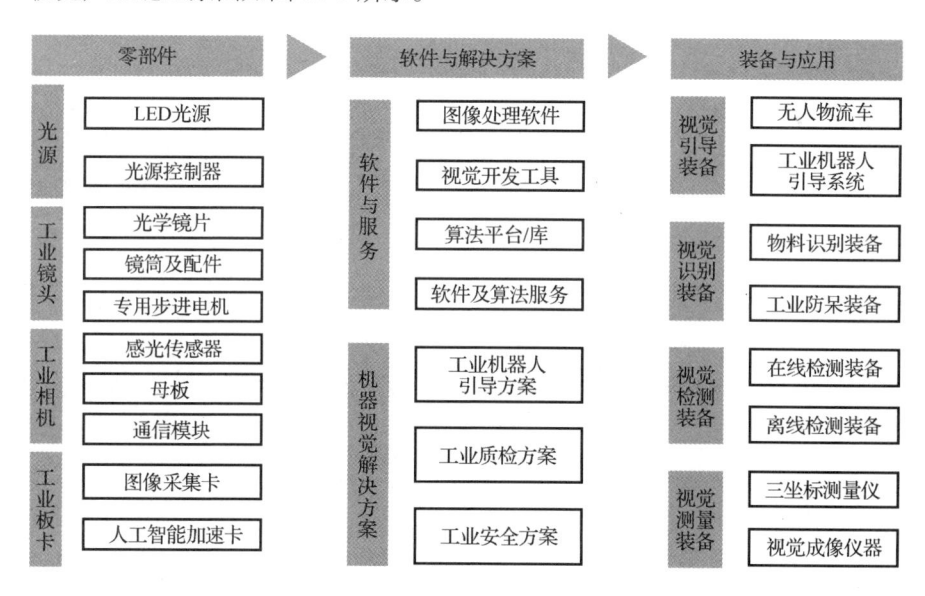

图 12-1　工业机器视觉产业链全景图

数据来源：赛迪顾问，2021 年 1 月

零部件：主要包括构成工业机器视觉系统的四种核心零部件：光源、工

业镜头、工业相机及工业板卡。光源是工业机器视觉中必不可少的零部件之一，其在工业机器视觉中的作用主要包括照亮目标、突出特征，行程有利于图像处理的效果；克服环境光干扰，保证图像稳定性；用作测量的工具或参照物。工业镜头相比于普通光学镜头要求更小的光学畸变、足够高的光学分辨率及更丰富的光谱响应选择，以满足不同场合视觉系统的应用需求，是工业机器视觉中成像关键。工业相机是工业机器视觉的图像采集单元，作用是将通过镜头的光线聚集于像平面，从而生成图像，其最本质的功能是将光信号转变成为有序的电信号。工业板卡主要包括图像采集卡和人工智能加速卡，前者的主要作用是将工业相机输出的电信号输入工业电脑并存储在硬盘或云端；后者的作用主要是在工业电脑进行图像处理和人工智能计算时提供速度提升方案。2020年，人工智能加速卡领域发展较快，多个厂家从人工智能加速卡领域切入工业机器视觉产业。

软件与解决方案：工业机器视觉软件通常指利用特定的视觉相关算法，实现对图像分割、提取、识别和判断等功能的计算程序，通常被安装在上位机或内嵌至工业母板中，并具备人机交互的功能。机器视觉算法的本质是基于图像分析的计算机视觉技术，通过对获取图像的分析为进一步的决策提供所需的信息。工业机器视觉解决方案通常指针对垂直应用场景的具体方案，包括光源、镜头、相机及板卡的选型和调配。2020年，工业机器视觉软件产业中增加了算法平台服务产业，与机器视觉专业软件不同，算法平台服务商以云化的服务为主，用云化的算法加速方案为客户实现更快速更经济的开发环境。

装备与应用：工业视觉装备是指通过机器视觉技术解决以往需要人眼进行的工业零部件的尺寸与缺陷检测等重复性劳动的装备，包括定位、引导、识别和检测等主要功能。工业视觉装备通常包括了工业机器视觉常见的零部件和软件，以及特定应用场景所必须的配件和固定装置。工业机器视觉应用主要指工业机器人、智能制造解决方案、在线质检方案等用于提高工业生产柔性化和智能化程度的应用方案。

第五节 价值链及创新

2020年工业机器视觉价值链分布情况如图12-2所示。工业机器视觉产业的大部分利润由光源、工业镜头、工业相机等核心零部件供应商赚取，目

前国内工业机器视觉厂商的工业视觉装备大多选择日本、美国和欧洲的底层零部件。对于企业而言,底层软硬件研发需要投入更多的研发资源和成本,对于短期经营虽然不利,但从长期看,持续的研发投入有利于帮助企业在竞争中抢占市场先机,提高相关产品的市场占有率。因此从价值链及创新角度看,拥有向上游核心零部件领域拓展能力的机器视觉企业具有更大的发展优势。

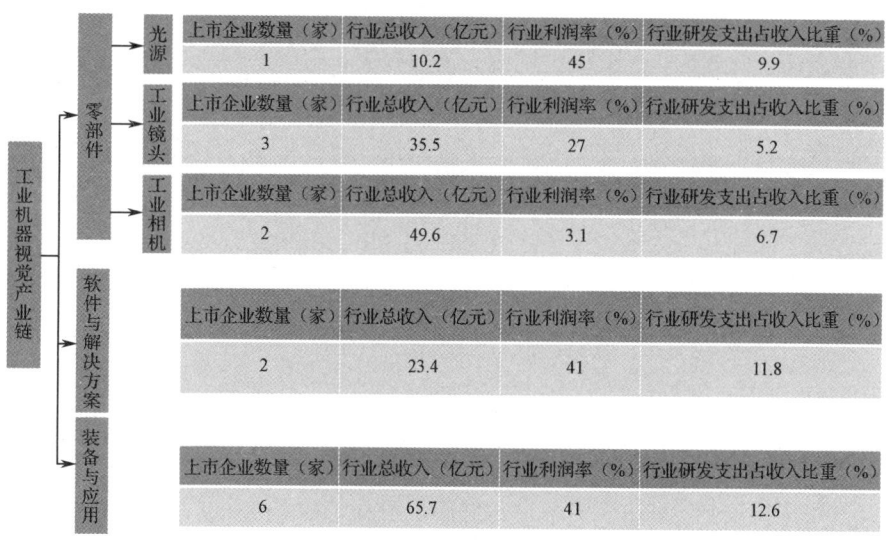

分类	细分	上市企业数量(家)	行业总收入(亿元)	行业利润率(%)	行业研发支出占收入比重(%)
零部件	光源	1	10.2	45	9.9
零部件	工业镜头	3	35.5	27	5.2
零部件	工业相机	2	49.6	3.1	6.7
软件与解决方案		2	23.4	41	11.8
装备与应用		6	65.7	41	12.6

注:图中数据按照上市企业 2020 年前三季度经营数据计算,经营数据未剔除上市企业内部其他相关业务收入。

图 12-2 2020 年工业机器视觉价值链分布情况
数据来源:上市企业财报,赛迪顾问整理,2021 年 1 月

一、零部件

(一)光源是工业机器视觉的价值链起点,不同工业场景构成产品多样化需求

在机器视觉应用方案中,光源的选择几乎是方案成败的关键。在一个成功的工业机器视觉应用中,光源需要突出目标的特征,在物体需要检测的部分与非检测部分之间产生明显区别,增加对比度。其次,光源需要保证足够的亮度和稳定性,使物体位置变化不影响成像质量。光源产品细分环节较多,在工业机器视觉方案选定之初,就需要明确选择何种光源。对

应不同行业、不同应用场景，会有不同的光源方案。随着颜色、形状、亮度的不同，光源还需要配备专业的控制器，用以实现对光源的逻辑控制。因此，光源产品就有了千差万别的可选设计，不同的企业可以在不同的赛道实现自身的价值。

（二）工业镜头技术成熟度逐渐提升，国内企业逐渐布局中高端产品

工业镜头与民用镜头均属于光学镜头产品，但工业镜头由于需要更加高清和无畸变的成像，因此比民用镜头更加专业，比如远心镜头就是一种常见的工业镜头。工业镜头是机器视觉系统中必不可少的部件，直接影响成像质量的优劣，影响算法的实现和效果。近年来，随着光学冷加工自动化程度逐渐提升，工业镜头的技术成熟度也随之提升。高速精磨、高速抛光、激光定心等技术逐渐开始大规模应用于光学冷加工中，高精度、自动化加工设备的不断更新换代不仅显著提升了生产效率，而且提升了加工精度。随着自动组立机在组装环节的应用，光学镜头的组装环节逐渐转变为流程化的自动组装，极大地提升组装效率和产品稳定性。随着现代光学成像技术不断往高精度方向发展，与之配套的检测技术在近年来也快速提升，激光平面干涉仪、分光光度计、高精度中心检测仪、多坐标扫描仪等高精度检测设备不断进入光学镜头相关光学元件、机械结构件的制造环节中，提高了检测的效率和可靠性。2018—2020 年全球及中国工业镜头产业规模如图 12-3 所示。

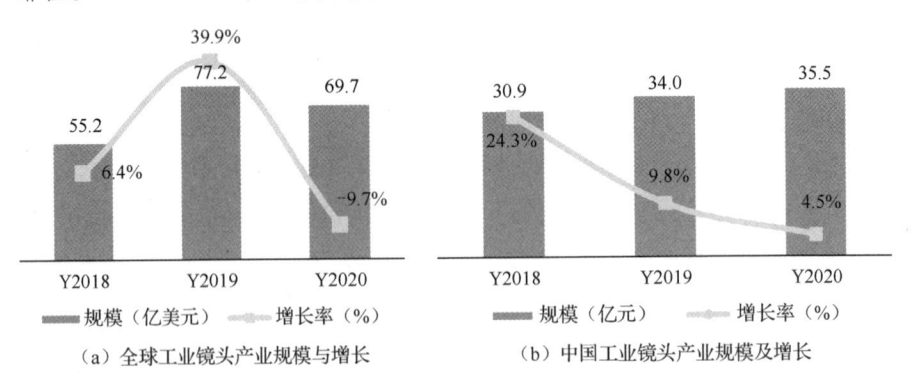

	Y2018	Y2019	Y2020
(a) 全球规模（亿美元）	55.2	77.2	69.7
增长率（%）	6.4%	39.9%	-9.7%
(b) 中国规模（亿元）	30.9	34.0	35.5
增长率（%）	24.3%	9.8%	4.5%

图 12-3　2018—2020 年全球及中国工业镜头产业规模

数据来源：赛迪顾问，2021 年 1 月

（三）智能工业相机逐渐成为主流，并成为国产工业相机有利的切入点

从全球市场来看，智能工业相机市场的集中度远高于板卡式相机市场，

率先布局智能相机的康耐视和基恩士目前市场占比总计已超过70%，而板卡式相机前八大企业的市场份额之和仅为61%。智能相机的一大优势在于易用性，而易用性主要通过软件的使用来体现，许多国外知名企业有视觉软件的开发经验，通常会配套相应的定制软件方便系统开发人员编程智能相机，如康耐视的In-Sight系列智能相机的配套软件EasyBuilder就允许开发者从菜单中选择一系列功能，来实现模式图像匹配和OCR等任务。目前，欧美品牌在国内市场仍然占有一定优势，如瑞士的Baumer、德国的Basler、德国的AVT、加拿大的PointGrey等，是国内工业相机市场占有率较高的品牌。国外品牌由于布局较早，在近年国内工业相机需求增长下率先收益。虽然国外产品软硬件优势明显，但智能工业相机产品价格相对较高，对中国市场的应用针对性开发还不足，这将成为本土工业相机厂商的有利切入点。经过多年的研发和实践积累，本土工业相机厂商也在一些关键技术上取得突破。部分以安防监控产品为主的龙头企业依托自身在软件、算法、硬件、结构及测试等方面的研发优势，开始布局工业相机市场，并取得一定的知名度。以专业机器视觉产品为主的零部件供应商也不断推出智能相机系列产品，从中低端产品开始切入市场。

二、软件与解决方案

（一）软件及其包含的算法是工业机器视觉的灵魂

工业机器视觉较为成熟的开发模式是"软件平台+视觉开发包"，软件平台主要指开发环境，包括C#、LabVIEW、MATLAB等通用工具和Halcon、Vision Pro等专用工具；开发包是基于软件平台对各种常用图像处理算法进行封装，用以实现对图像分割、提取、识别和判断等功能，进一步安装在上位机或内嵌至工业母板中，并实现人机交互的功能。机器视觉算法的本质是基于图像分析的计算机视觉技术，需要通过对获取图像的分析，为进一步决策提供所需信息。机器视觉开发工具主要有两种类型，一种是包含多种处理算法的工具包，另一种是专门实现某一类特殊工作的应用软件。两种各有利弊，需要用户根据自身技术能力和所面向工程项目的具体情况来做出选择。常见机器视觉开发工具包优缺点及适用场景对比见表12-1。

表 12-1　常见机器视觉开发工具包优缺点及适用场景对比

算法工具包	优　　点	缺　　点	适　用　场　景
VISION PRO	无编程基础的开发人员入门容易； 较低的软件开发许可费； QuickBuild 缩短开发周期	3D 机器视觉算法库有限； 无法 GPU 加速； 图像处理算法工具较少	适用于需要快速开发的通用视觉类项目
HALCON	强大的 2D 和 3D 视觉软件库； 广泛支持视觉图像采集设备； 与多种开发环境及平台有较好的兼容性	无编程基础的开发人员入门困难； 开发周期较长； 软件开发费用较高	适用于较为复杂的，拥有较长开发周期的项目
OPENCV	开源且可以用于商用； 便于定制化算法开发	开发人员代码能力要求高； 开发周期长	适用于有算法基础且项目周期长、但预算有限的项目
EVISION	代码处理速度快； 基于灰度相关性的模板匹配效果好； 基于图像比对的图像质量检测效果好	几何形状的匹配能力较差；	适用于基于图像比对的图像质量检测
HEXSIGHT	定位和零件检测效果较好； 恶劣环境适应性好	软件开发费用较高； 普及率不高	适用于恶劣工业环境的点位和检测项目
MAXTOR IMAGE LIBRARY	普及程度好	应用范围有限	适用于激光定位项目
NI VISION	LabVIEW 平台入门相对简单； 开发速度快	算法效率不高； 算法的准确性与稳定性依赖于图像质量	效率要求不高，图像质量较好，且要求交货周期比较短的项目

数据来源：赛迪顾问，2021 年 1 月

（二）标准化技术将成为软件及系统集成的发展方向

工业机器视觉的算法及软件是机器视觉行业的核心技术壁垒，随着人工智能技术和半导体技术的不断发展，算法及软件也在不断朝着集成化和高效化的方向发展。制造业的发展，带来了对自动化机器视觉软件需求的提升；也决定了自动化机器视觉软件将由过去单纯的组态监控功能，向着更高和更广的层面发展。作为工业软件的一部分，工业机器视觉软件成为生产制造过

程中引导不同智能化阶段变革的关键角色，无论是用户还是硬件供应商都将工业软件作为全场范围内信息收集和集成的工具，这就要求工业软件大量采用"标准化技术"，使得工业软件演变成软件平台，在软件功能不能满足用户特殊需要时，用户可以根据自己的需要进行二次开发。工业机器视觉算法及软件作为服务工业生产的机器视觉核心程序，也会在 OT（运营技术）与 IT 不断融合中，形成更多面向垂直行业和特定应用场景的标准化技术。

（三）工业基因将决定开发工具类软件的普及程度

机器视觉算法软件及开发工具是作为计算机视觉技术的延伸，基于开发人员需求逐渐形成的软件产品，其最初的使用对象以具备开发经验的 AI 开发人员为主。但随着机器视觉技术向工业领域不断普及，现场工程师成为算法软件及开发工具的潜在用户，并将从需求端直接影响软件的用户群体分布。工业级软件与消费级产品有较大区别，无法承受因程序宕机造成的巨大损失，因此要求算法和软件能够尽量简单、稳定地解决特定需求，并使现场工程师能够熟练使用开发软件对工业机器视觉系统进行及时升级。因此要求软件能够以友好的界面和尽量简单的操作实现图像标定、算法调整等功能，通过使用模块化程序设计，以窗口交互的形式让工程师以拖拉拽等方式实现二次开发。

三、装备与应用

（一）视觉测量仪器将实现在线、智能化、高精度测量

视觉检测系统大多用在工业现场及工业生产线中，对于在线实时检测，如何将视觉测量系统嵌入到生产线相应的工序中，使测量速度与生产线节拍相一致，是视觉测量走上在线应用的关键一步。视觉检测执行时间在很大程度上取决于底层图像处理（图像平滑、滤波、分割等）速度。因此，越来越多的厂商使用专用硬件实现独立于环境的处理算法，可大大提高图像处理速度。但仍然存在部分高精度测量场景需要采用线下测量方案实现，因为与视觉系统相比，坐标测量机在检测精度和测量空间范围上占有很大优势，因此，基于 CMM 的视觉测量系统已经成为视觉测量技术的一种新趋势。集成化的 CMM 和视觉测量系统可以利用视觉系统迅速识别零件的形状及其在测量平台上的位置和状态，完成机器坐标系、零件坐标系、摄像机坐标系之间的转

换，帮助 CMM 实现检测路径自动形成与测量结果判断。同时深入研究亚像素定位技术，使之应用到实际的检测系统中，以提高检测精度和降低系统成本。

（二）深度学习将增加视觉检测装备的智能程度

传统的机器学习在特征提取上主要依靠人来分析和建立逻辑，而深度学习则通过多层感知机模拟大脑工作，构建深度神经网络（如卷积神经网络等）来学习简单特征、建立复杂特征、学习映射并输出，训练过程中所有层级都会被不断优化。具体应用包括自动 ROI 区域分割、标点定位（通过仿真视觉可灵活检测未知瑕疵）、从重噪声图像中检测无法描述或量化的瑕疵，如橘皮瑕疵和分辨玻璃盖板检测中的真假瑕疵等。随着越来越多的基于深度学习的机器视觉软件推向市场，深度学习给机器视觉的赋能会越来越明显。

（三）视觉定位与引导不断向多目三维视觉系统发展

对于工作在自动化生产线上的工业机器人来说，其完成最多的一类操作是"抓取-放置"动作。为了完成这类操作，必须完成对被操作物体定位信息的获取，首先机器人必须知道物体被操作前的位置和姿态，以保证机器人准确地抓取；其次是必须知道物体被操作后的目标位置和姿态，以保证机器人准确地完成任务。工业机器人可以通过视觉系统实时地了解工作环境的变化，相应调整动作，保证任务正确完成。这种情况下，即使生产线的调整或定位有较大的误差也不会对机器人准确作业造成太大影响，视觉系统实际上提供了外部闭环控制机制，保证机器人自动补偿由于环境变化而产生的误差。为了使机器人能够胜任更复杂的工作，机器人不但要有更好的控制系统，还需要可感知环境的变化。机器人视觉以其信息量大、信息完整成为最重要的机器人感知功能。随着工业机器人对于抓取目标三维位置信息量的需求变大，以及对于识别目标的三维形态要求变高，更多机械手臂将会优先考虑使用双目甚至多目视觉的解决方案实现机械手臂引导。

第六节 区域分布格局

一、产业资源分布

从工业机器视觉产业资源总体分布（见表12-2）来看，主要分布在华东、中南和华北地区。其中，华东地区的上市企业和非上市企业的数量均处于国内领先地位，拥有数量较多的计算机国家重点实验室和企业技术中心。丰富的产业资源与其丰富的创新资源密不可分，华东地区高校605所，计算机方向的国家重点实验室8个，相比其他各个地区处于领先地位。长三角地区的产业优势是工业机器视觉在华东地区发展较为迅速的重要原因。

表12-2　2020年中国工业机器视觉产业资源分布

区域	企业资源	高等资源	企业技术中心数量
华北	上市企业2个 非上市企业86家	高校405所 计算机国家重点实验室6个	13个
东北	非上市企业5家	高校324所 计算机国家重点实验室2个	2个
华东	上市企业8个 非上市企业137家	高校605所 计算机国家重点实验室8个	35个
中南	上市企业4个 非上市企业37家	高校378所 计算机国家重点实验室3个	13个
西南	非上市企业39家	高校278所 计算机国家重点实验室3个	4个
西北	非上市企业35家	高校124所 计算机国家重点实验室3个	2个

数据来源：赛迪顾问，2021年1月

二、产业规模分布

从产业规模分布（见图12-4）来看，江苏、上海和北京等地区的产业规模较大。由于工业机器视觉是计算机和工业交叉的新兴领域，对于高技术人才需求较大，因此北京和上海等地借助高等教育资源优势使得产业发展较为迅速。广东的产业集聚主要以光源和控制器等零部件为主，福建地区以工业镜头等零部件为主。

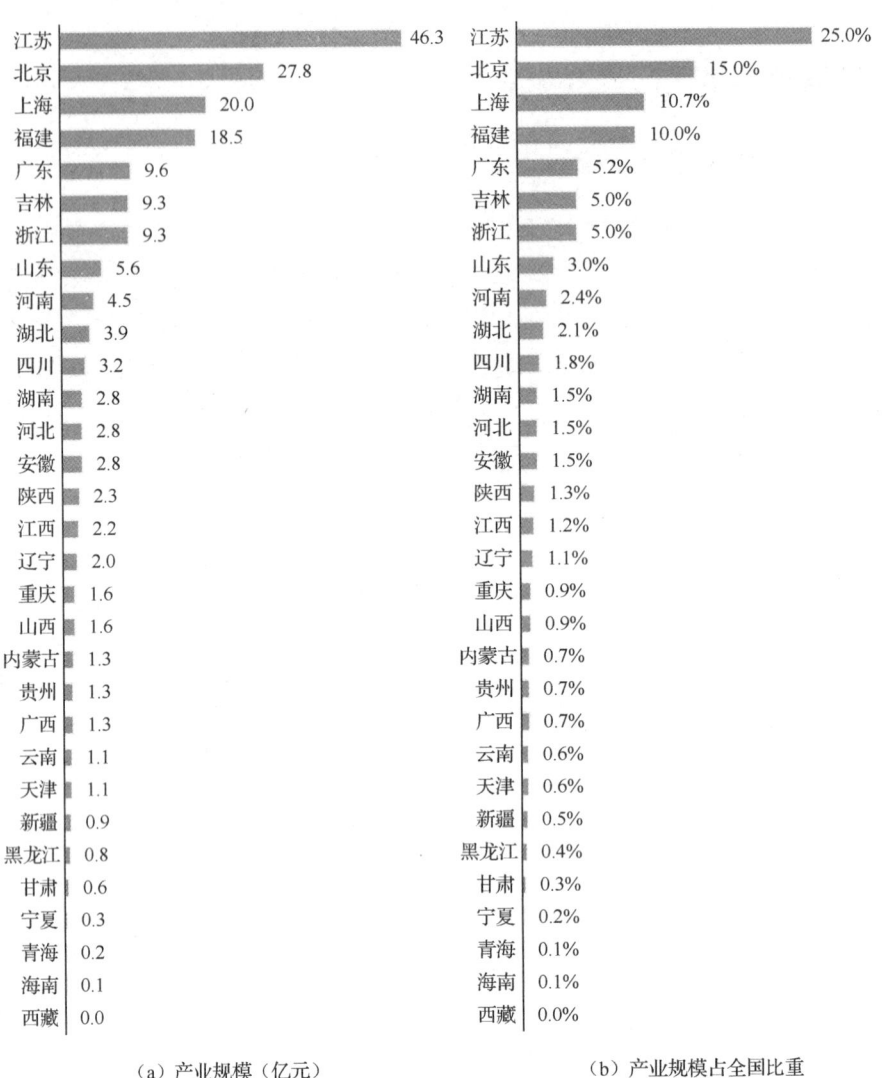

地区	产业规模（亿元）	占全国比重
江苏	46.3	25.0%
北京	27.8	15.0%
上海	20.0	10.7%
福建	18.5	10.0%
广东	9.6	5.2%
吉林	9.3	5.0%
浙江	9.3	5.0%
山东	5.6	3.0%
河南	4.5	2.4%
湖北	3.9	2.1%
四川	3.2	1.8%
湖南	2.8	1.5%
河北	2.8	1.5%
安徽	2.8	1.5%
陕西	2.3	1.3%
江西	2.2	1.2%
辽宁	2.0	1.1%
重庆	1.6	0.9%
山西	1.6	0.9%
内蒙古	1.3	0.7%
贵州	1.3	0.7%
广西	1.3	0.7%
云南	1.1	0.6%
天津	1.1	0.6%
新疆	0.9	0.5%
黑龙江	0.8	0.4%
甘肃	0.6	0.3%
宁夏	0.3	0.2%
青海	0.2	0.1%
海南	0.1	0.1%
西藏	0.0	0.0%

（a）产业规模（亿元）　　　　　（b）产业规模占全国比重

图 12-4　2020 年中国工业机器视觉产业规模分布图

数据来源：赛迪顾问，2021 年 1 月

第七节　行业重大事件

2020 年，中国工业机器视觉市场规模继续攀升，国产品牌市场份额逐渐升高且在与国外品牌的持续竞争中不落下风。长期以来，国内工业机器视觉企业的优势在于依托工业现场服务发展而来的工业视觉装备，高端零部件等

利润率较高的产业环节长期不如国外品牌。随着国内机器视觉企业向工业领域渗透，工业视觉解决方案供应商向上游核心零部件领域拓展，国产品牌逐渐发挥本土优势，视觉装备和解决方案的市场占有率逐渐攀升。2020 年中国工业机器视觉行业重大事件见表 12-3 所示。

表 12-3　2020 年中国工业机器视觉行业重大事件

序号	事件说明	事件主体	影响/意义
1	奥普特科技成功上市	广东奥普特科技股份有限公司	奥普特科技是我国较早进入机器视觉领域的企业之一，它的成功上市即说明了资本市场对其商业模式的认可，同时是对国产品牌高端化路径的一种启示
2	梅卡曼德 B+ 轮获投近亿元	梅卡曼德（北京）机器人科技有限公司	梅卡曼德（Mech-Mind）致力于将智能赋予工业机器人，为工业、商业用户创造实在、迅速、显著的价值。其在工业领域的价值逐渐被认可
3	视比特机器人 A 轮获投近亿元	湖南视比特机器人有限公司	面向物流、智能制造、新零售、大健康等领域，打造复杂场景下 3D 视觉感知与机器人柔性控制深度融合的最强视觉大脑的商业模式得到资本认可
4	聚时科技 A 轮获投亿元	聚时科技（上海）有限公司	新一代信息技术与制造业深度融合、将 AI 技术应用于工业机器人及工业制造业的典型应用
5	熵智科技 A 轮获投数千万元	熵智科技（深圳）有限公司	基于人工智能为机器人提供 3D 视觉解决方案的专业服务同样是工业机器人厂商的重点需求，市场前景较好
6	米文动力 A 轮获投数千万元	北京米文动力科技有限公司	以边缘计算及嵌入式人工智能系统为主的产品逐渐找到自身在工业中的发展路径，有望打造边缘计算在工业自动化中的特色产品
7	振畅智能 Pre-A 轮获投数千万元	苏州振畅智能科技有限公司	公司立足于 5G 传输、深度学习和 3D 标定与测量技术的研发和产业化应用，是 5G+机器视觉应用的探路者
8	苏州鼎纳 B 轮获投近亿元	苏州鼎纳自动化技术有限公司	公司产品基于垂直行业的解决方案为客户提供包含软硬件的综合服务，体现出工业机器视觉装备对重点工业场景的重要意义
9	深视创新 A 轮获投数千万元	深圳市深视创新科技有限公司	基于 AI 加速器赋能工业的企业和产品越来越多，边缘智能逐渐与工业场景融合，并形成专业化产品
10	美腾科技获投数千万元战略投资	天津美腾科技股份有限公司	专注于采矿行业的工业机器视觉项目成为投资热点，国家对工业安全的重视也将成为采矿等重点行业批量采用工业视觉产品的催化剂

数据来源：赛迪顾问，2021 年 1 月

第八节　市场规模预测

一、2023 年，中国工业机器视觉市场规模将突破 300 亿元

2020 年中国工业机器视觉市场规模约为 195 亿元，同比增长 11.4%。2018—2023 年中国工业机器视觉规模及预测如图 12-5 所示。随着中国工业智能化转型升级的加速推进，信息化和智能化对工业机器视觉产品的需求会逐渐增加。即便在新冠肺炎疫情的影响下，中国工业机器视觉市场仍然保持了正增长。随着中国工业自动化、数字化、智能化转型升级需求的逐渐扩大，工业机器视觉产业也将实现较快增长，预计到 2023 年中国工业机器视觉市场将达到 300 亿元。

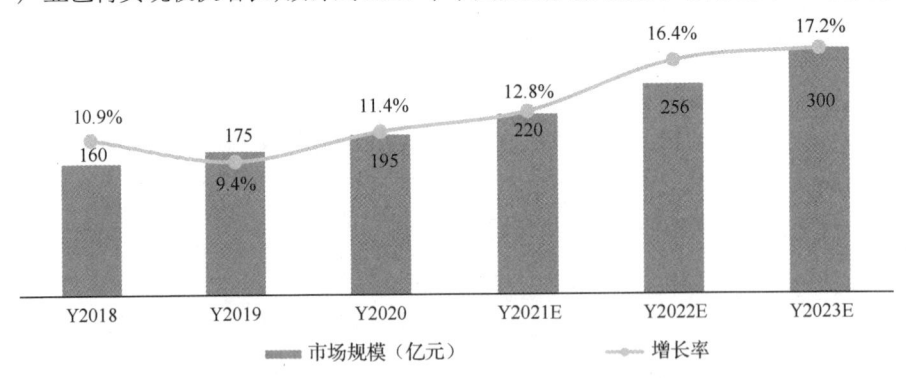

年份	市场规模（亿元）	增长率
Y2018	160	10.9%
Y2019	175	9.4%
Y2020	195	11.4%
Y2021E	220	12.8%
Y2022E	256	16.4%
Y2023E	300	17.2%

图 12-5　2018—2023 年中国工业机器视觉规模及预测

数据来源：赛迪顾问，2021 年 1 月

二、国产品牌逐渐壮大，电子行业仍是主要应用市场

随着 AI 技术逐渐在工业领域落地应用，国内机器视觉企业如雨后春笋般涌现，市场竞争加剧已经成为工业机器视觉企业面临的最大挑战。目前进入中国市场的国际机器视觉企业和中国本土的机器视觉企业（不包括代理商）已经超过 200 家，产品代理商超过 300 家，专业的机器视觉系统集成商超过 70 家，覆盖产业链各环节。从市场规模来看，工业机器视觉市场规模增速还有不断上升的空间，国外品牌市场占有率逐渐降低，国产品牌的市场占有率逐渐提升，且销售额保持逐年增长。随着国产品牌逐渐在自动化领域深耕，工业机器视觉领域的国外品牌溢价逐渐降低，国产工业机器视觉产品将逐渐成为工业智能化改造的首选。在工业机器视觉的所有应用场景中，电子行业、平板显示和汽车是工业机器视觉销售额最高的三个下游应用行业，其中电子行业的应用占比将近一半。

第十二章　工业机器视觉

第九节　资本市场动向

一、软件及解决方案投融资事件数量最多，视觉引导项目投资金额最高

赛迪顾问整理的 2020 年工业机器视觉投融资案例一共有 40 件，其中投融资软件及解决方案的事件最多，占总投融资事件的 37%。这些投融资事件主要集中在工业机器视觉解决方案领域，资本比较看好工业机器视觉解决方案在工业智能化升级过程中的巨大作用，加大了对基于机器视觉的工业服务方案的投资。但从投资金额来看，工业视觉引导项目获得到的投资金额最多，因为工业视觉引导有较为明确的应用场景，以及较为明确的投入产出比。2020 年中国工业机器视觉投融资事件数量及投资金额占比如图 12-6 所示。

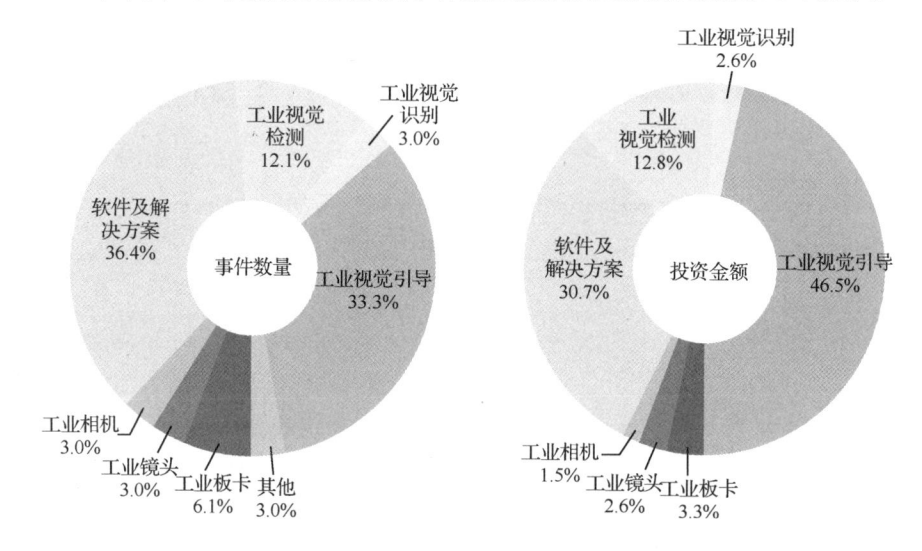

图 12-6　2020 年中国工业机器视觉投融资事件数量及投资金额占比

数据来源：赛迪顾问，2021 年 1 月

二、软件类项目大多处于早期融资，装备类项目多处于中后期

在工业机器视觉投融资项目中，软件和解决方案类项目大多处于早期融资，以 A 轮投融资事件最多，这与工业机器视觉行业的特点有着密切关系。国内工业机器视觉企业起步较晚，且以服务于终端工业现场的解决方案居多，因此大部分企业以轻资产运营。少数装备类项目能够下沉到垂直工业场

景，具有一定的行业积累，因此能够得到资本市场的认可。2020年中国工业机器视觉投资事件所处轮次占比情况如图12-7所示。

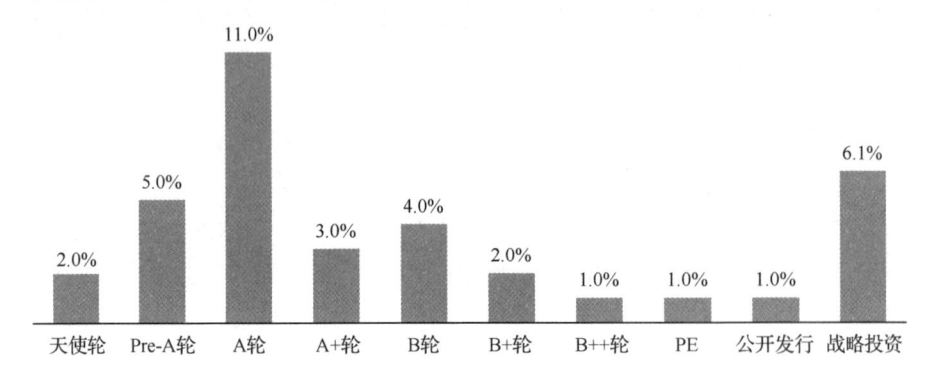

图12-7 2020年中国工业机器视觉投融资事件所处轮次占比情况

数据来源：赛迪顾问，2021年1月

各轮次占比：天使轮 2.0%、Pre-A轮 5.0%、A轮 11.0%、A+轮 3.0%、B轮 4.0%、B+轮 2.0%、B++轮 1.0%、PE 1.0%、公开发行 1.0%、战略投资 6.1%

三、北京、上海成为重点投资地区，投资事件占比达到一半以上

2020年中国工业机器视觉投融资地区分布情况如图12-8所示。从2020年度投融资发生区域来看，北京、上海的投融资案例数量最多、资金最高，两者占比超过总投融资数量的一半以上。从投资金额来看，北京、上海两地的投资总金额达到112亿元，吸引了国内工业机器视觉投资62%的资金。这与工业企业分布有着密切关系。获得融资的工业机器视觉通常为初创型企业，此类企业以技术研发为主导，通常选择在人才密集的一线城市，以便吸引优秀的专业技术人才。

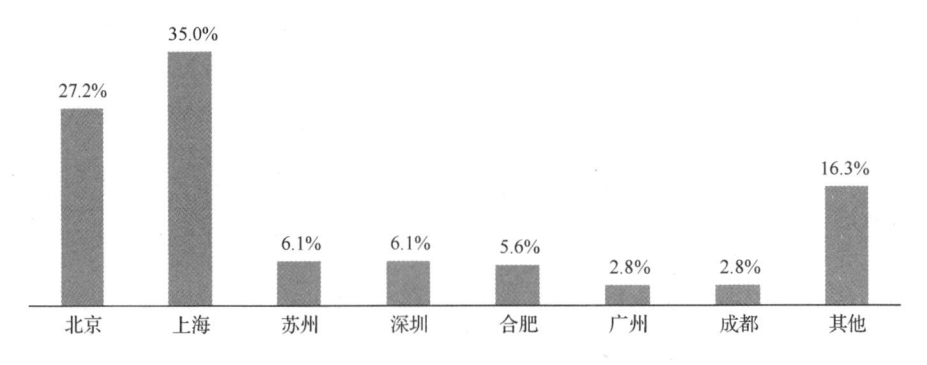

图12-8 2020年中国工业机器视觉投融资地区分布情况

数据来源：赛迪顾问，2021年1月

各地区占比：北京 27.2%、上海 35.0%、苏州 6.1%、深圳 6.1%、合肥 5.6%、广州 2.8%、成都 2.8%、其他 16.3%

第十节　赛道选择建议

（1）工业机器视觉上游的零部件行业利润较为可观，工业镜头、相机、采集卡等核心零部件与算法软件是机器视觉价值最高的部分，其成本占据工业视觉产品总成本的 80%，值得资本市场广泛关注。建议考虑在人工智能加速卡、智能相机领域具有核心技术的标的进行合理投资。

（2）工业镜头加工技术逐渐成熟，高端镜头市场利润空间较大。但镜头属于光学产品，需要在光学加工领域较为深厚的技术积累才有可能在高端镜头行业形成有竞争力的产品。建议投资者选择具有高端镀膜技术、精密磨削技术等光学加工核心技术的厂商作为投资标的。

（3）从全球市场来看，智能工业相机市场的集中度远高于板卡式相机市场，率先布局智能相机的康耐视和基恩士目前具有技术和品牌优势。随着中国对于工业软件和边缘智能技术的逐渐重视，智能工业相机将成为重要的工业自动化产品，并且具有较大的市场空间。建议投资者从长远考虑，在智能工业相机及其核心零部件相关产业领域进行合理投资。

2021 年中国工业机器视觉投资价值趋势如图 12-9 所示。

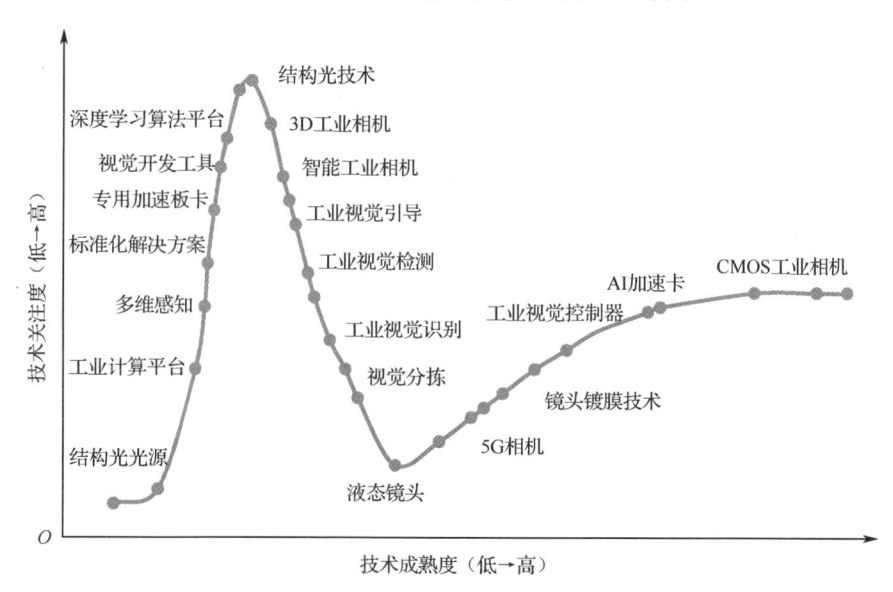

图 12-9　2021 年中国工业机器视觉投资价值趋势图
数据来源：赛迪顾问，2021 年 1 月

第十三章

工业电商

第一节　产业定义或范畴

　　工业电商是电子商务在工业流通、生产、服务全流程的深化应用，是工业领域基于网络交易的新型经济活动。工业电商是促进工业供应链协同的重要手段，其范围包括工业生产过程中基于互联网的供应链各环节主体之间和各环节主体内部的各类经济活动，主要作用是连接工业全要素、优化工业资源配置。

　　工业电商作为新一代信息技术与制造业融合产生的新业态新模式之一，是促进制造业供应链协同的有效手段，加速推进了制造业生态系统的深刻变革。按照工业电商平台交易的商品类型，将工业电商平台分为四类，分别是直接物料电子商务平台、MRO（间接物料）电子商务平台、能力资源电子商务平台和综合电子商务平台。

第二节　赛迪重大研判

　　（1）目前中国工业电商发展已经进入融合服务的增值阶段。利用工业电商平台畅通产业链、供应链，将工业商品交易与生产、服务深度融合，是当前中国工业电商的发展重点。

　　（2）按照工业电商平台交易的商品类型，可分类为直接物料电子商务平台、MRO 电子商务平台、能力资源电子商务平台和综合电子商务平台。

　　（3）目前中国工业电商领域上市企业较少，主要以直接物料和综合电子商务平台企业为主，但从目前资本市场关注度来看，MRO 电子商务平台最受追捧，能力资源电子商务平台也初见规模。

（4）总体看来，中国工业电商企业资源主要分布在经济领先、制造业发展较好的华东、中南和华北地区，这些地区的投融资热度也较高。

（5）2020年中国工业电商平台交易规模为112560亿元，同比增长13.2%，预计到2023年中国工业电商平台交易规模将超过16万亿元。

（6）中国工业电商领域投融资事件主体逐渐由大宗电商平台向MRO电商平台及大宗商品以外的垂直行业电商平台转移。

第三节　产业环境分析

一、供给侧结构性改革打破多级分销制度，推动工业企业拓展销售渠道

经过了多年的经济高速增长，中国经济发展进入新常态，传统工业商品销售采用多级分销制度，存在销售渠道窄、效率低、成本高、信息不透明等问题。党的十九大报告指出，以供给侧结构性改革为主线，推动经济发展质量变革、效率变革、动力变革，提高全要素生产率。制造业企业间原有的多级分销制度已经无法满足行业发展需求，打破多级分销制度，拓宽销售渠道，优化供应链，提高工业采购效率成为制造业发展的必然选择。

二、供需双方信息不对称及企业内部信息更新传递不畅，亟须平台协助交易信息对接

对于买卖双方企业间供需信息对接来说，一方面，工业商品价格波动大，传统工业商品交易模式较易导致供需双方价格信息不对称，为商品交易带来一定困难；另一方面，工业生产环境复杂，根据不同的行业和应用场景，产品需求也各不相同，个性化定制需求不断升级，传统交易模式用户与供应商信息交流不畅，供应商较难满足用户个性化需求。对于企业内部，销售/采购涉及多个部门，部门之间的信息延迟很有可能导致库存、资金等要素协调不畅，造成产品库存不足、交易重复等风险。需要平台提升供需即时性对接，实现供需信息透明化，满足不同用户的个性化需求，提高企业内部协同水平。

三、工业中小型企业质量参差不齐，亟须工业电商平台管控交易

工业商品种类繁多，且中小微企业众多，受限于资金、人才、技术等资

源能力，企业质量参差不齐。需求方难以分辨供应商的产品质量、服务能力、企业信誉等水平，供应商对于需求方的信用等级也缺乏认知，需要工业电商平台对企业进行遴选、评级、管控，保障供需双方利益不受损害，从而提高交易质量。

四、政策推进新一代信息技术与制造业深度融合，为工业电商发展提供有力支持

当前，以大数据、云计算、人工智能为代表的新一代信息技术蓬勃发展，新一代信息技术与制造业的融合成为产业变革的主要方向。工业电商作为新一代信息技术与制造业融合产生的新业态新模式之一，是促进制造业供应链协同的有效手段，正加速推进制造业生态系统的深刻变革。为促进中国工业电商发展，近年来，党中央和国务院等部门积极出台部署工业电商政策，先后出台《国务院关于深化制造业与互联网融合发展的指导意见》《工业电子商务发展三年行动计划》《国务院关于推动创新创业高质量发展打造"双创"升级版的意见》《关于推进商品交易市场发展平台经济的指导意见》《关于进一步促进服务型制造发展的指导意见》等多项政策文件。2020年6月30日，中央全面深化改革委员会第十四次会议强调加快工业互联网创新发展，加快制造业生产方式和企业形态根本性变革，为中国工业电商发展提供有力支持。

第四节　产业链全景图

按照工业电商平台交易的商品类型，将其分为四类，分别是直接物料电子商务平台、MRO电子商务平台、能力资源电子商务平台和综合电子商务平台。工业电商产业链全景图如图13-1所示。

直接物料电子商务平台：主要交易钢铁、煤炭、石油化工、建筑材料等生产制造原材料和电子元器件、汽车配件等直接构成工业商品的零部件。直接物料电子商务平台在工业电商领域中企业数量最多，交易规模最大，工业电商发展前期，直接物料电子商务平台以大宗商品交易为主，近年来，电子元器件、汽车配件、紧固件等离散型制造业企业直接应用的零部件垂直行业电商平台异军突起，涌现了云汉芯城、猎芯网、万千紧固件等规模较大、增长较快、模式较新的企业，市场关注度持续走高。

第十三章 工业电商

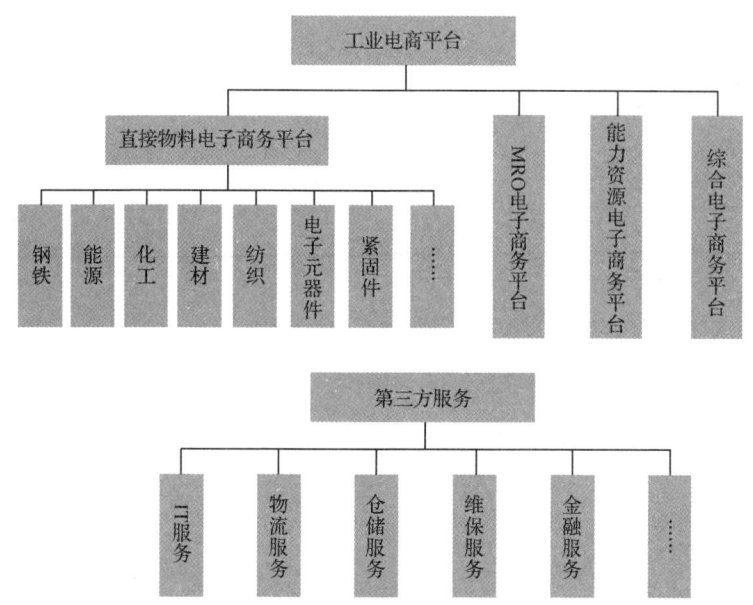

图 13-1 工业电商产业链全景图

数据来源：赛迪顾问，2021 年 1 月

MRO 电子商务平台：主要交易机电设备、气动元件、办公用品等不直接构成工业商品的产品，只用于维护、维修、运行设备的物料和服务，交易商品较为模块化、标准化。2020 年，MRO 电子商务平台极受资本市场关注，企业规模不断扩大，京东工业品、震坤行工业超市等 MRO 电商平台企业先后获得巨额融资；京东工业品收购工品汇作为其子品牌，成为京东布局工业电商业务的重要一环。

能力资源电子商务平台：主要交易生产加工能力、产品检测能力、仓储能力等工业及生产性服务业资源，是"共享经济"的主要实施手段之一，能够有效配置闲置工业资源。2020 年，能力资源电子商务平台不断涌现，如犀牛智造工厂、驼驮维保等，作为近几年新兴出现的工业电商平台，能力资源电子商务平台模式新颖、预期市场规模巨大，有望成为工业电商领域的下一个爆点。

综合电子商务平台：交易各类型工业商品，大多是传统电商平台从消费品交易向工业商品交易的延伸拓展，此类企业熟知电子商务运营，具备较强的资源整合能力。

工业电商平台配套的第三方服务包括 IT 服务、物流、仓储、维保、金

199

融、保险等各类型服务，工业电商平台企业与第三方服务企业合作，为用户提供更好的平台交易体验。2020 年，京东工业品发布"京工帮"工业品服务体系，致力于系统性解决工业品采购服务难的问题，与上海沪工、库控、工业速派、通达发、比高集团、中盾优固 6 家服务商合作伙伴签署合作协议，补充京东工业品综合品类及专业品类的线下服务能力。近年来，工业电商企业积极布局供应链金融、设备维护维修等服务，增加工业产品交易附加值，逐渐向工业服务提供商转型。

第五节　价值链及创新

新一代信息技术与制造业的加速融合，促进生产方式、组织模式和商业范式深刻变革，同时推动工业互联网平台的新模式新业态不断涌现，为加速制造业数字化转型提供有力支撑。工业电商作为工业互联网平台的新模式新业态之一，也是当前工业互联网领域商业闭环最完整的模式之一，其盈利模式类似于传统电子商务，包括广告费、平台扣点、平台使用费和交易沉淀资金等。当前，资本市场已经逐渐看到了工业电商平台的变现能力，根据赛迪顾问不完全统计，2020 年，中国工业互联网相关投融资事件中，工业电商投融资事件占比超过 20%，已经成为中国工业互联网重要投资领域之一。

目前中国工业电商领域上市企业较少，且主要以直接物料和综合电子商务平台企业为主。目前中国直接物料电子商务平台企业商业模式最为成熟，上市企业数量最多，其原因主要是直接物料是直接构成工业商品的原材料、零部件，市场规模巨大，直接物料线上交易出现较早，并于 2015 年大宗商品线上交易爆发，找钢网、上海钢银等企业规模迅速扩大，此后，线上交易平台从大宗商品切入，逐渐扩大交易品类型，形成较为成熟的交易模式；综合电子商务平台企业除交易工业商品外还交易其他商品，通常是由传统电子商务企业拓展业务形成，资源汇聚能力较强，变现能力也相对较强。近年来，MRO 电子商务平台融资数量和金额不断增大，有望成为工业电商领域开辟新模式的主力军；能力资源电子商务平台企业尚在起步阶段，多为示范案例，尚未形成可供行业通用的商业模式，也未出现上市企业，但其业务覆盖范围较广，如产品研发设计、代加工制造、设备维护与维修、数字化生产线改造与集成等能力的交易都属于能力资源电子商务平台的业务范围，其市场规模不容小觑，随着商业模式的不断成熟，将逐渐成为蓝海。

2020 年中国工业电商产业价值链分布情况如图 13-2 所示。

直接物料电子商务平台	上市企业数量（家）	行业总收入（亿元）	行业利润率
	4	604.51	0.96%
综合电子商务平台	上市企业数量（家）	行业总收入（亿元）	行业利润率
	2	10.57	14.76%
能力资源电子商务平台	上市企业数量（家）	行业总收入（亿元）	行业利润率
	0	0	0
MRO电子商务平台	上市企业数量（家）	行业总收入（亿元）	行业利润率
	0	0	0

注：图中数据按照A股相关上市企业2020年前三季度经营数据计算，经营数据未剔除上市企业内部其他相关业务收入。

图13-2　2020年中国工业电商产业价值链分布情况

数据来源：A股上市企业财报，赛迪顾问整理，2021年1月

第六节　区域分布格局

一、企业资源分布

从总体分布（见表13-1）来看，中国工业电商企业资源主要分布在经济领先、制造业发展较好的华东、中南和华北地区。表13-1整理了中国六个主要区域工业电商领域的上市企业和融资获投企业数量。华东地区的上市企业和融资获投企业数量均处于国内领先地位，其中融资获投企业数量达到全国一半以上；中南地区工业电商上市企业和融资获投企业数量约占全国总数的四分之一；华北地区工业电商上市企业和融资获投企业数量约占全国总数的五分之一。

表13-1　2020年中国工业电商企业资源分布

区　　域	企　业　资　源
华北	上市企业3个，融资获投企业36家
华东	上市企业6个，融资获投企业97家
中南	上市企业3个，融资获投企业46家

续表

区　域	企　业　资　源
西南	上市企业 0 个，融资获投企业 6 家
东北	上市企业 0 个，融资获投企业 1 家
西北	上市企业 0 个，融资获投企业 1 家

数据来源：赛迪顾问，2021 年 1 月

二、交易规模分布

从总体分布（见图 13-3）来看，中国工业电商平台交易主要集中在华东、中南和华北地区，这些地区经济较发达、制造业基础好，工业电商企业数量多、规模大，尤其是以上海、江苏、浙江为核心的华东地区，工业电商平台交易规模达到全国的一半以上，是中国工业电商发展的重要根据地。

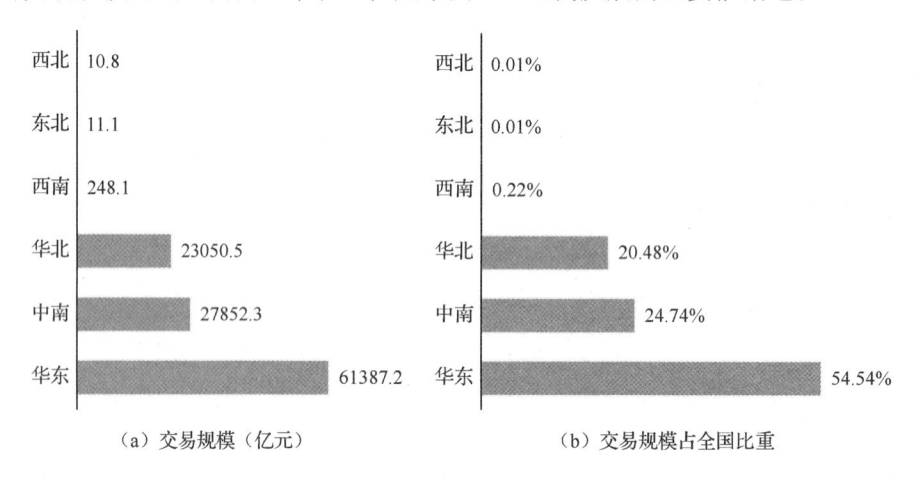

(a) 交易规模（亿元）

西北	10.8
东北	11.1
西南	248.1
华北	23050.5
中南	27852.3
华东	61387.2

(b) 交易规模占全国比重

区域	比重
西北	0.01%
东北	0.01%
西南	0.22%
华北	20.48%
中南	24.74%
华东	54.54%

图 13-3　2020 年中国工业电商平台交易规模分布图

数据来源：赛迪顾问，2021 年 1 月

第七节　行业重大事件

2020 年，工业电商领域受到资本市场极大关注，投融资、收并购事件层出不穷，各领域积极推出创新产品和模式。从资本市场投资情况分析，2020 年 MRO 电商、后服务市场受到热切关注，投融资、收并购事件频发。以阿里巴巴、橙色云为代表的企业积极推出能力资源电子商务平台，开拓制造、研发能力交易市场。工业电商平台首次与直播带货结合，形成"工业电商+

直播"新模式,探索工业电商领域的新型服务体系。2020年中国工业电商行业重大事件见表13-2。

表13-2　2020年中国工业电商行业重大事件

序号	事件说明	事件主体	影响/意义
1	2020年3月11日,国联股份多多电商正式开启工业品/原材料直播季,旗下涂多多将担纲首发,行业用户可通过涂多多官方商城参与活动并拼购下单	国联股份	近年来电商直播带货已经爆发,多多电商开展工业品直播为工业电商领域直播带货做出示范,创建了工业电商平台交易新模式
2	2020年5月15日,京东工业品签署2.3亿美元A轮融资协议。京东工业品投后估值已超20亿美元,有望成为京东集团继京东数科、京东物流、京东健康后孵化出的第四只"独角兽"	京东工业品	本次融资是截至当时MRO电商平台领域金额最大的一笔融资,带动资本市场关注MRO电商领域。本次融资发生后,众多MRO电商平台企业纷纷融资成功
3	2020年6月4日,纺织B2B平台百布正式与苏州巨细信息科技(简称巨细)、广州飞舟信息科技(简称织联网)签署战略并购协议	百布、巨细、织联网	并购完成后,百布成为行业内AIoT设备覆盖规模最大的服务商,百布所属的致景科技在纺织行业中已经基本联通了研发设计、生产制造、线上交易等全生命周期的数据,为纺织行业甚至其他制造业领域企业做出示范
4	2020年6月10日,汽配易损件供应链平台"三头六臂"(广东三头六臂信息科技有限公司)宣布完成近4亿元的B轮融资,本次融资将用于二类易损件开发、仓配前置和数据化升级	广东三头六臂信息科技有限公司	"三头六臂"已完成4轮融资,共计8亿元以上。"三头六臂"频繁获得融资,资本市场对汽车后市场高度认可
5	2020年8月12日,京东工业品宣布完成对工业用品供应链电商公司工品汇的收购交易	京东工业品、工品汇	工品汇将作为京东工业品的子品牌,定位面向次终端零售门店提供MRO服务,打通MRO产业带原厂资源,形成京东企业业务服务工业制造业领域的重要一环。京东集团在工业品领域频频动作,加速布局MRO电商业务,为行业内其他企业做出示范

续表

序号	事件说明	事件主体	影响/意义
6	2020年9月15日，京东工业品发布了最新的服务产品——"京工帮"工业品服务体系，与上海沪工、库控、工业速派、通达发、比高集团、中盾优固6家服务商合作伙伴签署合作协议	京东工业品	合作协议的签署，补充了京东工业品综合品类及专业品类的线下服务能力，为京东工业品未来布局工业服务做铺垫，有助于带动工业电商向工业服务业务拓展
7	2020年9月16日，阿里巴巴正式上线了对外保密运行3年的新业务"犀牛智造"，作为阿里新制造的"一号工程"，犀牛智造工厂也在杭州正式投产。"犀牛智造"率先从服装产业切入新制造，实现"定制服装批量化生产"	阿里巴巴	目前看来，犀牛智造在阿里巴巴集团下最主要的任务就是服务于淘宝、天猫等电商业务。长远看来，阿里巴巴对于犀牛智造的愿景不止于服务电商平台，而是将新制造能力输送给中小企业，更是希望将服装行业新制造的探索复制到其他行业，赋能更多中小企业
8	2020年9月22日，工业互联网平台拓斯达旗下驼驮科技宣布完成2500万元A轮融资，投后估值达1亿美元	驼驮科技	驼驮科技以设备维保为核心切入场景，为工业设备提供全生命周期的多维服务，其融资成功预示了工业设备维保在资本市场已经开始得到关注
9	2020年10月28日，工业用品服务平台震坤行工业超市获得3.15亿美元E轮股权融资。截至目前，震坤行工业超市已累计融资超过45亿元	震坤行工业超市	该笔融资是迄今中国工业用品领域最大一笔单轮融资。2020年内MRO电子商务平台融资金额屡破纪录，MRO电子商务平台市场关注度已达高点
10	2020年12月18日，橙色云设计有限公司向粤港澳大湾区制造企业发布了"橙色·云工业产品协同研发平台"，倡导共建"研发设计产业互联网新业态"，云协同研发平台以"协同研发设计"为核心，开发了CDS云协同和CRDE云研发两大系统	橙色云	协同设计研发为工业领域产品研发阶段提供了巨大便利，"橙色·云工业产品协同研发平台"的发布，为制造企业的转型升级和企业研发上云提出新思路，协同研发设计作为新一代信息技术与制造业融合的新模式是缩短研发周期、降低研发成本的重要手段

数据来源：赛迪顾问，2021年1月

第八节 交易规模预测

一、2023年,中国工业电商平台交易规模将突破16万亿元

2020年中国工业电商平台交易规模为112560亿元,同比增长13.2%。2018—2023年中国工业电商平台交易规模及预测如图13-4所示。随着新一代信息技术与制造业的深度融合,工业电商平台应用将持续深入,国内需求不断提升,工业电商平台交易规模将继续扩大,预计到2023年中国工业电商平台交易规模将超过16万亿元。

图 13-4 2018—2023年中国工业电商平台交易规模及预测

数据来源:赛迪顾问,2021年1月

二、直接物料电子商务平台交易规模占比最大,能力资源交易平台交易仍在起步阶段

2020年中国工业电商平台交易结构如图13-5所示。由于直接物料电子商务平台交易品中包括钢铁、煤炭、石油化工、建筑材料等生产制造原材料,此类商品能够应用在工业生产的各个环节,通常交易规模较大、交易金额较高,因此直接物料电子商务平台的交易规模占比最大,达到90%以上。对于综合电子商务平台,此部分仅计算其在工业领域的交易额,约占工业电商平台交易规模的2.89%。能力资源电子商务平台尚处在起步阶段,大部分企业尚未盈利,交易规模较小,仅占中国工业电商平台交易规模的不足0.01%,但从政策重视程度和市场热度来看,能力资源电子商务平台具有极大潜力,未来将具有一定规模。

综合电子
商务平台
2.89%

能力资源电子
商务平台
0.01%

MRO电子
商务平台
6.37%

直接物料电子
商务平台
90.73%

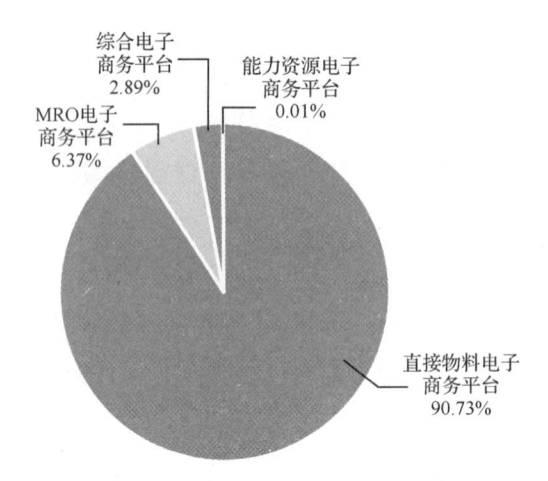

图 13-5　2020 年中国工业电商平台交易结构

数据来源：赛迪顾问，2021 年 1 月

第九节　资本市场动向

一、工业电商领域投融资热度不减，大宗商品交易和 MRO 交易各占约三分之一

中国工业电商市场热度于 2015 年爆发，涌现了一大批大宗商品类工业电商平台企业，随着技术的发展和商业模式的成熟，市场逐渐冷静，自 2017 年开始呈现逐年下滑态势。赛迪顾问整理的 2020 年工业电商领域投融资事件共计 28 件，与 2019 年持平，从细分领域来看，中国工业电商领域投融资事件主体由大宗电商平台向 MRO 电商平台及大宗商品以外的垂直行业电商平台转移，以化工、建材、钢铁、能源为主的大宗商品交易和 MRO 平台均约占总数的三分之一。2012—2020 年中国工业电商领域投融资事件数量及 2020 年中国工业电商各细分领域投融资事件数量占比情况如图 13-6 所示。

二、投融资轮次多集中于早期，投融资主体转向多元化

2020 年工业电商项目投资多集中于项目早期，以天使轮和 A 轮的投融资事件最多，如图 13-7 所示，且投融资主体由大宗电商平台为主转向各类型电商平台多元化发展。京东工业品收购工品汇作为京东工业品的子品牌，将组成京东企业业务服务工业制造业领域的重要一环。能源汇和凯茵化工在 2020 年分别获得两笔投资，分别进入 A+轮和 A 轮投资。

(a) 投融资事件数量（件）

(b) 各细分领域投融资事件数量占比情况

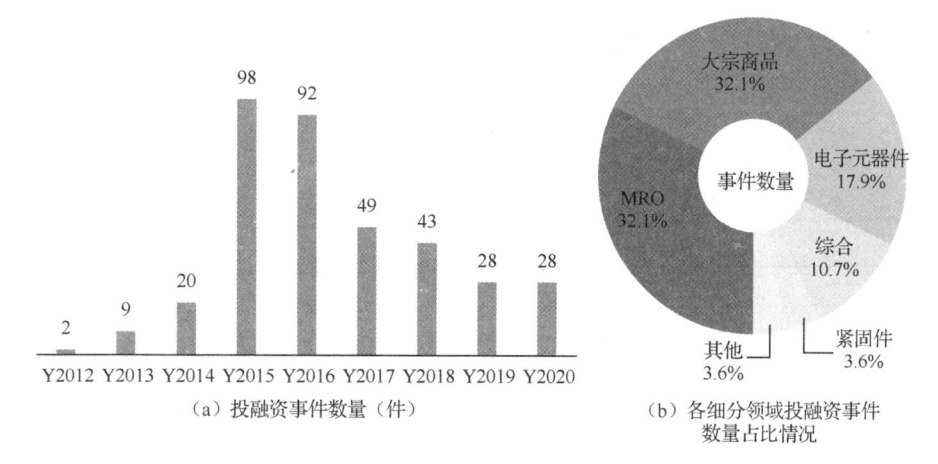

图 13-6　2012—2020 年中国工业电商领域投融资事件数量及 2020 年中国工业电商各细分领域投融资事件数量占比情况

数据来源：赛迪顾问，2021 年 1 月

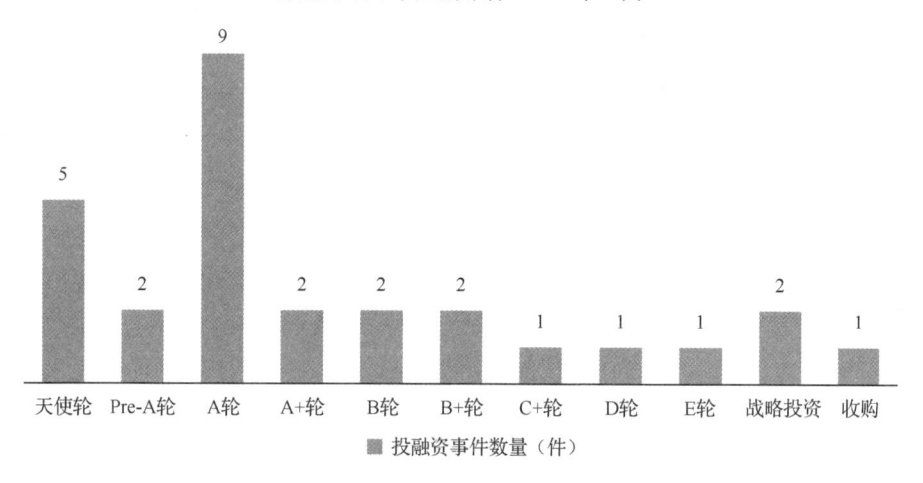

图 13-7　2020 年中国工业电商投融资事件所处轮次数量

数据来源：赛迪顾问，2021 年 1 月

三、上海、广东是重点投资地区，投资事件占比超一半

从 2020 年度投融资事件发生区域（见图 13-8）来看，以上海、浙江、江苏为核心的长三角地区是中国工业电商领域投融资重点地区，占总数的近一半，其中，上海投融资事件最多，约占总数的三分之一。制造业同样活跃的广东也是主要投融资地区，工业电商领域投融资事件占全国的 25%。

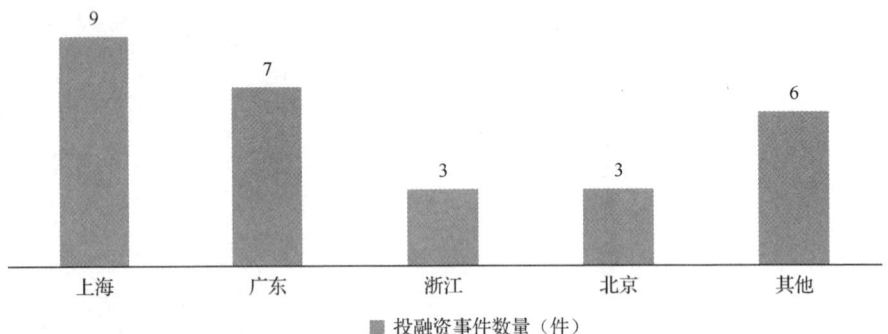

图 13-8 2020 年中国工业电商行业投融资事件数量按地区分布情况

数据来源：赛迪顾问，2021 年 1 月

第十节 赛道选择建议

（1）自 2015 年工业电商市场热度爆发以来，MRO 电商投融资事件占工业电商投融资事件比例逐年上升，从 2015 年占比 14.3%增长到 2020 年占比 32.1%，如图 13-9 所示，逐渐成为市场主要关注点。

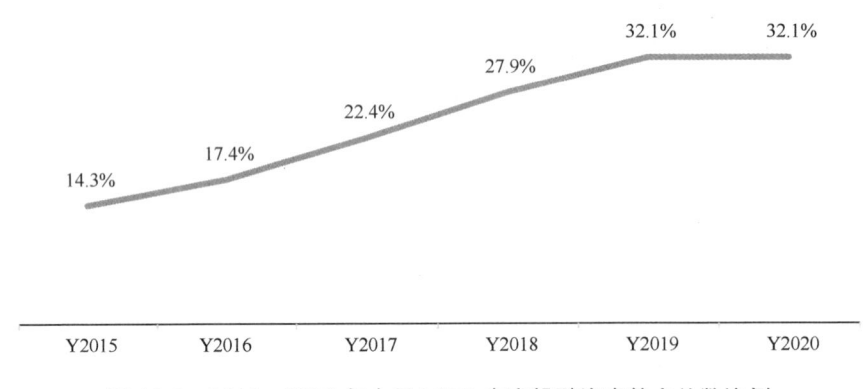

图 13-9 2015—2020 年中国 MRO 电商投融资事件占总数比例

数据来源：赛迪顾问，2021 年 1 月

（2）能力资源电子商务平台将进一步扩大规模，将成为未来几年工业电商领域的投资关注点。平台作为资源整合者，将形成从研发设计到生产制造再到产品服务的全生命周期资源交易闭环。

（3）融合区块链技术的工业电商平台将是区块链技术在工业领域应用的一个重要方向。

（4）工业电商平台附加信息资讯、仓储物流、供应链金融、设备维修等工业服务功能,能实现供应商、制造商、经销商、用户等产业链各环节主体之间数据联通,是未来工业电商发展的重要赛道。

2021 年中国工业电商领域投资价值气泡图如图 13-10 所示。

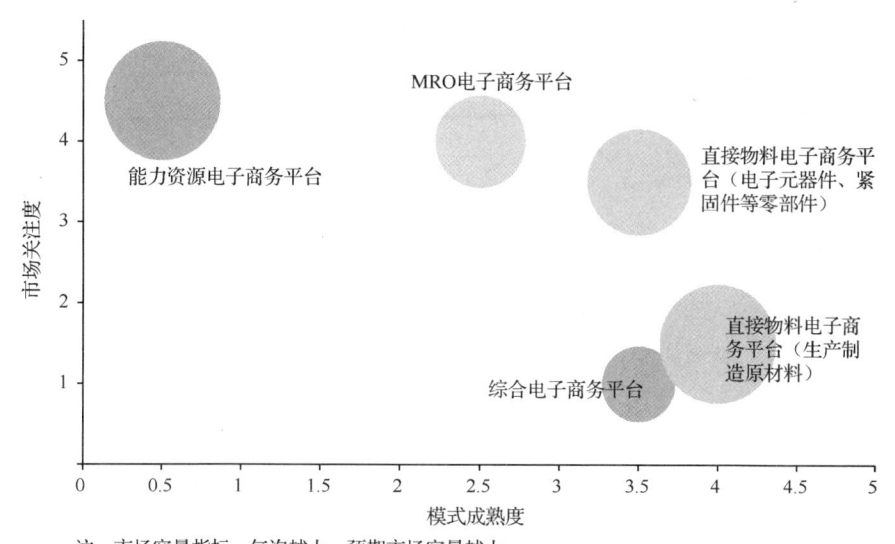

注:市场容量指标:气泡越大,预期市场容量越大。

图 13-10　2021 年中国工业电商领域投资价值气泡图

数据来源:赛迪顾问,2021 年 1 月

第十四章

氢燃料电池

第一节　产业定义或范畴

　　燃料电池是一种把燃料所具有的化学能直接转换成电能的化学装置。按不同电解质可分为碱性燃料电池、磷酸燃料电池、熔融碳酸盐燃料电池、固体氧化物燃料电池和质子交换膜燃料电池（PEMFC）。其中，质子交换膜燃料电池的工作温度最低，还具有响应速度快和体积小等特点，目前最契合新能源汽车的使用，被认为是未来燃料电池汽车最重要的发展方向之一。

　　本章所指的氢燃料电池产业是指将氢气的化学能作为二次能源，通过一定的方法利用其他能源制取或从工业废弃提取高纯度氢气，然后将氢气作为"含能体能源"通过燃料电池转换为电能，再应用到交通等相关领域的经济活动的总和。

第二节　赛迪重大研判

　　（1）中国氢燃料电池产业整体仍处于发展前期，随着示范城市的逐步开展，有望快速实现核心技术突破和成本下降。

　　（2）氢燃料电池企业主要分布在东部沿海地区，尤其是珠三角、长三角地区是氢燃料电池企业数量最多的聚集区。

　　（3）氢燃料电池产业链划分为包括上游氢气制储运，中游电堆及系统，下游应用及检测三个环节，其中中游电堆及系统是制约产业发展的关键。

　　（4）随着示范应用政策落地，氢燃料电池产业未来三年有望快速增长。预计到2023年，中国氢燃料电池系统装机量将达到650MW。

（5）氢燃料电池产业投资持续火爆。2020年氢燃料电池领域投资案例一共有96件，涉及总金额1033亿元。从数量看，电堆与系统、电堆零部件的投资事件最多，合计占总投资事件的53%。

（6）从投资潜力来看，氢燃料电池电堆、核心材料及零部件、液氢储运、工业副产氢提纯等领域值得关注。

第三节　产业环境分析

一、下游氢燃料电池汽车整体规模大幅下降

从中国市场看，汽车是氢燃料电池唯一开始批量化应用的下游市场。2020年受新冠肺炎疫情和燃料电池汽车补贴暂停影响，中国氢燃料电池汽车整体规模大幅下跌，装机量仅为1434辆，相较2019年下降近半，如图14-1所示。下游市场低迷，导致氢燃料电池及上游环节产业规模均出现较大下降。

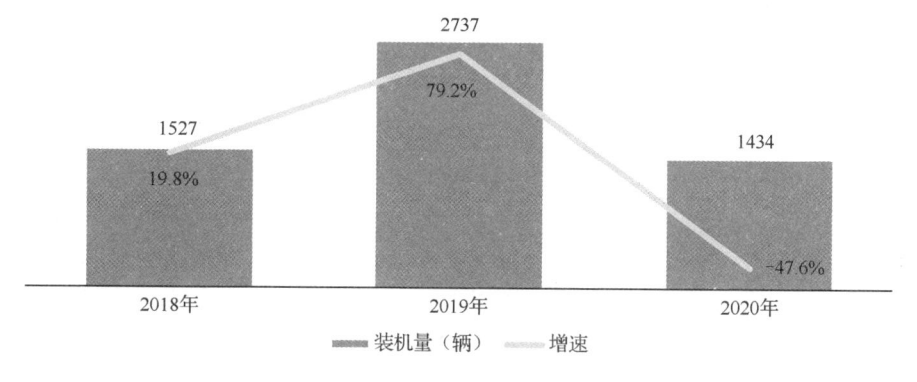

图 14-1　2018—2020 年中国氢燃料电池汽车装机量

数据来源：赛迪顾问，2021 年 1 月

二、外资企业加大在中国氢燃料电池领域布局

2020年，地方氢燃料电池相关政策频出，中国氢燃料电池产业呈现出巨大的发展前景，吸引了百余家国际车企、核心材料、零部件等氢燃料电池上下游企业布局。其中整车企业包括丰田、现代等，电堆及零部件企业包括博世、巴拉德、盖瑞特、爱尔铃克铃尔、大陆集团、佛吉亚、Nuvera等，核心材料企业包括杜邦、戈尔、庄信万丰、田中贵金属等，上游氢气制储运企业包括法液空、空气化工产品、林德、壳牌等，均开始加大对中国氢燃料电池产业的布局。

三、国家明确碳达峰碳中和目标，氢能发展将受益

2020年9月在第75届联合国大会一般性辩论上中国正式宣告力争在2030年前碳达峰，努力争取2060年实现碳中和的目标（以下简称"30 60 目标"）。从能源的角度来看，要实现碳中和、碳达峰目标，需要更多地发展可再生能源。其中氢气具有来源多样化、驱动高效率、运行零排放等特征，可通过燃料电池系统转换为电能，更广泛地应用于交通、建筑、工业和更高效的储能领域，发展氢燃料电池产业对中国实现"30 60 目标"意义重大。

四、国家加大政策力度支持燃料电池汽车推广应用

2020年4月，财政部、工信部、科技部、国家发改委联合印发《关于完善新能源汽车推广应用财政补贴政策的通知》（以下简称《通知》），《通知》指出"将当前对燃料电池汽车的购置补贴，调整为选择有基础、有积极性、有特色的城市或区域，重点围绕关键零部件的技术攻关和产业化应用开展示范，中央财政将采取'以奖代补'方式对示范城市给予奖励"。该政策的实施可有效避免出现全国各地盲目新建项目，有利于氢燃料电池产业向优势地区形成集聚。2020年9月财政部、工信部、科技部、国家发改委、国家能源局五部门联合下发《关于开展燃料电池汽车示范应用的通知》（以下简称《通知》），《通知》提到"五部门将对燃料电池汽车的购置补贴政策，调整为燃料电池汽车示范应用支持政策，对符合条件的城市群开展燃料电池汽车关键核心技术产业化攻关和示范应用给予奖励"，《通知》还强调"奖励资金由地方和企业统筹用于燃料电池汽车关键核心技术产业化，人才引进及团队建设，以及新车型、新技术的示范应用等，不得用于支持燃料电池汽车整车生产投资项目和加氢基础设施建设"。从通知细则看，示范应用的开展对突破核心技术，丰富应用场景，探索商业模式、建设政策体系等都有很好的推动作用。

第四节 产业链全景图

氢燃料电池产业链（见图14-2）主要包括上游氢气制储运、中游电堆及系统，下游应用及检测等产业环节。

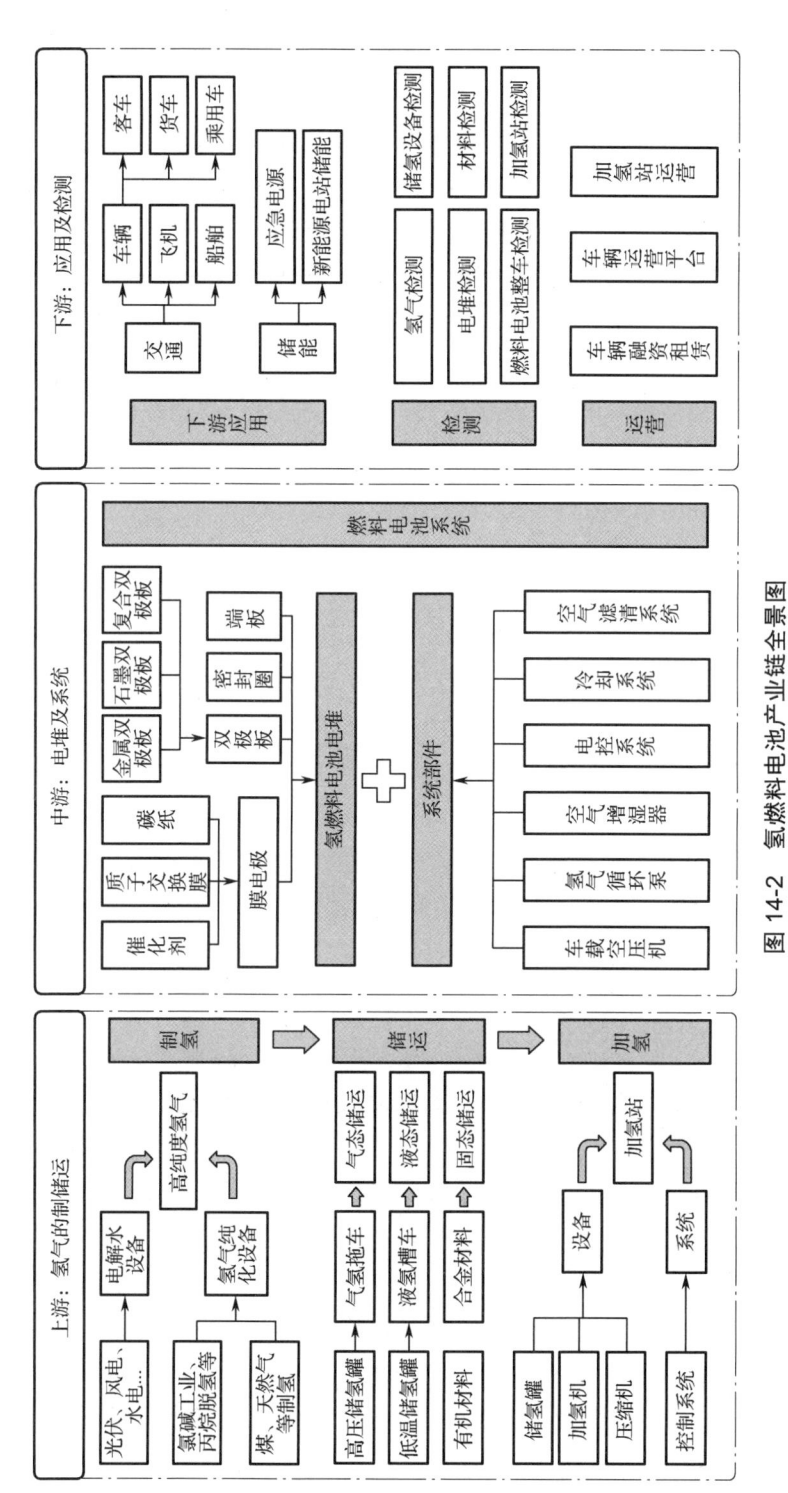

图 14-2　氢燃料电池产业链全景图

数据来源：赛迪顾问，2021 年 1 月

上游：包括制氢、储运和加氢三个环节，是氢气的来源和供应保障。由于氢燃料电池对氢气的纯度要求较高，目前氢燃料电池用的氢气主要以天然气制氢和电解水制氢为主，2020 年国内首个氢源为副产氢提纯的加氢站建成投产，同时多个可再生能源制氢项目开建，未来工业副产氢和可再生能源电解水制氢将逐步成为主要氢源。储存状态形式可分为气态、液态及固态三种，分别对应不同的运输模式，目前国内以气态储运为主，随着 2020 年国内首个民用的液氢工厂在嘉兴建成投产，液氢储运市场将逐步放量。加氢站是燃料供应的场所，截至 2020 年年底，中国共建成加氢站 108 座，其中 101 座已投入运营，拟建和在建加氢站达到 167 座。

中游：核心为氢燃料电池电堆，电堆由双极板、扩散层、质子交换膜、催化剂等多个部件组成，其中催化剂、质子交换膜具有较高的技术门槛，也是电池电堆最关键的部分。系统是氢燃料电池应用的重要载体，燃料电池电堆与车载空压机、空气增湿器、氢气循环泵等一起组成了氢燃料电池系统，从而实现充能、放能过程。从企业公开资料显示，2020 年，国内几家龙头企业的电堆、系统产品的主要性能参数已基本达到国外平均水平，核心的质子交换膜、催化剂等材料也通过了国家强检，随着这些材料的产业化，未来中国氢燃料电池产业链综合竞争力将进一步提升。

下游：氢燃料电池可以应用于汽车、无人机、船舶、储能等多个领域。目前中国氢燃料电池的应用场景 99% 以上都在汽车领域，受技术限制，主要以插电式 FCV 商用车为主。2020 年氢燃料电池汽车装机量为 1434 辆，全部为商用车，其中氢燃料电池客车 1265 辆，氢燃料电池专用车 169 辆。

第五节 价值链及创新

氢燃料电池产业处于发展初期，规模较大的企业主要以传统整车企业和上游氢气制备企业为主，大量的初创企业整体规模较小，企业的营收和利润水平较低（大部分以研发为主，利润为负）。从上市企业财报及调研情况综合分析产业链上市企业发现，氢燃料电池业务通常为传统的能源和汽车相关企业在其自身业务基础上转型发展的一个方向，除电堆及电堆材料有个别企业氢燃料电池业务作为主营业务外，其他环节的企业氢燃料电池相关业务在其主营收入中的占比相对较低，无法将氢燃料电池业务单独剥离研究。

通过分析上市企业氢燃料电池业务占企业营业收入比例可以大致判断氢燃料电池产业各环节的发展情况。在制氢环节，上市企业数量较多，以传统能源和化工企业为主,多数为现有业务的延伸,希望通过涉足氢燃料电池产业实现企业转型升级。在电堆及系统环节,目前上市企业通过股权收购方式参与氢燃料电池产业,以氢燃料电池为主营业务的上市(包含拟上市)企业基本都是电堆和系统企业。在下游应用环节,多数为传统车企布局氢燃料电池汽车领域,主要以客车和专用车企业为主,相关企业整体规模较大,但氢燃料电池汽车业务所占比例较低。2020年氢燃料电池产业价值链分布情况如图14-3所示。

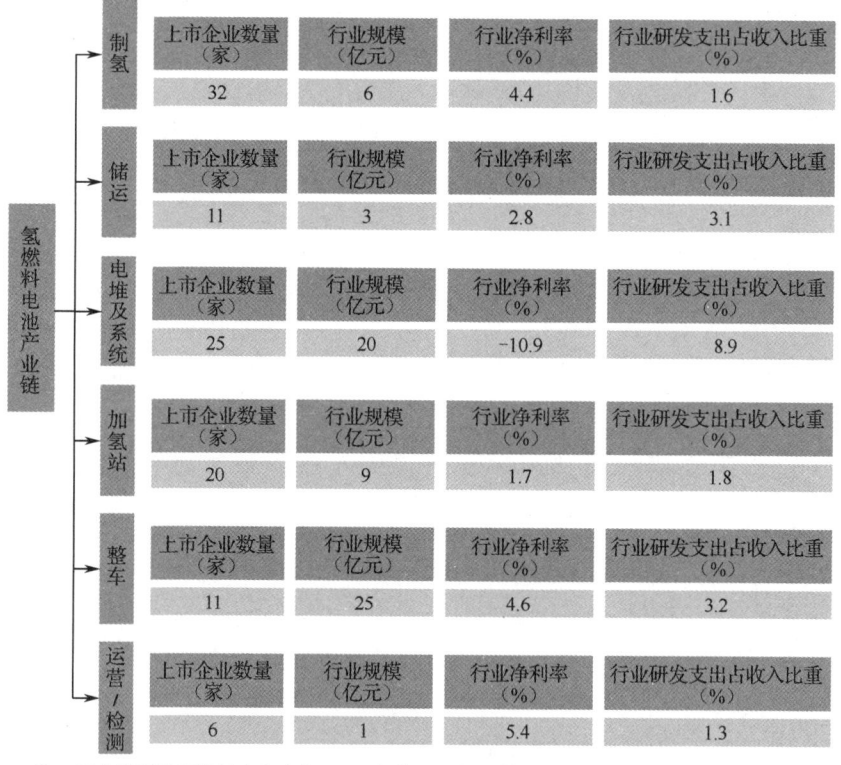

环节	上市企业数量（家）	行业规模（亿元）	行业净利率（%）	行业研发支出占收入比重（%）
制氢	32	6	4.4	1.6
储运	11	3	2.8	3.1
电堆及系统	25	20	-10.9	8.9
加氢站	20	9	1.7	1.8
整车	11	25	4.6	3.2
运营/检测	6	1	5.4	1.3

注：图中数据按照相关上市企业2020年前三季度经营数据计算,经营数据未剔除上市企业内部其他相关业务收入。

图14-3 2020年氢燃料电池产业价值链分布情况

数据来源：上市企业财报，赛迪顾问整理，2021年1月

一、行业整体规模较小,尚未成为相关上市企业主要营收业务

氢燃料电池行业整体仍处于产业发展初级阶段,大部分上市企业只是将该领域作为新探索方向扩展延伸。据上市企业财报数据显示,2020年前三季度105家氢燃料电池相关上市企业营收合计达到16095亿元,而全年氢燃料

电池行业整体规模尚不足 70 亿元，氢燃料电池相关业务在相关上市企业前三季度营收占比仅 0.4%。尤其是制氢领域，参与的上市企业主要以化工企业为主，多数企业在氢燃料电池产业链相关业务收入占上市企业前三季度营收不到 0.2%。详见图 14-4。

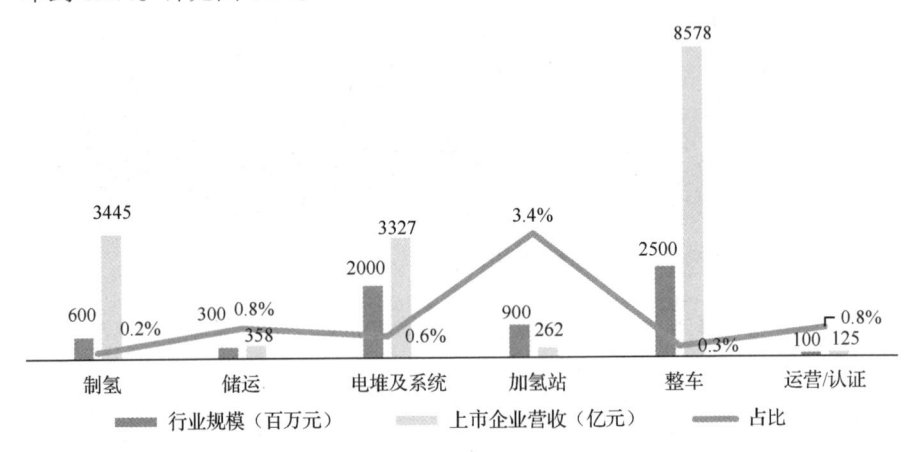

图 14-4 2020年前三季度中国氢燃料电池产业各领域行业规模与上市企业营收对比

数据来源：上市企业财报，赛迪顾问整理，2021 年 1 月

二、电堆系统及储运环节研发投入占营收比重最大

从各领域研发投入占营业收入比重（见图 14-5）看，电堆、系统及零部件环节是目前制约中国氢燃料电池产业发展的关键，尤其是质子交换膜、催化剂、膜电极等产业成熟度较低的环节，成为近几年企业研发投入的热点，制氢、加氢站、运营/检测等环节研发投入占营收比重较低。

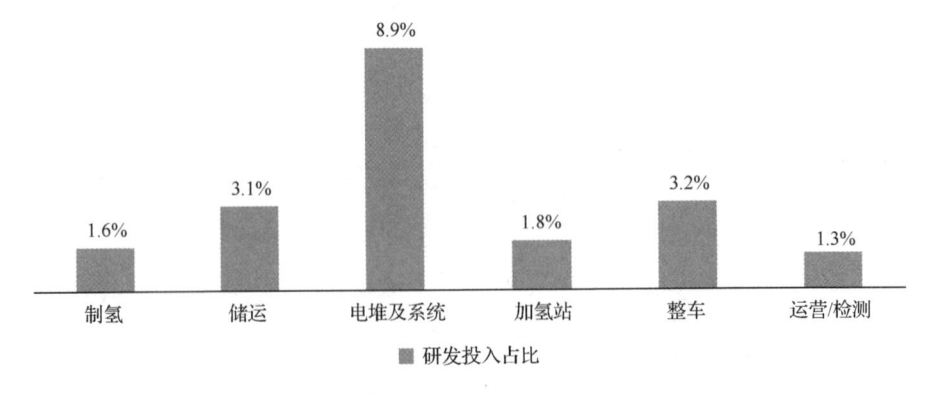

图 14-5 2020 年中国氢燃料电池产业各领域研发投入占营收比例

数据来源：上市企业财报，赛迪顾问整理，2021 年 1 月

第六节　区域分布格局

从总体分布（见表14-1）来看，广东产业资源最为集中，其加氢站数量、氢燃料电池汽车运行数量、注册企业数量均为第一。从加氢站数量看，广东已建成加氢站数量与在建加氢站均居第一，山东已建成加氢站数量占据第二，上海位列第三，在建加氢站数量上海居第二，河北居第三位。从车辆运行数量看，广东在运行的氢燃料电池汽车数量达到1598辆，其次是上海达1513辆，两个地区运行车辆占到全总保有量的40%以上。从产业主体分布看，广东注册企业数量最多，但上市企业主要集中在江苏、浙江、山东等地，研究机构以江苏和北京数量最多。

表14-1　2020年中国氢燃料电池产业资源主要省市分布情况

省　市	加氢站数量	氢燃料电池汽车运行数量	产业资源
北京	已建成3座，在建1座	255辆	上市企业8家，注册企业67家，研究机构数量71个
上海	已建成10座，在建28座	1513辆	上市企业6家，注册企业213家，研究机构数量49个
广东	已建成30座，在建29座	1589辆	上市企业4家，注册企业1495家，研究机构数量66个
江苏	已建成8座，在建7座	339辆	上市企业14家，注册企业617家，研究机构数量82个
山东	已建成11座，在建11座	360辆	上市企业10家，注册企业593家，研究机构数量26个
四川	已建成7座，在建2座	120辆	上市企业5家，注册企业143家，研究机构数量12个
湖北	已建成6座，在建19座	174辆	上市企业2家，注册企业206家，研究机构数量32个
浙江	已建成4座，在建18座	100辆	上市企业13家，注册企业379家，研究机构数量28个
河北	已建成6座，在建21座	339辆	上市企业5家，注册企业138家，研究机构数量13个

数据来源：赛迪顾问，2021年1月

第七节 行业重大事件

2020年,氢燃料电池行业虽然市场低迷,但资本市场却持续火热,越来越多的产业链企业获得资本加持,多家行业龙头企业加速上市的进程;企业竞争日趋激烈,2020年共有十余家企业召开了氢燃料电池电堆/系统新品发布会,产品性能参数有了明显提升,同时批量供应的价格也出现了大幅下降,产品性价比提升。外资企业加速在中国氢燃料电池产业的布局,以合资成立新公司或者投资建厂的方式,开始深度参与国内氢燃料电池及零部件市场竞争。2020年中国氢燃料电池行业重大事件见表14-2。

表14-2 2020年中国氢燃料电池行业重大事件

序号	事件说明	事件主体	影响/意义
1	"联合燃料电池系统研发(北京)有限公司"成立	一汽、东风、广汽、北汽、亿华通、丰田	多家行业巨头合作,有望构建更加开放、协同、共享的氢能产业生态,大幅缩短氢燃料电池从开发到产品化所需时间,进一步加速国内氢燃料电池汽车产业进程
2	亿华通成功登陆A股	亿华通	亿华通是第一家以氢燃料电池为主营业务的A股上市公司,亿华通成功登陆A股,代表氢燃料电池行业真正开始被市场、资本认可,同时也提振了行业信心
3	国鸿氢能、氢璞创能、雄韬氢瑞等企业公布了电堆新品的价格策略	国鸿氢能、氢璞创能	2020年10月国鸿氢能发布国产电堆新品售价为1999元/kW,随后北京氢璞创能称对订单500台及以上的战略伙伴售价为1699元/kW,电堆价格相比2020年降幅达30%~40%,对氢燃料电池汽车整车降本贡献巨大
4	东岳150万平方米质子交换膜生产线一期工程正式投产	东岳集团	东岳集团在质子交换膜领域积累多年,是国内少数几家具备批量生产质子交换膜的企业,项目投产代表国产质子交换膜在规模化商用方面迈出关键一步

数据来源:赛迪顾问,2021年1月

第八节　市场规模预测

一、随着城市群示范应用开展，氢燃料电池下游市场前景广阔

预计到"十四五"末期，中国氢燃料电池汽车保有量将超 5 万辆，应用场景将趋于多元化。从燃料电池示范应用城市申报工作看，地方政府发展氢燃料电池汽车的积极性较高，有 50 多个城市参与了申报工作，申报方案结合氢燃料电池汽车技术特性，挖掘了诸如冷链配送、家具配送、煤炭运输、港口牵引等一系列的特色场景，并配套规划了充足的基础设施保障。随着示范工作的推进，部分地区的车端氢气售价有望达到 30 元/kg 以下，氢燃料电池汽车的运营成本将与传统燃油车持平，结合政府的扶持政策以及融资租赁等商业模式的完善，氢燃料电池汽车有望在氢气供应便利、日运行里程较长等一些特殊场景率先实现商业化应用。同时，随着氢燃料电池产业化水平的提升，氢燃料电池汽车的单车系统功率也将快速提升，整体看，氢燃料电池市场增速将高于氢燃料电池汽车增速，预计到 2023 年氢燃料电池出货量达到 650MW，如图 14-6 所示。

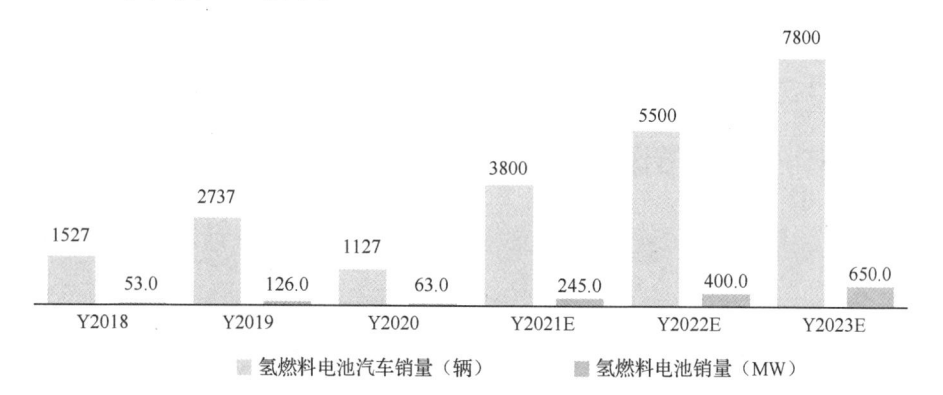

年份	氢燃料电池汽车销量（辆）	氢燃料电池销量（MW）
Y2018	1527	53.0
Y2019	2737	126.0
Y2020	1127	63.0
Y2021E	3800	245.0
Y2022E	5500	400.0
Y2023E	7800	650.0

图 14-6　2018—2023 年中国氢燃料电池汽车与氢燃料电池市场销量预测

数据来源：赛迪顾问，2021 年 1 月

二、未来三年车用氢燃料电池仍占主导地位，储能领域市场也将逐步打开

受示范应用政策落地和下游整车装机需求增加的影响，"十四五"期间，

中国车用氢燃料电池市场将延续高速增长态势，且应用场景主要以中长途、高载重、高耗能的商用车为主，因此，短期内石墨双极板（包含复合双极板燃料电池）燃料电池仍占据较大的市场份额，预计到2023年占比仍高达98%。随着固定式燃料电池项目的建成投产，氢燃料电池将逐步在微电网、储能等领域开展示范应用，高温氧化物燃料电池也将逐步打开市场。2018—2023年中国氢燃料电池产品市场结构及增长率预测如图14-7所示。

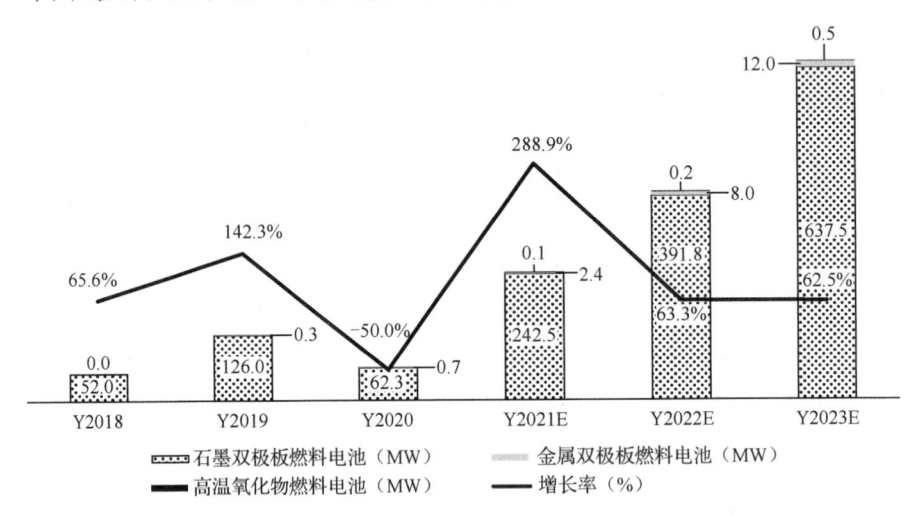

图 14-7　2018—2023 年中国氢燃料电池产品市场结构及增长率预测

数据来源：赛迪顾问，2021 年 1 月

第九节　资本市场动向

一、电堆与系统环节投融资事件最多，制氢领域投资金额最大

赛迪顾问整理的 2020 年氢燃料电池领域投融资事件一共有 96 件，涉及总金额为 1033 亿元，各领域投融资事件数量及投资金额占比情况如图 14-8 所示。从数量看，电堆与系统、电堆零部件的投融资事件最多，合计占总投融资事件的 53%。但从投融资金额来看，制氢领域的投融资总额最高，主要因为制氢项目多数为化工与能源新建项目的附属产品，投资主体企业规模大，单个项目投资金额也较多。

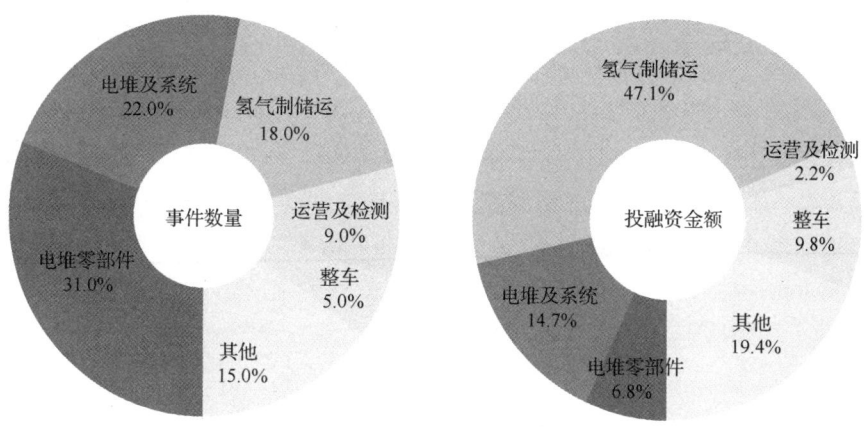

图 14-8　2020 年中国氢燃料电池产业各领域投融资事件数量及投资金额占比情况

数据来源：赛迪顾问，2021 年 1 月

二、企业新建项目投资金额高达 735 亿元，主要面向电堆及电堆零部件环节

从企业为主体参与的投资项目金额（见图 14-9）看，2020 年企业资金更倾向布局制氢、电堆及系统、电堆零部件等领域，加氢站由于资金成本回收周期长，故参与者相对较少。此外，2020 年有两个 SOFC 氢燃料电池电堆项目投建，未来氢燃料电池在固定式发电站与储能领域将逐步打开市场。

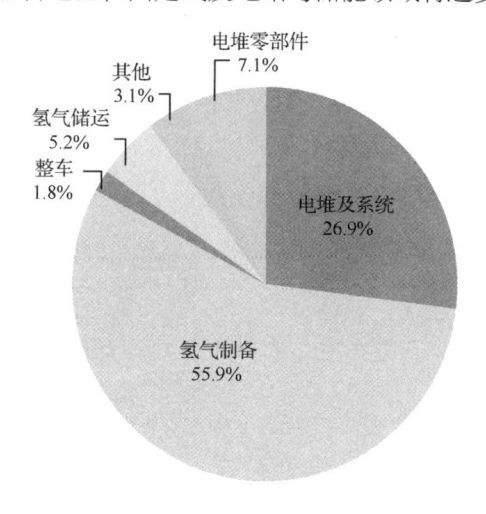

图 14-9　2020 年中国氢燃料电池产业各领域企业投资金额

数据来源：赛迪顾问，2021 年 1 月

三、资本市场参与的投融资事件共 33 起，涉及金额 152 亿元

2020 年资本市场参与的氢燃料电池企业投融资多集中于项目早期，如图 14-10 所示，以 A 轮和 A+轮数量最多，但单个项目金额较小，这与氢燃料电池产业处于发展初期有着密切关系。上市企业募集资金投向氢燃料电池行业的事件共 7 起，虽然数量较少，但是单笔投资金额较大，共涉及金额 77 亿元。此外有三家产业链相关企业通过 IPO，共募集资金 28 亿元，主要投向为系统、催化剂与测试环节。

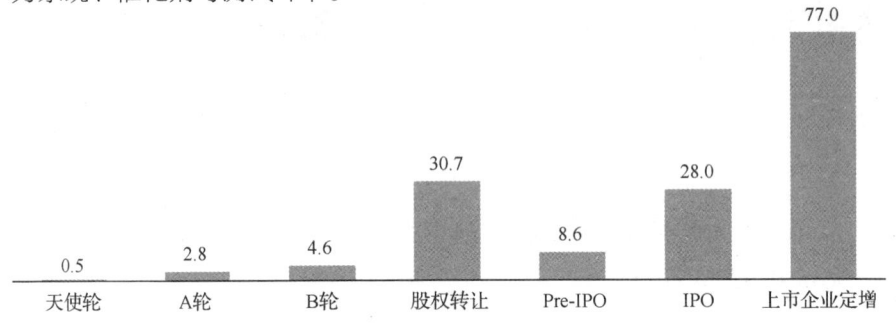

轮次	金额（亿元）
天使轮	0.5
A轮	2.8
B轮	4.6
股权转让	30.7
Pre-IPO	8.6
IPO	28.0
上市企业定增	77.0

图 14-10　2020 年资本市场参与的氢燃料电池产业投融资金额（单位：亿元）

数据来源：赛迪顾问，2021 年 1 月

四、投融资项目区域分布较为分散，广东地区数量最多

从 2020 年的氢燃料电池行业投融资发生区域（见图 14-11）来看，广东、山东、上海三地投融资事件数量均超过 10 件，这主要与当地政策力度和产业基础有关。投融资金额以内蒙古最高，内蒙古新建 1 个光伏制氢项目，单个项目投资额即达到 200 亿元以上。

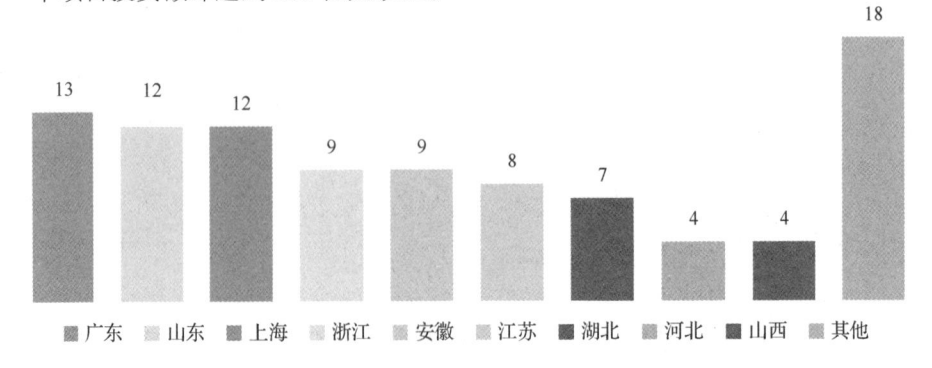

地区	件数
广东	13
山东	12
上海	12
浙江	9
安徽	9
江苏	8
湖北	7
河北	4
山西	4
其他	18

图 14-11　2020 年中国氢燃料电池产业投融资地区分布情况（单位：件）

数据来源：赛迪顾问，2021 年 1 月

第十节　赛道选择建议

（1）电堆及其核心零部件膜电极、质子交换膜成为创业热点，是产业链最核心的环节，掌握自有核心技术的企业具备较强的投资价值。但受到投资金额大和周期长的影响，高风险将长期存在。

（2）氢燃料电池整车技术主要依赖上游供应商，市场方面短期专用车增长会大于客车，同时建议关注重卡等领域的应用。

（3）国内电堆和系统环节企业开启 IPO 进程，可重点关注头部前 5 家企业，其中石墨双极板燃料电池（包含复合材料双极板）技术较为成熟，参与者众多，竞争也更加激烈，金属双极板技术成熟度偏低，主要为上汽系子公司布局较多。

（4）液氢储运技术开始加快产业化进程，预计 3~5 年后进入规模增长期，资本可考虑提前布局。

（5）上游制氢领域参与企业以化工企业与能源企业为主，多为现有业务的扩展，短期难以成为企业的主营业务。建议关注氢气提纯及 PEM 水电解制氢相关企业。

2021 年中国氢燃料电池产业投资价值趋势如图 14-12 所示。

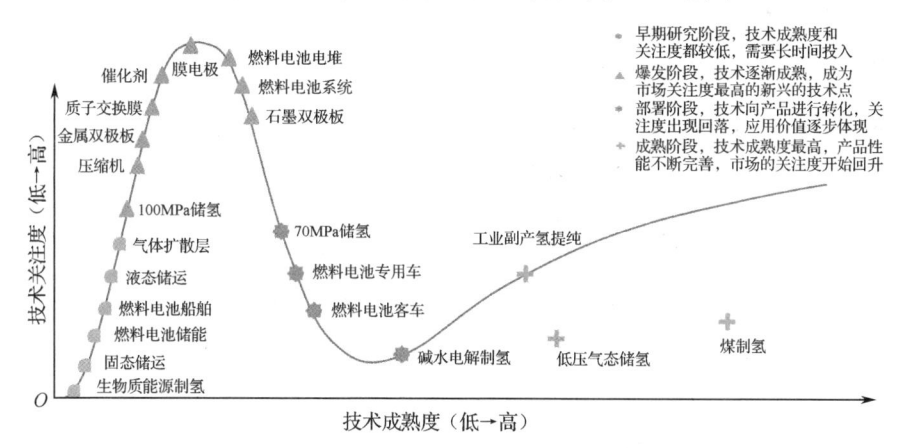

图 14-12　2021 年中国氢燃料电池产业投资价值趋势图

数据来源：赛迪顾问，2021 年 1 月

第十五章

动力电池

第一节 产业定义或范畴

新能源汽车动力电池（以下简称"动力电池"）是为新能源汽车储存并提供持续动力所需能量的化学电源。当前新能源汽车动力电池主要以锂离子电池为主，也包括镍氢电池、超级电容器等。随着技术的不断发展，现有体系下锂离子电池性能发展已进入缓慢期，而采用新材料、新体系的电池不断成熟并逐渐商业应用，动力电池涵盖内容也在不断丰富。富锂正极材料、硅碳负极材料、固态电解质等新材料成为动力电池材料的新选择，而钠离子电池、铝离子电池等也成为动力电池拓展的新方向。

第二节 赛迪重大研判

（1）传统动力电池投资向西南地区转移，东部沿海地区抢先布局电池新技术。

（2）外资电池企业依靠外资车企扩大在中国市场的占有率，并通过规模优势和品牌继续争夺动力电池市场。自主品牌、电池新入局企业面临较大市场竞争压力。

（3）电池龙头企业通过建立合资公司、股权投资等方式与车企加深合作，龙头电池企业竞争优势进一步放大。

（4）以固态电池（准固态、固液混合态）为代表的电池新技术在小电池领域加快市场应用，并逐步向动力、储能领域拓展。

（5）以"光/风发电-储能-充/换电"为轴心，构建动力电池新型产业生态,将成为动力电池回收及再生利用的关键抓手。

(6)"碳中和"目标已明确,新能源发电与大规模储能、新能源汽车储能相结合将成为未来能源行业发展的重要趋势,带动动力电池市场需求持续增长。

第三节 产业环境分析

一、外资企业加速发力,动力电池产业竞争日益激烈

2020年国内动力电池装机量为63.6GW·h,较2019年的62.2GW·h仅增长2.3%,市场增长缓慢。市场增长的部分主要为外资电池企业的投资拉动,全年外资电池企业装机量占比达到10.2%,较2019年的2.1%显著增加。自主电池企业市场份额、装机总量呈现下降趋势,总装机量较2019年减少3.8GW·h,2019年装机量排名前10的自主电池企业,除中航锂电以外,其他企业总装机量都出现了不同程度的下降。动力电池产业国内竞争却已愈演愈烈,特别是外资电池企业产业布局和项目投资提速,对内资企业是一个不小的挑战。2020年,LG、松下等相继发力国内市场,投建产能、成立合资公司、拓展客户,并依靠自身的产能优势,继续向产业链上游拓展。2020年11月,SKI在常州的隔膜工厂正式投产,其产品也将进入亿纬锂能等国内前10电池企业的供应链。此外,电池回收再利用、充电基础设施等领域外资也在加紧布局。中国动力电池产业链快速演变到全领域开发竞争阶段。

二、安全问题凸显,动力电池产业比能量发展进入缓慢期

2020年动力电池系统比能量继续升级。SKI为北汽麦格纳ARCFOX αt提供的电池,其系统比能量达到194(W·h)/kg,宁德时代、中航锂电电池系统比能量则均超过180(W·h)/kg,另外还有四家电池公司系统比能量超过170(W·h)/kg。从材料理论性能来看,现有体系锂离子电池能量密度远未达到其性能上限。然而近年来新能源汽车安全事故多发,使锂离子电池高比能量发展这一思路饱受质疑。2020年,国内有报道的新能源汽车起火事件超过60起,而且多为在充电、正常行驶甚至充电状态下发生的,汽车、电池企业也因此被推向了风口浪尖。进入2020年下半年,纯电动乘用车系统比能量首次呈现下降趋势,磷酸铁锂电池在乘用车上的占比提升。探索兼顾高比能量、高安全的技术路线成为产业发展迫切需求,动力电池产业比能量发展进入缓慢期。

三、资本市场火爆，新能源汽车带动上游企业股价整体上涨

2020年新能源汽车资本市场异常火爆。特斯拉、比亚迪、蔚来、小鹏、理想等车企股价全线上扬。新能源汽车企业股价上涨，带动了汽车板块和上游零部件的整体上涨。动力电池、电池材料领域上涨明显。宁德时代全年涨幅接超过300%，国轩高科、亿纬锂能等电池企业涨幅也超过200%；杉杉、容百、贝特瑞等材料企业股价也呈上涨态势。股价上涨为动力电池、电池材料企业带来诸多利好。首先，动力电池领域竞争日趋激烈、利润不断下滑，资金需求达到空前高度。高股价对企业再融资、进一步吸纳资金有积极作用。其次，2020年新冠肺炎疫情与全球范围内贸易保护主义抬头，加剧了全球经济下滑趋势，使资本方对投资更为谨慎。动力电池、电池材料企业股价的上涨，使企业成为资本关注的热点，对企业财产的安全性能够起到保护作用。

四、新能源汽车政策不断完善，加快促进动力电池产业创新突破

一是新能源汽车补贴政策延续，补贴缓慢退坡。2020年4月23日，财政部、工信部、科技部、国家发改委四部委联合印发《关于完善新能源汽车推广应用财政补贴政策的通知》，确定将新能源汽车推广应用财政补贴政策实施期限延长至2022年年底，明确未来将平缓补贴退坡力度和节奏。2020年年12月31日，财政部、工信部、科技部、国家发改委四部委联合印发《关于进一步完善新能源汽车推广应用财政补贴政策的通知》，新能源汽车补贴标准在2020年基础上退坡20%，公共领域用车退坡10%，并说明地方可继续对新能源公交车给予补贴，以推动公共交通行业转型升级。补贴平稳退坡，对稳定产业及市场情绪，支持企业产品调整具有积极意义。二是强制性国家标准正式发布，电池系统安全要求更加突出。2020年5月12日，《电动汽车用动力蓄电池安全要求》（GB 38031—2020）、《电动客车安全要求》（GB 38032—2020）和《电动汽车安全要求》（GB 18384—2020）三项强制性国家标准发布，已于2021年1月1日起开始实施。此次三项强制性国家标准中最受瞩目的当属电池系统热扩散测试。热扩散测试要求，电池包或电池系统由于单个电池热失控引起热失控、进而导致乘员舱发生危险之前5分钟，应提供一个热事件报警信号。此要求对于磷酸铁锂电池等安全性较好的电池来说较为容易实现，但对于三元电池等单体安全性能较差、热失控后反应剧烈

的电池来说，仅依靠电池本身的性能难以实现，需要从系统层面进行更严禁、更高要求的设计。三是《新能源汽车产业发展规划（2021—2035年）》发布，动力电池产业发展路径更加明确。2020年11月2日，国务院办公厅印发了《新能源汽车产业发展规划（2021—2035年）》（以下简称《规划》）。《规划》明确了未来15年中国汽车产业的发展方向，进一步表明了国家推动新能源汽车及智能网联发展的决心。动力电池是《规划》中"三横"的重要部分，未来需要继续重点突破，加强关键材料的研究、加快全固态动力电池技术研发及产业化。与此同时，促进动力电池产业全产业链协同发展、构建新型产业生态成为产业发展的新任务。《规划》的发布为动力电池产业发展指明了道路。

第四节　产业链全景图

动力电池产业链以动力电池生产应用为分界线，分前端、中端和后端。前端包括原料开采、材料生产、生产装备，中端为电池生产，后端包括梯次利用和材料再生。动力电池产业链全景图如图15-1所示。

原料开采：包括锂钴镍等正极材料原料，石墨负极材料原料和铜铝集流体原料，以及隔膜、胶带、铝塑膜所用的化工原料。2020年，由于国内原材料企业未能顺利进入海外市场，受国内市场需求增长有限、供应端压力增大等影响，原料环节企业利润率水平保持低位。

材料生产：包括正负极材料、隔膜、电解液四大关键材料和集流体、外壳等辅料。2020年受海外新冠肺炎疫情持续及汇率变化等影响，国内电池材料供应格局出口受到一定影响。为适应这一变化，材料企业普遍加大了国内市场关注力度，动力电池领域国内循环进一步加强。另一方面，高镍三元、硅碳负极等先进锂离子电池材料实现一定增长，固态电解质等电池新技术材料也日益成熟，丰富了电池材料的内涵。

生产装备：包括混料、涂布、分切成型的前段设备，卷绕、叠片、封装、注液等中段设备及化成、检测等后端设备。受2020年新能源汽车板块股票价格整体上涨影响，电池生产装备板块也成为资本关注的焦点。国内龙头生产装备企业技术优势和客户优势依然明显，仍保持了较高的利润水平。

电池生产：指动力电池生产，动力电池按材料分包括磷酸铁锂电池、三元电池、锰酸锂电池等，按外形分包括圆柱电池、软包电池和方形电池。国内动力电池集中度进一步提高，龙头企业几乎掌握了国内外全部优质供应商、客户资源。日韩电池企业的市场份额在 2020 年快速扩大，成为国内电池市场上最为有力的竞争者。

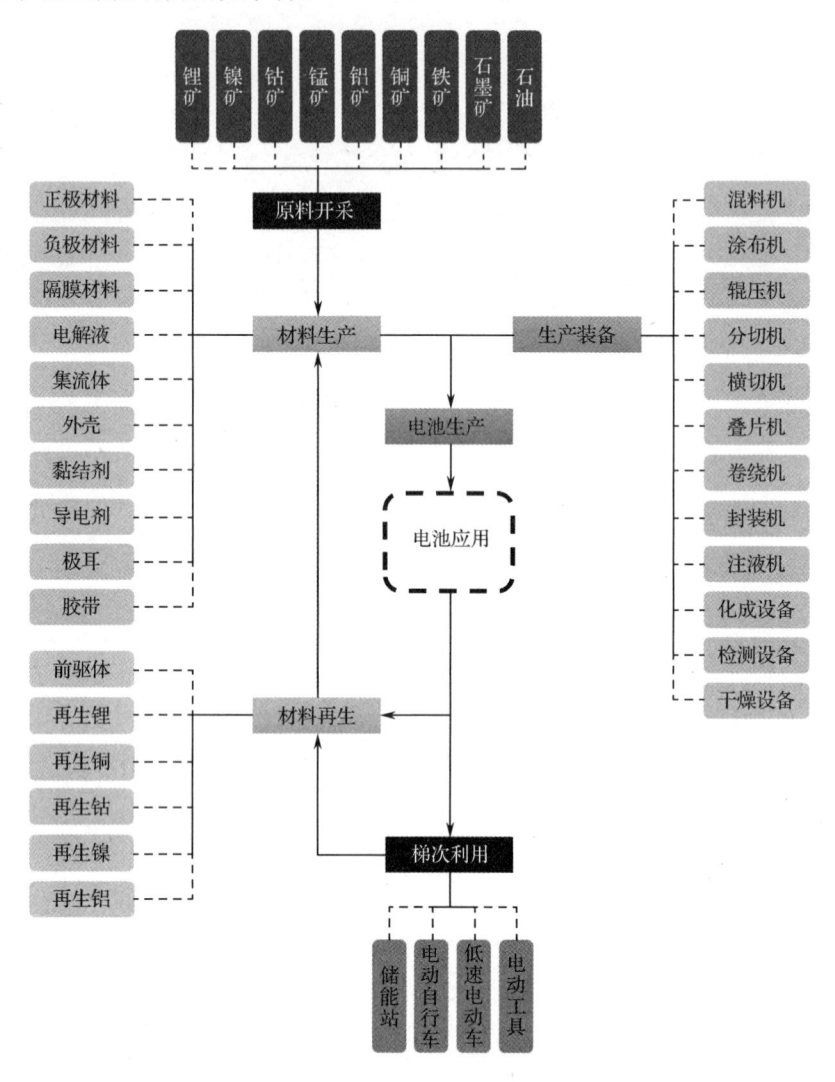

图 15-1　动力电池产业链全景图

数据来源：赛迪顾问，2021 年 1 月

梯次利用：包括储能和次级动力应用。由于动力电池退役再利用渠道过程迟缓，动力电池梯次利用未成规模。与此同时，电池成本持续下降，使得梯次利用电池价值不断缩水。直接材料再生及电池修复或将成为退役电池更好的选择。

材料再生：包括正极材料前驱体及再生原材料等。国内领先的电池企业大多布局了电池材料再生业务。2020年动力电池退役高峰仍未到来，因此，电池再生企业主要负责解决电池公司电池废料的处理。且由于原材料价格下降，导致电池回收及材料再生企业利润率下降。

第五节 价值链及创新

动力电池产业已是较为成熟的产业，竞争格局相对稳定，净利润水平逐渐趋同于一般制造业。从产业规模上来看，受2020年一季度国内新冠肺炎疫情的影响，上半年动力电池企业整体营收水平不理想。从第二季度开始，国内经济快速复苏，新能源汽车产销量逐渐恢复到往年同期水平，动力电池企业营收也逐渐恢复。截至2020年三季度，重点上市企业整体营收已基本达到甚至超过2019年同期水平。

近两年新能源汽车电池安全事故增多，而现有电池体系下电池能量密度与安全性难以实现兼顾。因此，电池企业在使用提升电池性能的材料和技术时变得更为谨慎，同时，也在加强新产品、新技术的验证。2020年传统动力电池领域发展相对较慢，除2020年初几项优化单体电池成组效率的技术方案以外，全年在动力电池产品方面并无其他重大技术突破和应用。但从锂元素理论性能来看，锂离子电池性能远未达到其性能上限。为得到性能更好、成本更低且更加安全的锂离子电池，从2020年开始，锂离子电池新技术、新材料商业化应用的关注点显著提高。

由于2020年部分上市企业的主营业务有调整，因此本书对上市企业统计范围进行更新，并据此对2019年的数据做了相应调整。

2020年动力电池产业价值链分布情况如图15-2所示。

一、产业链前端

（一）海外业务受阻，原材料开采企业利润保持较低水平

2020年前三季度，原料开采相关重点上市企业合计营业收入达到3703.47亿元，较2019年同期上涨18.5%，平均净利率提升至2.0%，如图15-3所示。从细分情况来看，铜、铝等有色金属价格上涨，相关生产企业取得较好的收益水平，但铜、铝两种有色金属材料应用领域较广，并不能完全反映动力电池原材料市场需求。钴、镍企业盈利情况较2019年有明显的

好转。最为关键的锂资源生产企业出现了较为明显的分化。部分重点企业，早期海外投资较为激进，但受国际关系紧张、贸易保护主义抬头等因素的影响，海外资源布局业务受阻，导致资金链、供应链出现了问题，后通过引入第三方资本得以解决。从2020年下半年开始，锂电原材料供需格局发展变化，锂、钴等价格呈现快速上涨态势。总体来看，动力电池关键原材料环节企业平均盈利能力已恢复到2019年之前的水平，行业发展逐渐趋于稳定。2016—2020年前三季度中国锂资源重点上市企业营业收入及净利率分析如图15-4所示。

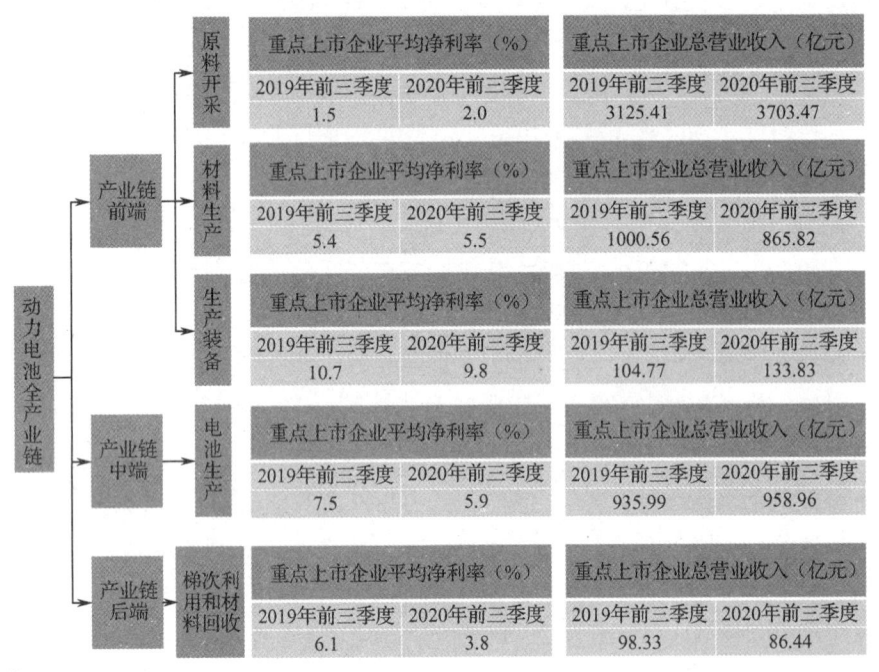

产业链环节	细分环节	重点上市企业平均净利率（%）2019年前三季度	重点上市企业平均净利率（%）2020年前三季度	重点上市企业总营业收入（亿元）2019年前三季度	重点上市企业总营业收入（亿元）2020年前三季度
产业链前端	原料开采	1.5	2.0	3125.41	3703.47
产业链前端	材料生产	5.4	5.5	1000.56	865.82
动力电池全产业链	生产装备	10.7	9.8	104.77	133.83
产业链中端	电池生产	7.5	5.9	935.99	958.96
产业链后端	梯次利用和材料回收	6.1	3.8	98.33	86.44

注：

1. 图中数据按照相关上市企业2020年前三季度经营数据计算，经营数据未剔除上市企业内部其他相关业务收入；

2. 电池生产中不包含比亚迪，电池材料中不包含多氟多；

3. "重点上市企业"指的是主营业务与动力电池产业链相关，且在产业链细分环节排名前二十的上市企业。

图15-2　2020年动力电池产业价值链分布情况

数据来源：上市企业财报，赛迪顾问整理，2021年1月

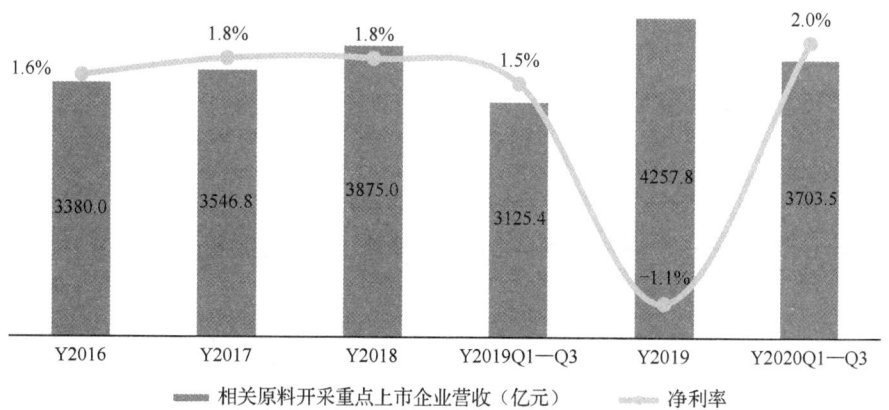

图 15-3　2016—2020 年前三季度中国锂电池相关原料
开采重点上市企业营业收入及净利率分析

数据来源：上市企业财报，赛迪顾问整理，2021 年 1 月

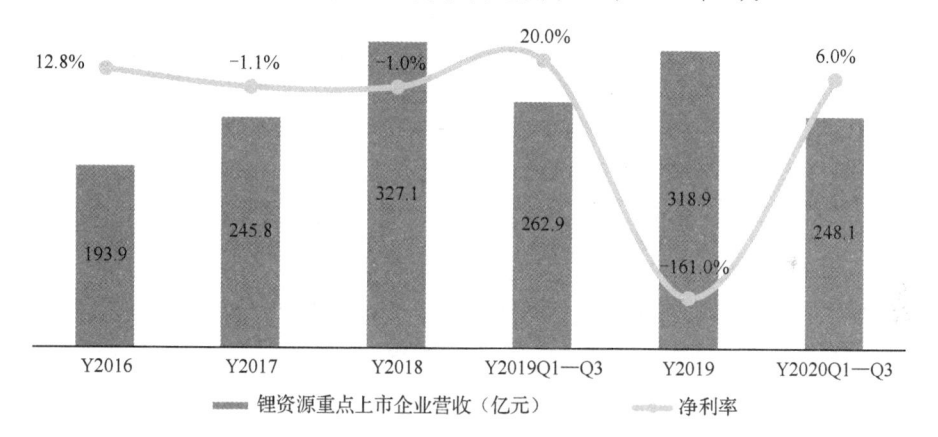

图 15-4　2016—2020 年前三季度中国锂资源重点上市企业营业收入及净利率分析

数据来源：上市企业财报，赛迪顾问整理，2021 年 1 月

（二）海外疫情严重，材料企业营业收入降低

2020 年前三季度，电池材料相关重点上市企业合计营业收入为 865.9 亿元，较 2019 年同期下降 13.5%，见表 15-1，是动力电池产业链中下滑最严重的产业环节。2020 年由于海外新冠肺炎疫情一直处于较为严峻的状态，中国电池材料原材料出口受到一定影响，日韩、欧洲本地材料企业趁机占领市场，导致中国电池材料出现一定的下滑。另外，外资企业在国内动力电池市场的占有率提高，中国铝塑膜等材料尚未能够大规模进入外资企业供应链，也在一定程度导致了营收萎缩。

表 15-1　2019—2020 年前三季度电池材料重点上市企业各板块营业收入及净利率情况

类别	2020 年前三季度 总营业收入（亿元）	净利率	2019 年 总营业收入（亿元）	净利率	2019 年前三季度 总营业收入（亿元）	净利率
正极	171.9	4.3%	238.7	0.6%	176.6	2.8%
负极	116.1	9.0%	167.2	8.1%	120.7	8.2%
隔膜	76.8	15.7%	104.0	13.4%	81.0	15.9%
电解液	258.8	5.7%	444.1	2.9%	334.7	3.3%
集流体	225.9	1.5%	342.4	5.3%	263.1	5.6%
铝塑膜	16.4	−2.9%	33.2	0.3%	24.4	1.6%

数据来源：上市企业财报，赛迪顾问整理，2021 年 1 月

（三）动力电池产能扩张稳定，电池生产装备企业业务稳定增长

2020 年，宁德时代、比亚迪、国轩、LG、SKI 等企业产能稳步扩张，带动电池生产装备企业收益稳定增长。2016—2020 年前三季度中国电池生产装备重点上市企业营业收入及净利率分析如图 15-5 所示。2020 年前三季度，电池生产装备相关重点上市企业合计营业收入为 133.8 亿元，较 2019 年同期增长 27.7%。电池生产装备企业总营业收入在动力电池产业链各环节中占比不高，但增长幅度最大。此外，电池生产装备龙头企业的头部优势日益突出。2020 年前三季度头部三强总营收达 97.4 亿元，占比为 72.7%，净利率也远高于平均水平。可见，电池生产装备环节的龙头效应正在逐渐加强。

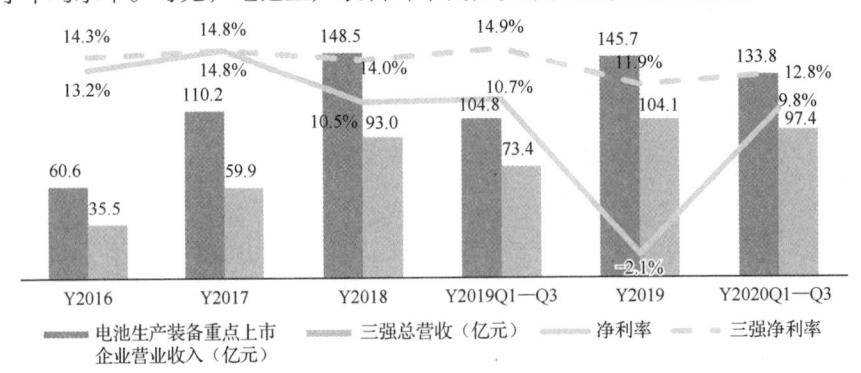

图 15-5　2016—2020 年前三季度中国电池生产装备重点上市企业营业收入及净利率分析

数据来源：上市企业财报，赛迪顾问整理，2021 年 1 月

二、产业链中后端

（一）业绩市值脱节，动力电池生产企业盈利水平较为稳定

2020 年前三季度，动力电池相关重点上市企业合计营业收入达到 959.0 亿元，较 2019 年同期上涨 2.5%，平均净利率下降至 5.9%，如图 15-6 所示，其中，以锂离子电池生产为主的企业前三季度合计营收为 766.5 亿元，较 2019 年同期增长 1.7%，处于平稳增长态势，如图 15-7 所示。2020 年资本市场上新能源汽车关注度较高，动力电池重点上市企业股价也得以大幅上涨，2020 年动力电池领域的投资更多偏向于金融市场而非实体产业。但由于企业营收水平、利润水平并未增长，企业动态市盈率大幅增长。目前，动力电池主要上市公司动态市盈率均在 150 以上，部分企业甚至达到 900。缺乏相应的业绩支撑，高股价也存在泡沫破灭的风险。

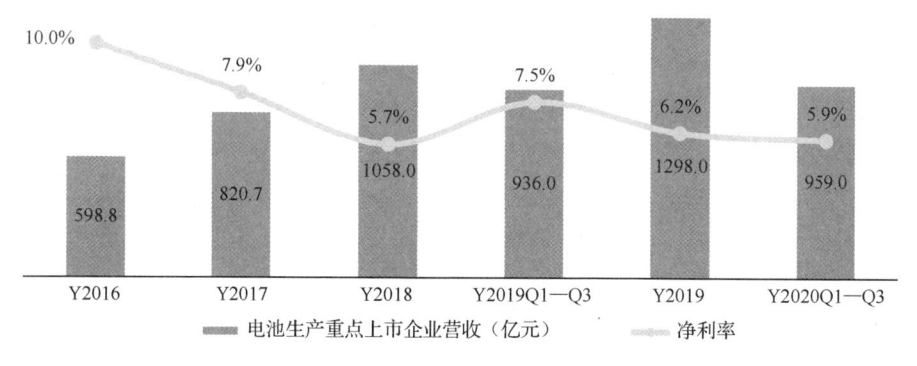

图 15-6　2016—2020 年前三季度中国动力电池生产相关重点上市企业营业收入及净利率分析

数据来源：上市企业财报，赛迪顾问整理，2021 年 1 月

作为锂离子电池重要的发展趋势，2020 年固态电池再次成为行业关注的热点，成为新的投资风口。2020 年 7 月，总投资 380 亿元的固态电池项目落户杭州，并吸引力国内众多资本跟进投资。2021 年年初国内两家车企也宣布将在 2022 年实现固态电池上车。与此同时，国内电池龙头企业固态电池专利相继曝光。固态电池以一种高姿态重回产业视野。但相对于理想状态的全固态电池，含有少量电解液的固液混合态电池与现有电池技术体系更为接近，也更容易实现。目前，已有多家创新型企业或新型研发机构参与到固液混合态电池产业化进程中，其中一些得到了资本的高度关注。预计将在未来 1~2 年内快速实现商业化应用，并占据一定的市场份额。

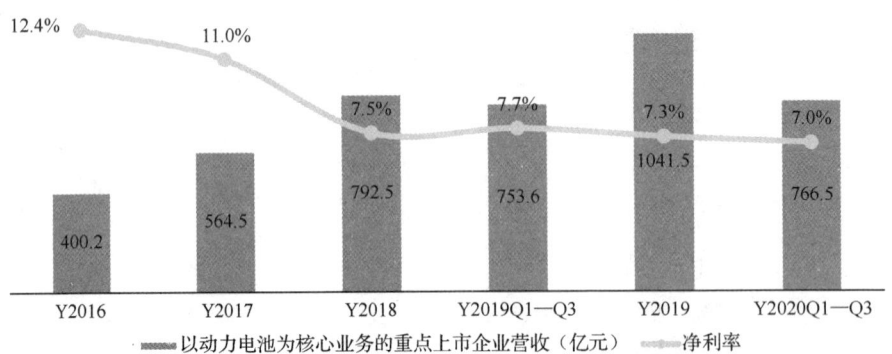

年份	营收（亿元）	净利率
Y2016	400.2	12.4%
Y2017	564.5	11.0%
Y2018	792.5	7.5%
Y2019Q1—Q3	753.6	7.7%
Y2019	1041.5	7.3%
Y2020Q1—Q3	766.5	7.0%

图 15-7　2016—2020 年前三季度中国以锂离子电池生产为核心业务的重点上市企业营业收入及净利率分析
数据来源：上市企业财报，赛迪顾问整理，2021 年 1 月

（二）电池回收业务未见起色，动力电池产业闭环仍需加快新型生态构建

2020 年动力电池退役"高峰"仍未出现，动力电池回收企业业务开展依然不顺。2020 年前三季度，动力电池回收相关重点上市企业合计营业收入达到 86.44 亿元，较 2019 年同期下降 12.1%，平均净利率下降至 3.8%，为近 5 年来营收、净利率首次双降，详见图 15-8。截至 2020 年年底，工信部已发布了两批符合《新能源汽车废旧动力蓄电池综合利用行业规范条件》的企业名单，共有 26 家符合条件的企业入围，全国正式备案的动力电池回收网点也早已超过万家，国内已具备规模化处理退役动力电池基础能力。但由于电池产权、退役电池定价及交易机制不健全，电池回收企业业务难以大规模铺开，所处理的原料中，新能源汽车废旧动力电池占比很少，主要原料仍为电池工厂所提供的废料。从当前产业发展状态来看，单纯投资动力电池回收业务难以获利，电池回收新技术的开发、验证也受到阻力。

动力电池产业链各环节企业地位不均等，电池回收缺少强制性政策约束及规范，因此，电池回收所面临的电池产权、运送渠道及方式、定价及利益分配机制、协商及信息交互机制等关键问题仅依靠动力电池产业链上相关企业自行协商处理是有困难的。商业模式的突破创新，将为问题解决带来契机。从 2020 年年中开始，一些整车企业和第三方资本开始正式介入动力电池回收领域，创新商业模式，构建新型产业生态，探索以"换电+回收"为基础，管理产业资源并促进流动，通过"车电分离"解决新能源汽车购车成本高、电池回收困难等问题。从目前运行情况来看，该方式已取得一定的成效。但由于电池组尺寸缺少统一标准、换电方案尚未在行业内达成一致、电池性能差异较大等问题，该模式仍处于发展初期，仍需要更多标准、政策、法规支持才能快速推进。

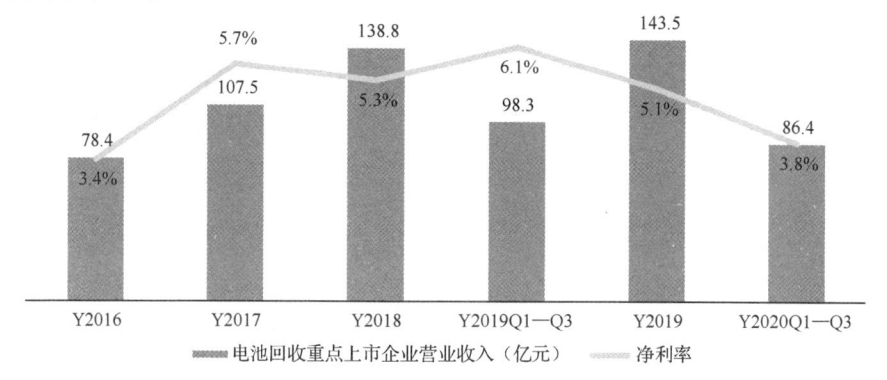

图 15-8　2016—2020 年前三季度中国动力电池回收再生重点上市企业营业收入及净利率分析

数据来源：上市企业财报，赛迪顾问整理，2021 年 1 月

第六节　区域分布格局

一、产业资源分布

从产业资源总体分布（见表 15-2）来看，中国动力电池企业主要集中在中南、华东两个地区。两地合计电池企业数量达到 12690 家，占全国的 87.3%。同时，两地共有 72 家企业的动力电池产品实现上车应用，占全国的 79.1%。中南地区电池企业主要集中在广东。广东是中国电子信息产业发展较早的地区，当地拥有大量手机、笔记本电脑配套用锂离子电池的生产企业，产业基础良好。随着产业不断发展，当地产业资源、发展空间有限的问题日益突出，许多电池生产企业开始向北、向西搬迁，促进了中南地区其他省份以及西南地区锂离子电池产业发展。华东地区中江苏汇聚了最多的锂离子电池企业。与广东不同，江苏锂离子电池产业发展相对较晚。江苏依靠中国重要的汽车零部件配套大省的地位快速布局、招引龙头企业，逐渐追赶上了广东，并在配套企业数量上实现了反超。东北、西北地区是全国锂电材料自然资源最为丰富的地区，集中了全国约 77% 的锂矿资源和 58% 的石墨矿资源。但由于其他配套较为落后，除重大资源布局项目以外，其他企业前往投资意愿不足，动力电池企业资源分布与自然资源分布不匹配。

表 15-2 2020 年中国动力电池产业资源分布

地区	省/直辖市/自治区	锂离子电池企业数量（家）	实现产品上车企业数量（家）	自然资源
华北	北京	40	3	拥有全国约18%的石墨资源
	天津	138	4	
	河北	298	2	
	山西	78	-	
	内蒙古	96	1	
东北	辽宁	167	2	拥有全国约53%的石墨资源
	吉林	75	-	
	黑龙江	66	1	
华东	上海	142	4	拥有全国约7%的锂矿资源，以及约9%的石墨资源
	江苏	2353	19	
	浙江	791	9	
	安徽	720	3	
	福建	306	3	
	江西	425	5	
	山东	792	1	
中南	河南	630	8	拥有全国约6%的锂矿资源，以及约5%的石墨资源
	湖北	383	3	
	湖南	420	2	
	广东	4970	13	
	广西	128	2	
	海南	630	-	
西南	重庆	106	1	拥有全国约10%的锂矿资源，以及约10%的石墨资源
	四川	271	2	
	贵州	135	-	
	云南	62	-	
	西藏	2	-	
西北	陕西	160	2	拥有全国约77%的锂矿资源，以及约5%的石墨资源
	甘肃	49	-	
	青海	33	1	
	宁夏回族	41	-	
	新疆维吾尔	34	-	

注：表数据按照2020年工商信息数据、2020年新能源汽车合格证数据、2018年自然资源统计数据计算。

数据来源：赛迪顾问，2021年1月

二、产业规模分布

从产业规模总体分布（见图15-9）来看，动力电池产业仍主要集中在福建、江苏两省。以新能源汽车合格证数据计算，两地总装机规模在全国占比分别到达44.3%、20.9%，产值规模分别占比43.7%、21.8%。青海依靠自然资源优势的产业培育初现成果，坐稳全国第三大动力电池产业集群地位。广东近年来企业输出较多，总体规模提升有限，名列第4。而排在后面的安徽、河南和重庆发力明显，有望继续提升总量，并争夺第4名的位置。

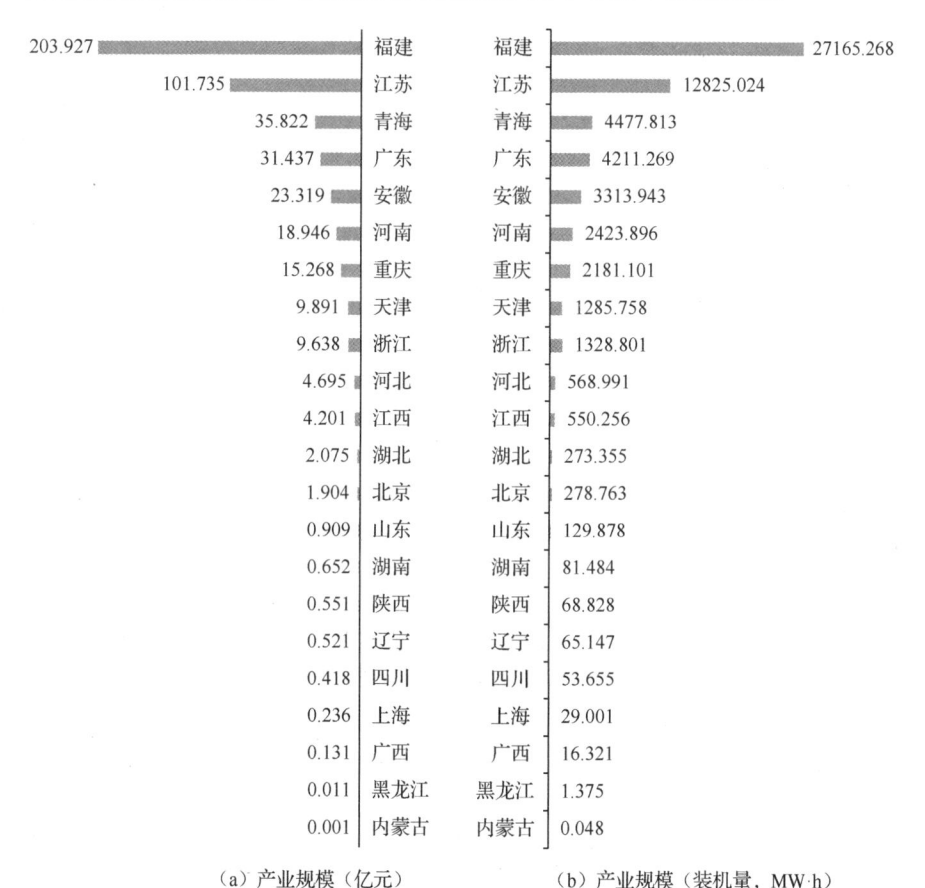

产业规模（亿元）	省份	省份	产业规模（装机量，MW·h）
203.927	福建	福建	27165.268
101.735	江苏	江苏	12825.024
35.822	青海	青海	4477.813
31.437	广东	广东	4211.269
23.319	安徽	安徽	3313.943
18.946	河南	河南	2423.896
15.268	重庆	重庆	2181.101
9.891	天津	天津	1285.758
9.638	浙江	浙江	1328.801
4.695	河北	河北	568.991
4.201	江西	江西	550.256
2.075	湖北	湖北	273.355
1.904	北京	北京	278.763
0.909	山东	山东	129.878
0.652	湖南	湖南	81.484
0.551	陕西	陕西	68.828
0.521	辽宁	辽宁	65.147
0.418	四川	四川	53.655
0.236	上海	上海	29.001
0.131	广西	广西	16.321
0.011	黑龙江	黑龙江	1.375
0.001	内蒙古	内蒙古	0.048

（a）产业规模（亿元）　　　　（b）产业规模（装机量，MW·h）

图15-9　2020年中国动力电池产业规模分布图
（以新能源汽车合格证数据装机量计算）
数据来源：赛迪顾问，2021年1月

第七节　行业重大事件

2020年，动力电池领域除年初宁德时代、比亚迪正式发布高成组效率的动力电池系统方案以外，全年没有太多技术方面突破。领先的电池企业，则是通过加强产业链合作、优化自身业务来提升自身竞争实力。另外，特斯拉 Model 3、比亚迪汉 EV、五菱宏光 mini EV 三款年度最热车型相继开始使用磷酸铁锂电池，使这种高安全、低成本的电池重回消费者视野。2020年中国动力电池相关重大事件见表 15-3。

表 15-3　2020 年中国动力电池相关重大事件

序号	事件说明	事件主体	影响/意义
1	先导智能宣布宁德时代将认购其25亿元定增，并成为其第二大股东	宁德时代、先导智能	宁德时代、先导智能分别是动力电池、电池装备领域的龙头企业，此次合作如顺利交割，将进一步加深双方合作关系，巩固各自领域的竞争力
2	弗迪电池首次实现对外供应乘用车动力电池	比亚迪	比亚迪电池正式对外供应，将为国内动力电池市场提供更多优质选择
3	德国大众入股国轩高科	大众、国轩	大众入股国轩，开启了国内电池企业与国外车企合作的新模式，为国内电池产业竞争力进一步提出新方向
4	宁德时代成为特斯拉供应商	宁德时代、特斯拉	宁德时代与特斯拉合作是全球最大的动力电池供应商和最大的新能源汽车生产商的合作，标志着中国动力电池企业更进一步走向国际市场。对于特斯拉来说，选择宁德时代产品，也为其继续降低成本打下了基础
5	比亚迪推出使用磷酸铁锂电池的纯电动汉	比亚迪	纯电动汉上市并热销，向市场证明了磷酸铁锂能够应用于高端新能源乘用车，为磷酸铁锂电池在乘用车领域奠定基础
6	宏光 mini EV 热卖	上汽通用五菱、国轩	宏光 mini EV 采用国轩高科提供的磷酸铁锂电池，其系统比能量、续航里程远低于其他新能源汽车产品。它的热卖，为车企开发车型、为电池企业开发新电池提供了新思路

续表

序　号	事件说明	事件主体	影响/意义
7	丰田和松下成立合资电池公司泰星能源	丰田、松下	借助此次合作，丰田电动化进展将进一步加速，而松下也将继续拓展其动力电池领域业务版图，将增大中国新能源汽车和动力电池行业的竞争压力
8	LG化学拆分其电池业务	LG	电池业务是LG化学近几年最重要的利润点，LG电池业务独立出来，将会有更多的利润留在电池板块，促进相关业务发展，以提升其在动力电池领域的竞争力

数据来源：赛迪顾问，2021年1月

第八节　市场规模预测

一、2023年，中国动力电池市场规模将达到133.6GW·h

2020年动力电池市场虽然开局不利，但从下半年开始，新能源汽车个人购买逐渐恢复，全年动力电池装机量实现微增。随着新能源汽车市场持续发展，中国动力电池市场规模将持续增长。预计到2023年，中国动力电池市场规模将达到133.6GW·h，与此同时，国内电池企业也将加快海外市场的扩张进程，中国电池企业全球供应量将达到135.9GW·h，如图15-10所示。

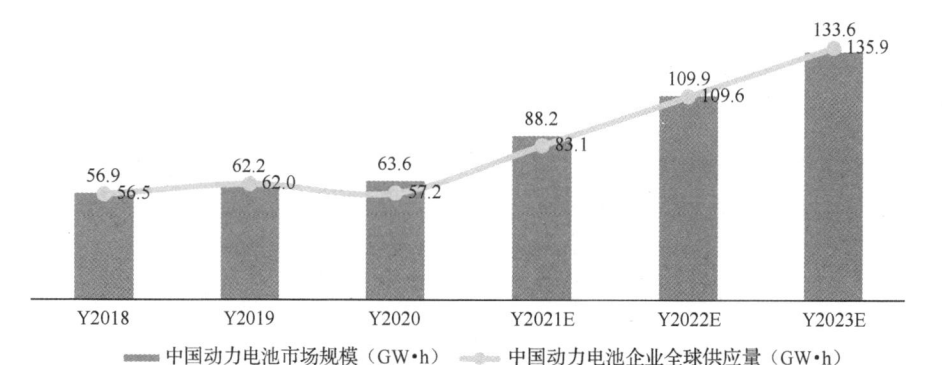

图15-10　2018—2023年中国动力电池市场规模及预测、
中国动力电池全球供应量规模及预测
数据来源：赛迪顾问，2021年1月

二、动力电池市场继续由三元电池主导，磷酸铁锂电池市场占比逐渐提高

从目前产品成熟度来看，2021—2023 年三元电池将继续主导市场，磷酸铁锂电池加速回归。2018—2023 年中国动力电池市场结构及预测如图 15-11 所示。预计 2021 年三元电池装机量将突破 50GW·h，到 2023 年将达到 80.2GW·h。磷酸铁锂电池相关新技术正在日益成熟，下游适应产品也将逐渐增多。预计从 2021 年开始，磷酸铁锂电池在新能源乘用车领域的市场份额将快速恢复，到 2023 年将达到 53.4GW·h。锰酸锂、钛酸锂负极材料电池将逐渐退出市场。

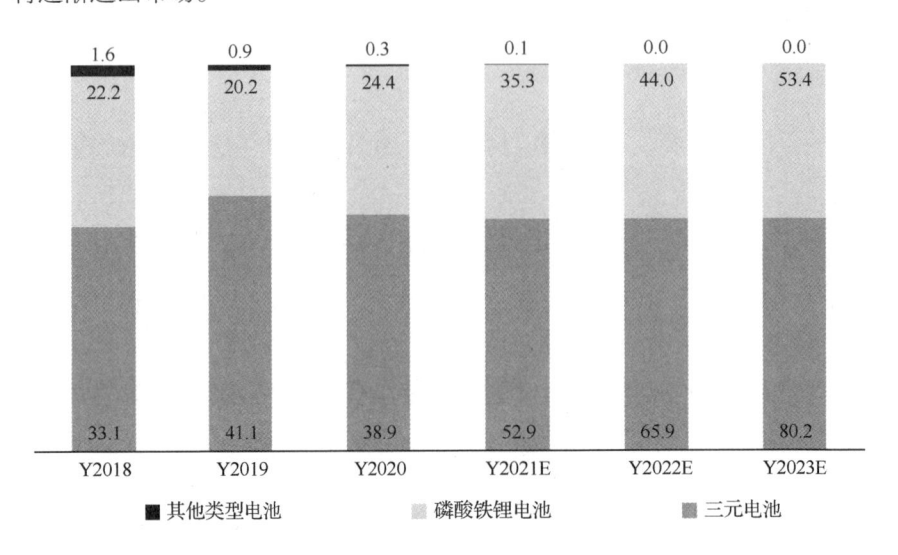

年份	其他类型电池	磷酸铁锂电池	三元电池
Y2018	1.6	22.2	33.1
Y2019	0.9	20.2	41.1
Y2020	0.3	24.4	38.9
Y2021E	0.1	35.3	52.9
Y2022E	0.0	44.0	65.9
Y2023E	0.0	53.4	80.2

图 15-11　2018—2023 年中国动力电池市场结构及预测（GW·h）

数据来源：赛迪顾问，2021 年 1 月

第九节　资本市场动向

一、动力电池产业链投资缓慢升温

2020 年赛迪顾问统计国内动力电池产业链投资项目共计 52 个，总计约 1806 亿元，如图 15-12 所示。与 2019 年相比，动力电池领域投资缓慢升温。动力电池产业相关投资增多的原因主要有三。第一，龙头企业为巩固其地位、提升竞争力，继续拓展产能或在上下游进行布局。第二，当前新能源汽车领

域火热，动力电池成为此次全球经济下行中的避风港，又有新资本进入动力电池领域。赛迪顾问统计，52 个项目中，新进入动力电池领域的项目总共有 24 个，投资总额达到 983.67 亿元。第三，动力电池产业带动性再次提升，地方政府对于引进重大锂电生产项目的意义提升。预计未来几年，动力电池领域投资仍会保持较慢增长态势，且实际落地项目仍会以龙头企业扩产为主。

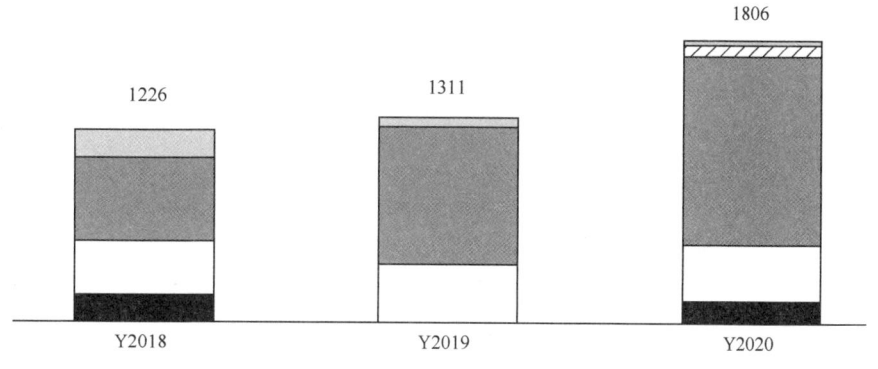

图 15-12 2017—2020 年中国动力电池产业链投资总额（亿元）

数据来源：赛迪顾问，2021 年 1 月

二、投资主要集中在动力电池生产环节

从投资结构（见图 15-13）来看，投资仍主要集中在动力电池生产环节。2020 年电池生产环节相关投资总额达到 1201 亿元，较 2019 年增长 37.3%。国内龙头企业继续扩展其业务版图，新进入者投资总额也达到了 690 亿元，成为投资拉升的主力。电池材料、原材料、电池回收领域投资分别为 359 亿元、141 亿元和 30 亿元。相较于 2019 年的冷淡，2020 年电池装备生产环节投资增多，总投资达到 75 亿元，这将助力国产电池装备再上新台阶。

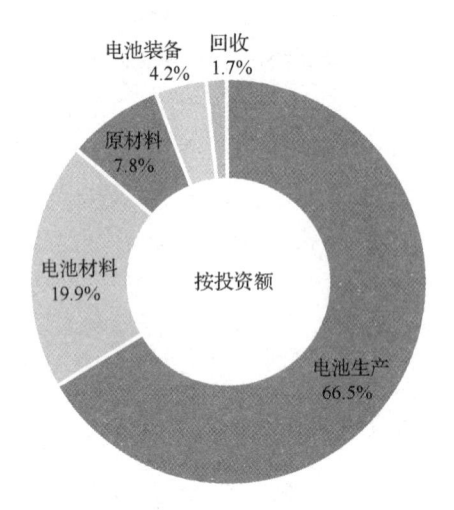

图 15-13　2020 年中国动力电池投资各领域占比情况

数据来源：赛迪顾问，2021 年 1 月

第十节　赛道选择建议

（1）高性能正负极材料近期可重点关注。使用高性能正负极材料是提高电池性能的直接手段。正极材料方面，富锂锰基正极材料理论比容量远超三元材料，随着材料改性技术的完善，富锂锰基正极材料逐渐接近商业化应用，将成为三元材料的有效补充，在部分领域甚至有望成为三元材料替代产品。负极材料方面，硅作为负极材料在海外已实现商业化应用，预计在 2021—2022 年国内市场将实现破局，配套的硅负极黏结剂材料、大规模预锂化设备等也将实现应用。

（2）固态电池技术是近期投资热点。锂离子电池自身安全风险主要源于内部短路以及电解液燃烧大量放热。固态电池技术有望解决这种安全问题。固态电池的应用，也可以支持富锂、硅基等结构相对不稳定的电池材料更好地应用。从技术产业化进度来看，完全无电解液的全固态电池仍需发展和验证，但固液混合态电池则有望在 1～2 年内率先应用，并在 2～3 年实现推广。目前，国内有多款产品已达到较高的性能水平。在能量密度提升的前提下，功率密度、循环寿命与一般锂离子电池相当，且具备更好的安全性能，是未来高端新能源汽车的理想选择。

（3）新体系电池技术可持续观望。钠离子电池、镁离子电池、铝离子电池三种电池与锂离子电池原理相似，虽然理论能量密度上限低于锂离子电池，但具有各自的特色，例如，钠离子电池低温性能良好，镁离子电池加工性良好，铝离子电池倍率高、寿命长等。更重要的是，相比于储量稀少的锂和钴，钠、镁、铝均是地壳储量丰富的元素。合理加以使用，不仅可以降低成本，也可缓解锂、钴资源的需求。国内钠离子电池技术已具备商业化应用条件，在储能领域已经实现初步的示范应用，预计未来将从次级动力电源领域应用开始，逐渐向动力电池领域渗透。

2021 年中国动力电池投资潜力气泡图如图 15-14 所示。

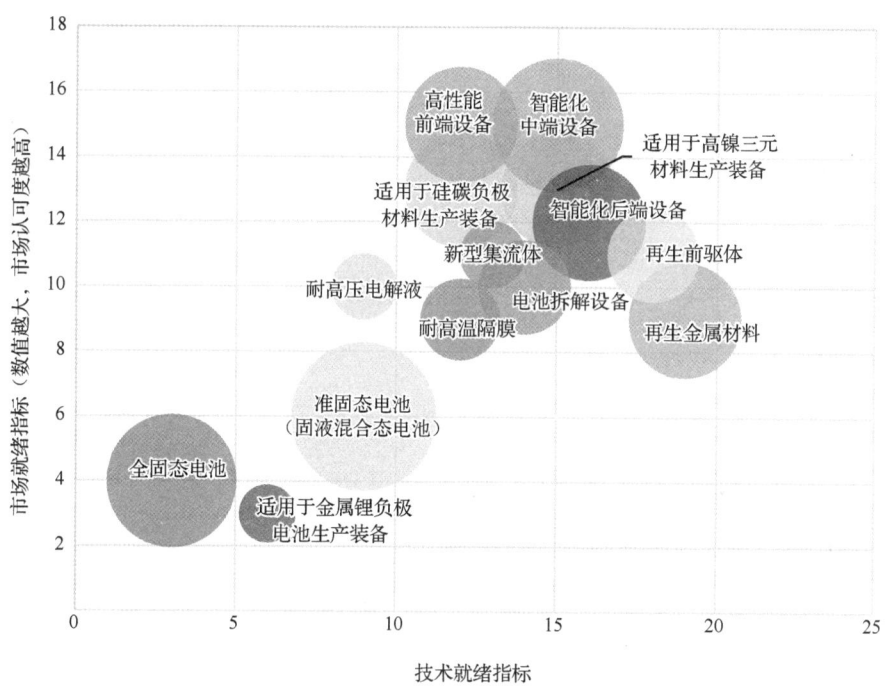

注：
1. 图中各项指标数据依据赛迪顾问产业投资潜力评价指标体系评估而得。
2. 市场就绪指标：0~3 表示 10 年以上爆发期，3~6 表示 5~10 年爆发期。技术就绪指标数值越大，表示发展潜力越大。
3. 气泡半径代表投资热度，半径越大投资热度越高。

图 15-14　2021 年中国动力电池投资潜力气泡图

数据来源：赛迪顾问，2021 年 1 月

第十六章

智能网联汽车

第一节 产业定义或范畴

智能网联汽车，即 ICV（Intelligent Connected Vehicle），是指车联网与智能车的有机联合，是搭载先进的车载传感器、控制器、执行器等装置，并融合现代通信与网络技术，实现车与人、车、路、后台等智能信息交换共享，实现安全、舒适、节能、高效行驶，并最终可替代人来操作的新一代汽车。智能网联汽车产业指实现汽车智能网联功能所需的汽车电子零部件、车辆系统集成相关产业及基于智能网联功能的运营和服务产业。

智能网联汽车产业结构复杂，产业链深度融合汽车、芯片、人工智能、大数据、云计算、信息通信、电子信息制造等多个高新技术产业。智能网联汽车产业技术体系复杂、价值链长、交叉产业深度融合，难以类比传统产业、通过上中下游区分产业链，但可从功能的角度出发，从感知、决策、执行、联网、地图、云端及后市场七个维度对产业链进行划分。各维度内产业根据产品类别进一步划分细分领域，对应相关企业。

作为新兴产业，智能网联汽车产业目前处于发展初期，部分细分领域尚未形成产业规模，产业主要体现为驾驶辅助和车联网功能在汽车产品中的渗透及后市场生态体系的探索。

第二节 赛迪重大研判

（1）中国智能网联汽车产业已经进入快速增长期，智能网联功能产品渗透率显著增长，产品持续迭代升级。

（2）中国确立了车路协同的技术路线，通过路侧基础设施建设辅助单车智能感知和决策，构建车-路-云一体化体系，推动智能网联汽车产品快速落地应用。

（3）整车企业在智能网联产品上布局进度加速，智能网联功能已成为自主整车品牌和造车新势力企业提升产品力的重要手段。

（4）现阶段，产业规模主要集中在感知环节和决策环节的汽车电子零部件，处理器、软件算法和场景解决方案等领域的相关企业是投资热点。

（5）ICT企业、互联网科技企业及传统汽车零部件企业向智能网联方向转型布局，与整车企业合作互利共同构建产业生态。

第三节　产业环境分析

一、"四化"趋势下，智能网联功能是重塑自主整车品牌竞争力的关键抓手

汽车四化趋势——"电动化、网联化、智能化、共享化"发展趋势日益强烈。在传统汽车领域，国内车企的整车产品在动力总成和底盘稳定性等方面与外资车企产品存在较大的技术差距，产品性能方面竞争力较差。在"四化"趋势下，智能网联功能将成为消费选购整车产品时考虑的重要参数，逐步取代动力性能成为定义整车产品力的关键。在外资车企相对保守的智能网联策略背景下，智能网联功能已成为自主品牌车企实现产品差异化竞争的关键，是提升产品力和品牌竞争力的重要抓手。长安、蔚来、小鹏等自主整车企业均推出以L3级自动驾驶功能为卖点的整车产品，试探中高端市场。智能网联功能对中国自主品牌车企提升市场占有率、高端化升级至关重要。

二、智能汽车软件在汽车产品中的比重持续增加，软件定义汽车趋势日趋明显

汽车软件智能化趋势下，软件将深度参与到汽车定义、开发、验证、销售、服务等过程中，并不断改变和优化各个过程，实现体验持续优化、过程持续优化、价值持续创造。智能汽车软件在汽车产品的比重在持续增加，汽车架构也从分布式走向集中式架构，汽车从信息孤岛模式走向网联互通模式，这些都标志着软件定义汽车时代的到来。软件定义汽车架构下，可以通过OTA服务持续为车辆升级完善，使车辆不断进化。软硬件解耦式开发与

后端云平台的持续服务赋予了汽车开发的创新生态。

三、互联网企业、科技企业及软件企业介入推动传统汽车产业链产生颠覆性变革，构建新的产业生态

传统汽车产业链以垂直供应关系为主，主机厂、一级（Tier 1）、二级（Tier 2）供应商呈线性产业链关系。智能网联变革趋势下，汽车软件和汽车电子零部件的复杂程度呈指数上升，传统的汽车零部件供应商研发能力难以满足需求。互联网企业、科技企业及软件企业介入推动供应链生态体系的改变，汽车产业链逐渐从主机厂，一级、二级供应商的线性关系演变为更加复杂的主机厂、供应商及互联网企业均参与到汽车的新生态体系，即从汽车全生命周期覆盖整个产业的网状关系。产业下游向应用服务延伸，互联网类企业凭借与消费者的深度关联扩展汽车软件后续应用服务价值。

四、发展智能汽车产业上升为国家战略，车联网先导区建设和智能网联技术创新受到国家重视

2020年2月，国家发改委、科技部、工信部等11个部门联合印发《智能汽车创新发展战略》，正式将发展智能汽车产业上升为国家战略，明确了智能网联汽车的技术创新、产业生态、路网设施、法规标准、产品监管及网络安全等方面的主要任务，强调要推动有条件的地方开展城市级智能汽车大规模、综合性应用试点，支持优势地区创建国家车联网先导区。国家级车联网先导区以应用为导向、以一定规模的行政区域为载体，强化政府统筹、集聚产业优势、丰富应用场景、支持产品迭代、探索商业模式，促进技术、产品、政策、机制、法规、标准等创新，在封闭测试基础上进一步扩大应用，推动跨部门、跨行业合作，鼓励在更大范围内通过实践解决运营管理模式、投资主体等问题，尽快实现"从点到面"的突破，进而为全国范围车联网规模商用积累经验。目前，工信部已支持江苏无锡、天津西青、湖南长沙和重庆两江新区创建国家级车联网先导区。2020年11月，国务院办公厅印发《新能源汽车产业发展规划（2021—2035年）》，将实施智能网联技术创新工程作为新能源汽车核心技术攻关的重点工程之一，明确以新能源汽车为智能网联技术率先应用的载体，支持企业跨界协同，研发复杂环境融合感知、智能网联决策与控制、信息物理系统架构设计等关键技术，突破车载智能计算平台、高精度地图与定位、车辆与车外其他设备间的无线通信（V2X）、线控

执行系统等核心技术。

第四节　产业链全景图

智能网联汽车产业结构复杂，产业链深度融合汽车、芯片、人工智能、大数据、云计算、信息通信、电子信息制造等多个高新技术产业。智能网联汽车产业技术体系复杂、价值链长、交叉产业深度融合，难以类比传统产业，通过上中下游区分产业链，但可从功能的角度出发，从感知、决策、执行、联网、地图、云端及后市场七个维度对产业链进行划分。各维度内产业根据产品类别进一步划分细分领域，对应相关企业。智能网联汽车产业链全景图如图16-1所示。

感知环节：主要为车辆信息收集相关产品对应产业，主要包括环境传感器和车辆传感器。其中车辆传感器主要包括定位和车姿相关产品，产业较为成熟；环境传感器主要包括激光雷达、毫米波雷达、多目摄像头及超声波雷达等产品，现阶段是市场应用的重点。国内汽车电子零部件及传感器相关企业转型布局迅速，在环境感知相关的毫米波雷达、摄像头、激光雷达及超声波雷达等环境均有车规级产品上车应用，相关企业营收增长迅速。其中摄像头、超声波雷达以及24GHz毫米波雷达技术较为成熟，77GHz毫米波雷达及激光雷达目前已有车规级产品面世，但可靠性方面与国外企业存在一定差距，有待进一步迭代升级。

决策环节：主要为车辆处理器芯片、中央计算平台及配套软件算法相关产品对应产业，其中软件算法包括系统软件和场景应用解决方案，是产业链的核心环节。智能网联趋势下，处理器由分布式向集中式演进，高算力的处理器和计算平台是现阶段产业发展的重点。

执行环节：主要为智能座舱、整车控制及整车集成相关产业，与传统汽车产业的关联度较大。现阶段该环节的产业主要以中控屏、制动控制、转向控制、人机交互等为主。

联网环节：主要为车路协同相关的通信设备，主要为车端设备和路侧设备相关产业，现阶段是产业发展的重点环节。随着5G通信技术的逐步成熟，5G通信在车联网领域逐步进入商用阶段。比亚迪2020年推出旗舰车型汉，成为首款具备5G通信功能的整车产品。车载终端企业的T-box等产品逐步集成5G通信模组，5G-V2X-Uu和5G-V2X-PC5通信标准体系逐步建立，5G-V2X技术应用场景、应用类型及协同服务业务将逐步丰富。

图 16-1 智能网联汽车产业链全景图

数据来源：赛迪顾问，2021年1月

云端和地图环节：尚未形成明确的产品和盈利模式，但未来云端决策大脑和高精地图等都是车辆实现高级自动驾驶功能的必要元素，发展潜力巨大。后市场环节主要为基于车辆智能网联功能实现的运营服务产业，主要包括测试认证、运营服务、信息服务和增值服务，现阶段处于商业模式探索阶段。

第五节　价值链及创新

智能网联汽车产业处于发展前期，产品持续迭代升级推进产业发展，产业涉及企业主要为科创类企业及进行战略布局的综合类企业。产业内目前尚无企业发展上市，涉及上市企业主要为进行战略布局的汽车零部件企业及汽车软件企业。

现阶段产业利润主要集中在中上游零部件生产制造环节，随着智能网联功能的普及率上升，基于智能网联功能的应用服务生态将逐步建立，产业价值将逐步向下游延伸。

一、感知环节

多元传感器融合方案成为技术发展趋势，激光雷达逐步受到重视。目前无一类传感器在性能、成本等指标上完全满足未来产品应用需求，各类传感器在不同方面具有自身独特优势，多元传感器融合是技术未来发展趋势。目前配备较多的单车摄像头+毫米波雷达+超声波雷达的传感器方案在环境识别精度和可靠性上无法满足高等级自动驾驶需求，部分企业探索车端传感器和路侧传感器数据融合方案提升环境感知精度和感知范围。同时成本较高的激光雷达逐步受到重视，未来有望实现快速降低成本及一定规模的应用。传感器特性与多传感器融合方案效果对比见表16-1。

表16-1　传感器特性与多传感器融合方案效果对比

方案/场景	物体探测	物体分类	测距	物体边缘精度	车道跟踪	可视范围	抗气象干扰	抗照明干扰	成本	技术成熟度
摄像头	!	√	!	√	√	!	×	!	√	√
雷达	√	×	√	×	×	√	√	√	√	√
激光雷达	√	!	√	√	×	!	!	√	×	×

续表

方案/场景	物体探测	物体分类	测距	物体边缘精度	车道跟踪	可视范围	抗气象干扰	抗照明干扰	成本	技术成熟度
超声波	√	×	√	√	×	×	√	√	√	√
雷达+激光雷达	√	!	√	√	×	√	√	√	×	×
激光雷达+摄像头	√	√	√	√	√	√	!	!	√	×
雷达+摄像头	√	√	√	√	√	×	√	√	√	√

注：√较好 ！一般 ×较差

数据来源：赛迪顾问，2021年1月

二、决策环节

（一）软件定义汽车趋势日趋明显，软件重要性日益突出

在智能化、网联化变革趋势下，软件和硬件在零部件层面解耦，软件独立成为核心零部件产品。汽车软件产品依托多维车辆数据获取和控制权限实现复杂的功能，其代码行数快速提升，已逐步形成系统 OS 和应用软件的架构。汽车软件开发难度亦随之提升，传统汽车零部件供应商的研发能力难以满足需求，推动了产业链重塑进程。目前，具有软件研发优势的互联网和 ICT 企业入局，与传统汽车软件 Tier2 厂商一起成为产业链上游的 Tier1 厂商；整车集成成为产业链中游环节，同时部分车企向上游软件环节布局；产业链下游向应用服务延伸。总体来看，互联网类企业凭借数字技术优势与消费者的深度关联能力，有效切入汽车软件市场，汽车软件的应用服务价值日益受到行业重视。

（二）处理器芯片产品和场景自动驾驶方案逐步上车应用

处理器方面国内企业域控制器和中央计算平台主要处在研发阶段，在性能上与国外先进产品存在一定差距，目前主要用来满足智能座舱和高等级驾驶辅助功能算力需求，相关企业部分产品已在自主整车品牌车型上车应用。高等级驾驶辅助系统解决方案（ADAS）和自动泊车等场景自动驾驶解决方案发展迅速，国内企业相关产品已逐步与整车适配落地应用，短期内产业规模将有较大幅度增长。

三、执行环节

（一）智能座舱成为各家主机厂提升产品差异化竞争力的发力点

现阶段自动驾驶功能成熟度较低，商业模式尚处于探索阶段，智能座舱作为智能网联功能的载体之一，逐步成为整车主机提升产品差异化竞争力的重要手段。智能座舱主要涵盖座舱内饰和座舱电子领域的创新与联动，是从消费者应用场景角度出发而构建的人机交互（HMI）体系。智能座舱通过对数据的采集，上传到云端进行处理和计算，从而对资源进行最有效的适配，增加座舱内的安全性、娱乐性和实用性。当前智能座舱主要满足座舱功能需求，在原有的基础上，对现有的功能或是分散信息进行整合，提升座舱性能，改善人机交互方式，提供数字化服务。智能座舱的未来形态是"智能移动空间"。在5G和车联网高度普及的前提下，智能座舱与高级别的自动驾驶相融合，逐渐进化成集"家居、娱乐、工作、社交"为一体的智能空间。

（二）前期布局智能网联汽车产业的整车企业优势逐步显现

新兴车企具备后发优势，在智能网联方面产品普遍优于传统车企，智能网联技术已成为其产品亮点。传统车企发展相对保守，起步较晚。蔚来、小鹏、理想等造车新势力及长安、比亚迪、吉利等前期布局智能网联汽车较为积极的传统整车企业优势逐步显现，在市值方面增长迅速。上汽、东风、北汽等前期布局保守的企业发展缓慢，市场份额持续降低。

四、联网环节

车联网产业增量将逐步由硬件向软件转移，服务软件生态日益丰富。随着车联网技术的成熟与成本的降低，车联网产品持续迭代升级，车联网功能产品的普及率也在加速上升，中国智能网联汽车产业规模也逐渐加大。传统汽车的网联化将直接带动车载通信设备的需求量大幅提升，驱动车联网市场规模扩大；未来在硬件设备成为汽车标准配置的情况下，车联网的发展将朝着丰富软件品类，打造服务生态的方向发展，届时各类车载内容与服务将成为主力增长点，进一步促进车联网规模扩大；到智能网联汽车发展成熟期，增量将从硬件向软件转移，车载信息服务提供商（TSP）成为核心。

第六节　区域分布格局

一、产业资源分布

从产业资源总体分布（见表16-2）来看，智能网联汽车产业以汽车产业为中心，以区域经济为基础，以人才和市场需求为导向，在京津冀、长三角、渝湘鄂、珠三角四大区域相对聚集，形成四大产业集群。

表16-2　2020年中国智能网联汽车产业资源分布

区　域	企业资源	平台资源	区域优势
京津冀	涉及企业568家 重点企业121家	智能网联试点示范区1个 智能网联测试基地13个 车联网先导区1个	高校聚集，人才优势，政策支持体系完善，高新企业聚集
长三角	涉及企业1358家 重点企业98家	智能网联试点示范区3个 智能网联测试基地11个 车联网先导区1个	经济基础雄厚，市场对新兴产业接受度高，制造业基础雄厚，先进技术孵化迅速
珠三角	涉及企业1487家 重点企业74家	智能网联试点示范区1个 智能网联测试基地12个	互联网、通信及电子信息制造业发达，各类企业向Tier1类供商转型迅速
渝湘鄂	涉及企业298家 重点企业25家	智能网联试点示范区3个 智能网联测试基地10个 车联网先导区2个	汽车及零部件产业较为优势，转型需求明显，中游系统集成应用市场广阔

注：重点企业指有车辆级产品销售的企业。
数据来源：赛迪顾问，2021年1月

二、产业规模分布

2020年中国智能网联汽车产业规模分布图如图16-2所示。产业规模主要集中在江苏和广东两大汽车零部件制造业优势省份。北京和上海在产业链各个环节均有布局，虽然当前产值较少，产业规模较小，但已形成较为良好的产业生态，未来发展潜力巨大。总体看产业规模主要集中在四大产业集群，传统零部件智能化转型是智能网联汽车产业的重要发力点。

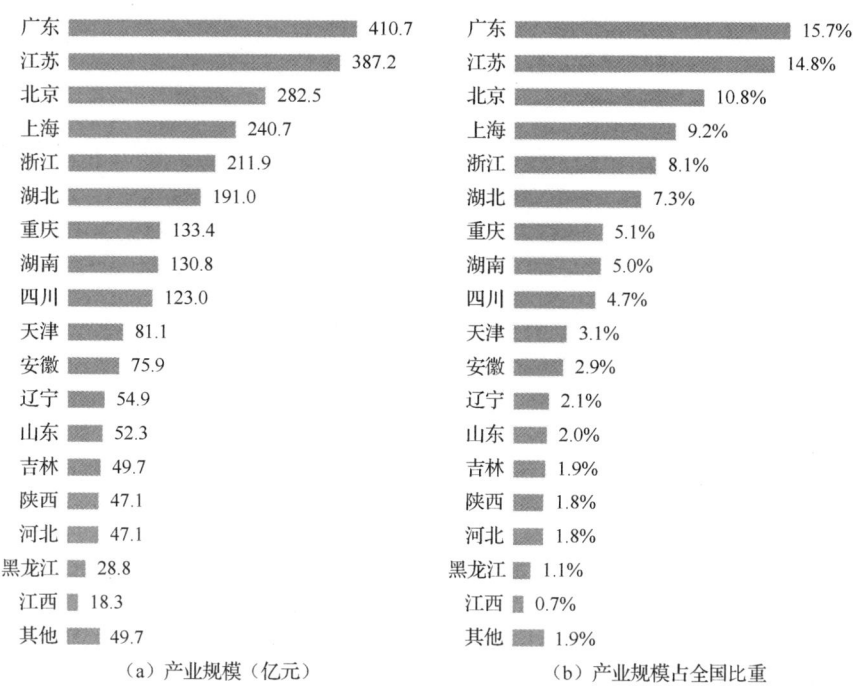

广东	410.7		广东	15.7%
江苏	387.2		江苏	14.8%
北京	282.5		北京	10.8%
上海	240.7		上海	9.2%
浙江	211.9		浙江	8.1%
湖北	191.0		湖北	7.3%
重庆	133.4		重庆	5.1%
湖南	130.8		湖南	5.0%
四川	123.0		四川	4.7%
天津	81.1		天津	3.1%
安徽	75.9		安徽	2.9%
辽宁	54.9		辽宁	2.1%
山东	52.3		山东	2.0%
吉林	49.7		吉林	1.9%
陕西	47.1		陕西	1.8%
河北	47.1		河北	1.8%
黑龙江	28.8		黑龙江	1.1%
江西	18.3		江西	0.7%
其他	49.7		其他	1.9%

（a）产业规模（亿元）　　　　　　　（b）产业规模占全国比重

图 16-2　2020 年中国智能网联汽车产业规模分布图

数据来源：赛迪顾问，2021 年 1 月

第七节　行业重大事件

2020 年，智能网联汽车行业发展整体态势良好，多个落地领域有所突破。IT 企业、互联网企业和传统汽车零部件企业加速向智能网联领域布局，发布相关产品与解决方案。传统整车主机厂转型布局加速，主机厂积极与 IT 企业进行合作，共同在自动驾驶领域进行研发和产业化，智能网联汽车行业逐步进入商业模式探索阶段。2020 年智能网联汽车行业重大事件见表 16-3。

表 16-3　2020 年智能网联汽车行业重大事件

序　号	事件说明	事件主体	影响/意义
1	长安汽车与华为深化战略合作成立"长安-华为联合创新中心"	长安汽车、华为	标志着车企与 IT 企业合作浪潮开启，车企智能化进程加速推进

续表

序号	事件说明	事件主体	影响/意义
2	上汽集团、张江高科、阿里巴巴集团联合打造智己汽车科技有限公司	上汽、阿里	国内首创"ESOP+CSOP"持股平台，除了为初创团队、核心管理层提供期权激励外，还为用户设计了同级别的权益激励。同时，标志着上汽加速智能网联领域布局
3	华为智能汽车BU并入消费者事业部，推出智能汽车全栈式解决方案	华为	标志着华为加速智能汽车领域布局，逐步向汽车电子零部件企业转型
4	东风汽车集团有限公司在武汉发布了中文名为"岚图"的全新高端电动品牌	东风	东风集团向智能化、网联化及电动化布局的重要举措
5	百度宣布以整车制造商的身份进军汽车行业，吉利将成为其战略合作伙伴	百度	国内互联网科技企业首次进入整车产业，有利于百度Apollo相关产品的快速落地应用
6	华为与首批18家车企成立"5G汽车生态圈"	华为、自主整车企业	标志着5G技术在汽车产品领域的应用加速
7	Waymo进行总计超过30亿美元战略融资	Waymo	资本市场对自动驾驶未来市场持续看好
8	滴滴出行宣布旗下自动驾驶公司完成首轮超5亿美元融资	滴滴	出行平台公司布局自动驾驶行业，探索未来自动驾驶在出行领域的应用模式
9	中国汽车基础软件生态委员会（AUTOSEMO）成立	整车企业及供应商	基础软件体系受到关注，对标AUTOSAR的中国标准化软件基础架构及接口标准体系发展加速
10	北京、长沙等地试运行无人驾驶出租车	百度、文远知行	高等级乘用车自动驾驶技术在特定场景逐步满足应用需求，Robotaxi探索商业运营模式
11	菲亚特-克莱斯勒汽车集团（FCA）和标致雪铁龙汽车集团（PSA）合并成立Stellantis（繁星照亮）	FCA、PSA	"四化"趋势对传统汽车产业格局产生颠覆性变革，传统整车企业转型缓慢，市场销量下降迅速，抱团取暖是传统整车企业应对危机的重要手段

数据来源：赛迪顾问，2021年1月

第八节　产业规模预测

一、2023年，中国智能网联汽车产业规模将达到8973亿元

随着智能网联技术的进步，产品持续迭代升级，普及率逐步提升，产业规模将持续增加，2020年产业规模达到2616亿元，增长率58%，预计到2023年产业规模将达到8973.0亿元，如图16-3所示。

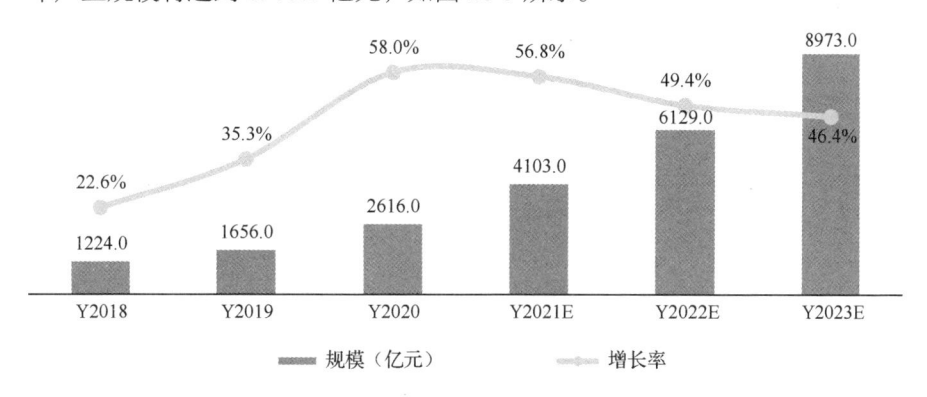

图 16-3　2018—2023年中国智能网联汽车产业规模及预测

数据来源：赛迪顾问，2021年1月

二、现阶段联网环节占比最高，产业未来将逐步向软件应用服务延伸

现阶段智能网联汽车产业以汽车电子零部件及路侧融合基础设施为主，2020年联网环节规模占比最高，达到25.2%，如图16-4所示。未来随着技术的逐步成熟，感知、决策及联网环节汽车电子零部件成本将进一步降低，普及率将加速上升。同时，随着相关硬件的逐步普及，产业增量将逐步由硬件向软件转移，应用服务的软件生态将逐步建立。

第九节　资本市场动向

一、决策系统相关投融资事件数占比最高

从智能网联相关投融资事件（见图16-5）来看，决策系统相关企业仍然

是 2020 年资本关注的热点，投融资事件数量占比达到 42.1%。

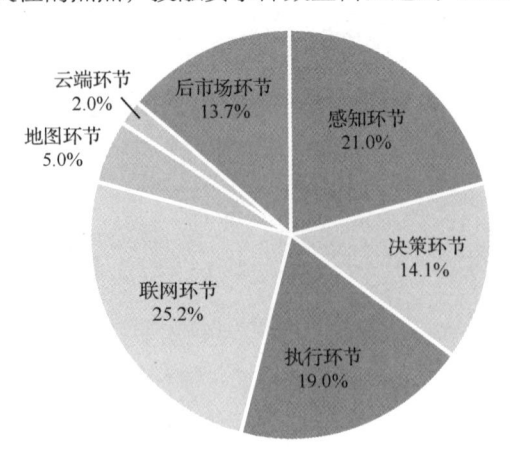

图 16-4　2020 年中国智能网联汽车产业结构

数据来源：赛迪顾问，2021 年 1 月

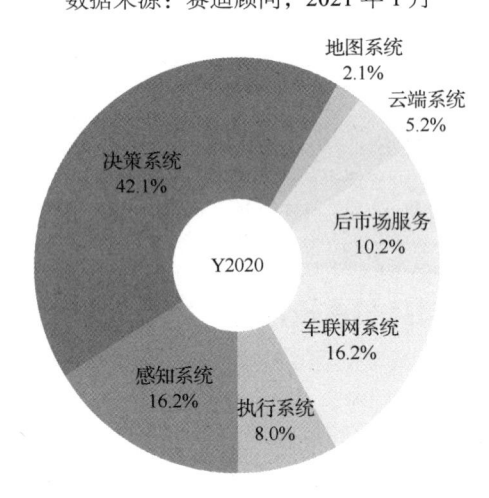

图 16-5　2020 年中国智能网联汽车行业各领域投融资事件数量占比

数据来源：赛迪顾问，2021 年 1 月

二、智能网联投融资事件向中后期轮次转移

从 2020 年智能网联相关融资事件投资轮次（见图 16-6）上看，A 轮和 B 轮占比最高，分别达到 32.1% 和 29.8%，前期投资逐步减少。现阶段资本更加关注较为成熟稳定企业，智能网联行业逐步进入发展成熟期。

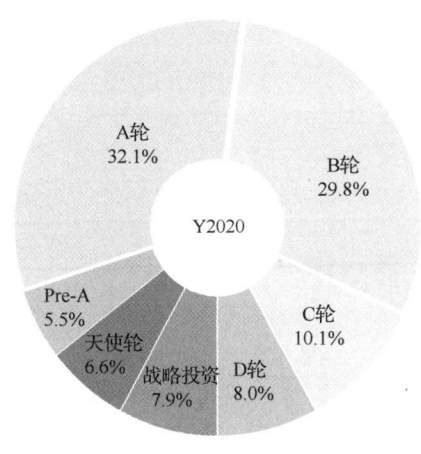

图 16-6　2020 年中国智能网联汽车行业投融资轮次结构

数据来源：赛迪顾问，2021 年 1 月

第十节　赛道选择建议

（1）短期内，Robotaxi 及高等级乘用车自动驾驶产品仍将以测试和示范应用为主，国内市场需求较低，商业模式不明晰，大规模商业化推广难度较大，建议重点布局具备商业模式的自动驾驶类企业。

（2）中国以车路协同技术路线为主发展智能网联汽车产业，车-路-云一体化智能交通系统相关企业短期内将发展为较大的产业规模，建议重点关注路侧设备、云端平台类企业，以及车路协同类运营服务企业。

（3）软件定义汽车趋势日趋明显，软件在智能网联汽车中逐步成为独立的核心零部件，实现整车差异化功能，直接创造价值，建议关注智能汽车软件类企业，特别是基础系统类软件研发企业。

（4）传统汽车产业链将产生颠覆性变革，整车主机厂的地位会逐步弱化，部分演变为代工厂的角色。核心零部件企业将掌控价值链核心利益、基础系统软件、中央计算平台、复杂环境感知、自动驾驶决策算法等产业链核心技术，相关企业极具投资价值。

2021 年中国智能网联汽车领域投资价值趋势如图 16-7 所示。

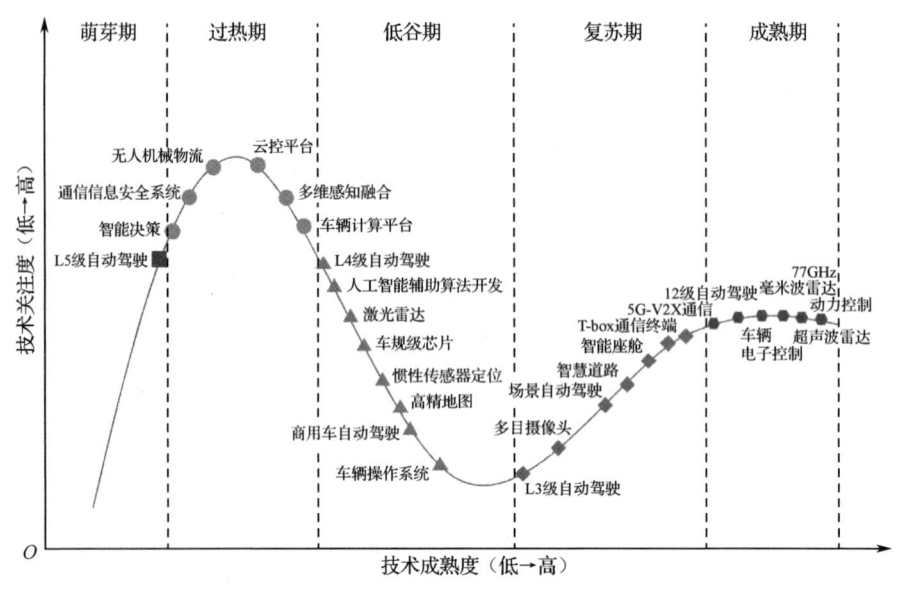

图 16-7 2021年中国智能网联汽车领域投资价值趋势图

数据来源：赛迪顾问，2021年1月

第十七章

干细胞

第一节　产业定义或范畴

干细胞是一种未充分分化、尚不成熟的细胞，具有再生各种组织器官的潜在功能，也被医学界称为"万用细胞"。根据干细胞所处的发育阶段，干细胞可分为胚胎干细胞和成体干细胞；根据干细胞的发育潜能，干细胞可分为全能干细胞、多能干细胞和单能干细胞。

赛迪顾问研究认为，干细胞产业是以干细胞为核心，集采集、储存、研发、治疗等为一体的尖端医疗产业。

第二节　赛迪重大研判

（1）从发展阶段看，干细胞产业仍处于产业发展初期，产业发展仍以干细胞采集与存储的渗透率提升为主要推动力。

（2）从政策导向看，国家持续加大资金投入，干细胞相关研究将不断取得突破。

（3）从细分领域看，干细胞产业核心领域主要包括制备与存储、研发与应用两个环节。目前，制备与存储环节上市企业净利润有明显提升趋势，研发与应用环节上市企业营业收入及净利润缓慢增长。

（4）从区域分布看，华东地区，尤其是长三角区域，资本市场活跃，企业、血库、创新等资源较为集中，产业集群已经初步形成。

（5）从市场规模看，随着干细胞相关研究的不断突破以及应用领域的不断扩大，中国干细胞市场将进一步发展，预计2023年市场规模将接近1400亿元。

（6）从投资热点看，间充质干细胞、脂肪干细胞、疾病治疗、抗衰老等为当前投资热点，但受研发周期影响，风险将长期并存。

（7）从行业趋势看，干细胞企业与医疗机构正逐渐展开合作，以加速干细胞临床研究的转化，共同推动干细胞产业的发展。

第三节 产业环境分析

一、干细胞产品不断获批上市，市场前景更加广阔

自 1999 年干细胞技术被 *Science* 列为当年十大科学成就之首以后，干细胞研究逐步成为生物医学领域的一大热点。目前，欧洲、美国、日本、韩国等国家和地区的药品监管部门陆续批准上市了十余款干细胞产品，适应症包括膝关节软骨缺损、移植物抗宿主病、克罗恩病、急性心梗、遗传性或获得性造血系统疾病、退行性关节炎、赫尔勒综合征、中度至重度角膜缘干细胞缺乏症、血栓闭塞性动脉炎等。2020 年 8 月，印度药品管理总局正式批准了同种异体间充质干细胞疗法 Stempeucel 上市，该药品适应症为伯格氏病和动脉粥样硬化性外周动脉疾病引起的重症下肢缺血（CLI），是全球首个被批准用于治疗 CLI 的干细胞产品。随着干细胞技术的发展，它针对的适应症将更加广泛，所激发的市场前景也将更加广阔。

二、人口老龄化速度加快，增加干细胞疗法潜在需求

作为世界上人口最多的发展中国家，中国当前人口老龄化趋势明显，增加了对衰老相关性疾病或慢性病的刚性需求。根据国家统计局公布数据，截至 2019 年 12 月 31 日，中国 65 周岁及以上人口 1.76 亿人，占总人口的 12.6%，同比增长 5.4%，如图 17-1 所示。2020—2022 年，中国 65 岁以上老年人口将保持 4%～6%的增长率，预计到 2022 年中国 65 岁以上老年人口将超 2 亿人。同时，中国每年新发约 300 万例帕金森病例。因此，在老年痴呆、帕金森、骨髓衰竭、肌肉萎缩症、神经系统疾病、糖尿病、心血管疾病等老年性疾病方面，可提升衰老机体各组织功能的干细胞疗法将得到广泛推广。

三、干细胞研究项目不断增加，将推动产业高速发展

目前，中国干细胞按药品、技术管理的"双轨制"监管，即企业的干细胞制剂按药品申报，由国家药品监督管理局监管；医疗机构主导的生物医学

新技术,按医疗技术进行管理,由国家卫健委监管。截至 2020 年 12 月 31 日,在干细胞新药临床试验方面,国内共有 14 款干细胞药物获准进入临床试验,涉及难治性急性移植物抗宿主病、膝骨关节炎、缺血性脑卒中、糖尿病足溃疡等疾病;在干细胞临床研究备案项目方面,中国已有 123 家研究机构通过了干细胞临床研究机构的备案,备案项目增至 100 个。其中,2020 年新增 29 项临床试验、38 个备案项目,中国干细胞产业正进入高速发展期。

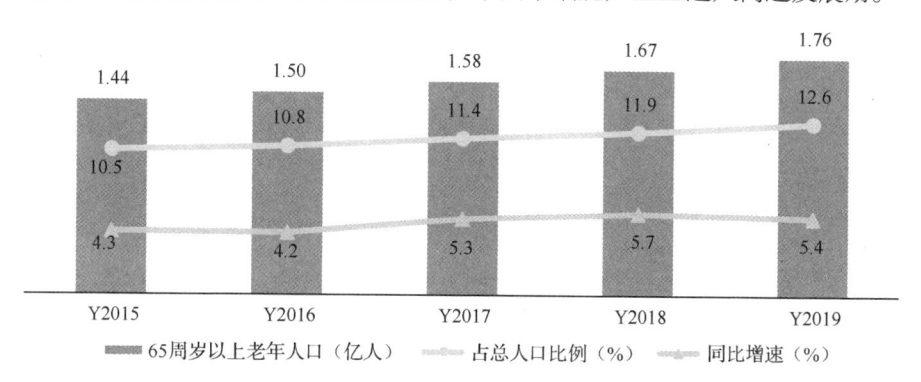

图 17-1　2015—2019 年中国 65 岁以上老年人口统计情况
数据来源：国家统计局，赛迪顾问整理，2021 年 1 月

四、新冠肺炎疫情席卷全球，干细胞研究新成果不断涌现

2020 年，新冠肺炎疫情为全球公共卫生安全带来巨大挑战，但在相关干细胞研究领域，大量新成果不断涌现，推动了整体产业的快速发展。在新冠肺炎疫情暴发后，国家紧急启动了"人干细胞用于治疗 2019-nCoV 感染肺炎的临床研究""CAStem 细胞药物治疗重型新冠肺炎研究"和"应对新冠肺炎的间充质干细胞治疗研究"等应急科技攻关项目。结果显示，干细胞治疗新冠肺炎患者安全、有效，能够使重症、危重症患者的呼吸困难很快得到缓解或者停止加重，对于防止肺纤维化、改善患者远期预后具有独特的优势。干细胞已逐步成为疑难重症临床治疗的新选择。

五、扶持与监管"双管齐下"助力干细胞产业健康发展

近年来，国家相关部门持续发布政策支持干细胞产业发展，如 2020 年科技部等五部门印发的《加强"从 0 到 1"基础研究工作方案》，明确将干细胞作为重大专项和重点研发计划中突出支持的基础研究重点领域原创方向之一，为中国干细胞产业的发展明确了发展方向并提供了动力支持。2015 年，

科技部将干细胞与转化医学重点专项列为国家重点研发计划,该重点专项已连续 5 年获得中央财政累计 26 亿元的拨款扶持,充分体现了国家从科技创新体制的顶层设计中对干细胞领域的高度重视。此外,国家对干细胞行业的监管也日趋严格和精细化。在药品、技术管理的"双轨制"监管制度下,中国的干细胞行业逐渐规范化发展。2019 年,国家卫健委对体细胞临床研究进行备案管理,并允许临床研究证明安全有效的体细胞治疗项目经过备案在相关医疗机构进入转化应用;2020 年,国家药品监督管理局审评中心对人源性干细胞及其衍生细胞治疗产品的临床试验提供相关技术指导,以减少受试者参加临床试验的风险,并规范对人源性干细胞及其衍生细胞治疗产品的安全性和有效性的评价方法。

第四节　产业链全景图

从产业环节来看,干细胞产业链(见图 17-2)可以分为上游的采集与存储、中游的研发与生产和下游的治疗与应用三个环节。

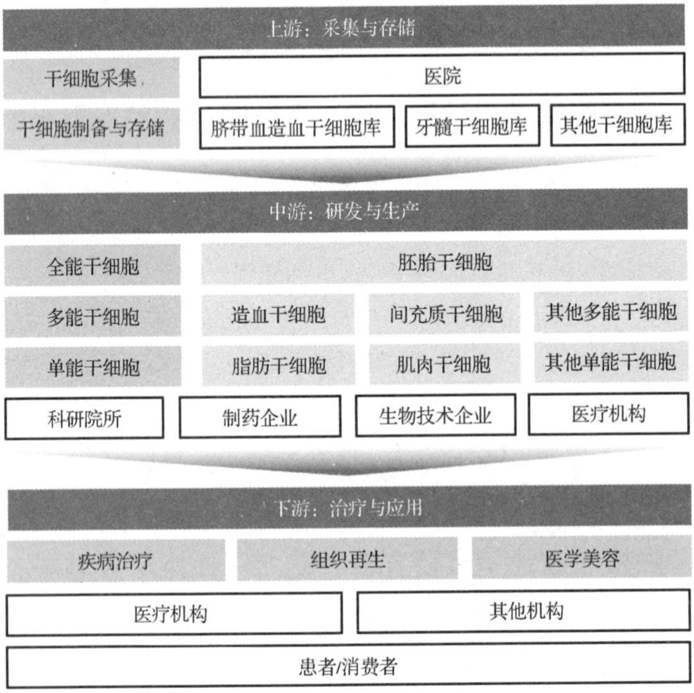

图 17-2　干细胞产业链全景图

数据来源:赛迪顾问,2021 年 1 月

采集与存储：主要以干细胞的采集和存储业务为主。干细胞采集与存储所需的技术要求不高，准入门槛相对较低，所以发展相对较快较成熟。其中，脐带血造血干细胞库（简称为脐血库）应用最广，主要分为公共库和自体库。目前，全国仅 7 家公共库获国家卫健委批准，分别位于北京、天津、上海、浙江、山东、广东和四川。除了这 7 家由国家设立的脐血公共库外，其他类型的干细胞库可称为自体库，它们属于非公益性质的商业机构。

研发与生产：主要以间充质干细胞、造血干细胞等干细胞为研发主体，包括各类从事干细胞技术及产品研发的科研院所、生物技术企业、制药企业和医院。截至 2020 年 12 月 31 日，中国干细胞药物临床试验申请数量共有 15 项，其中，2020 年的申请数量为 4 项，占比为 30%。

治疗与应用：主要以疾病治疗、组织再生、医学美容等应用领域为主，包括开展干细胞治疗临床研究及应用的医疗机构，以及一些医疗美容服务机构。目前，干细胞可用于治疗血液系统恶性肿瘤、骨髓造血功能衰竭、血红蛋白病、先天性代谢性缺陷等疾病，也可用于医学美容中的抗衰老、治疗脱发等。另外，运用培养技术，干细胞也可成为人造器官组织的来源。因此，干细胞的应用潜力备受期待。

第五节　价值链及创新

一、干细胞价值链全景

干细胞产业处于发展初期，参与较早的企业主要是以干细胞的制备与存储为主，逐渐向产业链中下游延伸，后布局的企业主要以干细胞产业链的中下游研发与应用为主，集中在药物研发、科研服务、医学美容等领域。通过分析干细胞相关的上市企业可以发现，布局研发与应用环节的上市企业数量较多，整体规模较大，相应的研发支出占比较高；布局制备与存储环节的上市企业整体规模较小，研发支出占比相对较低。2020 年中国干细胞产业价值链分布情况如图 17-3 所示。

二、干细胞价值链分析

（一）制备与存储环节上市企业营业收入不断下降，净利润有明显提升趋势

2020 年上半年干细胞制备与存储环节上市企业营业收入为 102.7 亿元，

净利润达到 10.7 亿元，如图 17-4 所示。整体来看，虽然制备与存储环节上市企业营业收入近几年不断下降，但 2020 年上半年上市企业净利润已接近 2019 年全年净利润，提升趋势明显。

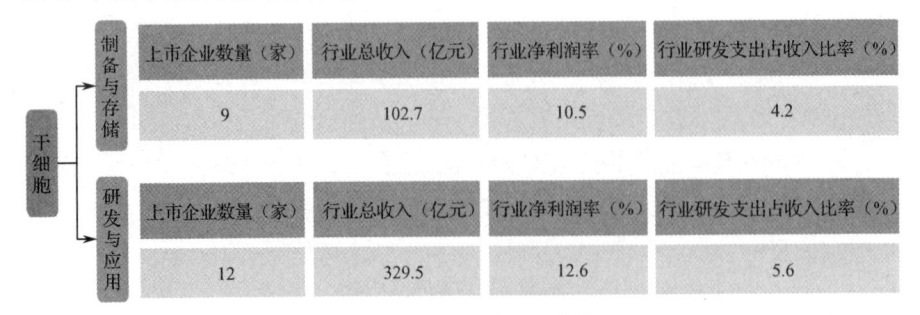

干细胞		上市企业数量（家）	行业总收入（亿元）	行业净利润率（%）	行业研发支出占收入比率（%）
	制备与存储	9	102.7	10.5	4.2
	研发与应用	12	329.5	12.6	5.6

注：图中数据按照相关上市企业 2020 年年中经营数据计算。

图 17-3　2020 年中国干细胞产业价值链分布情况

数据来源：上市企业财报，赛迪顾问整理，2021 年 1 月

（a）上市企业营业收入及同比增长率

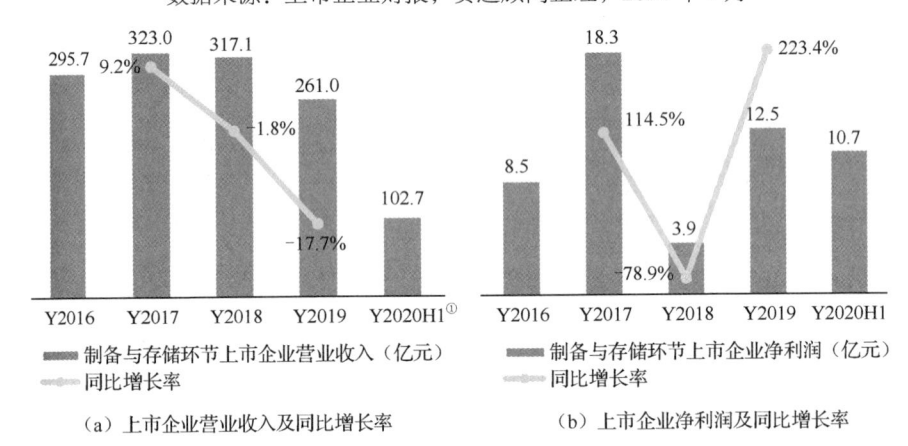

（b）上市企业净利润及同比增长率

图 17-4　2016—2020 年上半年中国干细胞制备与存储环节上市企业规模及增长情况

数据来源：上市企业财报，赛迪顾问整理，2021 年 1 月

（二）研发与应用环节上市企业营业收入及净利润缓慢增长

2020 年上半年干细胞研发与应用环节上市企业营业收入为 329.5 亿元，净利润达到 435.6 亿元。与前 4 年相比，营业收入及净利润缓慢增长，如图 17-5 所示。目前，干细胞药物相关项目基本都处于临床阶段，预计优先实

---

① 2020H1：指 2020 年上半年。

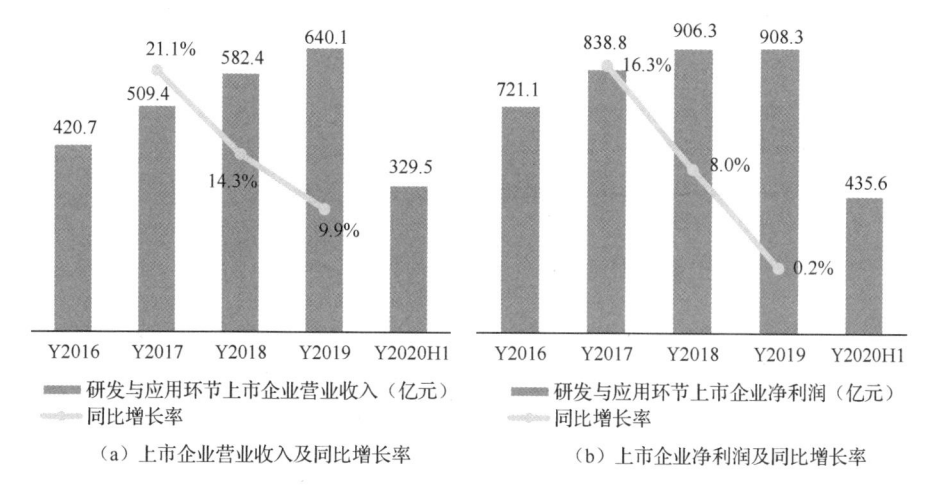

现产品上市的企业将会占得先机，实现营收大幅增长。

```
     21.1%   582.4   640.1                    838.8   906.3   908.3
420.7  509.4                           721.1   16.3%
                                                       8.0%
         14.3%        329.5                                    435.6
                9.9%                                    0.2%
Y2016 Y2017 Y2018 Y2019 Y2020H1    Y2016 Y2017 Y2018 Y2019 Y2020H1
  ■ 研发与应用环节上市企业营业收入（亿元）   ■ 研发与应用环节上市企业净利润（亿元）
    同比增长率                              同比增长率
      （a）上市企业营业收入及同比增长率          （b）上市企业净利润及同比增长率
```

图 17-5　2016—2020 年上半年中国干细胞研发与应用环节上市企业规模及增长情况

数据来源：上市企业财报，赛迪顾问整理，2021 年 1 月

第六节　区域分布格局

一、产业资源分布

从产业资源总体分布（见表 17-1）来看，干细胞产业相关上市企业、国家脐带血库和干细胞临床研究备案机构资源分布最多的是华东地区，尤其以长三角地区集聚资源最多。其次是北京所在的华北地区，拥有 1 家国家重点实验室、1 家国家工程技术研究中心和干细胞临床研究备案机构 20 家；排名第三的是中南地区，拥有上市企业 4 家和干细胞临床研究备案机构 29 家。

表 17-1　2020 年干细胞产业资源分布

区　域	企业资源	血库资源	创新资源	其他资源
华北	上市企业 3 家	国家脐带血库 2 家	国家重点实验室 1 家，国家工程技术研究中心 1 家，干细胞临床研究备案机构 20 家	申请临床项目 8 项
华东	上市企业 7 家	国家脐带血库 3 家	干细胞临床研究备案机构 37 家	申请临床项目 1 项
中南	上市企业 4 家	国家脐带血库 1 家	干细胞临床研究备案机构 29 家	申请临床项目 4 项

续表

区　　域	企业资源	血库资源	创新资源	其他资源
东北	上市企业3家	-	干细胞临床研究备案机构7家	-
西南	上市企业3家	国家脐带血库1家	干细胞临床研究备案机构13家	-
西北	上市企业1家	-	干细胞临床研究备案机构4家	-

数据来源：赛迪顾问，2021年1月

二、产业规模分布

从总体分布（见图17-6）来看，华东地区是干细胞产业最为集中的地区，产业规模为204.8亿元，占比达到37.4%，其次为华北地区，占比达到23.2%。目前，长三角地区已成为产业链完整、配套齐全的干细胞集聚区，产业集聚态势明显。

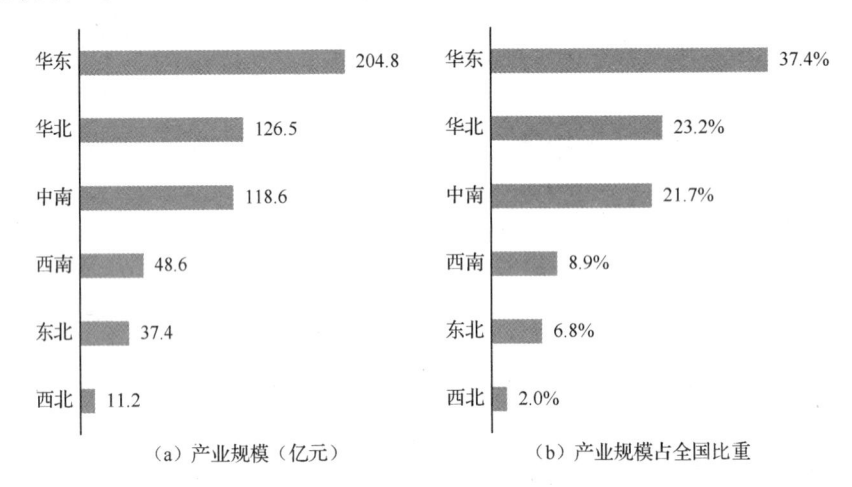

(a) 产业规模（亿元）

- 华东：204.8
- 华北：126.5
- 中南：118.6
- 西南：48.6
- 东北：37.4
- 西北：11.2

(b) 产业规模占全国比重

- 华东：37.4%
- 华北：23.2%
- 中南：21.7%
- 西南：8.9%
- 东北：6.8%
- 西北：2.0%

图17-6　2020年中国干细胞产业规模分布图

数据来源：赛迪顾问，2021年1月

第七节　行业重大事件

2020年，干细胞领域的龙头企业主要有两个动向：一是在研产品加速转化，如铂生卓越的人脐带间充质干细胞注射液获得临床试验默示许可，正式进入临床期；二是国内药企之间、药企与医院之间强强合作，如顺成科技与宣冠干细胞再生医学，利用双方的平台优势，弥补自身不足，合作共赢，共同推动双方的快速发展。2020年中国干细胞行业重大事件见表17-2。

表 17-2　2020 年中国干细胞行业重大事件

时　间	事件说明	事件主体	影响/意义
2020 年 2 月	人脐带间充质干细胞注射液获得临床试验默示许可，用于治疗激素耐药的急性移植物抗宿主病	铂生卓越	干细胞治疗成果加速转化
2020 年 7 月	人脐带间充质干细胞注射液获得临床试验默示许可，用于治疗炎症性肠病	奥克生物	干细胞治疗成果加速转化
2020 年 7 月	REGEND001 细胞自体回输制剂获得临床试验默示许可，用于早、中期特发性肺纤维化	仙荷医学	全球首个获批进入临床试验的针对呼吸系统疾病的肺干细胞产品
2020 年 7 月	九芝堂美科与首都医科大学附属北京天坛医院签署了《临床试验协议》	九芝堂美科与天坛医院	中国首个进口干细胞新药临床试验即将启动，适应症为缺血性卒中
2020 年 7 月	陆道培医疗集团完成 B 轮 5 亿元融资	陆道培医疗集团	加速陆道培医疗集团在造血干细胞移植及相关领域的研究进展
2020 年 8 月	顺成科技与宣冠干细胞再生医学签署战略合作协议	顺成科技与宣冠干细胞再生医学	双方将在干细胞技术的产品化和标准化、干细胞相关产品的场景应用和渠道开发等领域展开深入的合作
2020 年 10 月	艾尔普完成 5000 万元 A+轮融资	艾尔普	加速再生医学细胞制品中美双报临床试验的进度

数据来源：赛迪顾问，2021 年 1 月

第八节　市场规模预测

一、2023 年，中国干细胞市场规模将接近 1400 亿元

2018—2023 年中国干细胞市场规模及预测如图 17-7 所示。受到新冠肺炎疫情的影响，2020 年和 2021 年中国干细胞市场规模增速放缓，2020 年中国干细胞市场规模达到 910 亿元，同比增长 15.2%。随着疫情对经济的负面影响逐渐消散，以及国家对干细胞产业的持续引导，中国干细胞市场也将进一步发展，预计 2022 年到 2023 年中国干细胞市场规模增长将提速，到 2023 年市场规模将接近 1400 亿元，2018—2023 年市场规模年均增速将达到 17%。

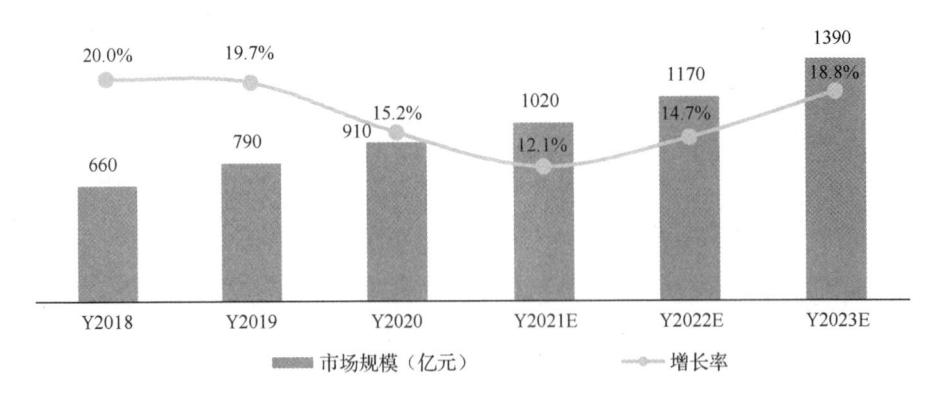

图 17-7　2018—2023 年中国干细胞市场规模及预测

数据来源：赛迪顾问，2021 年 1 月

二、自体免疫疾病是干细胞领域最大的应用市场

干细胞能够治疗的疾病范围十分广泛，可用于治疗骨骼肌软骨修复、实体肿瘤、心血管疾病、自体免疫疾病等多种适应症。其中，自体免疫疾病是干细胞治疗应用最为普遍的领域，市场占比达到 17%。干细胞移植治疗通过在移植前强化免疫治疗、建立耐受免疫系统和修复受损免疫器官等方式，可治疗银屑病、红斑狼疮等自体免疫疾病。骨骼及软骨修复和基因疾病在干细胞治疗市场占比达到 16%，实体肿瘤和心血管疾病市场占比达到 13%。2020 年中国干细胞治疗应用市场结构如图 17-8 所示。

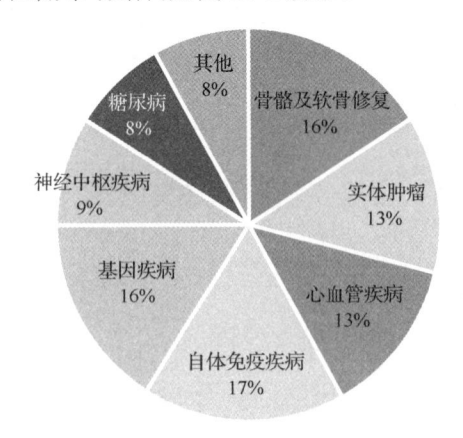

图 17-8　2020 年中国干细胞治疗应用市场结构

数据来源：赛迪顾问，2021 年 1 月

第九节 资本市场动向

一、投融资事件数量明显提高

2020年，受新冠肺炎疫情影响，医药健康领域整体热度较高，其中干细胞产业共发生8起投融资事件，是2019年数量的2.7倍，如图17-9所示。具体来看，虽然2019年的投融资事件数量较2018年下降50%，但在2020年迅速上升。从细分领域来看，疾病治疗领域投融资事件数量最多。

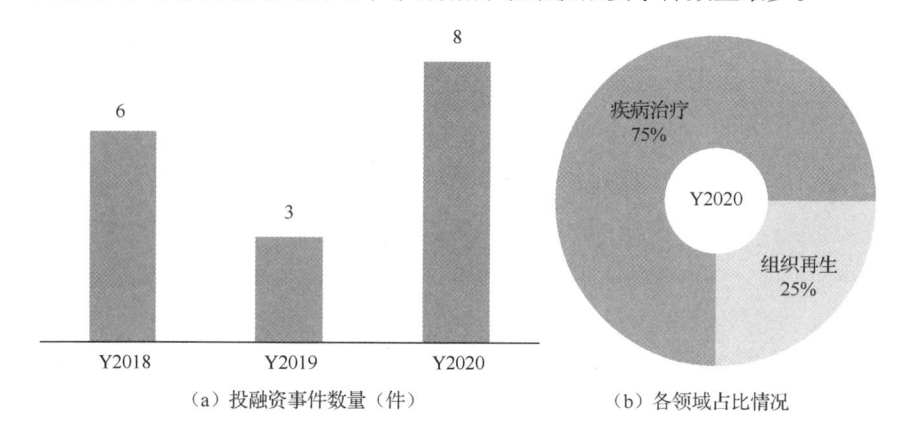

图17-9 2018—2020年中国干细胞产业投融资事件数量及2020年各领域占比情况

数据来源：赛迪顾问，2021年1月

二、投融资金额大幅上升

2020年，干细胞产业共融资16.0亿元，是2019年金额的10倍。从单笔融资额看，2020年平均单笔融资额达到2.0亿元，为近三年的最高值，表明投资者对优质项目更为重视。从细分领域来看，疾病治疗领域投融资金额最多。2018—2020年中国干细胞产业投融资金额及2020年各领域占比情况如图17-10所示。

三、早期投融资比重不断升高

2018—2020年中国干细胞产业投融资轮次情况如图17-11所示。2020年，干细胞产业投融资事件以B轮为主。与前两年相比，早期项目（A轮及以前）占比从2018年的33.3%上升至2020年的50.0%，表明干细胞产业不断有新项目进入。

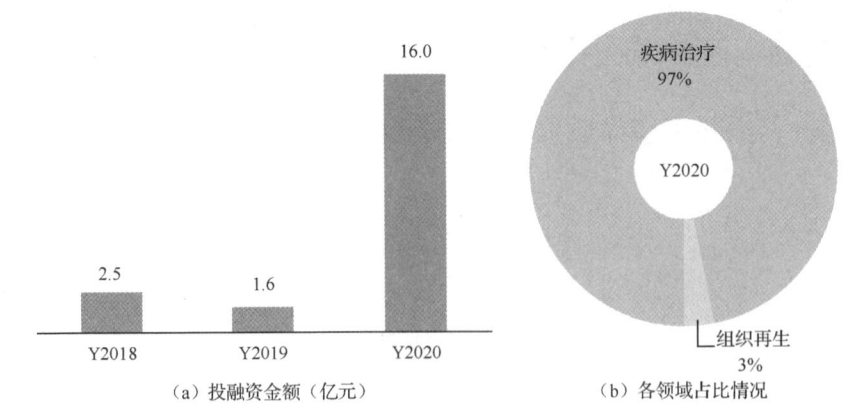

图 17-10　2018—2020 年中国干细胞产业投融资金额及 2020 年各领域占比情况
数据来源：赛迪顾问，2021 年 1 月

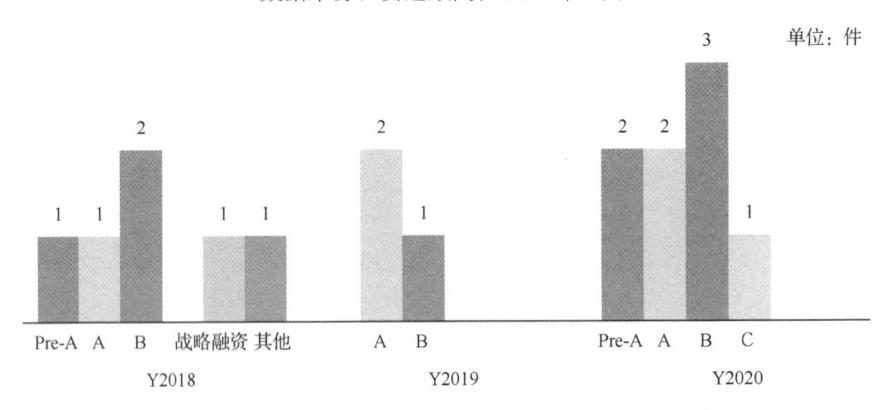

图 17-11　2018—2020 年中国干细胞产业投融资轮次情况
数据来源：赛迪顾问，2021 年 1 月

四、东部沿海地区仍是投融资主要区域

从 2018—2020 年的投融资发生区域（见图 17-12）来看，江苏、上海、北京、浙江和广东的投融资事件数量排在前 5 位。除 Top5 省（市）以外，2018—2020 年四川、湖北也各发生 1 起投融资事件，表明中西部地区也开始布局干细胞产业。

第十节　赛道选择建议

（1）器官再生、iPS 细胞行业关注度最高，但受制于干细胞技术的发展，目前还处于临床前的研发阶段，需长期投入研发，风险较大。

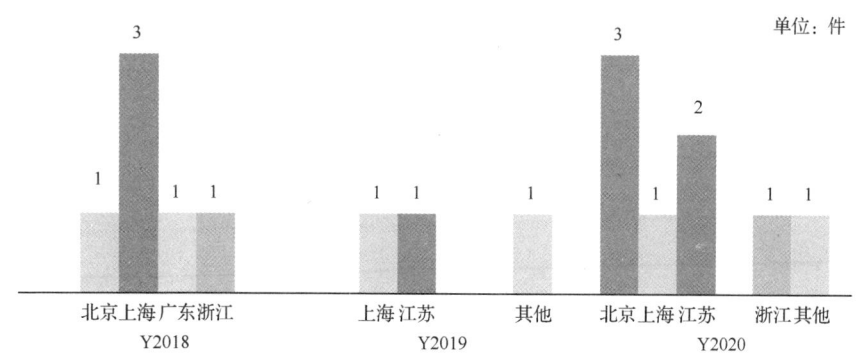

图 17-12　2018—2020 年中国干细胞产业投融资地区分布情况

数据来源：赛迪顾问，2021 年 1 月

（2）间充质干细胞、脂肪干细胞、疾病治疗、抗衰老等为当前投资热点，但受研发周期的影响，风险将长期并存。

（3）造血干细胞、脐带血干细胞的研究相对较久，已被临床应用于血液病等疾病的治疗，未来其治疗领域有望进一步扩大。

（4）干细胞的采集与存储是干细胞产业最基础、最前端的领域，目前处于渗透率提升阶段，未来仍旧是推动干细胞产业增长的重要动力。

2021 年中国干细胞领域投资价值趋势图如图 17-13 所示。

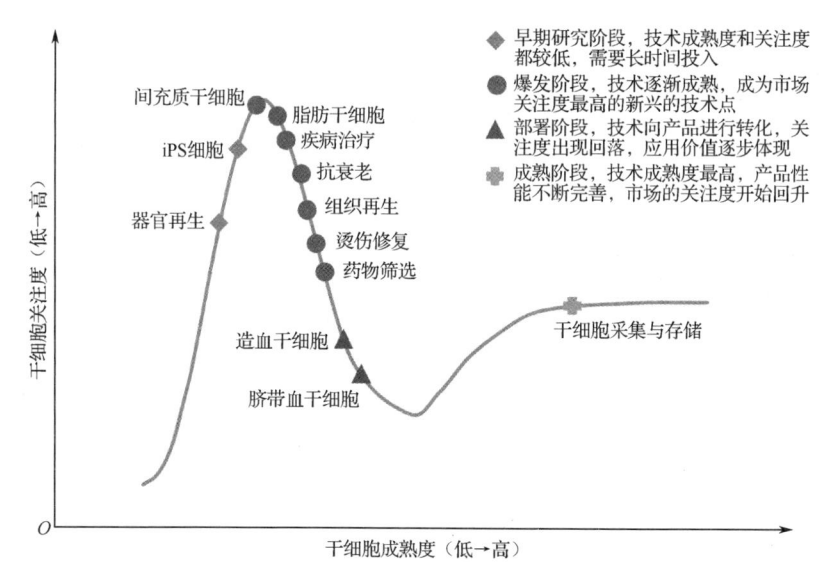

图 17-13　2021 年中国干细胞领域投资价值趋势图

数据来源：赛迪顾问，2021 年 1 月

第十八章

互联网医疗

第一节 产业定义或范畴

互联网医疗是互联网与医疗行业融合发展的新医疗服务形式。互联网医疗以患者为主要服务对象,以互联网为载体和技术手段,提供医疗行业个性化、网络化、平台化、融合化的解决方案,是改善患者就医体验、促进医疗资源合理配置的重要手段。

互联网医疗经历了初期的用户导入和流量积累后,进入快速发展期,从单一化的链接工具向多元化的平台发展。未来,互联网医疗将进一步推动医疗服务生态的变革。

互联网医疗产业主要包括硬件设备及系统开发、平台应用与解决方案和衍生服务。常见的商业模式包括"互联网医院与在线问诊平台""医药电商与新零售""互联网+家庭医生""电子健康档案构建与患者服务"等。

第二节 赛迪重大研判

(1)从发展阶段来看,互联网医疗产业步入快速发展期,"三医联动"改革为互联网医疗发展带来更多可能性。

(2)从产业分布来看,互联网医疗产业主要集中在华东地区,该地区产值占据全国互联网医疗产值的三分之一,产业集群已经初步形成。

(3)从产业链来看,硬件及系统研发层面,产业发展最为成熟,医疗信息化产业规模占比最高;平台应用与解决方案层面,商业模式不断丰富、管理水平不断提升、市场总量不断扩大、增量快速攀升;衍生服务层面,药械追溯服务生态逐渐完善，医教咨询服务呈现较强延展性。

（4）从投融资来看，医疗信息化与医药电商成为最具资本吸引力的细分领域；北京和上海成为最具投资价值企业的聚集地。先进的医疗水平、突出的人才优势、多样的消费需求成为企业选择到北京、上海落地的重要影响因素。

第三节　产业环境分析

一、医疗资源供给不平衡不充分，供给错配亟待优化

中国的医疗服务资源整体较为充足，但存在结构性矛盾。从供给来看，三甲医院资源稀缺。2019年，三级医院、二级医院、一级医院、基层医疗机构和其他医疗机构在全国医疗卫生机构总数中占比分别为 0.27%、0.96%、1.12%、94.72%和2.93%。从需求来看，患者就诊选择集中在三甲医院。2019年到三级医院、二级医院、一级医院、基层医疗机构和其他医疗机构就诊人次占总诊疗人次比重分别为23.62%、15.37%、2.64%、51.95%和6.42%。三级医院总数占比仅为0.27%，但接诊人次占比达到23.62%。可以看出，三级医院接诊压力巨大，基层和社区医院资源利用不充分，医疗服务供给错配亟待优化。互联网医疗凭借信息化手段及平台服务优势，有效提升医疗资源供需匹配效率，改善了医疗资源供给不均衡、不充分的局面。一方面，通过医疗信息化系统建设，促进医疗资源下沉、医疗信息共享，赋能基层医疗、医联体发展；另一方面，通过就诊指导等服务引导三级医院患者分流，有效缩减患者就诊等待时间、就诊距离，提升就诊体验。

二、资本助推资源向成熟企业集中，企业竞争分化加剧

受新冠肺炎疫情、互联网医疗纲领性及配套文件的发布等多重因素影响，中国互联网医疗产业发展提速，资本对互联网医疗赛道关注程度持续提升。2020年互联网医疗领域获得C轮及以后融资的企业增多，更多商业逻辑完善、发展稳定的企业获得高额度融资。不仅阿里、京东、春雨医生和丁香园等知名早期进入者在资本市场上表现良好，不少独角兽企业也受到资本青睐。如：2020年1月，智云健康获得10亿元D轮融资；2020年9月，医疗大数据独角兽零氪科技获得7亿元D+轮融资。可以看出，资本更偏好具备完整运营体系的企业，更关注业绩增长确定性高的企业。以资本助力目标

企业继续扩大市场份额、提升品牌影响力。在资本的推动下，互联网医疗领域的成熟期企业与初创期企业竞争力分化加剧，行业集中度将进一步提升。

三、5G 技术赋能互联网医疗，迭代诊疗服务模式

2019 年 6 月，5G 商用牌照正式发放，为互联网医疗发展提供了新引擎。在 5G 技术的赋能下，互联网医疗共享 5G 大带宽、低时延、安全性等技术优势，批量化的实时数据采集和传输通道更完善，为互联网诊疗过程的可视化、可触化升级带来可能，推动互联网诊疗由二维信息输入向三维交互诊断发展，进一步提升了互联网医疗的有效性、准确性。

四、医疗制度改革持续推进，有力促进互联网医疗产业发展

2020 年 4 月，国家发改委、中央网信办印发《关于推进"上云用数赋智"行动 培育新经济发展实施方案》，首次探索将首诊纳入互联网医疗、医保。互联网医疗首诊制度的开放，直接触及传统医疗服务的核心，是互联网医疗产业发展过程中的里程碑式突破。互联网医疗服务边界的拓展为互联网医疗产业带来巨大成长空间的同时，也对互联网医疗服务的专业性、精准度、安全性提出更高的要求。2020 年 2 月，中共中央、国务院发布《关于深化医疗保障制度改革的意见》，明确要支持"互联网+医疗"等新服务模式发展，提出要探索开展跨区域基金预算试点，以及将符合条件的医药机构纳入医保协议管理范围，并强调要规范"互联网+医疗"新服务模式等发展。2020 年 11 月，国家医疗保障局发布的《关于积极推进"互联网+"医疗服务医保支付工作的指导意见》，提出充分认识"互联网+"医疗服务医保支付工作的重要意义、做好"互联网+"医疗服务医保协议管理、完善"互联网+"医疗服务医保支付政策、优化"互联网+"医疗服务医保经办管理服务、强化"互联网+"医疗服务监管措施。互联网医疗纳入医保支付范畴，为互联网医疗产业带来更多发展空间。

第四节 产业链全景图

互联网医疗产业属于新兴的融合产业，涉及医疗、医药、器械、人工智能、通信、互联网等多个产业。从产业环节来看，可以分为上游硬件设备及系统研发、中游平台应用与解决方案及下游衍生服务三个环节。互联网医疗

产业链全景图如图 18-1 所示。

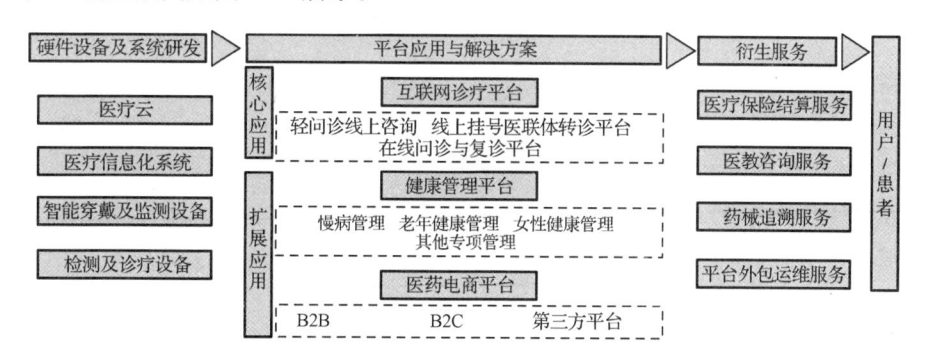

图 18-1 互联网医疗产业链全景图

数据来源：赛迪顾问，2021 年 1 月

硬件设备及系统研发：主要分为硬件设备和系统研发两个部分。硬件设备主要指互联网医疗数据采集所需要的智能穿戴设备、监测设备、检测设备、诊疗设备，通过线下传统仪器检测、智能硬件或可穿戴设备检测、互联网虚拟仪器检测，完成健康数据的采集。系统研发主要指医疗云和医疗信息化系统，综合应用医疗物联网、数据融合传输交换、移动计算、云计算等技术，构建安全、可靠的医疗云平台，对医疗机构临床医疗管理信息系统及数字化场景应用系统进行研发，提供医院内及医疗机构间的信息共享服务。2020 年，新冠肺炎疫情导致了消费者对可穿戴设备健康监测功能的需求大增，智能可穿戴设备市场空间大幅扩大。

平台应用与解决方案：在数据收集、储存、管理的基础上，构建互联网应用平台，为医疗服务提供融合化解决方案。平台应用与解决方案可分为核心应用与扩展应用。核心应用指以公立医院、民营医院等传统医疗机构为依托的互联网诊疗平台，覆盖轻问诊线上咨询、线上挂号医联体转诊、在线问诊与复诊的完整诊疗流程。扩展应用包括健康管理平台和医药电商平台两部分，通常以药企、健康服务企业为依托。健康管理平台针对不同群体，提供慢病管理、老年健康管理、女性健康管理、健康饮食、健康体检预约等服务。医药电商平台分为企业对客户（B2C）、企业对企业（B2B）及第三方平台。2020 年，新冠肺炎疫情期间互联网医疗平台为用户提供的良好体验带来用户认知提升、线上使用习惯形成、在线医疗普及率提升，同时处方外流和医保支付接入互联网进一步赋能互联网医疗平台，互联网医疗平台与解决方案加速完善。

衍生服务：衍生服务指围绕平台应用与解决方案发展的其他服务。医疗保险结算服务，指围绕互联网诊疗发生的线上结算及医保结算服务。医教咨询服务指围绕互联网医疗参与主体，衍生的医疗服务咨询、医生教育等服务。药械追溯服务指围绕医药电商，衍生的药品和器械追溯管理平台等。平台外包运维服务指对互联网医疗应用平台的营销、管理、维护等服务。2020年，互联网医疗核心及扩展应用受疫情影响快速发展，更多医药电商、健康管理平台尝试打通线上到线下，涵盖医教、医保、药械追溯等衍生服务，从传统平台服务向高质量的医药供应链服务商，进而向医疗供应链服务商转型，提供一站式全生命周期解决方案。

第五节 价值链及创新

2020年互联网医疗产业价值链分布情况如图18-2所示。互联网医疗产业处于快速发展期，规模较大的企业以医药电商为主，医疗云、健康管理平台、药械追溯环节企业整体规模较小，但健康管理平台和医疗云领域企业的利润率较高。从上市企业分布来看，在硬件设备及系统研发环节，上市企业数量较多，大部分以医疗信息化企业为主；在平台应用与解决方案环节，上市企业以扩展应用类为主；在衍生服务环节，以药械追溯服务企业为主。目前平台外包运维服务、医疗保险结算服务两个细分领域商业模式还不成熟，暂未出现上市企业。

一、硬件设备及系统研发

（一）监测及检测设备推动互联网医疗个性化发展，市场需求转化率提升

监测及检测设备包括监护仪、可穿戴设备等，该类产品作为患者数据采集的重要来源，是推动互联网医疗个性化、精准化发展的重要基础。从细分领域营收结构来看，监测及可穿戴设备领域上市企业共6家，仅为上游环节上市企业的20.0%，但6家上市企业2020年前三季度的营业总收入却占上游环节的55.3%，如图18-3所示。可以看出，监测及可穿戴设备上市企业平均营业收入高于上游其他细分领域。该细分领域上市企业营收较高，一方面受益于柔性显示、传感器等技术的发展，促使相关产品性能指标提升，产品附加值增加；另一方面是受到患者消费升级的推动，产品市场空间加速释放。

第十八章 互联网医疗

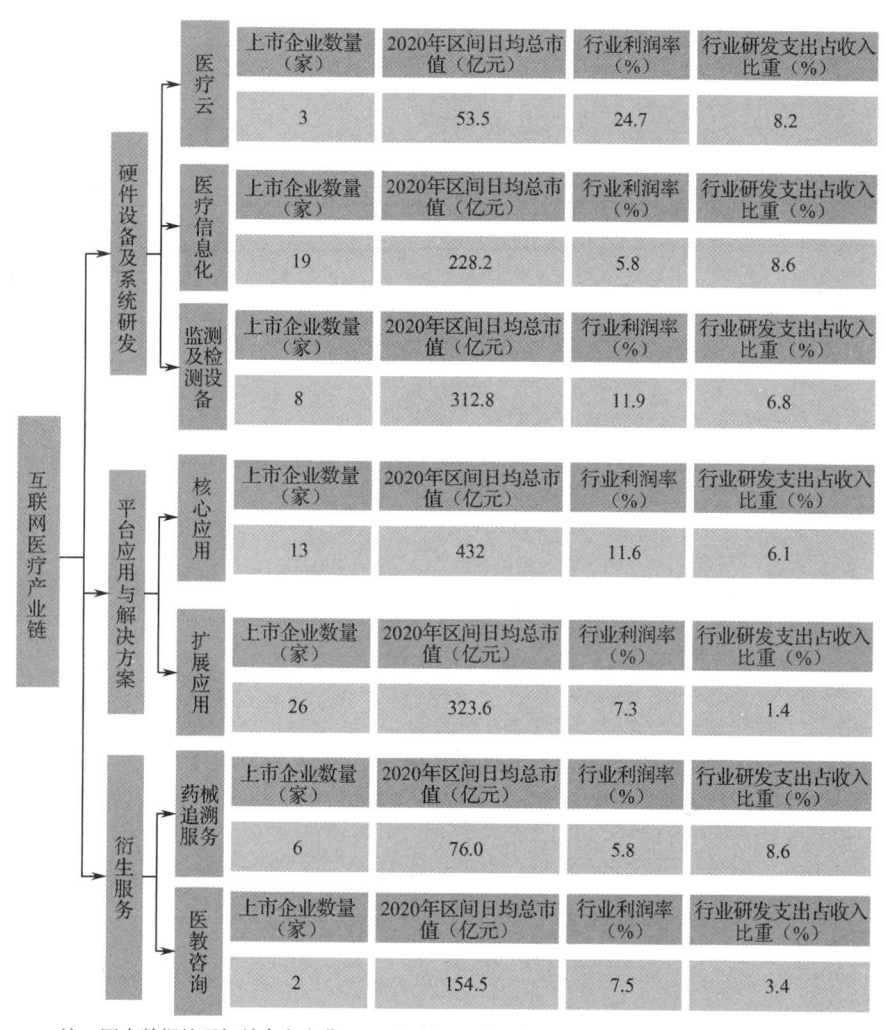

分类	子类	上市企业数量（家）	2020年区间日均总市值（亿元）	行业利润率（%）	行业研发支出占收入比重（%）
硬件设备及系统研发	医疗云	3	53.5	24.7	8.2
硬件设备及系统研发	医疗信息化	19	228.2	5.8	8.6
硬件设备及系统研发	监测及检测设备	8	312.8	11.9	6.8
平台应用与解决方案	核心应用	13	432	11.6	6.1
平台应用与解决方案	扩展应用	26	323.6	7.3	1.4
衍生服务	药械追溯服务	6	76.0	5.8	8.6
衍生服务	医教咨询	2	154.5	7.5	3.4

注：图中数据按照相关上市企业 2020 年前三季度经营数据计算，经营数据未剔除上市企业内部其他相关业务收入。

图 18-2 2020 年互联网医疗产业价值链分布情况
数据来源：上市企业财报，赛迪顾问整理，2021 年 1 月

（二）医疗信息化渗透率不断提升，龙头供应商市场优势凸显

医疗信息化环节发展起步较早，具体分为三个阶段，即医院管理信息化（HIS）阶段，医院临床医疗管理信息化（CIS）阶段和区域医疗卫生服务（GMIS）阶段。从系统建设渗透率来看，HIS 系统经历 10 年的部署建设期，

277

已基本实现三级医院 HIS 全覆盖，二级及以下医院覆盖约 80%。从建设需求来看，医疗信息化的需求方主要是医院和公共卫生机构，需求呈献高黏度、定制化特点。医院及公共医疗机构在建设信息化系统时，通常以本土化信息服务商为优先选择。从服务主体来看，医院对于供应商黏性较强，卫宁健康等头部医疗 IT 公司每年 70%以上收入来自已有客户，优势企业在稳固存量订单的同时，通过高效的平台升级及渠道优势，能够拓展更多的新客户，从而提升市场占有率。

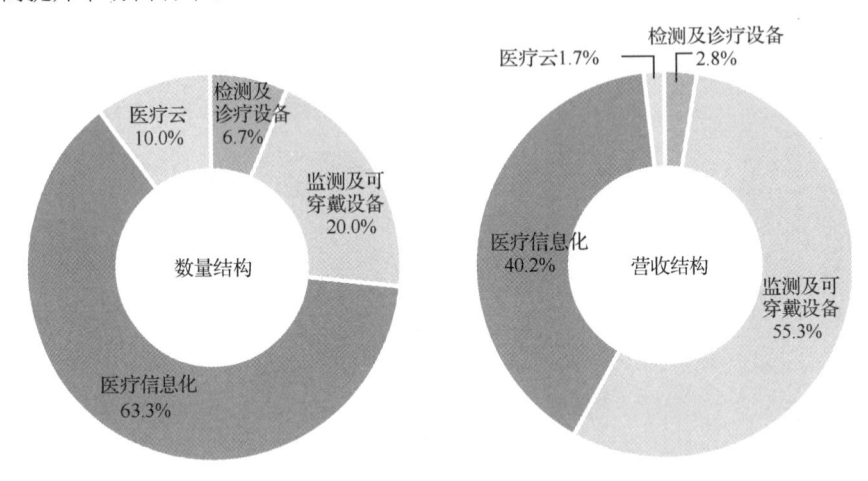

图 18-3　2020 年前三季度中国互联网医疗产业硬件设备及系统研发环节上市企业数量结构和营收结构

数据来源：上市企业财报，赛迪顾问整理，2021 年 1 月

二、平台应用与解决方案

（一）核心应用服务范围不断拓展，重构就医流程

受益于互联网首诊制度的放开，互联网诊疗功能体系逐步完善，由在线挂号、就医指导等边缘化服务，向首诊、复诊等医学诊断核心业务发展，形成全流程、全生命周期的医疗服务体系。互联网诊疗以传统医学服务为基础，通过网络化、平台化的就医指导、在线挂号、在线问诊、诊后随访、在线支付等全流程服务，重构就医流程。既减少了患者在就诊过程中的候诊时间，极大提升了就诊体验，还强化了对患者诊后治疗的监督，结合线上复诊服务提醒，提升了就诊及诊后治疗的有效性。

（二）扩展应用平台利润率优势明显，未来仍有较大发展空间

扩展应用平台主要包括健康管理平台及医药电商平台。2020年，健康管理平台上市企业的平均利润率达到21.1%，在互联网医疗各细分领域中位列第一，如图18-4所示。健康管理平台利润率之所以最高，是因为商业模式更为多元化，资源协作空间大。从平台运营来看，健康管理平台涉及服务领域较多，包括老年健康管理、女性健康管理、慢病管理、家庭医生管理等，各类型健康管理服务存在一定重叠性和互通性，为多元化运营带来可能。从平台合作来看，健康管理平台通常与体检中心、民营医院、保险机构等主体建立单边或多边的合作关系，形成了较强的资源协同能力和多源的营收渠道。

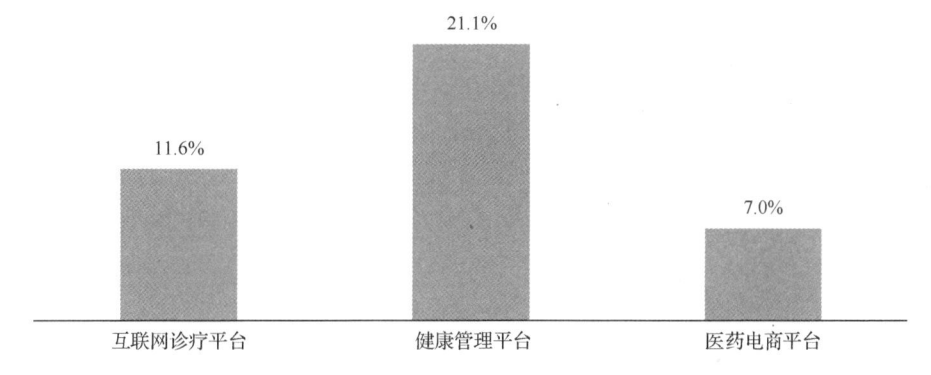

图18-4　2020年前三季度中国互联网医疗产业平台应用与
解决方案细分领域相关上市企业利润率情况
数据来源：上市企业财报，赛迪顾问整理，2021年1月

受新冠肺炎疫情影响，消费者的线上购药习惯逐渐养成，医药电商市场加速发展。随着国家各项医改及健康产业政策的陆续出台和逐步落实，医药电商的前景更为明确。从细分领域营收规模来看，2020年中国医药电商上市企业营业收入总规模最大。但相比发达国家平均30.0%的药品网购渗透率，2020年中国医药电商渗透率仍不及2.0%。特别是B2B与O2O模式将进一步受益于处方外流，承接处方药、慢病药物、非应急药物等市场。

三、衍生服务

（一）医教产品升级换代，细分领域延展性较强

医教咨询服务延展性较强，主要体现为发展空间大、可塑性强。从内容

来看，该细分领域作为医生群体的服务端，覆盖医生求职招聘、医教科研、专业考试、继续教育等多个服务领域。因此，细分领域的发展将带动互联网医疗服务向专精化发展。从医教产品来看，软硬件产品伴随着互联网、大数据等信息载体的变化，逐渐升级换代。以微软、数字人科技为代表的医教咨询企业，通过 3D 打印、VR 等新技术运用，使产品在数据专业性、精准度、场景化方面不断完善。

（二）药械追溯服务体系逐渐标准化，药械追溯生态持续完善

当前，中国药械追溯服务以药品追溯服务为主，以器械追溯服务为辅。药品追溯服务领域，中国药品追溯标准规范相继发布，药品追溯服务体系建设标准更加清晰。器械追溯服务领域，以企事业单位为主体编制的追溯平台建设、运营和管理办法也相继发布。药械追溯体系的规范化，促进了药械追溯行业的发展，并吸引了大量企业参与相关生态建设。其中，以阿里健康为代表的非传统信息技术企业，也开始自建药械追溯服务系统，进一步丰富了药械追溯服务业态。阿里"码上放心"追溯平台打破传统追溯平台只面向消费者提供产品信息追溯的服务模式，以追溯平台为依托，增加企业互动营销、品牌推广和消费者导购等服务，有力推进了药械追溯业务与品牌服务等增值服务的融合发展。在标准规范不断完善、新进入者不断涌现等因素的影响下，中国药械追溯服务市场服务形态更加丰富、技术迭代加速，市场空间有望进一步扩大。

第六节 区域分布格局

一、产业资源分布

从省级行政区来看，北京、广东、上海是互联网医疗产业资源集聚的主要地区。广东省集聚互联网医疗上市企业最多达 12 家，但产业相关研究院所相对较少。北京聚集产业创新资源最多，包括国家实验室 2 个、互联网医疗相关研究中心 3 个。2020 年中国互联网医疗产业资源分布见表 18-1。未来，随着互联网医疗与传统医疗发展的深度融合，互联网医疗的医学性、严谨性、技术性要求将不断提升，互联网诊疗技术实验室等创新资源将成为产业高质量发展的重要载体。

表 18-1 2020 年中国互联网医疗产业资源分布

省（自治区、直辖市）	企 业 资 源	载体、平台	创 新 资 源
北京	上市企业 9 家	医疗类新型信息消费示范 3 个	2 个国家工程实验室；3 个互联网发展研究中心
山西	-	-	-
河北	上市企业 1 家	医疗类新型信息消费示范 1 个	
天津	上市企业 2 家	医疗类新型信息消费示范 3 个	
内蒙古	-	医疗类新型信息消费示范 1 个	
上海	上市企业 8 家	医疗类新型信息消费示范 2 个	1 个健康产业研究院
江苏	上市企业 3 家	-	
浙江	上市企业 10 家	医疗类新型信息消费示范 1 个	
山东	上市企业 1 家	医疗类新型信息消费示范 6 个	
江西	上市企业 1 家	医疗类新型信息消费示范 1 个	
福建	上市企业 2 家	医疗类新型信息消费示范 1 个	
安徽	上市企业 2 家	医疗类新型信息消费示范 1 个	
河南	-	-	1 个国家工程实验室
湖北	上市企业 4 家	医疗类新型信息消费示范 2 个	1 个工程技术研究中心
湖南	上市企业 3 家	医疗类新型信息消费示范 1 个	
广东	上市企业 12 家	医疗类新型信息消费示范 2 个	
广西	-	-	
海南	上市企业 1 家	-	
辽宁	上市企业 1 家	医疗类新型信息消费示范 5 个	
吉林	-	-	-
黑龙江	-	-	
重庆	上市企业 1 家	医疗类新型信息消费示范 1 个	
四川	上市企业 4 家		
云南	上市企业 2 家	医疗类新型信息消费示范 1 个	1 个互联网+学院
贵州	上市企业 2 家	医疗类新型信息消费示范 1 个	-
西藏			
陕西	上市企业 2 家	医疗类新型信息消费示范 1 个	
甘肃	上市企业 1 家	医疗类新型信息消费示范 1 个	
青海	-		
宁夏			
新疆	-		

数据来源：赛迪顾问，2021 年 1 月

二、产业规模分布

从总体分布（见图 18-5）来看，互联网医疗产业主要分布在东部沿海地区。从省级行政区分布来看，广东、北京、福建、山东和浙江产业规模位居前 5。广东、北京两地产业规模较大，一是集聚的上市及非上市龙头企业最多，二是经济基础较好，三是两地居民对在线医疗消费新模式适应较快。

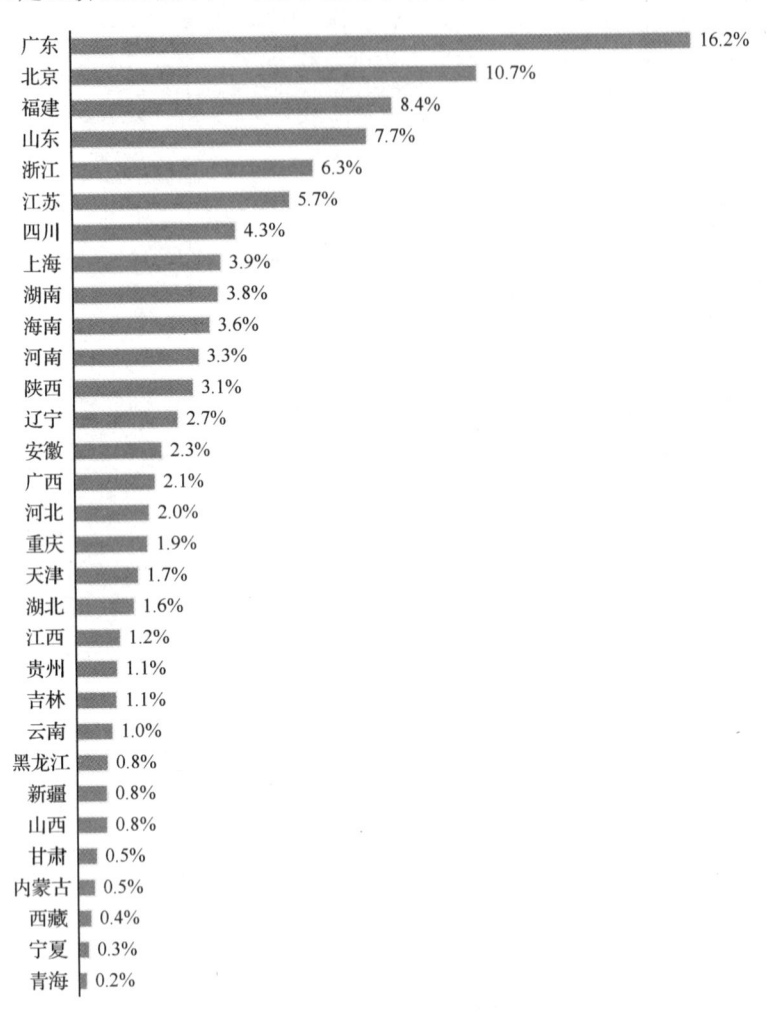

地区	占比
广东	16.2%
北京	10.7%
福建	8.4%
山东	7.7%
浙江	6.3%
江苏	5.7%
四川	4.3%
上海	3.9%
湖南	3.8%
海南	3.6%
河南	3.3%
陕西	3.1%
辽宁	2.7%
安徽	2.3%
广西	2.1%
河北	2.0%
重庆	1.9%
天津	1.7%
湖北	1.6%
江西	1.2%
贵州	1.1%
吉林	1.1%
云南	1.0%
黑龙江	0.8%
新疆	0.8%
山西	0.8%
甘肃	0.5%
内蒙古	0.5%
西藏	0.4%
宁夏	0.3%
青海	0.2%

图 18-5　2020 年中国互联网医疗产业规模占比分布图

数据来源：赛迪顾问，2021 年 1 月

第七节 行业重大事件

2020年，互联网医疗行业进入快速发展期。产品层面，当前市场主体不断推动产品更新，横向拓展业务布局、纵向延伸产业链供给，如京东健康、丁香园、医联、微医等龙头企业。竞争主体层面，除原有市场参与者，更多互联网龙头企业选择加速布局互联网医疗，如字节跳动等。资本层面，互联网医疗领域继续受到资本追捧，软银、高瓴资本等继续加码互联网医疗。2020年中国互联网医疗行业重大事件见表18-2。

表18-2 2020年中国互联网医疗行业重大事件

序号	事件说明	事件主体	影响/意义
1	京东健康上市	京东健康	京东健康进一步扩张业务形态与生态链条，挑战阿里健康、平安好医生的行业龙头地位
2	字节跳动收购百科名医	字节跳动、百科名医	字节跳动全新业务布局，加剧行业竞争
3	丁香园完成5亿美元融资	丁香园、挚信、腾讯、高瓴创投	丁香园深度布局供给侧、产业侧，强化专业壁垒及上下游协同能力
4	1药网完成接近10亿元国内科创板Pre-IPO	1药网、软银赛富	若耀方上海IPO顺利将成为第一家科创板上市的互联网医药企业
5	微医与中国老年医学中心联盟达成战略合作	微医、中国老年医学中心联盟	互联网医疗与老年医学服务融合加深
6	医联上线精神心理专科项目	医联	医联精神心理平台建设成为新的竞争热点

数据来源：赛迪顾问，2021年1月

第八节 市场规模预测

一、2023年，中国互联网医疗市场规模将突破2900亿元

2020年中国互联网医疗市场规模为1355.4亿元，同比增长29.8%。2018—2023年中国互联网医疗市场规模及预测如图18-6所示。随着医疗系统信息化水平的提升，互联网医疗相关政策的逐步出台和落实，互联网医疗需求进一步释放。预计到2023年中国互联网医疗市场规模将超过2900亿元。

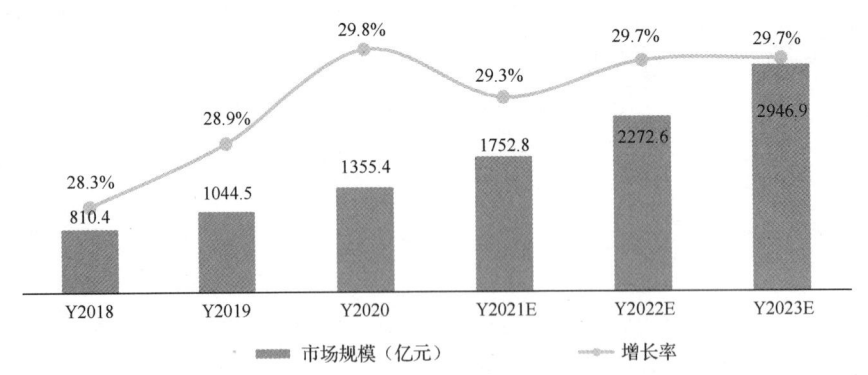

图 18-6　2018—2023 年中国互联网医疗市场规模及预测
数据来源：赛迪顾问，2021 年 1 月

二、医疗信息化及医药电商市场规模最大，互联网诊疗领域潜力巨大

2020 年中国互联网医疗市场结构中占比最多的是医疗信息化和医药电商，分别为 35.6%和 27.3%。随着互联网首诊业务的放开，互联网诊疗平台的优化、服务流程的延伸，互联网诊疗的市场空间将进一步释放。预计 2021—2023 年，互联网诊疗市场规模年均复合增长率将达到 66.7%。2018—2023 年中国互联网医疗市场结构及预测如图 18-7 所示。

第九节　资本市场动向

一、医疗信息化领域投融资事件频发，医药电商领域投资金额最大

2020 年中国互联网医疗各领域投融资事件数量及投资金额占比如图 18-8 所示。赛迪顾问整理的 2020 年互联网医疗领域投融资事件一共有 140 个。其中，医疗信息化投融资事件最多，占总投融资事件的 37.5%。但从投融资金额来看，医药电商获得的投资金额最大。从细分领域平均单笔融资额来看，医药电商领域最高，其次是医疗信息化、医疗云和互联网诊疗。

二、大部分项目仍处于探索孵化阶段，A 轮及战略融资项目最多

从投融资事件所处轮次（见图 18-9）来看，互联网医疗项目大部分仍处

于前期探索和孵化阶段。互联网医疗 A 轮及以前融资事件总量多，占融资事件总量的 44.3%，平均单笔融资额仅为 1.5 亿元。D 轮及以后融资事件虽然事件总量占比仅为 9.2%，平均单笔融资额达到 7.3 亿元。

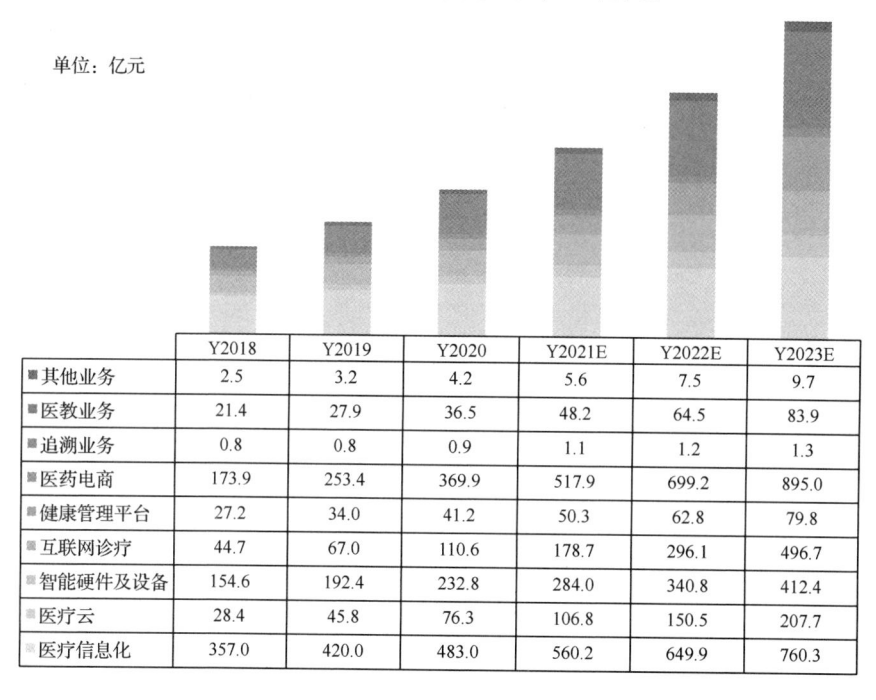

单位：亿元

	Y2018	Y2019	Y2020	Y2021E	Y2022E	Y2023E
■其他业务	2.5	3.2	4.2	5.6	7.5	9.7
■医教业务	21.4	27.9	36.5	48.2	64.5	83.9
■追溯业务	0.8	0.8	0.9	1.1	1.2	1.3
■医药电商	173.9	253.4	369.9	517.9	699.2	895.0
■健康管理平台	27.2	34.0	41.2	50.3	62.8	79.8
■互联网诊疗	44.7	67.0	110.6	178.7	296.1	496.7
■智能硬件及设备	154.6	192.4	232.8	284.0	340.8	412.4
■医疗云	28.4	45.8	76.3	106.8	150.5	207.7
■医疗信息化	357.0	420.0	483.0	560.2	649.9	760.3

图 18-7　2018—2023 年中国互联网医疗市场结构及预测

数据来源：赛迪顾问，2021 年 1 月

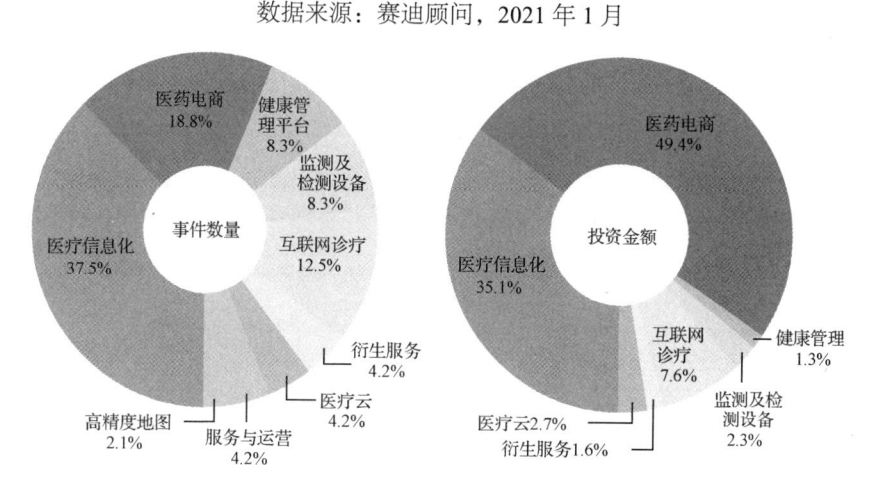

事件数量：
- 医药电商 18.8%
- 健康管理平台 8.3%
- 监测及检测设备 8.3%
- 互联网诊疗 12.5%
- 衍生服务 4.2%
- 医疗云 4.2%
- 服务与运营 4.2%
- 高精度地图 2.1%
- 医疗信息化 37.5%

投资金额：
- 医药电商 49.4%
- 医疗信息化 35.1%
- 互联网诊疗 7.6%
- 健康管理 1.3%
- 监测及检测设备 2.3%
- 医疗云 2.7%
- 衍生服务 1.6%

图 18-8　2020 年中国互联网医疗各领域投融资事件数量及投资金额占比情况

数据来源：赛迪顾问，2021 年 1 月

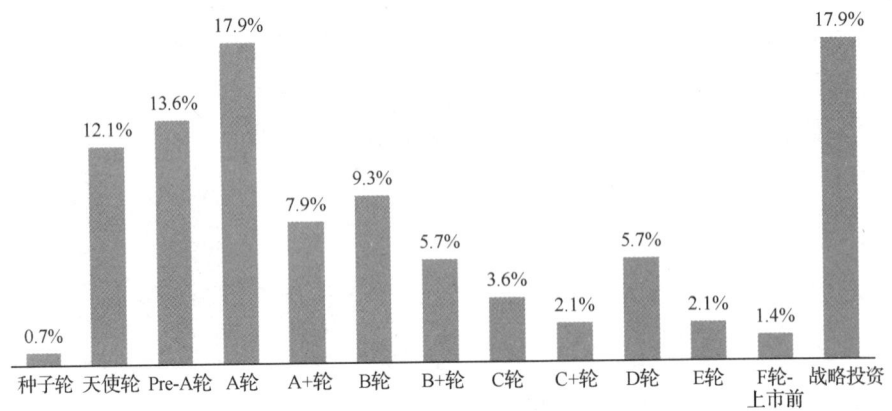

图 18-9 2020 年中国互联网医疗投融资事件所处轮次占比情况

数据来源：赛迪顾问，2021 年 1 月

三、北京、上海成为热门投资地区，超一线城市资本吸引力较强

从 2020 年度投融资发生区域（见图 18-10）来看，北京、上海的投融资事件数量最多，两地区发生的投融资事件占比超过总投融资数量的一半以上。可以看出，中国超一线城市互联网医疗企业的资本吸引力更强，主要是由于一线城市医疗技术更先进、消费需求更丰富、专业人才更集聚。

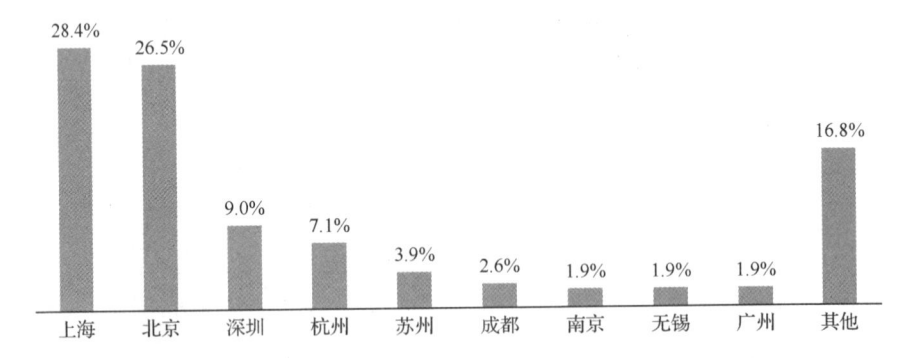

图 18-10 2020 年中国互联网医疗行业投融资地区分布情况

数据来源：赛迪顾问，2021 年 1 月

第十节 赛道选择建议

（1）医学影像是临床诊断的重要技术支撑，仍将成为投资热点。在互联

网医疗发展过程中，医学影像数据的上传、调用、智能诊断将影响互联网医疗的诊断效率和准确性。目前该技术仍处于发展期，随着 5G 技术的广泛运用，将带来网络数据传输速率的提升和延时的大幅降低，未来在精准影像、深度检测等方面有较大发展空间。同时，5G 有望为互联网与医学影像设备维修服务的深度结合提供更多的可能性，有助于进一步改善设备运行效率，提高医院经济效益。

（2）虚拟仿真交互技术仍处于发展培育期，但中长期值得关注。虚拟仿真交互指基于虚拟现实技术的医疗交互系统，当前处于发展起步期。随着该技术的不断发展成熟，互联网诊疗将向场景化、个性化、交互化发展。在获取医院、医生、患者真实场景信息的同时，做到患者数据可视化，实现平台与人、患者与医生的深度交互，丰富互联网医疗的诊断体验，提升互联网医疗诊断的准确性。虚拟仿真交互技术将驱动传统医疗产业释放新兴活力，为用户带来更具感染力及沉浸感的体验，催生百亿级市场。

（3）可穿戴设备技术基础较好，具有较大的市场潜力，近期内值得资本市场关注。总体来看，可穿戴设备技术快速发展、市场规模不断扩大，但细分领域成熟度差异较大。一方面，健康管理类可穿戴设备发展较为成熟，包括运动手环、慢病监测管理设备等，未来产品类型、产品功能将继续丰富和完善，不断向小型化、智能化、网络化、数字化、标准化方向优化发展；另一方面，医用可穿戴设备当前仍处于起步发展阶段，功能研发和市场化推广仍在探索中。由于其医学功能要求更高，研发主体以美国高校及科技公司为主，如谷歌、麻省理工学院等，产品包括可穿戴胶布、智能隐形眼镜、癫痫患者专用手环等。未来全球医疗设备需求将持续高涨，尤其是医学诊断类以及生命监测可穿戴设备。赛迪顾问预计，到 2025 年全球可穿戴设备出货量将突破 7 亿台，5 年内复合年增长率（CAGR）为 12.5%。

（4）医疗信息化需求总量稳健攀升，区域医疗信息系统（HGIS）建设有望迎来爆发机会。随着中国数字医疗需求迅速扩大，国家推进智慧医院落地，自建医院、康养地产等医疗服务机构将产生更多医疗信息化需求，打造医养社区，在一定区域内提供优质全面服务的基础上，实现医院、监管部门、保险机构、患者等多方的互联互通。具体来看，医疗信息化即将进入 HGIS 建设阶段，推动区域医疗服务协同与共享发展。当前 HIS 产品较为成熟，传统厂商优势明显；CIS 解决方案也在不断优化完善。经历了 HIS 建设阶段与 CIS 发展阶段，HGIS 将进入快速发展阶段。

2021 年中国互联网医疗领域投资价值趋势如图 18-11 所示。

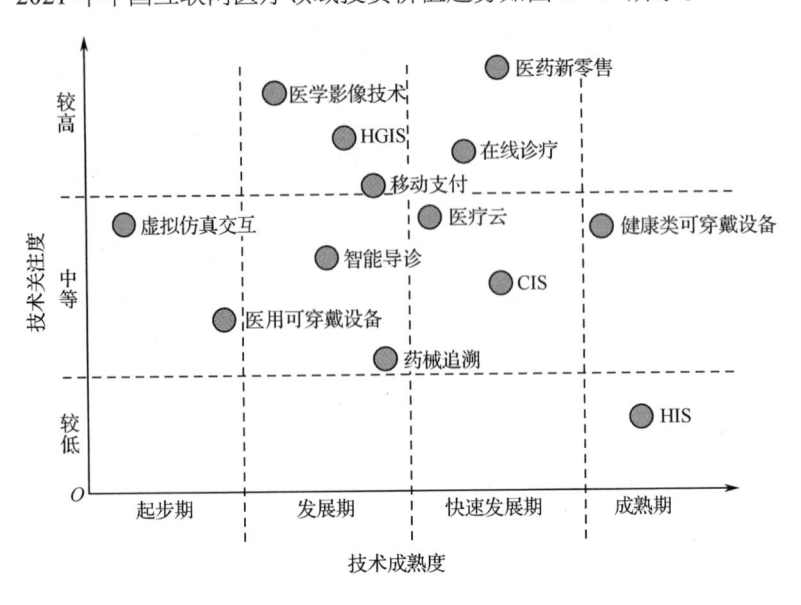

图 18-11　2021 年中国互联网医疗领域投资价值趋势图

数据来源：赛迪顾问，2021 年 1 月

第十九章 分子诊断

第一节 产业定义或范畴

分子诊断产业是指围绕分子诊断技术，开展原材料研发与生产，进行仪器和试剂的研发与制造，以及提供分子诊断服务等环节所构成的生产、流通和服务活动的集合。

分子诊断技术是指利用分子生物学方法，通过对人体内源性或外源性遗传物质的结构和表达水平进行检测及分析，从而对疾病的预防、治疗、诊断提供依据的技术。根据原理不同，可分为聚合酶链式反应（PCR）、基因测序、基因芯片、荧光原位杂交等技术。

第二节 赛迪重大研判

（1）从发展阶段来看，中国分子诊断产业处于快速发展期，临床需求、政策支持与技术创新同时推动产业加速发展。

（2）从产业链各环节特点来看，上游原材料生产环节技术壁垒较高，掌握关键技术的企业掌控行业定价权；中游检测试剂和中端检测仪器领域的市场竞争较为充分，但高端仪器生产技术仍被少数企业掌控；下游应用端第三方检测机构市场占比将逐渐扩大。

（3）从区域分布来看，广东和北京成为最具投资价值企业的聚集地。2020年分子诊断领域的投融资事件中，近80%的资金汇聚到了广东和北京的企业，高级人才供给成为企业选择到广东、北京落地的重要因素。

（4）从技术趋势来看，PCR技术仍将在较长时间内作为分子诊断的主流技术存在，但基因测序技术具有巨大发展前景。

（5）从行业趋势来看，本土产品市场占有率在分级诊疗和医保控费政策的影响下加速提高。

第三节　产业环境分析

一、新冠肺炎疫情推动分子诊断行业快速发展

一方面，新冠肺炎疫情推动分子诊断市场空间进一步增大。2019年，分子诊断产业规模实现了19.7%的增长率，2020年，新冠肺炎疫情暴发后，扩张的市场需求刺激产业规模实现新的跃升，增长率高达124.8%。疫情期间，国家多次强调要加强核酸检测实验室的建设，促使分子诊断技术下沉基层网点，基层分子检测实验室建设带来巨大仪器设备增量市场空间，实验室资源下沉更打开了数量庞大、深入基层的分子诊断检测网点，有助于加大各类分子检测项目在基层的推广普及。同时，核酸检测作为检测新型冠状病毒确诊的主要方法，使分子诊断技术在临床上的认知度进一步提高，拉近了分子诊断与基层患者的距离，提升了大众对分子诊断的支付意愿，有望长期带动各类分子诊断试剂放量增长。另一方面，在新冠肺炎疫情的冲击下优质企业优势凸显。疫情影响下检测试剂在全球范围需求增大，各厂商积极布局国内外市场，不同企业的研发、申报和生产能力有所差异，企业间获利出现显著分化，优质企业获利丰厚。丰厚的利润可助力企业加大研发投入、扩展市场和扩大产能，或通过并购打通产业链上下游，全面提升企业实力。

二、资本的大量涌入成为分子诊断技术发展的强劲动力

分子诊断仪器设备属于高端医疗器械，研发周期长，成本高，部分领域产业应用尚未成熟，不确定性比较大，虽然未来发展潜力较大，但短期内难以获得持续稳定的收益。因此，小规模的创业团队如果能够获得发展，通常需要借助外部资本的力量。外部社会资本成为分子诊断企业发展的重要支撑。外部资本持续看好技术先进的分子诊断企业，期望未来获得高额回报，从而持续给予资金支持，帮助初创企业克服产业发展初期遇到的资金困难。

三、PCR仍将是临床分子诊断主流技术，分子诊断POCT面临发展机遇

一方面，PCR技术仍将在未来一段时间内主导分子诊断产业。PCR技术

主要优势在于高灵敏度、检测成本较低，目前临床应用广泛，市场已逐渐步入成熟期，短期内仍将是分子诊断主流技术平台。相比之下，基因测序技术由于实验操作复杂、成本高等原因，在临床应用中仍处于起步阶段，市场占有率较低但市场增速快，十分具有发展潜力。另一方面，基层加强检测能力的需求促进分子诊断 POCT 技术应用。无论是分级诊疗政策的推进还是疫情防控的要求，均强调提升基层医院的检测能力。然而基层医疗机构人才不足、医疗设备落后、检测环境条件差，难以满足传统分子诊断实验室建设条件。POCT 一体化、自动化核酸分析设备具有使用便携、操作简便、检测项目领域广泛等特点，利用其建立实验室可以大大降低实验室硬件与人员的要求，符合基层医疗机构的实际情况，有利于分级诊疗政策和疫情防控要求的落实，同时推动分子诊断的应用场景逐步多元化。

四、分级诊疗、医保控费等政策推动国产品牌占有率持续提升

一方面，国家积极推进分级诊疗，基层需求巨大。国务院办公厅早在 2015 年发布的《关于推进分级诊疗制度建设的指导意见》要求 2020 年基本建立符合国情的分级诊疗制度，使得巨大的诊疗量持续分流到基层医疗，拉动了基层医院的分子诊断设备需求。另一方面，在医保控费要求下，国产仪器在满足临床需求的同时更具明显价格优势。虽然三级医院中高端分子诊断仪器仍由国外品牌占据主导，但国内主流应用技术平台已经实现自主生产，仪器性能已经能够与国外品牌媲美，并在医保控费等医改政策作用下，拥有明显的价格优势。未来，随着基层医院的诊断设备的更新换代，国产品牌在二级及以下基层医院的市场份额将逐步扩大。

五、监管日趋严格促进产业健康发展

分子诊断绝大部分产品属于三类医疗器械，各细分领域的增长空间受政策影响较大。国家近年出台的法规政策有助于强化行业监管、推动行业健康有序发展。早在 2014 年，国家食品药品监督管理总局陆续出台了《医疗器械注册管理办法》《医疗器械生产监督管理办法》《医疗器械经营监督管理办法》《体外诊断试剂注册管理办法》等法规，对包括分子诊断产品在内的医疗器械产品监管进行了进一步的强化和规范。2018 年，国家市场监督管理总局发布《医疗器械不良事件监测和再评价管理办法》，对医疗器械的不良事

件监测的职责与义务、报告与评价、重点监测、风险控制、再评价、监督管理及法律责任等进行了规定。2020 年，国家药监局修订发布《医疗器械质量抽查检验管理办法》，加强了包括分子诊断产品在内的医疗器械质量监督管理。在相关政策的规范和指导下，分子诊断产业将持续健康发展。

第四节　产业链全景图

从产业链环节上，分子诊断可以分为上游原材料研发生产、中游仪器试剂研发生产以及下游应用终端三个环节。分子诊断产业链全景图如图 19-1 所示。

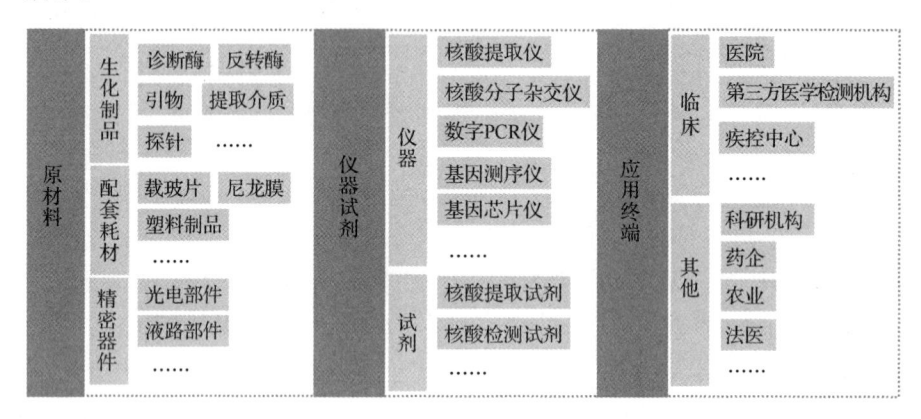

原材料			仪器试剂		应用终端	
生化制品	诊断酶	反转酶	仪器	核酸提取仪	临床	医院
	引物	提取介质		核酸分子杂交仪		第三方医学检测机构
	探针	……		数字PCR仪		疾控中心
配套耗材	载玻片	尼龙膜		基因测序仪		……
	塑料制品			基因芯片仪	其他	科研机构
	……			……		药企
精密器件	光电部件		试剂	核酸提取试剂		农业
	液路部件			核酸检测试剂		法医
	……			……		……

图 19-1　分子诊断产业链全景图
数据来源：赛迪顾问，2021 年 1 月

上游： 上游原材料环节包括生化制品、配套耗材和仪器用精密器件的生产、研发和销售。生化制品方面有诊断酶、引物、反转酶、探针等生物制品，以及精细化学品的产品质量直接决定了分子诊断试剂的质量和稳定性，此环节涉及精细化学、分子生物学等领域的技术，技术壁垒较高，掌握生产技术的企业拥有行业定价权。配套耗材包括载玻片、采样管、尼龙膜等制品，技术壁垒较低。精密器件是分子诊断仪器的核心部件，其研发生产涉及光机电一体技术、纳米技术等领域，技术壁垒高，开发难度大。

中游： 中游仪器试剂环节包括诊断试剂和诊断仪器生产、研发和销售。诊断试剂包括核酸提取试剂盒与核酸检测试剂盒，应用场景包括传染病、优生优育、肿瘤等领域。诊断仪器包括核酸提取仪、荧光 PCR 仪、分子杂交仪、基因芯片仪等中端仪器，以及二代基因测序仪、数字 PCR 仪等高端仪器。荧光 PCR 仪技术发展已较为成熟，临床应用场景已十分丰富，是分子诊断的主流技术。基因测序仪与数字 PCR 仪的研发生产技术壁垒较高，开发难度大，掌握生产技术的企业较少。

下游：下游是提供服务的应用终端，包括医院、疾控中心、第三方医学检测机构、科研机构、药企等。医院是分子诊断行业最大的下游需求端，企业一般自建渠道或通过专业经销商与医院建立联系。国内第三方检测机构发展较晚，占医学诊断市场比例较低，但随着医疗需求的增长及市场的发展，具有广阔的发展空间。分子诊断应用场景包括应用已经相对成熟的无创产前筛查（NIPT）、伴随诊断、传染病检测、血液筛查等，以及目前处于萌芽期或快速发展期的肿瘤早筛、新型微生物检测、药物基因组学等。

第五节 价值链及创新

2020 年前三季度中国分子诊断上市企业中，涉及 PCR 技术的企业有 16 家，涉及基因测序技术的企业有 5 家，涉及基因芯片技术的企业有 2 家，涉及其他细分领域的上市企业有 5 家，如图 19-2 所示。其他细分领域涉及质谱技术、分子原位杂交技术及分子诊断原材料生产等，其中原材料生产主要涉及配套耗材的生产，涉及生化制品与精密器件的研发生产较少。

分类	上市企业数量（家）	行业总收入（亿元）	行业利润率（%）	行业研发支出占收入比重（%）
PCR	16	116.5	20.1	8.7
基因测序	5	51.6	-28.2	8.8
基因芯片	2	3.0	-0.5	7.3
其他	5	29.0	0.7	11.7

注：图中数据按照相关上市企业 2020 年三季度报告经营数据计算。

图 19-2 2020 年前三季度分子诊断产业价值链分布情况
数据来源：相关上市企业财报，赛迪顾问整理，2021 年 1 月

一、营业收入及净利润增速持续增长

2020年前三季度中国分子诊断上市企业营业收入（见图19-3）达到200.1亿元，比上年全年增长116.8%，如图19-3（a）所示上市企业净利润达到48.4亿元，比上年全年增长1208.1%，如图19-3（b）所示。从2016—2019年的数据来看，分子诊断行业营业收入持续增长，但净利润有下降趋势。2020年前三季度，由于新冠肺炎疫情的暴发催生了巨大的分子诊断市场，上市企业营业收入及净利润总体均实现大幅增长，前三季度营收与利润均远超2019年全年值。

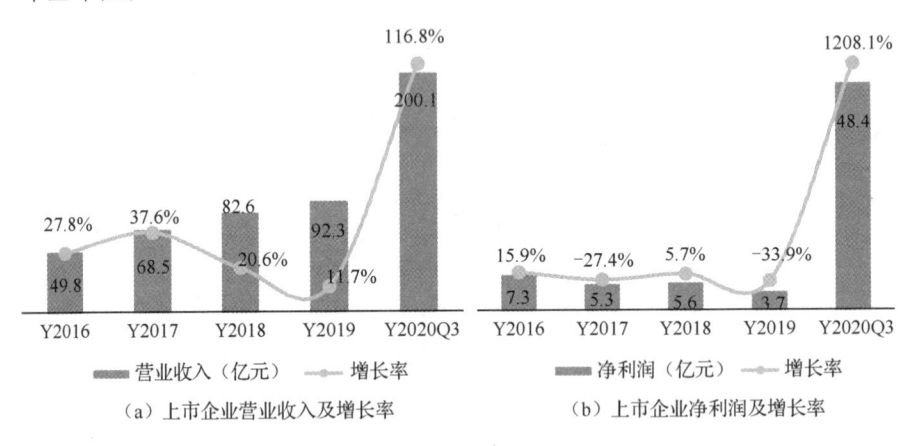

图 19-3 2016—2020年前三季度中国分子诊断上市企业营收及净利润增长情况

数据来源：相关上市企业财报，赛迪顾问整理，2021年1月

二、PCR领域上市企业营业收入占比逐年提高

从各细分领域营业收入（见图19-4）来看，PCR领域上市企业占分子诊断行业营业收入比例最高，且比重逐年增加，尤其2020年受到疫情影响，作为核酸检测主要手段的PCR技术应用广泛，相关企业的营收大幅增加，根据2020年前三季度营收数据，其占比已经接近行业总营收的60%，大幅压缩了其他细分领域占行业总营收的比例。基因测序领域占行业总营收的比例在2017年有所增加，之后逐渐下降。其他分子诊断领域营收占行业总营收比例逐年下降。基因芯片企业营收占行业总营收比例较小。

第十九章　分子诊断

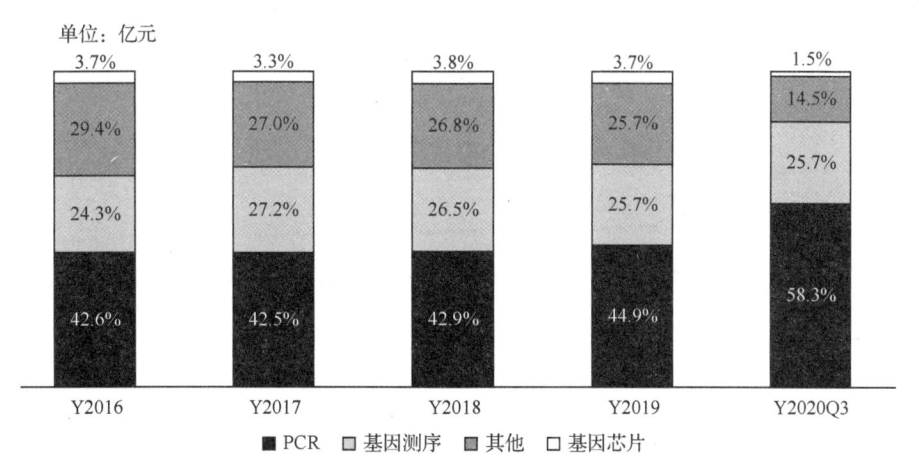

图 19-4　2016—2020 年前三季度中国分子诊断细分领域上市企业营收结构情况
数据来源：相关上市企业财报，赛迪顾问整理，2021 年 1 月

三、PCR 领域净利润率最高

从各细分领域的净利率（见图 19-5）来看，PCR 领域的净利率最高，为 20.1%，较 2019 年全年净利率几乎翻倍，远超其他细分领域的净利率水平，这与新冠肺炎疫情催生的 PCR 检测市场增量有关；基因芯片领域的净利率为 -0.5%；基因测序领域的净利率较低，为 -28.2%；其他分子诊断领域的净利率为 0.7%。

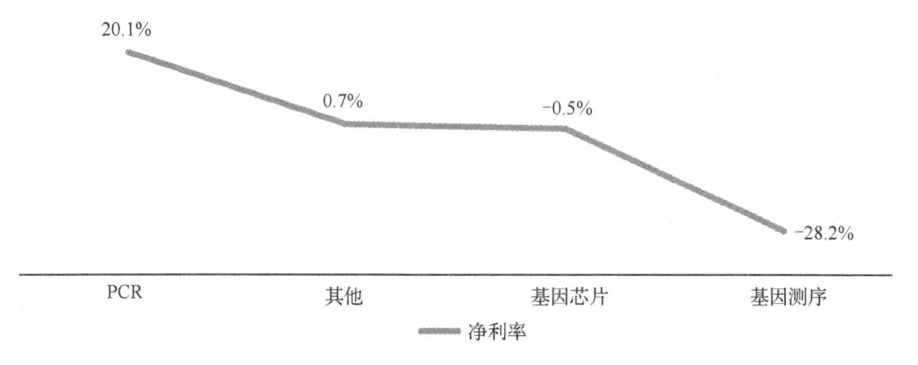

图 19-5　2020 年前三季度中国分子诊断产业各细分领域相关上市企业净利率情况
数据来源：相关上市企业财报，赛迪顾问整理，2021 年 1 月

四、其他分子诊断领域研发投入占比最高

从各细分领域的研发投入占总营收比重（见图 19-6）来看，基因测序和

PCR 领域的研发投入比接近，分别为 8.8%和 8.7%；基因芯片领域研发投入比最低，为 7.3%；其他分子诊断领域的研发投入占比最高，达到 11.7%。

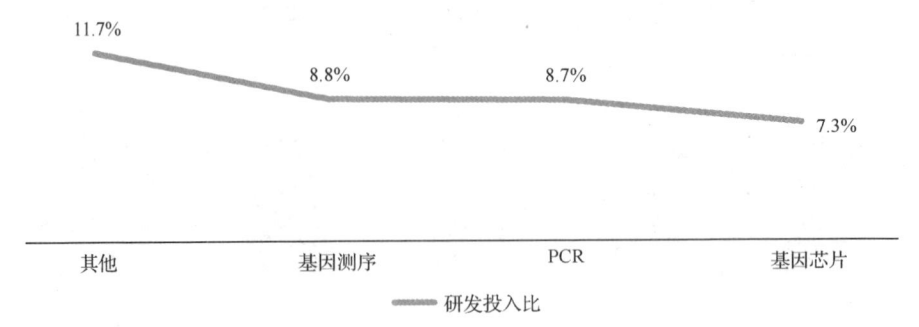

图 19-6　2020 年前三季度中国分子诊断产业各细分领域相关上市企业研发投入情况
数据来源：相关上市企业财报，赛迪顾问整理，2021 年 1 月

第六节　区域分布格局

一、产业资源分布

从总体分布（见表 19-1）来看，分子诊断产业资源主要分布在华东、中南和华北地区。其中，华东地区的上市企业和拥有上市产品的企业的数量均处于国内领先地位，拥有国家高新区 19 个。丰富的产业资源与其丰富的创新资源密不可分，华东地区高校有 37 所，国家重点实验室 19 个，三甲医院 578 所，相比其他各个地区均处于领先地位。

表 19-1　2020 年中国分子诊断产业资源分布

区域	企业资源	载体、平台	创新资源	其他资源
华北	上市企业 4 个 拥有上市产品的企业 130 家	国家级高新区 5 个	高校 21 所 国家重点实验室 21 个	三甲医院 269 所
华东	上市企业 9 个 拥有上市产品的企业 270 家	国家级高新区 19 个	高校 37 所 国家重点实验室 19 个	三甲医院 578 所
中南	上市企业 9 个 拥有上市产品的企业 175 家	国家级高新区 13 个	高校 23 所 国家重点实验室 5 个	三甲医院 461 所
西南	上市企业 2 个 拥有上市产品的企业 40 家	国家级高新区 8 个	高校 14 所 国家重点实验室 2 个	三甲医院 218 所
东北	上市企业 1 个 拥有上市产品的企业 5 家	国家级高新区 5 个	高校 11 所	三甲医院 197 所

续表

区　域	企业资源	载体、平台	创新资源	其他资源
西北	拥有上市产品的企业12家	国家级高新区8个	高校10所	三甲医院155所

数据来源：赛迪顾问，2021年1月

二、产业规模分布

从总体分布（见图19-7）来看，华东地区是分子诊断产业最为集中的地区，产业规模为146.7亿元，占比达到49.5%，其次为中南地区，占比达到21.8%。目前，长三角地区产业链较为完整，产业聚集态势初步形成。

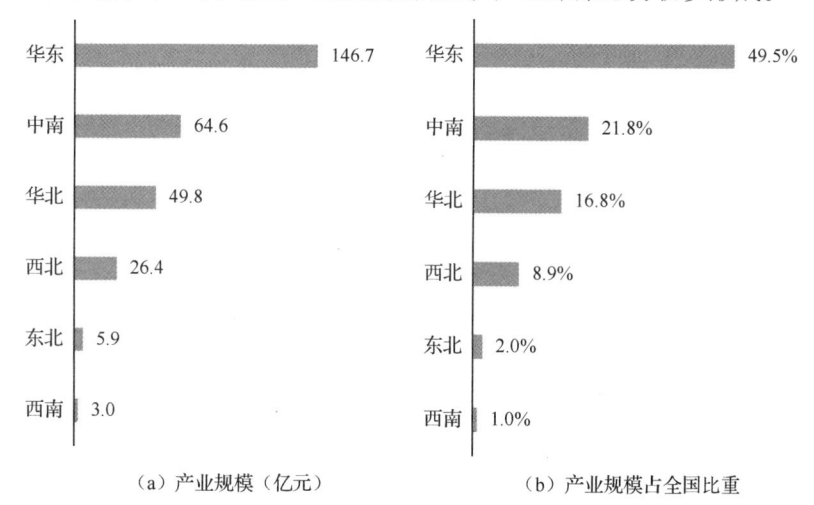

产业规模（亿元）：
- 华东 146.7
- 中南 64.6
- 华北 49.8
- 西北 26.4
- 东北 5.9
- 西南 3.0

产业规模占全国比重：
- 华东 49.5%
- 中南 21.8%
- 华北 16.8%
- 西北 8.9%
- 东北 2.0%
- 西南 1.0%

图19-7　2020年中国分子诊断产业规模分布图

数据来源：赛迪顾问，2021年1月

第七节　行业重大事件

2020年是分子诊断行业爆发性增长的一年，在新冠肺炎疫情的影响下，分子诊断行业景气度明显上升，也受到了资本的追捧。2020年体外诊断领域发生的投融资事件中，几乎被分子诊断所垄断，而其中基因测序领域最受关注，华大智造创下了分子诊断领域单轮融资额10亿美元的纪录，PCR领域与核酸质谱领域也均有融资事件发生。在短短一年时间内就有6家涉及分子诊断的企业上市，有更多企业上市筹备中。更多资源的注入将给行业带来更多活力。2020年中国分子诊断行业重大事件见表19-2。

表 19-2　2020 年中国分子诊断行业重大事件

序号	事件说明	事件主体	影响/意义
1	北京诺禾心康基因科技有限公司完成千万级 Pre-A 轮融资	诺禾心康	推进分子诊断在心血管疾病防治领域的应用
2	思路迪完成其诊断业务板块 2.8 亿元融资	思路迪	推进自动化 NGS 平台的开发
3	东方生物在科创板成功上市	东方生物	推进中国生物原料的生产研发
4	杭州杰毅生物技术有限公司完成近亿元 Pre-A 轮融资	杰毅生物	推进病原宏基因组 mNGS 相关设备及试剂盒的市场化
5	博尔诚（北京）科技有限公司的"RNF180/Septin9 基因甲基化检测试剂盒"获批上市	博尔诚	中国首款通过 PCR 法检测 RNF180 和 Septin9 基因甲基化的胃癌辅助诊断产品
6	华大智造完成超过 10 亿美元 B 轮融资	华大智造	创分子诊断单轮融资额记录，推动分子诊断仪器
7	赛纳生物科技（北京）有限公司完成 C 轮数亿元融资	赛纳生物	推进高性价比基因测序仪开发以适应国内市场需求
8	杭州诺辉健康科技有限公司完成 3000 万美元 E 轮融资	诺辉健康	推动癌症居家早筛服务新格局的形成
9	广州微远基因科技有限公司完成 2 亿元 B 轮融资	微远基因	聚焦感染精准医学
10	安必平（688393）在科创板成功上市	安必平	建立体外诊断的三大技术平台，较为完整地覆盖从细胞形态到蛋白表达、基因检测等不同诊断层次的临床需求
11	圣湘生物（688289）在科创板成功上市	圣湘生物	致力于成为基因科技普惠者
12	无锡臻和生物科技有限公司宣布完成金额超十亿元的战略融资	臻和生物	进一步加强肿瘤精准诊断产品的研发创新和引进
13	金匙医学宣布完成 C 轮融资，融资额为 2.3 亿元	金匙医学	打造感染性疾病基因检测龙头
14	万孚生物与阿斯利康在进博会上签约"一带一路"国际合作	万孚生物、阿斯利康	加强了前列腺癌早筛早诊方面的国际合作
15	杭州诺辉健康科技有限公司产品"KRAS 基因突变及 BMP3/NDRG4 基因甲基化和便隐血联合检测试剂盒"获批上市	诺辉健康	对粪便样本中可能含有的脱落肠道癌变细胞中变异核酸物质及粪便中可能潜隐的血红蛋白进行检测

续表

序号	事件说明	事件主体	影响/意义
16	国内临床质谱企业山东英盛生物技术有限公司完成数亿元B轮融资	英盛生物	推动中国临床质谱行业的发展
17	北京吉因加科技有限公司完成总金额2.5亿元的B+轮融资	吉因加	加快国产肿瘤NGS入院全流程解决方案在更多医院的合规落地，加速肿瘤大Panel产品的注册申报，推动T7平台的广泛应用
18	之江生物科创板注册成功，即将上市	之江生物	全面发展感染性疾病分子诊断产品
19	POCT分子诊断企业卡尤迪完成近6亿元D轮融资	卡尤迪	推进POCT分子诊断创新产品的研发、临床研究及市场转化
20	广州佳鉴生物技术有限公司宣布成功完成了1亿元的B轮融资	佳鉴生物	推动多款基因检测产品的研发创新和引进转化

数据来源：赛迪顾问，2021年1月

第八节 产业规模预测

一、2023年，中国分子诊断产业规模近500亿元

中国分子诊断起步较晚，但在消费升级、分子诊断技术进步、政策扶持及资本追捧等多重因素的共同推动下，中国分子诊断行业已具备一定的产业规模和基础，正从产业导入期步入成长期，市场发展前景良好。2020年由于新冠肺炎疫情的暴发，中国分子诊断的产业规模增速达到124.8%，规模接近300亿元，考虑全球疫情的逐步控制，预计2021年产业规模增速将稍加回落，但依然保持高速增长，预计2023年产业规模接近500亿元，如图19-8所示。

二、PCR产值占比最高，基因测序产值占比将逐渐提升

在新冠肺炎疫情的影响下，PCR技术作为核酸检测的主要手段，其产业规模较往年有较大幅度增长，2020年占分子诊断总产值比例高达67.6%，随着疫情受到控制，核酸检测需求下降，预计PCR产值占比将有所下降。目前基因测序和基因芯片的临床应用较为有限，对总产值贡献偏低，但产业规模

增速较高，随着精准医疗需求的不断增加，未来有望高速增长。2019—2023年中国分子诊断产业结构及预测如图19-9所示。

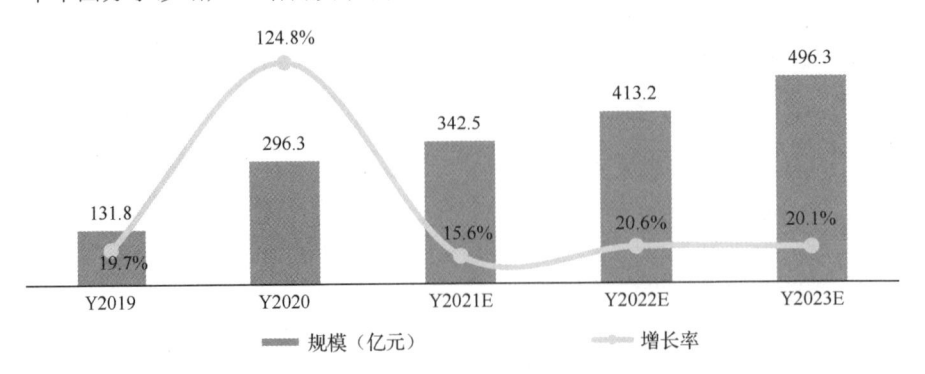

图 19-8　2019—2023 年中国分子诊断产业规模及预测

数据来源：赛迪顾问，2021 年 1 月

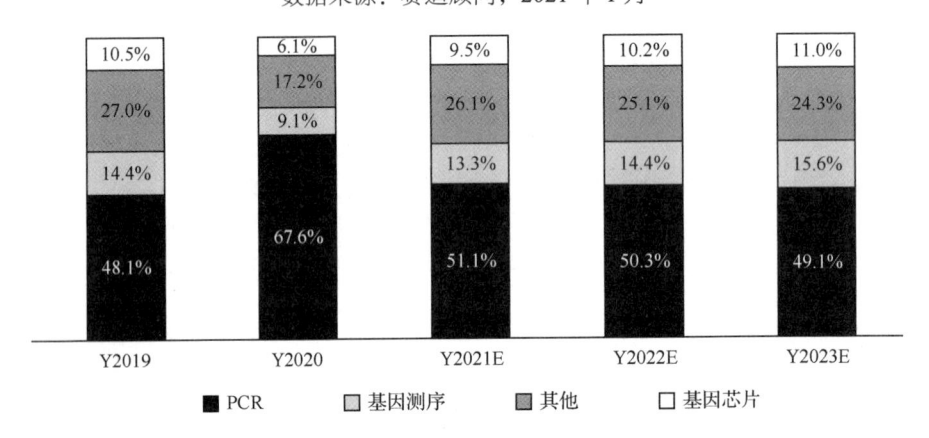

图 19-9　2019—2023 年中国分子诊断产业结构及预测

数据来源：赛迪顾问，2021 年 1 月

第九节　资本市场动向

一、PCR 投融资事件最多，基因测序投资金额最大

2020 年分子诊断领域中针对 PCR 的投融资事件最多，占总投融资事件的 38.1%。这些投融资事件主要集中在数字 PCR 系统和 PCR 技术在精准医疗领域的应用。但从投资金额来看，基因测序领域得到的投资金额最多，因为基因测序距离全面临床应用还需要克服较多困难，企业研发投入的花费巨大，华大智造以 10 亿美元刷新国内基因测序最大单轮融资纪录。2020 年中

国分子诊断各领域投融资事件数量及投资金额占比情况如图 19-10 所示。

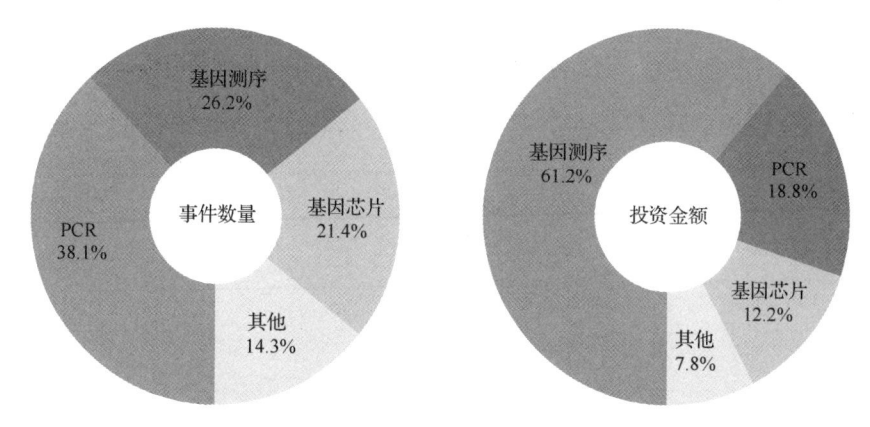

图 19-10　2020 年中国分子诊断各领域投融资事件数量及投资金额占比情况

数据来源：赛迪顾问，2021 年 1 月

二、投融资事件多集中于早期，大额融资多集中于早期

2020 年中国分子诊断投融资事件所处轮次占比情况如图 19-11 所示。分子诊断项目投资多集中于项目早期，以 B 轮和 A 轮的投融资事件最多，金额过亿的大额融资也多集中于 B 轮和 A 轮，这说明分子诊断产业正在步入成长期，近年来资本正在密集布局分子诊断领域。

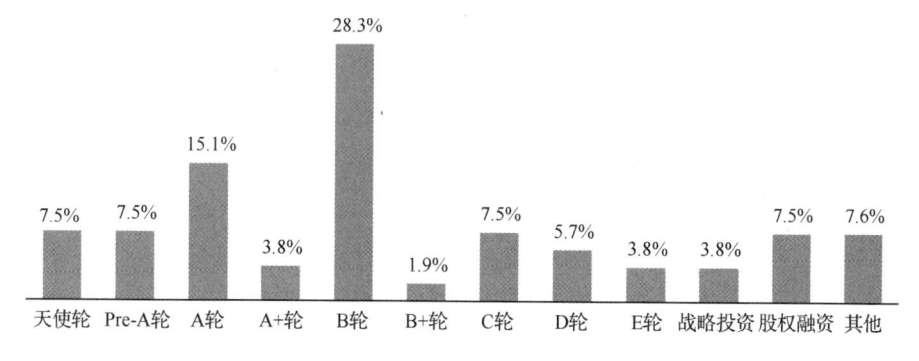

图 19-11　2020 年中国分子诊断投资事件所处轮次占比情况

数据来源：赛迪顾问，2021 年 1 月

三、北京、广东成为重点投资地区，投资金额占比近八成

从 2020 年度投融资发生区域（见图 19-12）来看，北京、广东和浙江的投融资事件数量较多，三者占比超过总投资数量的一半以上。从投资金额来

看，北京、广东两地的投资总金额达到 159.6 亿元，吸引了国内分子诊断投资超 80%的资金。这与分子诊断企业分布有着密切关系。获得融资的分子诊断企业通常为初创型企业，此类企业以技术研发为主导，通常选择在人才密集的一线城市，以便吸引优秀的专业技术人才。

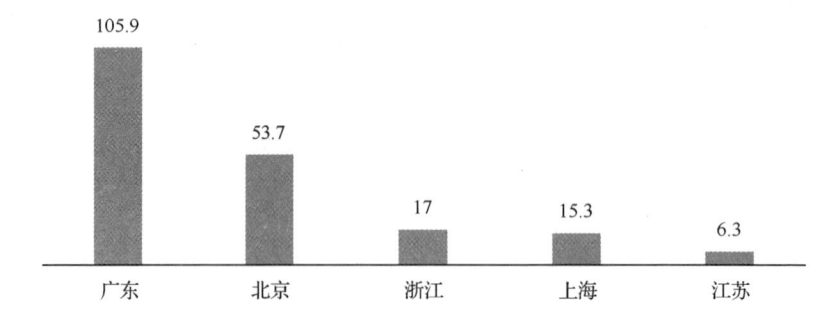

图 19-12　2020 年中国分子诊断行业投融资金额地区分布情况

数据来源：赛迪顾问，2021 年 1 月

第十节　赛道选择建议

（1）基因测序技术被认为是分子诊断领域未来的发展方向，二代高通量测序技术具有高通量、低成本、测序时间短等优势，在无创产检、肿瘤早筛、个体化用药方面前景广阔，目前是测序市场的主流技术，受到资本市场热捧。

（2）荧光定量 PCR 是目前分子诊断领域的主流技术，正处于成长期过渡至成熟期阶段，在未来一段时间内将继续主导市场，加之新冠肺炎疫情冲击下荧光定量 PCR 打通了广大基层网点，疫情平息后这部分检测能力将亟待盘活，建议关注具备规模优势的常见检测项目细分领域的龙头企业，其检测试剂或能借助成本优势顺利切入基层市场。

（3）数字 PCR 是新一代的 PCR 技术，可以借助微流控等手段实现核酸样品的绝对定量，检测限比荧光 PCR 更低，且在一定程度上弥补了荧光 PCR 检测通量有限的问题，是 PCR 领域的前沿技术，国内已有部分企业自主研发出产品，性能媲美国外同类产品，目前正处于市场导入期，值得资本市场关注。

（4）POCT 分子诊断具有小型化、自动化、高速化、简易化等优点，适合补足中心化分子诊断实验室难以覆盖的碎片化检测需求，应用场景极为丰富，发展潜力巨大，加上疫情下国内基层医疗机构对分子诊断能力建设的需求，其开发与应用情况值得关注。

（5）新冠肺炎疫情期间国内的优质分子诊断厂商纷纷布局国际市场，打通了国外市场渠道，形成了国产分子诊断产品的全面出口之势，在国内医保控费的大环境下，这种渠道优势在疫情平息之后将持续体现，建议关注已打通国外市场渠道且具有优质产品线的企业。

2021年中国分子诊断领域投资价值趋势如图19-13所示。

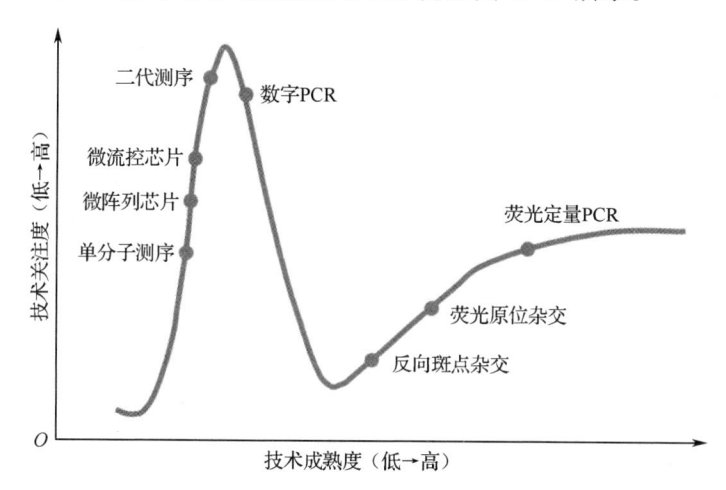

图19-13　2021年中国分子诊断领域投资价值趋势图

数据来源：赛迪顾问，2021年1月

第二十章

非电行业绿色低碳减排

第一节　产业定义或范畴

非电行业绿色低碳减排产业是对除煤电外钢铁、水泥、平板玻璃等非电行业生产过程中排放出的危害环境和人类健康的各类烟气进行无害化处理的相关产业，包含了整个非电行业绿色化发展过程中催生的低碳减排装备制造和低碳减排服务。其中低碳减排装备包括脱硫装备、脱硝装备、除尘装备，低碳减排服务包括工程服务、运营服务、技术装备服务。

第二节　赛迪重大研判

（1）中国非电行业绿色低碳减排产业受宏观政策环境、新技术新装备研发应用及众多利好因素影响，未来市场空间将加速释放。2020年，非电行业绿色低碳减排市场规模达到660.7亿元，各细分领域市场规模稳定增长，预计2023年将突破1000亿元。

（2）除尘技术正逐步渗透钢铁、水泥、玻璃等非电行业，推动高效除尘装备制造进程，加快释放除尘装备潜在市场空间，2020年除尘装备营业收入最高，达到70.5亿元，占比为36.6%。

（3）非电行业对低碳减排工程服务需求日益强烈，脱硫脱硝及除尘工程建造项目数量增多，未来低碳减排工程服务产值规模将进一步扩大。2020年低碳减排工程服务占据核心地位，营业收入达到68.0亿元，占比为54.5%。

（4）东部沿海地区已形成非电行业绿色低碳减排产业集聚区。从资源分布来看，非电行业绿色低碳减排重点企业主要分布在江苏、山东、河北、

浙江和安徽，合计产业规模达 292.3 亿元，占全国非电行业绿色低碳减排产业的 60.5%。非电行业绿色低碳减排创新资源主要集中在北京、江苏、上海等地。

（5）从投资角度来看，脱硝装备和错流活性炭脱硫脱硝、催化法脱硫脱硝等一系列烟气治理技术值得关注，未来投资潜力巨大。

第三节　产业环境分析

一、低碳减排主战场由煤电转向非电行业

2020 年，中国煤电行业超低排放装备覆盖率超过 80%，超低排放改造已基本完成。为全面推进蓝天保卫战，加快非电行业绿色化发展，政府加快制定非电行业低碳减排政策措施，不断完善非电行业低碳减排标准，细化钢铁、水泥等非电行业超低排放改造措施，同时山东、河南等地相继出台超低排放改造的措施，积极推进钢铁、水泥等非电行业的超低排放改造，非电行业成为超低排放改造的重心。

二、非电行业高质量发展加速释放低碳减排市场空间

为加快完成企业超低排放改造，实现非电行业高质量发展，中国对钢铁、水泥、玻璃等非电行业污染物排放标准及监管力度逐步加大，非电行业企业对低碳减排装备与低碳减排服务的需求日益强烈，非电行业绿色低碳减排产业提速发展。2020 年，非电行业绿色低碳减排市场规模达 660.7 亿元，同比增长 15.6%，非电行业高质量发展将加快释放低碳减排市场空间。

三、技术创新为非电行业低碳减排产业高质量发展提供重要支撑

目前，中国非电行业低碳减排形成了以石灰石-石膏法脱硫、SCR 脱硝、电袋式除尘为主的技术体系。2020 年，湿法脱硫、低氮燃烧技术、袋除尘在钢铁等非电行业大规模推广应用，随着超低排放改造的深入，湿法脱硫和 SCR 脱硝、错流活性炭脱硫脱硝等一系列协同治理技术将加速研发推广，源头治理与末端控制技术协同创新成为非电行业低碳减排实现高质量发展的关键。

四、政策、标准不断完善助力非电行业低碳减排产业快速发展

党的十九届五中全会提出"推动绿色发展，促进人与自然和谐共生"，并强调"构建生态文明体系，促进经济社会发展全面绿色转型，建设人与自然和谐共生的现代化"。大气环境治理是经济社会发展全面绿色转型的必然要求，当前煤电超低排放改造已基本完成，下一步非电行业低碳减排产业的发展将是落实绿色发展的关键一环，也是实现非电行业高质量发展必不可少的一部分。2020年，随着《京津冀及周边地区、汾渭平原2020—2021年秋冬季大气污染综合治理攻坚行动方案》《长三角地区2020—2021年秋冬季大气污染综合治理攻坚行动方案》等一系列政策文件先后发布，在京津冀、长江三角洲地区深入开展烟气治理，发挥区域引领带动作用，组织开展生态环境保护督察，树立非电行业超低排放改造示范企业，对非电行业低碳减排产业发展具有重要指导意义。2020年12月，生态环境部与国家市场监督管理总局联合发布《铸造工业大气污染物排放标准》（GB 39726—2020）等3项新标准和《砖瓦工业大气污染物排放标准》（GB 29620—2013）《钢铁烧结、球团工业大气污染物排放标准》（GB 28662—2012）等4项标准修改单，规定了钢铁、铸造、砖瓦、陆上石油天然气开采等非电行业工业大气污染物排放控制、监测和监管要求。污染物排放标准已逐渐覆盖更多非电行业，标准体系逐渐完善，进一步推动非电行业低碳减排产业高质量发展。

第四节　产业链全景图

非电行业绿色低碳减排产业主要包括了上游设备原材料和技术研发、中游低碳减排装备制造及低碳减排服务、下游低碳减排终端三个部分。非电行业绿色低碳减排产业链全景图如图20-1所示。

上游：主要包括低碳减排装备通用原材料和低碳减排技术的研发。其中设备原材料包括工程塑料、耐腐蚀性的镁铝等合金材料，耐磨性的铝铁等金属材料、高分子陶瓷聚合物材料、玻璃钢等防腐材料、电磁材料等；减排技术包括石灰石-石膏法、高炉喷钙等脱硫技术、选择性催化还原等脱硝技术、电袋式复合等除尘技术。随着国家对非电行业污染物排放标准及监管力度逐步加大，非电行业企业对先进减排装备的需求日益强烈，新材料新技术的研

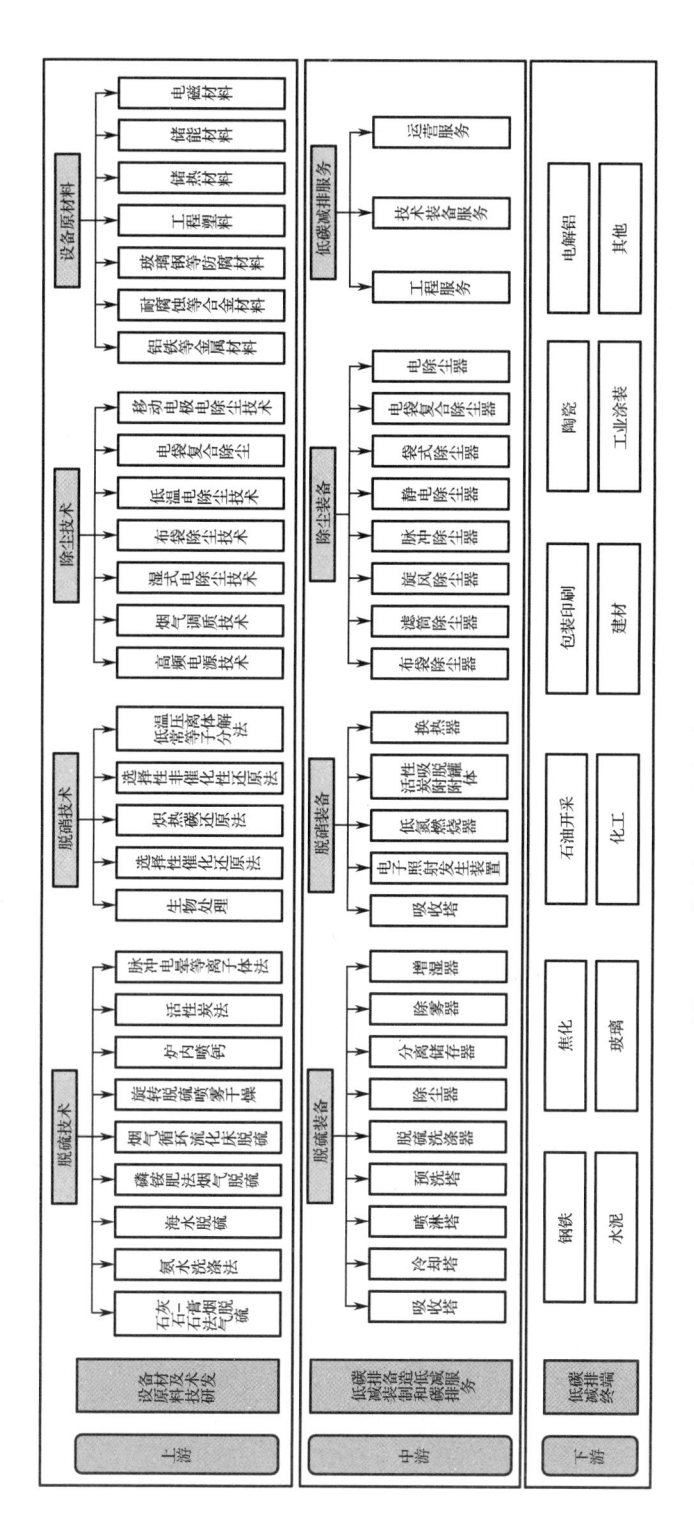

图 20-1 非电行业绿色低碳减排产业链全景图

数据来源：赛迪顾问，2021年1月

发成为非电行业绿色低碳减排产业发展的关键一环，核心原材料和污染物一体化协同脱除技术等先进低碳减排技术成为研究热点。

中游：主要包括低碳减排装备制造和低碳减排服务。低碳减排装备制造分为脱硫装备制造、脱硝装备制造及除尘装备制造，其中脱硫装备包括吸收塔、冷凝塔、喷淋塔、脱硫洗涤器、增湿器等；脱硝设备包括电子照射发生装置、低氮燃烧器、活性炭吸附脱附罐体和换热器；除尘装备包括袋式除尘器、滤筒除尘器、电袋复合除尘器、旋风除尘器等；低碳减排服务包括工程服务、运营服务、技术装备服务。低碳减排装备制造和低碳减排服务是非电行业绿色低碳减排产业的核心环节，随着中国非电行业低碳减排装备不断创新升级，新型高效非电行业低碳减排装备不断投入使用，逐渐占据市场主导地位，同时企业的工程服务能力、运营能力和技术装备研发服务能力不断增强，低碳减排系统解决方案成为主流服务模式。

下游：主要是需要低碳减排技术、产品、设备或者服务的非电行业，包括钢铁、水泥等非电行业，其中钢铁行业污染物排放主要集中在钢铁生产过程中的烧结、焦化工艺流程，钢铁行业烟气治理是对烧结机、焦化炉进行超低排放改造；水泥行业污染物来源于水泥窑炉，水泥行业烟气治理是对水泥窑炉进行超低排放改造。目前，钢铁行业是非电行业低碳减排的主战场，钢铁生产工艺流程中排放的烟气具有波动性大、组成成分复杂等特点，企业对高效低碳减排装备和低碳减排服务需求强烈。

第五节　价值链及创新

非电行业绿色低碳减排产业正处于发展加速期，规模较大的上市企业主要是低碳减排综合性企业，主营业务包括低碳减排装备制造和低碳减排服务。2020年中国非电行业绿色低碳减排产业价值链分布情况如图20-2所示。从低碳减排装备制造领域来看，除尘装备制造行业总收入最高，主要原因是袋式除尘技术渗透到钢铁、水泥、焦化等多个领域，袋式除尘器作为核心设备占据较大市场；从低碳减排服务领域来看，工程服务行业总营收最高，达68.0亿元，占整个低碳减排服务行业核心地位，当前非电行业企业对设备投产运营需求强烈，工程建造类项目日益增多；从行业研发支出占收入比重来看，技术装备研发投入最大，行业利润率却最低，这说明新技术创新研发遭遇瓶颈，短时间内的研发投入并不能给行业带来立竿见影的巨大效益。

第二十章 非电行业绿色低碳减排

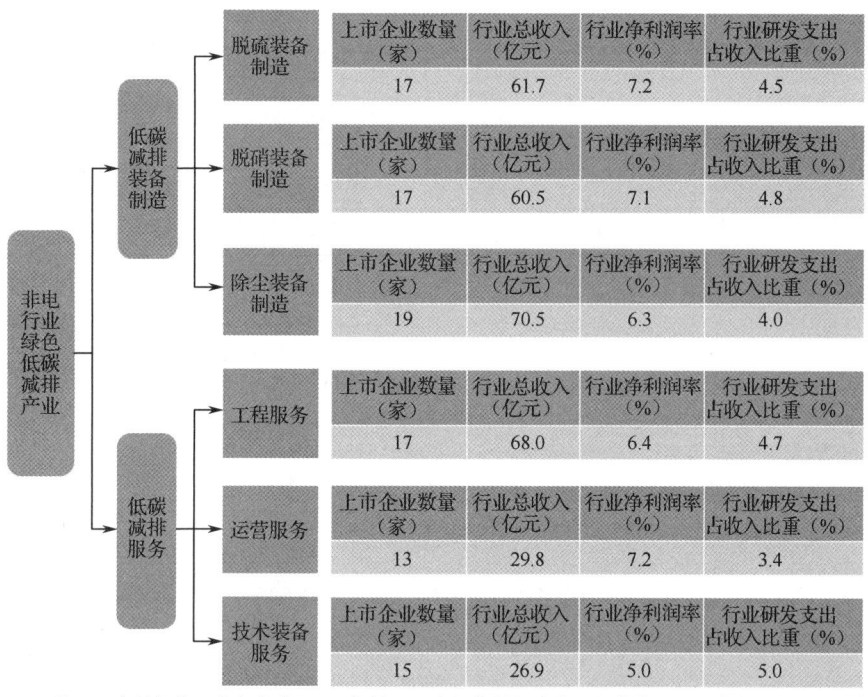

```
                           ┌─ 脱硫装备制造  上市企业数量(家) 17  行业总收入(亿元) 61.7  行业净利润率(%) 7.2  行业研发支出占收入比重(%) 4.5
           ┌─ 低碳减排装备制造 ─┼─ 脱硝装备制造  上市企业数量(家) 17  行业总收入(亿元) 60.5  行业净利润率(%) 7.1  行业研发支出占收入比重(%) 4.8
非电行业绿色 ─┤                └─ 除尘装备制造  上市企业数量(家) 19  行业总收入(亿元) 70.5  行业净利润率(%) 6.3  行业研发支出占收入比重(%) 4.0
低碳减排产业  │                ┌─ 工程服务    上市企业数量(家) 17  行业总收入(亿元) 68.0  行业净利润率(%) 6.4  行业研发支出占收入比重(%) 4.7
           └─ 低碳减排服务 ───┼─ 运营服务    上市企业数量(家) 13  行业总收入(亿元) 29.8  行业净利润率(%) 7.2  行业研发支出占收入比重(%) 3.4
                            └─ 技术装备服务  上市企业数量(家) 15  行业总收入(亿元) 26.9  行业净利润率(%) 5.0  行业研发支出占收入比重(%) 5.0
```

注：图中数据按照上市企业 2020 年前三季度经营数据计算，经营数据未剔除上市企业内部其他相关业务收入。

图 20-2　2020 年中国非电行业绿色低碳减排产业价值链分布情况
数据来源：上市企业财报，赛迪顾问整理，2021 年 1 月

一、低碳减排装备

（一）除尘装备营收规模占比最高

2020 年，除尘装备制造上市企业营业收入达到 70.5 亿元，占低碳减排装备制造上市企业营业总收入的 36.6%，脱硝装备制造上市企业营业收入最少，为 60.5 亿元，占营业总收入的 31.4%，如图 20-3 所示。近年来，中国除尘技术快速发展，正逐步渗透钢铁、水泥、玻璃等非电行业，推动高效除尘装备制造进程，加快释放除尘装备潜在市场空间，尤其是袋式除尘技术的研发推广将推动袋式除尘器的大规模应用，未来袋式除尘器将作为核心设备将在钢铁、水泥等领域多污染物协同控制中得到应用，并逐步实现袋式除尘系统的智能化运行。

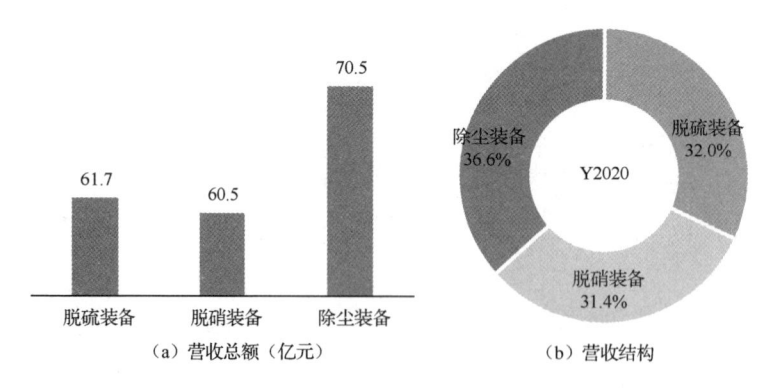

图 20-3　2020 年中国非电行业低碳减排装备制造上市企业营收总额及结构

数据来源：上市企业财报，赛迪顾问整理，2021 年 1 月

（二）脱硫装备制造行业营收及净利润稳定增长

2020 年非电行业脱硫装备制造上市企业总营业收入达到 61.7 亿元，同比增长 7.1%，企业净利润总额达到 6.4 亿元，同比增长 16.4%，如图 20-4 所示。近年来国家层面提出钢铁行业超低排放改造规划，一系列政策驱动钢铁行业低碳减排市场快速释放，由于二氧化硫是钢铁生产工艺流程中的主要排放污染物，钢铁企业对脱硫装备的需求急剧上升，脱硫装备制造行业内相关企业营收增长显著，营收规模较高。当前二氧化硫排放占整个非电行业污染物排放总量的三分之二以上，脱硫成为非电行业企业实施超低排放改造的重心，高效脱硫技术和装备的需求不断增加，未来脱硫装备制造行业营业收入及净利润均将呈现持续稳定增长的态势。

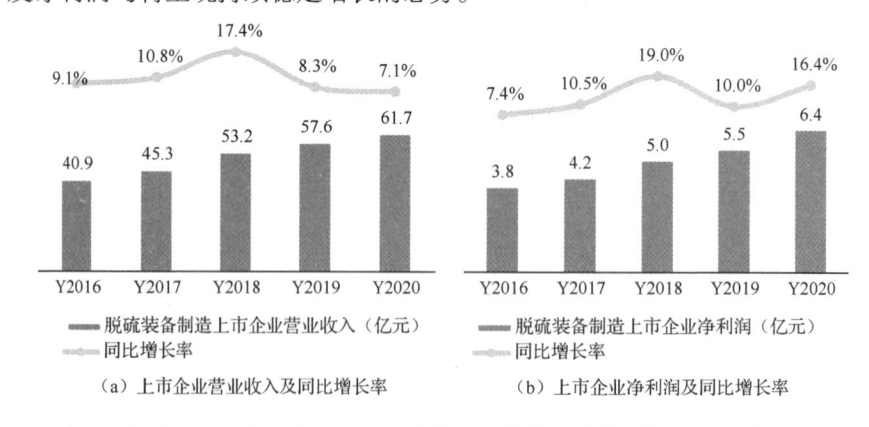

图 20-4　2016—2020 年中国非电行业脱硫装备制造上市企业总营业收入与净利润情况

数据来源：上市企业财报，赛迪顾问整理，2021 年 1 月

第二十章　非电行业绿色低碳减排

（三）脱硫装备制造行业的净利润率最高

从各细分领域上市企业的净利润率（见图 20-5）来看，脱硫装备制造上市企业的净利润率最高，达到 7.2%，其次为脱硝装备制造行业上市企业，净利润率达 7.1%，除尘装备上市企业的净利率最低，为 6.3%。当前脱硫技术已经进入成熟期，石灰石-石膏法等湿法烟气脱硫技术已大规模应用，脱硫装备成熟度高，脱硫装备制造行业内相关企业营收增长显著，营收规模较高。

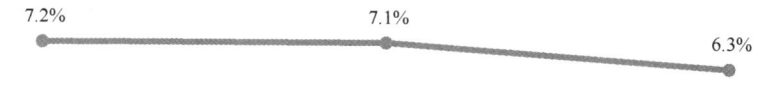

7.2%　　　　　7.1%　　　　　6.3%

脱硫装备　　　脱硝装备　　　除尘装备

图 20-5　2020 年中国非电行业低碳减排装备制造产业
各细分领域相关上市企业净利润率

数据来源：上市企业财报，赛迪顾问整理，2021 年 1 月

（四）脱硝装备制造行业研发投入最高

从各细分领域上市企业的研发投入（见图 20-6）来看，脱硝装备制造上市企业的研发投入占收入比重最高，达 4.8%，其次为脱硫装备制造上市企业，为 4.5%，除尘装备制造上市企业最低，为 4.0%。当前脱硝技术在非电行业低碳减排中的推广应用尚处在爬坡阶段，国内脱硝领域企业的核心技术处于实验室研发和小规模试用阶段，核心脱硝装备的研发将加速推进，需要较大的研发投入，未来核心脱硝技术将逐步成熟，脱硝装备市场占有率有望加速提升。

4.5%　　　　　4.8%　　　　　4.0%

脱硫装备　　　脱硝装备　　　除尘装备

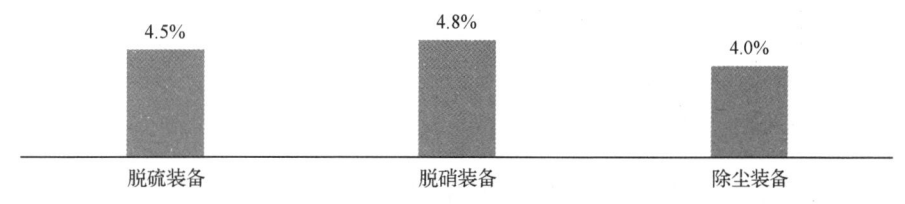

图 20-6　2020 年中国非电行业低碳减排装备制造产业
各细分领域上市企业研发投入占比情况

数据来源：上市企业财报，赛迪顾问整理，2021 年 1 月

二、低碳减排服务

（一）低碳减排服务上市企业营业收入及净利润持续平缓增长

"十三五"期间，国家政策进一步限制污染物排放浓度，倒逼钢铁、水泥等非电行业加快超低排放改造进程，低碳减排服务上市企业营业收入及净利润均呈现持续增长的态势。2020年非电行业低碳减排服务上市企业总营业收入达到124.7亿元，同比增长8.0%，低碳减排服务上市企业净利润总额达7.9亿元，同比增长16.2%，如图20-7所示。

（a）上市企业营业收入及增长率　　　（b）上市企业净利润及增长率

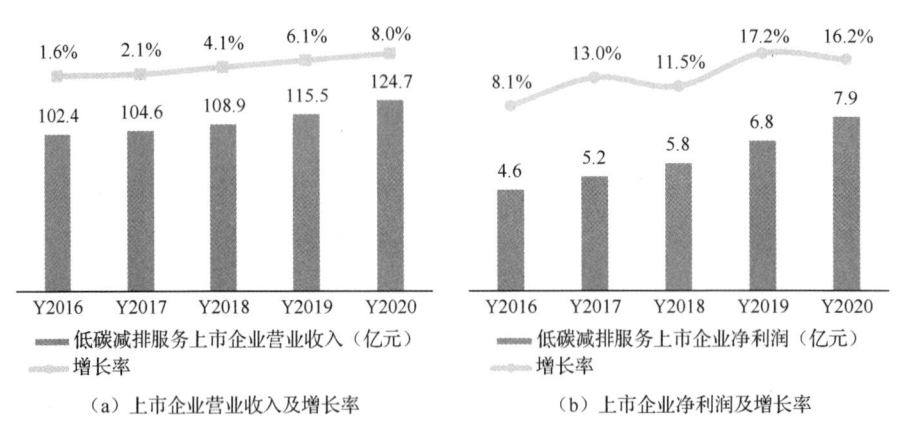

图20-7　2016—2020年中国非电行业低碳减排服务上市企业规模及增长情况
数据来源：上市企业财报，赛迪顾问整理，2021年1月

（二）工程服务占据低碳减排服务领域主导地位

从非电行业低碳减排服务各细分领域内上市企业营业收入总额（见图20-8）来看，低碳减排工程服务占据核心地位。2020年，工程服务企业营业收入达到68.0亿元，占低碳减排服务企业营业总收入的54.5%。近年来，随着非电行业超低排放改造的深入，中国钢铁、水泥等非电行业对工程服务需求日益强烈，脱硫脱硝及除尘工程建造项目数量增多，未来低碳减排工程服务产值规模将进一步扩大。

（三）运营服务行业的净利润率最高

从各细分领域上市净利润率（见图20-9）来看，运营服务行业净利润率最高，达7.2%，其次为工程服务行业，上市企业净利润率达6.4%，技术

装备服务上市企业净利润率最低，为5.0%。低碳减排运营服务主要为已建成的减排环保设施提供"烟气整包"一体化服务，其投入成本相对较低，在一系列非电行业低碳减排政策的驱动下，企业加快对原有工艺流程进行超低排放改造，释放大量市场空间，运营服务行业内相关企业营收规模显著增加。

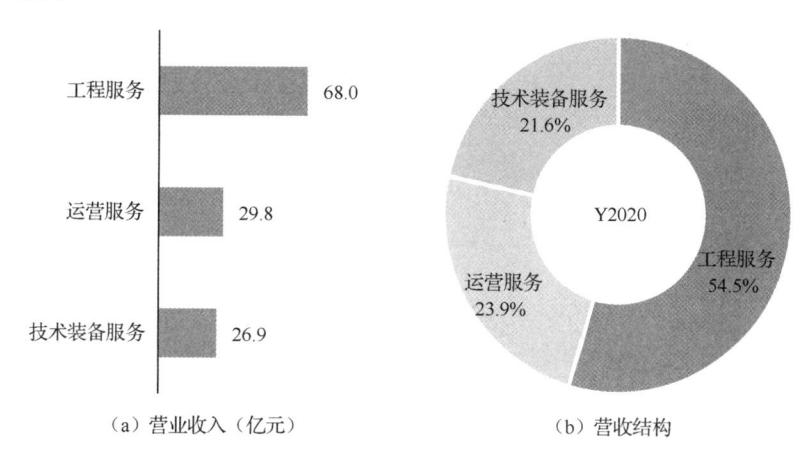

（a）营业收入（亿元）
- 工程服务 68.0
- 运营服务 29.8
- 技术装备服务 26.9

（b）营收结构 Y2020
- 工程服务 54.5%
- 运营服务 23.9%
- 技术装备服务 21.6%

图20-8　2020年中国非电行业低碳减排服务上市企业营业收入及结构
数据来源：上市企业财报，赛迪顾问整理，2021年1月

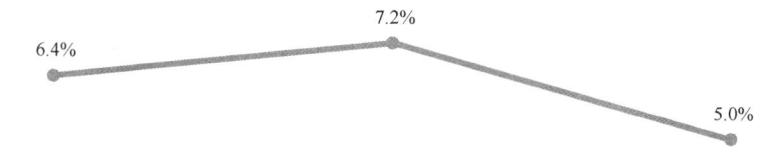

- 工程服务 6.4%
- 运营服务 7.2%
- 技术装备服务 5.0%

图20-9　2020年中国非电行业低碳减排服务细分领域上市企业净利润率
数据来源：上市企业财报，赛迪顾问整理，2021年1月

（四）技术装备服务行业的研发投入最高

从各细分领域上市企业研发投入情况（见图20-10）来看，技术装备服务上市企业的研发投入占营收的比重最高，达到5.0%；其次为工程服务行业，

上市企业研发投入占营收的比重为4.7%，运营服务上市企业的研发投入占营收的比重为3.4%。技术装备服务主要以提供技术研发和核心装备研发设计为主，从事该领域企业的净利润低，但是研发投入最高，主要原因是非电行业低碳减排技术仍在上升阶段，污染物脱除效率尚达不到超低排放标准，需要投入大量资金研发核心技术。

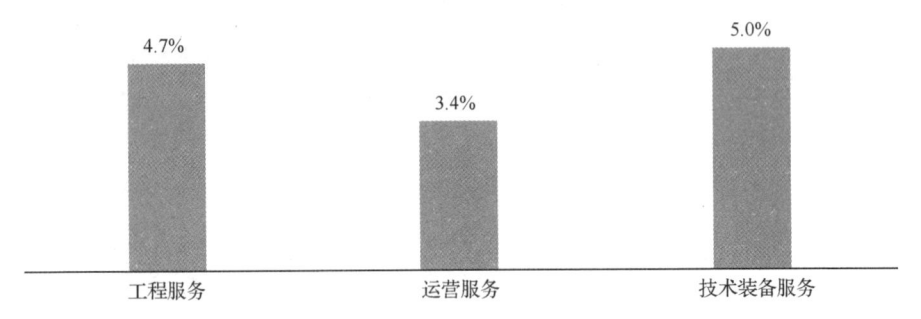

图 20-10　2020年中国非电行业低碳减排服务细分领域上市企业研发营收比情况

数据来源：上市企业财报，赛迪顾问整理，2021年1月

第六节　区域分布格局

一、产业资源分布

从省（自治区、直辖市）产业资源分布（见表20-1）来看，非电行业低碳减排规上企业数量排名前5为江苏、山东、河北、浙江和安徽；重点低碳减排专业高校、国家重点实验室、相关科研机构等创新资源主要集中在北京、江苏、上海等地。

表 20-1　2020年中国非电行业绿色低碳减排产业资源分布

省（自治区、直辖市）	企业资源	载体、平台	创新资源
江苏	规上企业42家	国家级经济技术开发区5家 国家级高新技术产业开发区2家	重点高校13所 国家重点实验室1所 科研机构27家
山东	规上企业28家	国家级经济技术开发区2家	重点高校5所 科研机构15家
河北	规上企业17家	国家级经济技术开发区3家 国家级高新技术产业开发区1家	重点高校2所 科研机构12家

续表

省（自治区、直辖市）	企业资源	载体、平台	创新资源
浙江	规上企业10家	国家级经济技术开发区3家	重点高校3所 科研机构19家
安徽	规上企业14家	国家级经济技术开发区1家 国家级高新技术产业开发区1家	重点高校4所 科研机构10家
广东	规上企业14家	国家级经济技术开发区6家 国家级高新技术产业开发区2家	重点高校8所 国家工程研究中心1个 科研机构23家
北京	规上企业6家	国家级经济技术开发区1家	重点高校15所 国家重点实验室5所 科研机构30家
重庆	规上企业4家	国家级经济技术开发区1家	重点高校3所
福建	规上企业6家	国家级经济技术开发区1家	重点高校2所
湖北	规上企业9家	国家级经济技术开发区5家 国家级高新技术产业开发区2家	重点高校6所 国家重点实验室1所
山西	规上企业8家	国家级经济技术开发区1家 国家级高新技术产业开发区2家	重点高校2所
陕西	规上企业8家	国家级经济技术开发区1家	重点高校7所 科研机构5所
四川	规上企业6家	国家级经济技术开发区4家	重点高校3所 国家工程技术研究中心1个
上海	规上企业4家	国家级经济技术开发区2家 国家级高新技术产业开发区1家	重点高校10所 国家重点实验室1所 国家工程研究中心1个
吉林	规上企业7家	国家级经济技术开发区1家 国家级高新技术产业开发区1家	重点高校2所 科研机构2家
河南	规上企业9家	国家级高新技术产业开发区1家	重点高校2所 科研机构4家
新疆	规上企业5家		科研机构1家
辽宁	规上企业8家	国家级经济技术开发区2家 国家级高新技术产业开发区1家	重点高校5所
湖南	规上企业6家	国家级高新技术产业开发区1家	重点高校4所 科研机构5家
江西	规上企业3家		重点高校2所

续表

省（自治区、直辖市）	企业资源	载体、平台	创新资源
内蒙	规上企业5家	国家级高新技术产业开发区1家	重点高校1所
天津	规上企业1家	国家级经济技术开发区2家 国家级高新技术产业开发区1家	重点高校4所 国家工程技术研究中心1个 科研机构10家
贵州	规上企业3家	国家级高新技术产业开发区1家	科研机构5家 国家重点实验室1所
宁夏	规上企业3家	国家级高新技术产业开发区1家	科研机构1家
黑龙江	规上企业2家	国家级经济技术开发区1家 国家级高新技术产业开发区1家	重点高校2所 科研机构5家
广西	规上企业2家	国家级经济技术开发区1家	重点高校3所
甘肃	规上企业1家	国家级经济技术开发区1家	重点高校2所
云南	规上企业1家	国家级经济技术开发区1家	重点高校1所
青海	规上企业1家		科研机构2家
海南			科研机构1所
西藏			

注：重点高校为开设环境科学与工程专业的高等院校；国家级实验室为开展脱硫脱硝技术工艺改造、化工资源有效利用、除尘器脱除效率研究、钢铁、焦化、水泥烟气治理等项目研究的国家级实验室。

数据来源：赛迪顾问，2021年1月

二、产业规模分布

从总体分布（见图20-11）来看，2020年非电行业绿色低碳减排产业规模达482.6亿元，主要集中在长江三角洲地区和环渤海地区，产业规模分别为135.1亿元和155.6亿元，占全国非电行业绿色低碳减排产业的28.0%和32.2%。江苏、山东、河北、浙江和安徽排名前5，合计产业规模达292.3亿元，占全国非电行业绿色低碳减排产业的60.5%。

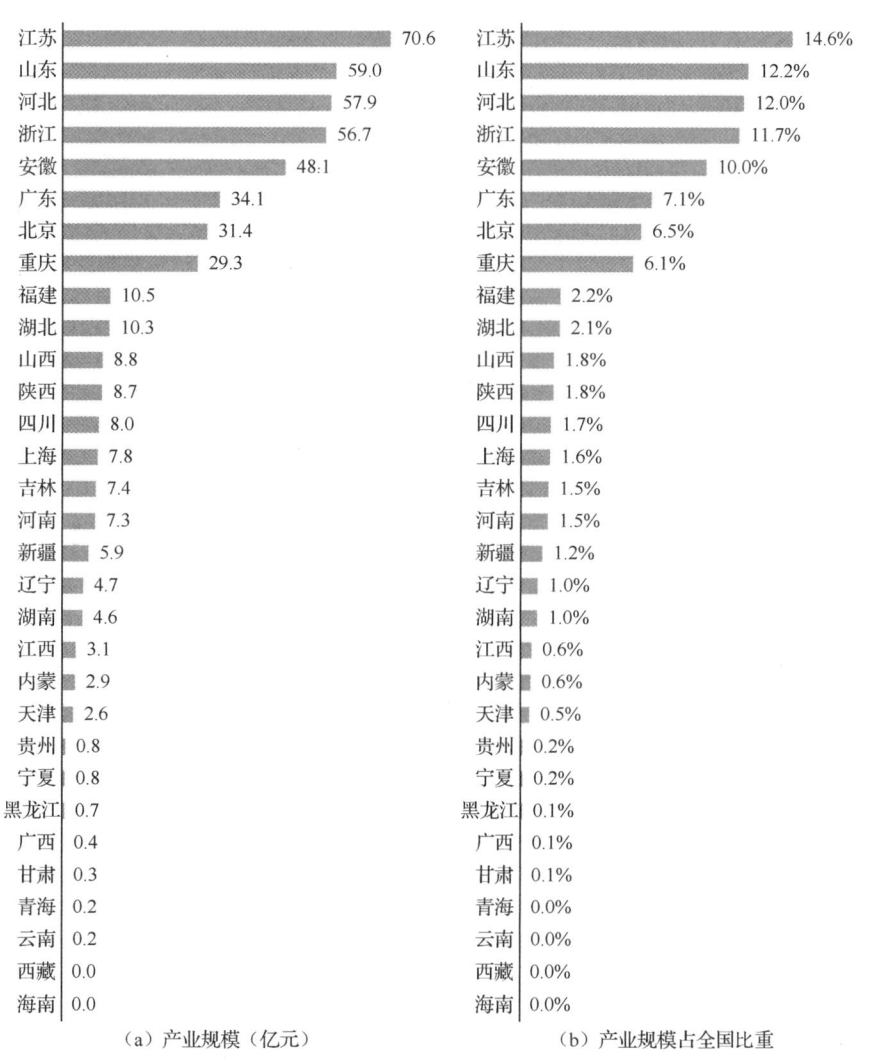

(a) 产业规模（亿元）		(b) 产业规模占全国比重	
江苏	70.6	江苏	14.6%
山东	59.0	山东	12.2%
河北	57.9	河北	12.0%
浙江	56.7	浙江	11.7%
安徽	48.1	安徽	10.0%
广东	34.1	广东	7.1%
北京	31.4	北京	6.5%
重庆	29.3	重庆	6.1%
福建	10.5	福建	2.2%
湖北	10.3	湖北	2.1%
山西	8.8	山西	1.8%
陕西	8.7	陕西	1.8%
四川	8.0	四川	1.7%
上海	7.8	上海	1.6%
吉林	7.4	吉林	1.5%
河南	7.3	河南	1.5%
新疆	5.9	新疆	1.2%
辽宁	4.7	辽宁	1.0%
湖南	4.6	湖南	1.0%
江西	3.1	江西	0.6%
内蒙	2.9	内蒙	0.6%
天津	2.6	天津	0.5%
贵州	0.8	贵州	0.2%
宁夏	0.8	宁夏	0.2%
黑龙江	0.7	黑龙江	0.1%
广西	0.4	广西	0.1%
甘肃	0.3	甘肃	0.1%
青海	0.2	青海	0.0%
云南	0.2	云南	0.0%
西藏	0.0	西藏	0.0%
海南	0.0	海南	0.0%

图 20-11　2020 年中国非电行业绿色低碳减排产业规模分布图

数据来源：赛迪顾问，2021 年 1 月

第七节　行业重大事件

2020 年，钢铁、水泥等非电行业企业加大对低碳减排装备和技术的投资力度，推动企业向高端化、绿色化发展。随着市场竞争压力增大，龙头企业积极寻求合作，新一代旋涡式湿法除尘、超低温 SCR 脱硝等一系列新技术的研发应用，成为推动非电行业绿色低碳减排产业高质量发展的新动能。2020

年中国非电行业绿色低碳减排行业重大事件见表20-2。

表20-2 2020年中国非电行业绿色低碳减排行业重大事件

序号	事件说明	事件主体	影响/意义
1	中冶长天自主研发的超低温SCR脱硝技术在湛江钢铁球团项目成功运用	中冶长天国际工程有限责任公司	填补国内脱硝技术空白开发的150℃超低温SCR脱硝技术，为实现脱硝技术工业化应用打下了坚实基础
2	柳钢首套新一代旋涡式湿法除尘系统投入使用	广西柳州钢铁集团有限公司	填补国内除尘技术空白，除尘新技术系统的研发促进除尘领域高质量发展
3	中国能建葛洲坝集团与博天环境加快推进合作进程	葛洲坝集团股份公司 博天环境集团股份有限公司	树立大型能源央企绿色转型标杆，能源央企加强与环境治理企业对接，创新商业模式，实现优势互补，共同实现绿色发展
4	中化集团、中国化工与吉林省政府签署合作框架协议	中国中化集团有限公司 中国化工集团有限公司 吉林省政府	实现能源化工产业绿色转型升级，树立央地标杆，政企互动、市场运作、互惠共赢，促进吉林省的绿色发展
5	德创环保与台塑石化签订1.24亿元静电除尘系统项目总承包合同	浙江德创环保科技股份有限公司	实现除尘领域技术创新，促进除尘领域技术发展，高效除尘
6	四川国资加持清新环境，全力打造节能环保全要素平台	北京清新环境技术股份有限公司	实现烟气治理技术创新突破，资金注入持续推动烟气治理技术不断创新
7	中环装备与湖南发展集团签订战略合作协议，将在环保产业项目、信息化等领域合作	中节能环保装备股份有限公司 湖南发展集团股份有限公司	促进湖南省工业智能化、绿色化转型，提升能源效率，降低环境影响，推动烟气治理产业发展

数据来源：赛迪顾问，2021年1月

第八节 市场规模预测

一、2023年，中国非电行业绿色低碳减排市场规模将突破1000亿元

2020年，低碳减排的主战场已由煤电转向非电行业。受国内政策环境影

响，企业环保意识不断增强，钢铁、水泥、玻璃等非电行业内企业将加大对低碳减排技术和装备的投资力度。2020年中国非电行业绿色低碳减排市场规模达到660.7亿元，预计到2023年将达到1040.4亿元，如图20-12所示。

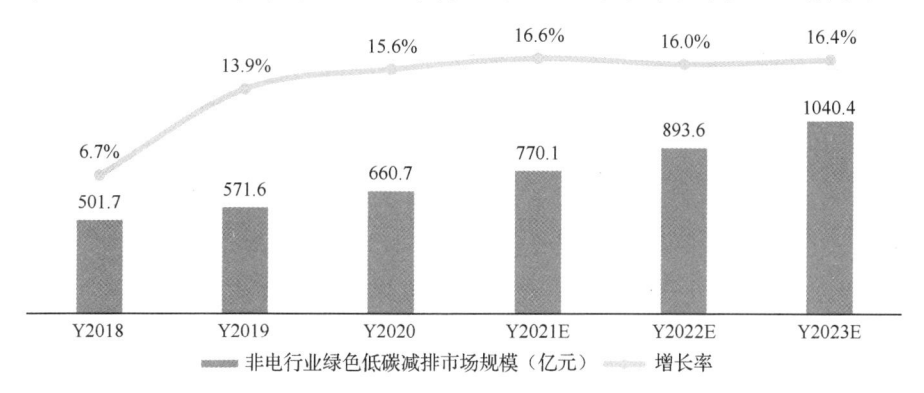

图 20-12　2018—2023年中国非电行业绿色低碳减排市场规模及预测

数据来源：赛迪顾问，2021年1月

二、脱硫及脱硝将持续快速增长，除尘增速将放缓

2020年，非电行业低碳减排市场结构中占比最多的是脱硫和脱硝，其中脱硫市场规模达289.2亿元，占比为43.8%；脱硝市场规模达270.8亿元，占比为41.0%。如图20-13所示。随着国家陆续启动重点区域超低排放改造行动，非电行业低碳减排市场结构将进一步稳定发展，脱硫脱硝市场空间将进一步释放。

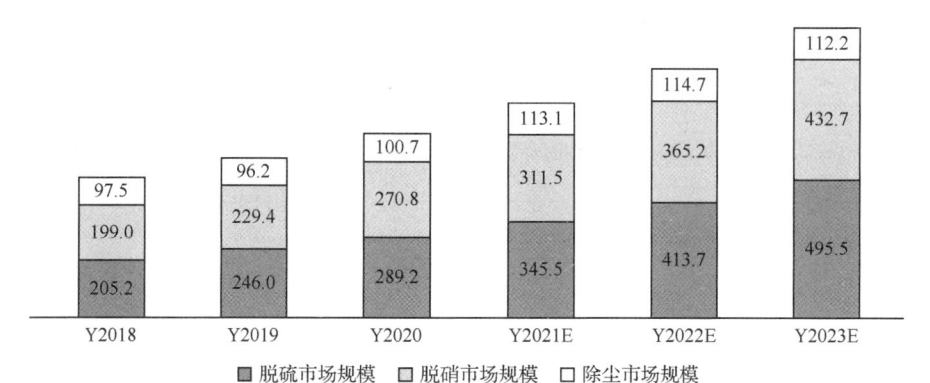

图 20-13　2018—2023年中国非电行业绿色低碳减排市场结构及预测（亿元）

数据来源：赛迪顾问，2021年1月

第九节 资本市场动向

一、低碳减排服务并购事件最多

2018—2020 年中国非电行业绿色低碳减排并购事件数量及 2020 年细分领域占比如图 20-14 所示。从 2018—2020 年并购事件数量来看，呈现逐年上升的趋势，2020 年非电行业绿色低碳减排领域并购事件一共有 16 件。从细分领域来看，2020 年低碳减排服务领域并购事件数量最多，占并购事件总数的 81.3%。

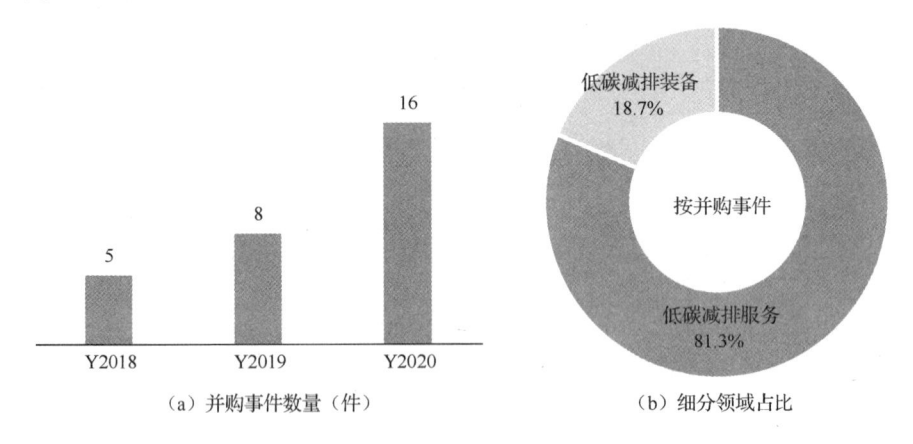

图 20-14 2018—2020 年中国非电行业绿色低碳
减排并购事件数量及 2020 年细分领域占比

数据来源：赛迪顾问，2021 年 1 月

二、企业并购总金额呈现稳定上升态势

从 2018—2020 年的并购事件成交额（见图 20-15）来看，基本呈现稳定上涨趋势，2020 年并购事件总金额达 85.1 亿元；从细分领域来看，2018—2020 年低碳减排服务并购总额占据绝对优势，成交额达 195.3 亿元，占比为 90.2%。

图 20-15　2018—2020 年中国非电行业绿色低碳
减排并购事件成交额及细分领域累积额占比

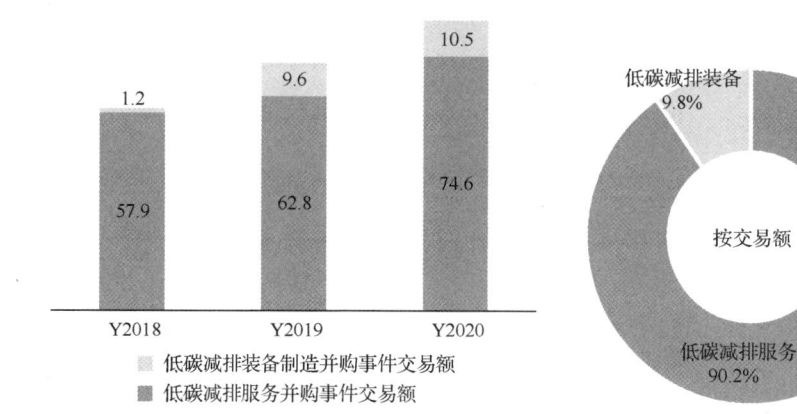

数据来源：赛迪顾问，2021 年 1 月

第十节　赛道选择建议

（1）水泥、玻璃等非电行业超低排放改造进程加快，袋式除尘技术在水泥行业的应用及选择性催化还原脱硝技术在玻璃行业的应用正处于快速发展阶段，未来 1~3 年内与之相关的脱硝装备和袋除尘器将快速发展，值得资本市场关注。

（2）受市场需求影响，脱硝技术正处于快速成长阶段，未来 5~10 年，脱硝装备市场规模、技术成熟度将进入爆发期，值得资本市场长期关注。

（3）烟气脱硫技术将向着综合化、多样化、资源化方向发展，与之相关的错流活性炭脱硫脱硝、催化法脱硫脱硝等一系列技术未来具备较大的推广空间。

（4）新技术正引领非电行业低碳减排装备向高端化、智能化方向发展，新一代信息技术与非电行业低碳减排装备的融合将成为提升减排效率的关键要素，大数据、人工智能等技术将加速向低碳减排领域渗透，目前形成的"互联网+低碳减排"一体化系统新模式将是未来发展的方向。

2021 年中国非电行业绿色低碳减排产业发展成熟度曲线如图 20-16 所示。

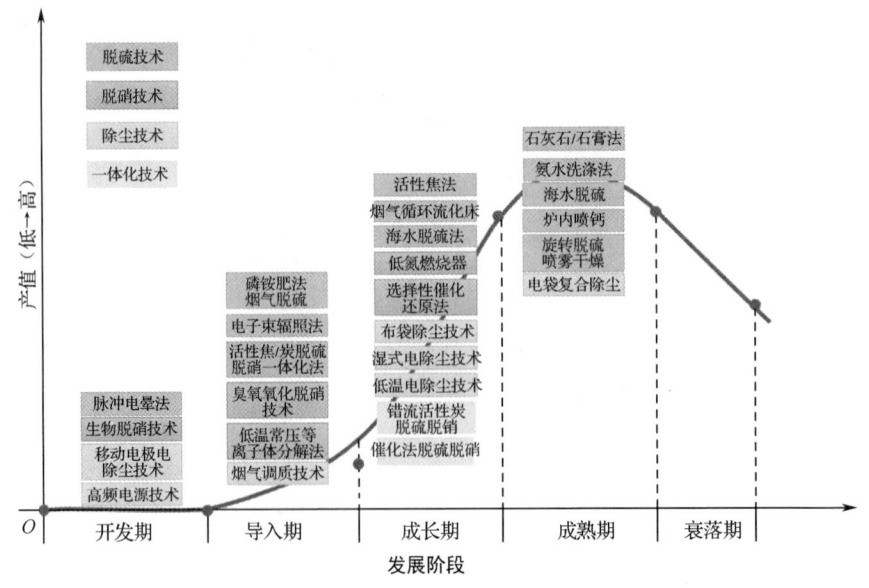

图 20-16　2021 年中国非电行业绿色低碳减排产业发展成熟度曲线

数据来源：赛迪顾问，2021 年 1 月

报告说明

1. 本报告中分析的中国整体市场，是将中国作为一个整体单元进行考察，对不同行业与市场进行整体追踪研究，旨在帮助企业全面把握整个中国市场脉搏，宏观了解整个行业与市场现状及未来发展趋势，全面剖析各产业及其市场的成长趋势和竞争力提升的关键因素。

2. 如无特殊说明，报告中的中国行业/市场数据，不包括中国台湾省、香港特别行政区及澳门特别行政区的相关行业/市场数据。

3. 本报告中的中国各类区域划分参考国家统计局的标准，具体划分如下。

（1）常规地区

类　　别	统　计　范　围
华北地区	北京、天津、河北、山西和内蒙古5省（自治区、直辖市）
东北地区	辽宁、吉林和黑龙江3省
华东地区	上海、江苏、浙江、安徽、福建、江西和山东7省（直辖市）
中南地区	河南、湖北、湖南、广东、广西和海南6省（自治区）
西南地区	重庆、四川、贵州、云南和西藏5省（自治区、直辖市）
西北地区	陕西、甘肃、青海、宁夏和新疆5省（自治区、直辖市）

（2）热点地区

类　　别	统　计　范　围
长江三角洲地区	上海、江苏和浙江3省（直辖市）
环渤海地区	北京、天津、河北、辽宁和山东5省（直辖市）
泛珠三角	福建、江西、湖南、广东、广西、海南、四川、贵州和云南9省（自治区、直辖市）
京津冀地区	北京、天津和河北3省（直辖市）

（3）四大地带

类　　别	统　计　范　围
东部地区	北京、天津、河北、上海、江苏、浙江、福建、山东、广东和海南10省（直辖市）
中部地区	山西、安徽、江西、河南、湖北和湖南6省
西部地区	内蒙古、广西、重庆、四川、贵州、云南、西藏、陕西、甘肃、青海、宁夏和新疆12省（自治区、直辖市）
东北地区	辽宁、吉林和黑龙江3省

后　记

《2020—2021年中国新兴产业投资蓝皮书》由中国电子信息产业发展研究院编撰完成，力求为中央及各级地方政府、相关企业、投资机构及研究人员把握产业发展脉络、了解产业前沿趋势提供参考。

本书由牟宗庆担任主编，秦海林担任副主编，其他编写成员有：吕萍、韩向宏、于凯迪、袁钰、陈腾、郭孝纯、张凡、姚学超、刘曈、贾珊珊、王云侯、鲁鑫、姚垠国、董峰、徐迎雪、杨婷婷、王维、邵元骏、张宇、张千、张婉萱、李源、王宁、张伟、张艳艳、池红梅等。在研究和编写过程中，我们得到了中国大数据产业生态联盟、中国工业软件产业发展联盟、中国智能制造产业联盟、中国计算机用户协会数字经济分会（数字经济产业联盟）等行业组织的专家，以及各新兴领域龙头及创新型企业高管的大力支持，在此一并表示感谢。

本书虽经过研究人员和专家的严谨思考和不懈努力，但由于能力和水平有限，难免存在不足之处，诚请广大专家和读者朋友批评指正。同时，希望本书的出版能为读者了解新兴产业演进趋势、把握投资机遇提供有益参考。